中國詩律學

중국시율학 3

The Prosody of the Chinese Poetry

지은이 왕력(王力, 1900~1986)은 중국의 유명한 언어학자로서 자(字)는 요일(了一)이며, 1900년 8월 10일에 광서장족자치구(廣西壯族自治區) 박백현(博白縣)에서 태어났다. 1927년 프랑스 파리대학으로 유학하여 1931년에 논문 「박백방음실험록(博白方音實驗錄)」으로 문학박사 학위를 취득하였고, 1932년 귀국 후에 청화대학(淸華大學) 중문과 교수, 북경대학(北京大學) 중문과 교수 등을 역임하였다. 왕력은 장기간 중국어 연구와 교육에 종사하면서 중국언어학 관계 전문저서 30여 종을 출간하고 120여 편의 논문을 발표하여 중국어 어법 체계의 창건과 중국어 어법이론의 발전에 기여하였고, 현대어음이론(現代語音理論)을 이용하여 중국어 음운 연구에 대한 기존의 연구성과를 정리해내었으며, 고대중국어 운부(韻部)의 분부(分部)와 어음(語音)의 재구(再構), 중국어발전사와 중국언어학사에 대한 연구 및 고대중국어 교육체계의 건립 등에 모두 중대한 공헌을 하였다. 또한 중국의 시율(詩律) 연구에 힘써 『한어시율학(漢語詩律學)』을 썼는데, 이 책은 중국 시가의 격률과 작법 방면에서 현재까지 세계에서 가장 큰 영향력을 끼치고 있는 연구저작이다.

옮긴이 송용준(宋龍準)은 1952년에 태어나 1971년 서울대학교 문리과대학 중어중문학과에 입학하였고, 졸업 후 서울대학교 대학원에서 중국 고전시가를 전공하면서 석사학위와 박사학위를 받았다. 공군사관학교 중국어교관, 영남대학교 문과대학 중어중문학과 교수를 역임하였고, 미국 스탠포드대학과 중국사회과학원 등에서 연구하였으며, 현재 서울대학교 인문대학 중어중문학과 교수로 있으면서 중국 고전시가를 강의하고 있다. 『송시사(宋詩史)』(공저), 『송시선(宋詩選)』(공편), 『소순흠시역주(蘇舜欽詩譯註)』, 『고계시선(高啓詩選)』, 『진관사연구(秦觀詞硏究)』, 『회해사역주(淮海詞譯注)』, 『당송사사(唐宋詞史)』(공역), 『중국어어법발전사』(공역), 『현대중국어문법의 제문제』 등의 저역서와 「송시형성과정연구」, 「북송사론연구(北宋詞論硏究)」, 「이색(李穡)시의 송시 수용과 그 극복」 등 다수의 논문이 있다.

중국시율학(中國詩律學) 3

1판 1쇄 발행 2005년 09월 20일
1판 2쇄 발행 2007년 09월 30일

지은이 / 왕력
옮긴이 / 송용준
펴낸이 / 박성모
펴낸곳 / 소명출판
출판고문 / 김호영
등록 / 제13-522호
주소 / 137-878 서울시 서초구 서초동 1621-18 (란빌딩 1층)
대표전화 / (02) 585-7840
팩시밀리 / (02) 585-7848
somyong@korea.com / www.somyong.co.kr

값 26,000원

ISBN 89-5626-171-1 93820
ISBN 89-5626-168-7 93820(전4권)

중국시율학 3

中國詩律學

The Prosody of the Chinese Poetry

왕력(王力) 저 / 송용준(宋龍準) 역

소명출판

일러두기

1. 저자 왕력(王力)의 『한어시율학(漢語詩律學)』은 1958년 1월 신지식출판사(新知識出版社)에서 처음 출판하였다. 그 후 1962년에 제5장을 제외한 나머지 부분이 상해교육출판사(上海教育出版社)에 의해 출판되었고, 1979년에는 제5장을 회복하고 부주(附注)를 대폭 증가한 증정본(增訂本)이 다시 상해교육출판사에서 나왔다. 역자가 번역에 사용한 텍스트는 2002년 9월 상해교육출판사에서 이 증정본에 약간의 교정을 보아 새로 펴낸 책이다.
2. 왕력의 원서는 수많은 예문을 인용하면서 의거한 판본을 밝히지 않았다. 역서에서는 가능한 한 원서에 나온 글을 그대로 두었지만, 권위 있는 교주본(校注本)이나 대다수의 판본과 다른 글자는 바꾸어 쓰고 그것을 역주에 명기하였다. 또한 오자(誤字)로 판단되는 것은 글자를 바꾸어 수록하고 역주를 달아 텍스트에 수록된 원문을 밝혀 놓았다.
3. 역자는 독자들의 이해를 돕기 위해 이 책에 나오는 여러 가지 용어와 개념어에 역주를 달아 설명하였고, 상세한 설명이 필요한 곳에는 역자의 해설을 덧붙였으며, 저자의 주장이 일반적인 지지를 받지 못하는 곳에도 역주를 달아 그 이유 또는 이견을 밝혀놓았다.
4. 왕력의 원서에는 부주(附註)가 책의 맨 뒤에 부록으로 실려 있는데, 역자는 독자들의 편의를 위해 이를 각주로 처리하고 저자의 부주임을 밝혀놓았으며, 제5장에서 저자는 근현대 서양 작가들의 작품을 인용하면서 그들의 생졸연대를 밝혀놓았는데, 1958년의 초판본 이후 이 부분에 대한 보완이 없어서 1958년 이후에 죽은 작가들의 경우에는 역자가 이를 보충하였다.
5. 원서에서는 시가를 인용할 때 운각을 행(行) 나누기의 기준으로 삼았고, 60자 이상의 장편에서는 편폭을 줄이기 위해 대개 행을 나누지 않았지만, 번역서에서는 한글 번역문의 병기 문제 때문에 제1장과 제2장에서는 이를 반영하지 않았다. 또한 원서는 시의 작가와 제목을 시의 상단에 수록했는데, 이 또한 번역문의 병기 문제 때문에 역서에서는 번역문 뒤에 수록하였다.
6. 책 속의 약호는 다음과 같이 사용되었다. ( )는 음이 같은 한자를, [ ]는 음이 다르지만 뜻이 같은 한자를 표시한다. " "는 대화나 인용문을, ' '는 강조나 개념어 또는 인용문 속의 인용을 표시한다. 『 』는 책의 제목을, 「 」는 편명을 각각 표시한다.

역자 서문

역자가 왕력(王力)의 『한어시율학(漢語詩律學)』을 처음 접한 것은 대학원 석사과정에 다닐 때인 1975년이었다. 그때는 중국의 도서가 우리나라로 들어오는 것이 엄격하게 제한되어 있어서 역자가 본 것은 대만에서 『시사곡작법연구(詩詞曲作法研究)』라는 제목으로 서명(書名)을 바꾸어 복사 출판한 책이었다(당시는 대만에서도 중국 대륙의 책을 수입하거나 영인 출판할 수 없었다). 이 책에는 『한어시율학』 초판본에 들어있던 제5장 「백화시(白話詩)와 유럽화시」가 빠져 있긴 했지만 역자는 이 책을 통해 근체시(近體詩), 고체시(古體詩), 사(詞), 곡(曲) 등 중국 고전시가의 각종 체재에 대해 보다 깊이 있게 이해하고 그 작법을 파악하게 되었다.

대학에 들어와 중어중문학을 전공하면서부터 교수님들의 강의를 통해 조금씩 중국 고전시가의 형식을 알게 되기는 했지만 그 속에 그렇게 오묘한 규율이 내재해 있을 줄은 미처 몰랐는데, 이 책은 나에게 그 규율을 친절하고 명쾌하게 알려주었다. 그 당시의 나에게 이 책은 '중국 고전시가의 작법'이라는 비밀의 방에 들어가는 열쇠 같은 것이었다. 그러나 저자가 규율의 설명과 증명을 위해 동원한 예문이 워낙 방대하여 해독이 되지 않는 것이 많았을 뿐만 아니라 인내심이 없이는 책을 끝까지 읽어낼 수가 없었다. 당시의 나로서는 저자의 설명도 훌륭하지만 그것을 증명하기 위해 그렇게 많은 예문을 동원할 수 있었던 저자의 학문적 역량이 감탄스러울 뿐이었다.

그로부터 적지 않은 세월이 지난 뒤 역자는 운 좋게도 대학의 강단에서 학생들에게 중국 고전시가를 가르치게 되었다. 옛날과 달리 중국 책의 수입이 어렵지 않게 되어 『한어시율학』을 교재로 삼아 가르치긴 했지만 방대한 예문이 학생들을 괴롭히는 것은 마찬가지였다. 지난날 내 자신이 이 때문에 고충을 겪었는데 수십 년이 지난 지금에 와서도 후학들이 똑같이 불편과 고통을 호소하는 걸 보면서 나는 마음속으로 이 책의 번역이 쉽진 않겠지만 한 번 시도해보아야겠다고 다짐했다. 그게 약 10년 전의 일이다. 그러나 막상 번역에 착수해보니 뜻대로 진도가 나가지 않았다. 역자의 타고난 게으름이 가장 큰 원인이고 대학교수가 강의와 연구에만 전념할 수 없는 현실이 두 번째 원인이지만 『한어시율학』 자체의 원인도 있었다. 저자가 설명과 증명을 위해 예문을 인용한 것인 만큼 전문(全文)을 인용한 것보다는 부분을 인용한 것이 많아 번역이 쉽지 않으리라는 것은 예상을 했었는데, 막상 번역을 위해 부분 인용문의 전문(全文)을 찾아 대조해보니 판본상의 차이에 의해 글자가 다른 것이 적지 않았고, 오자(誤字)까지 간간이 섞여 있어서 원문(原文)의 확정에 시간과 노력이 엄청나게 소요되는 것이었다. 그런 연유로 본의 아니게 번역작업이 지지부진하고 있었는데, 2002년 한국학술진흥재단에서 이 책을 동서양 학술명저 번역 지원 대상도서로 선정하여 번역에 박차를 가할 수 있었다.

『한어시율학』은 중국 시가의 격률과 작법 방면에서 현재까지 세계에서 가장 큰 영향력을 끼치고 있는 연구 저작이다. 저자는 이 책에서 용운(用韻), 평측(平仄), 요구(拗救), 점대(黏對), 대장(對仗), 구식(句式), 어법(語法) 등의 각 방면으로부터 근체시(近體詩), 고체시(古體詩), 사(詞), 곡(曲), 백화시

(白話詩), 유럽화시의 체재상의 특징과 격률에 대해 체계적으로 분석하고 설명하였다. 특히 그는 이 책을 통해 중국인들이 오랫동안 모호하게 알고 있거나 소홀히 다루어오던 격률상의 많은 문제들을 제기하는 한편 이를 풍부한 예문을 통해 명쾌하고 상세하게 분석하고 귀납하여 학계와 일반 독자들의 호평을 받았다. 따라서 이 책은 언어의 각도에서 문체상의 특징을 연구한 중국 제일의 저서라고 말할 수 있다.

왕력은 이 책을 1945년 8월부터 약 2년 동안 집필하여 탈고하였지만 정작 출판은 1958년 1월 신지식출판사(新知識出版社)에 의해 이루어졌다. 그 후 1962년에 제5장을 제외한 나머지 부분이 상해교육출판사(上海教育出版社)에 의해 출판되었고, 1979년에는 제5장을 회복하고 부주(附註)를 대폭 증가시킨 증정본(增訂本)이 다시 상해교육출판사에서 나왔다. 역자가 번역에 사용한 텍스트는 2002년 9월 상해교육출판사에서 이 증정본에 약간의 교정을 보아 새로 펴낸 책이다.

이 책의 원명(原名)이 『한어시율학』인데 번역서의 제목을 『중국시율학』으로 바꾼 이유를 설명할 필요가 있을 것 같다. 우리가 보통 중국어라고 부르는 것을 중국인들은 한어(漢語)라고 한다. 중국은 한족(漢族)이 약 92%를 차지하지만 한족 외에도 몽고족(蒙古族), 회족(回族), 장족(藏族), 위그르족, 조선족 등의 55개 소수민족이 있어서 다민족국가라고 할 수 있다. 또한 그 많은 민족들은 대부분 자신의 고유한 언어가 있어서 중국인들이 사용하는 언어인 중국어는 그 수많은 언어를 포괄하는 개념이 된다. 이런 연유로 중국인들은 우리가 중국어라고 부르는 것을 한족이 사용하는 언어라는 뜻에서 한어(漢語)라고 한다. 따라서 『한어시율학』은 한족의 언어인 한자로 씌어진 시가의 법식에 관한 연구인 셈이다. 그러나 우리나라 독자들에게 한어라는 말이 일반화되지 않아 생소하므로 독자들이 책의 내용을 쉽게 알 수 있도록 번역본의 제목을 『중국시율학』으로 바꾸었다.

역자는 중국 시와 한국 한시에 관심이 있는 독자라면 누구나 이 책을 읽고 이해할 수 있도록 하기 위해 ① 원서에 인용된 시가의 출전을 확인하여 전후 맥락 속에서 번역함으로써 정확한 번역이 되도록 하고, ② 상세한 주석을 달아 친절한 번역이 되도록 하고, ③ 우리말 표현에 유의하여 독자들이 편안하고 분명하게 이해할 수 있도록 노력하였다. 그렇기는 하지만 역자의 역량이 부족하여 잘못되거나 미흡한 점 또한 적지 않을 것이다. 현명한 독자 여러분의 아낌없는 비판과 질정을 기대한다.

이 번역서가 나오기까지 여러 분의 도움이 있었다. 제1장 근체시와 제2장 고체시 부분은 서울대학교 대학원 박사과정에 재학 중인 강민호 동학(同學)과 양선혜 동학이 역자의 초고를 읽고 역자가 채택할 만한 좋은 의견을 많이 제시해주었고, 제4장 곡 부분은 서울대학교에서 강의하는 문성재 박사가 역자의 초고에 대해 교정을 보아주었고, 제5장 백화시와 유럽화시 부분에서 영시의 번역은 서울대학교 TEPS 사업본부장으로 있는 이종일 박사가 도와주었고, 불시의 번역은 한국교육과정평가원의 이근님 박사가 도와주었다. 또한 한국학술진흥재단은 이 책이 나올 수 있도록 연구비와 출판비를 지원해주었고, 소명출판 편집부에서는 역자의 볼품없는 원고를 깔끔한 모습으로 바꾸어주었다. 역자로서는 여간 고마운 일이 아니다. 이 자리를 빌려 깊은 감사의 뜻을 전한다.

2005년 7월 13일

송용준 삼가 씀

중국어판 서문

1944년에 나는 어법에 관한 3권의 책 ―『중국현대어법(中國現代語法)』·『중국어법이론(中國語法理論)』·『중국어법강요(中國語法綱要)』― 을 완성한 후, '시법(詩法)'을 연구하려고 했다. 당시 나는 '시법'을 시의 운율을 포함한 '시의 어법'으로 이해했다. 나는 연구를 진행하는 한편 곤명(昆明)의 서남연합대학(西南聯合大學 : 이것은 중일전쟁 기간 중 北京大學·淸華大學·南開大學의 세 대학이 연합한 조직이다)에서 고학년 학생들을 위해 '시법' 강좌를 개설하였다. 이것은 한 학기 과정이었다. 한 학기의 강좌를 끝낸 후 1945년 8월 1일에 이르러서야 이 책의 집필에 착수했다. 따라서 이 책의 내용은 당시의 강의 내용과 크게 다르다. 다룬 범위가 크게 확대되었고, 부문에 따라 관찰의 깊이도 더해졌다.

본서의 서설과 제1장(근체시)·제2장(고체시)·제5장(백화시와 유럽화시)은 1945년 8월 1일부터 1946년 4월 28일까지 쓴 것이고, 제3장(사)과 제4장(곡)은 1946년 후반기부터 1947년 봄까지 쓴 것이다. 애초에는 사(詞)와 곡(曲)을 다룰 생각이 없었는데, 나중에 다시 생각해보니 사곡에 대한 언급 없이 근체시·고체시에서 바로 백화시로 건너뛰면 사람들이 그 갑작스러움에 의아해할 것 같았다. 또 사와 곡도 사실상 시의 일종이므로 나는 결국 사와 곡에 관한 두 장을 보충해 썼다.

섭성도(葉聖陶) 선생께서 '시법'이라는 명칭이 적당하지 않다고 지적하여 나는 책의 제목을 '중국시율학(中國詩律學)'으로 바꾸었는데, 인쇄에 부치기 전에 다시 '한어시율학(漢語詩律學)'으로 개칭하였다. 여기서의 시율학은 대략 영어의 versification과 러시아어의 СТИХОСЛОЖеНИе에 해당된다. 『후한서(後漢書)』「종호전(鍾皓傳)」에 "종호가 밀산(密山)에 은신하여 문도 천여 인에게 시율을 가르쳤다"라고 하였고, 두보(杜甫) 시에 "詩律群公問(시율을 諸公이 물었다)"이라고 하였으니, 이것이 '시율학' 명명의 유래이다.

이 책은 십 년 전의 원고를 인쇄에 부치기 전에 약간 손질을 가한 것이다. 십 년 전에 나는 이것이 미정고(未定稿)인 만큼 좀더 깊이 있게 연구하고 여러 고명한 학자에게 두루 자문을 구한 다음에 수많은 독자들에게 선을 보일 생각이었다. 그러나 뜻밖에도 한 번 손을 놓으니 십 년이 훌쩍 지나가 시종 지난날의 작업을 다시 정리하지 못하였다. 공화국 수립(1949) 전에도 몇몇 친구에게 가르침을 청하긴 했지만 공화국 수립 이후에는 선배와 친구들이 모두 바빠져서 여러 고명한 학자에게 두루 자문을 구한다는 꿈은 물거품이 되고 말았다. 그래서 이 미정고를 출판하여 수많은 독자들의 비평을 받아보자고 생각을 바꾸었다. 그렇게 되면 고명한 학자가 내가 아는 선배와 친구에 국한되지 않아 가르침을 받는 범위가 더욱 넓어질 것이다.

이 책은 중국 시율의 일반상식과 저자 자신의 연구 성과를 한 데 뒤섞어놓은 것이어서 그것이 하나의 결점이라고 생각하는 친구들도 있었다. 그래서 나는 한때 다시 쓸 것을 고려해보기도 했지만 장고 끝에 다시 쓰는 것이 쉽지 않은 일임을 깨달았다. 내가 이 책을 쓰게 된 동기가 본래 가르치기 위한 것이었으므로 먼저 상식적인 것을 소개하였다. 대학의 고학년 학생들이 학년은 높지만 종전의 각종 수업에 시율 강의가 없었기 때문에 적지 않은 학생들이 아직도 '평평측측측평평'이 무엇인지 모를 것이었다. 사정이 이러므로 상식적인 것부터 이야기하는 것이 필요한 것 같았다.

이 책에는 상식적인 것 외에도 비교적 수준 높은 지식이 들어 있다. 그것은 전인(前人)의 연구 성과이지, 저자 자신의 연구 성과가 아니다. 그러나 일반인들은 중국어 시율에 그렇게 많은 내용이 담겨 있는 줄 모른다. 예를 들어 말하면 동문환(董文渙)의 『성조사보도설(聲調四譜圖說)』을 보기 전에는 나 자신도 시율 중에 '요구(拗救)'가 있다는 것을 몰랐고(좀 더 정확하게 말하면 나는 전에 '요(拗)'가 있는 줄은 알았지만 '구(救)'가 있는 줄은 몰랐다), '상미(上尾)'가 있다는 것을 몰랐다. 그런데 이 '요구' 등은 전인들이 연구해낸 믿을 만한 시율이다. 다시 말해서 상식과 비상식 사이에 명확한 경계를 설정하는 것도 쉬운 일이 아니다. 돌이켜보면 내가 어렸을 때 외삼촌께서 나에게 시를 지을 때 "고평(孤平)을 범하지 말라"고 가르치셨다. 그는 초시(初試) 합격생이었으므로 '고평'을 피하는 것이 과거시대(科擧時代)의 일반상식이었음을 알 수 있다. 그러나 지금은 어떤가? 구시(舊詩)를 즐겨 짓는 많은 사람들이 고평을 범하고 있다. 본서가 소개하는 그와 같은 '비상식'적인 것들이 상식적인 것보다 훨씬 많아서 이 책의 주된 부분이라고 말할 수 있다.

이 책 속에서 저자의 연구 성과로 칠 수 있는 것은 주로 구식(句式)과 어법이다. 그밖에 운율 방면에서도 저자 자신의 견해를 첨가했다. 예를 들면 '평평측평측'이 명목은 요(拗)이지만 실제로는 요가 아니라는 것(제9절), 율시의 수구(首句)에 인운(鄰韻)을 사용한 것은 송대(宋代) 시인들의 기풍이었다는 것(제5절), 곡(曲)의 성조(聲調)는 평성과 상성이 한 부류이고 거성이 따로 한 부류이며, 상성은 종종 평성을 대체할 수 있다는 것(제54절) 등등이다. 이것은 이 책의 또 다른 주요 부분이다.

책의 전체 내용을 개괄해보면 상식적인 것부터 비교적 수준 높은 지식까지 서술하였고, 전인의 연구 성과와 저자 자신이 심득한 것을 함께 수록하였다. 이와 같은 학습용 참고서는 대학 고학년의 (중국시율학에 관련된) 전공과정에 아마도 조금은 도움이 될 것이다.

나는 이 자리에서 풍지(馮至) 교수, 포강청(浦江淸) 교수, 변지림(卞之琳) 교수, 양종대(梁宗岱) 교수에게 감사드린다. 내가 이 책을 쓸 때 이 분들의 도움을 받았다.

왕력(王力)

1957년 설날 5일 후 북경대학에서

중판자서(重版自序)

이 책은 원래 신지식출판사(新知識出版社)에서 출판되었는데, 1962년 상해교육출판사(上海教育出版社)에서 개정판을 내면서 제5장을 빼어버렸다. 이제 제5장(백화시와 유럽화시)을 회복시켜 상해교육출판사에서 다시 출판한다. 이번의 개정판에는 크게 수정한 것이 없고, 다만 부주(附註)를 증가시켰다(원래 5개의 부주가 있었는데, 32개를 늘려 37개로 하였다). 새로 증가시킨 부주가 이 책에 대한 수정과 보충이다.

왕력

1978년 2월 21일 북경대학에서

중국시율학 3

차례

중국시율학 1

차례

白文公
劉禹錫

중국시율학 2

차례

2장

고체시 _ 17

중국시율학 4

차례

제3장 사(詞)

제36절 사 개설

36.1 고인들이 사(詞)를 시여(詩餘)라고 칭하기도 해서 곡(曲)을 사여(詞餘)라고 칭하는 사람들도 있었는데, 기실 사곡(詞曲)은 모두 광의의 시의 일종이다. 따라서 먼저 사곡을 서술한 다음에 백화시(白話詩)를 서술한다면 백화시가 결코 갑작스럽게 나온 것이 아니라고 생각될 것이다.

36.2 사의 기원은 두 방면에서 설명할 수 있을 것이다. "음악에 입힌다"는 방면에서 말하면 사는 악부(樂府)에 기원을 두고, 격률의 방면에서 말하면 사는 근체시에 기원을 둔다. 최초의 시기에 이른바 사(詞 : 曲으로도 칭하였음)는 음악에 배합한 것을 제외하면 그 체제가 시와 완전히 같았다. 바꾸어 말해서 한 수의 절구나 율시에 음악을 배합하면 즉각 사로 변할 수 있었다. 예를 들어 아래에 인용한 이백(李白)의 「청평조(淸平

調)」는 문자의 격률상 완전히 한 수의 근체 칠언절구인데도, 사로 간주되었다(萬樹의 『詞律』을 보라).

雲想衣裳花想容,
春風拂檻露華濃.
若非群玉山頭見,
會向瑤臺月下逢.

구름은 귀비의 의상이, 꽃은 귀비의 얼굴이 되고 싶어 하니
난간을 스치는 봄바람에 담뿍 이슬 머금은 꽃이로다.
군옥산에서 만나는 西王母가 아니라면
요대 달빛 아래서 만날 수 있는 선녀이어라.

또한 유우석(劉禹錫)의 「흘나곡(紇那曲)」도 엄연히 한 수의 근체 오언절구인데, 역시 사로 간주되었다(『준전집(尊前集)』을 보라).

踏曲興無窮,
調同詞不同.
願郎千萬壽,
長作主人翁.

발을 구르며 노래 부르니 흥이 무궁한데
곡조는 같아도 가사가 서로 다르다.
원컨대 내 사랑 오래오래 살아서,
영원히 내 주인이 되어주소서.

36.3 이로부터 볼 때 이 방면만 가지고 말하면 시와 사에는 명확한 경계가 없다. 본래 한 가지 체재의 변화는 일종의 점진적인 변화이지, 갑작스런 변화일 수 없기 때문에 시와 사도 물론 넘을 수 없는 경계선

을 그을 수는 없다. 그런데 초기의 사가 음악에 배합되었다는 점을 제외하면 근체시와 별 차이가 나지 않았지만, 사의 전성시대에 이르러서는 근체시와 크게 다르게 되었다. 표준적인 사는 반드시 다음의 세 가지 특징을 구비하였다.

① 전편에 걸친 고정된 글자 수.
② 장단구(長短句).
③ 율화(律化)된 평측(平仄).

근체의 율시와 절구는 사의 ①, ③ 두 가지 특징을 구비하고 있지만 ②는 구비하고 있지 않다. 잡언고풍(雜言古風)은 ②의 특징을 구비하고 있지만 ①, ③은 구비하고 있지 않다. 고악부(古樂府)의 일부는 ①, ②의 특징을 구비하고 있지만 ③은 구비하고 있지 않다. 이 기준에 의거해보면 사는 시와 차이가 있을 뿐만 아니라 고악부와도 차이가 있다. 따라서 사의 정의는 다음과 같이 될 것이다.

일종의 율화되어 있고 장단구로 이루어졌으며 글자 수가 고정되어 있는 시.

36.4 사의 정의가 분명해졌으니 이제 사의 탄생시기를 이야기해보자. 서구(徐矩)는 『사물원시(事物原始)』에서 "사는 이태백(李太白)에게서 시작되었다. 「보살만(菩薩蠻)」 등의 작품이 후세 의성전사(倚聲塡詞)의 시초이다"라고 말하였다. 지금 이백의 사라고 전해지는 작품으로 「계전추(桂殿秋)」·「청평조(淸平調)」·「보살만」·「억진아(憶秦娥)」·「청평악(淸平樂)」·「연리지(連理枝)」 등이 있는데, 그 중에서 「보살만」과 「억진아」 두 사가 '百代詞曲之祖(오랜 역사를 지닌 사곡의 시조)'로 간주된다(鄭樵의 『通志』를 보라).

游人盡道江南好,
游人只合江南老.

未老莫還鄕,
還鄕空斷腸.

繡屛金屈曲,
醉入花叢宿.
春水碧於天,
畵船聽雨眠.[1)]

나그네들 모두 말한다 강남이 좋다고
나그네는 한평생 강남에서 살아야 하리.
늙기 전엔 고향에 돌아가지 말아야지
고향에 돌아가면 공연히 애가 끊기리.

금빛 경첩의 수놓은 병풍 둘러친 곳
취한 채 꽃떨기에 들어 묵었었다.
봄철의 강물은 하늘보다 더 푸르고
채색한 배에서 빗소리 들으며 잠든다.

—「菩薩蠻」(제1수)

平林漠漠烟如織,
寒山一帶傷心碧.
暝色入高樓,
有人樓上愁.

玉階空佇立,
宿鳥歸飛急.
何處是歸程?

---

1) 이 사는 韋莊의 「菩薩蠻」(第2首) "人人盡說江南好, 游人只合江南老. 春水碧於天, 畵船聽雨眠. 壚邊人似月, 皓腕凝雙雪. 未老莫還鄕, 還鄕須斷腸"과 「菩薩蠻」(第3首) 下片의 "翠屛金屈曲, 醉入花叢宿"句를 조합하여 이룬 것으로 『尊前集』에 실려 있긴 하지만 후인의 僞作임에 틀림없다.

長亭連短亭.

('歸'는 '回'로, '連'은 '接'으로 된 판본도 있다.)

아득한 나무숲에 저녁안개 자욱하고
검푸른 산 속에 가을빛 싸늘한데
높다란 누대에 어스름 깃들면
그녀는 누대에서 시름에 잠겨 있겠지.

옥 층계에 홀로 우두커니 서 있으니
저녁 새 서둘러 둥지 찾아 돌아간다.
고향 가는 길이 어느 곳인가?
시오리 정자길 끝없이 이어져 있다.

—「菩薩蠻」(제2수)

擧頭忽見衡陽雁,
千聲萬字情何限!
叵耐薄情夫,
一行書也無.

泣歸香閣恨,
和淚淹紅粉.
待雁却回時,
也無書寄伊.

머리 드니 갑자기 형양 가는 기러기가 보인다.
하고 많은 사연에 임 향한 정 끝이 없건만
무정한 임을 더 이상 참을 수 없으니
내게 보내는 편지 한 줄 없다.

한을 품고 울며 향각으로 돌아오니
눈물이 붉은 연지분을 적신다.

기러기 다시 돌아갈 때가 되어도
그이에게 부칠 편지는 없으리.

—「菩薩蠻」(제3수)

簫聲咽,
秦娥夢斷秦樓月.
秦樓月.
年年柳色, 灞陵傷別.

樂遊原上淸秋節,
咸陽古道音塵絶.
音塵絶.
西風殘照, 漢家陵闕.

흐느끼는 퉁소소리 처량도 하여
진아가 꿈을 깨니 누각에 달이 밝다.
누각에 달이 밝다.
파릉교의 버들빛 해마다 푸르러, 버들 꺾어 고한 이별 더욱 슬프다.

맑은 가을 낙유원은 쓸쓸도 하고
임 가신 함양 길엔 소식조차 없다.
소식조차 없다.
서풍은 쓸쓸하고 석양도 저물어, 한나라 능원에 어둠이 깃든다.

—「憶秦娥」

36.5 「보살만」과 「억진아」는 물론 표준적인 사이지만, 이 작품이 이백의 것이 아니라고 의심하는 사람이 많다(이를테면 『詞苑叢談』 등). 「계전추」·「청평악」과 「연리지」도 모두 대단히 의심스럽다. 그렇다면 남는 것은 다만 「청평조」뿐이다. 그런데 「청평조」는 앞에서 논했듯이 사의 특징을 지니고 있지 않아 음악에 배합된 근체시('新樂府')로 간주할 수 있

을 뿐이다.

36.6 이백의 앞 시기 및 이백과 같은 시기에 지어진 사로 이경백(李景伯)·심전기(沈佺期)·배담(裴談)의 「회파악(迴波樂)」, 최액(崔液)의 「답가사(踏歌詞)」, 장열(張說)의 「무마사(舞馬詞)」, 현종(玄宗)의 「호시광(好時光)」, 양귀비(楊貴妃)의 「아나곡(阿那曲)」, 하지장(賀知章)의 「유지(柳枝)」 등이 있다. 그러나 「회파악」과 「무마사」는 모두 6언시이고, 「답가사」는 5언 3운(韻) 소율(小律)의 변상(變相)이고, 「아나곡」은 7언의 측운절구이고, 「유지」는 근체 칠언절구여서 모두 표준적인 사가 아니다. 이제 각각의 예를 하나씩 들어본다.

迴波爾時佺期,
流向嶺外生歸.
身名已蒙齒錄, 袍笏未復牙緋.

물결이 되돌아올 그때의 심전기
영남으로 유배되었다가 살아서 돌아왔다.
이 몸이 이미 조정에 등용되었는데도
관복과 홀이 상아와 붉은 비단을 회복하지 못했다.

—심전기(沈佺期), 「迴波樂」

萬玉朝宗鳳扆,
千金率領龍媒.
眄鼓凝驕躞蹀, 聽歌弄影徘徊.

문무백관이 황제를 알현할 때
천금 가치의 준마를 거느렸다.
북을 보며 교만스럽게 종종걸음 치고
노래를 듣고 그림자 희롱하며 배회한다.

—장열(張說), 「舞馬詞」

綵女迎金屋, 仙姬出畫堂.
鴛鴦裁錦袖, 翡翠貼花黃.
歌響舞分行,
艶色動流光.

궁녀가 화려한 궁전에서 맞이하고, 선녀가 채색한 집에서 나온다.
원앙을 수놓은 비단 소매, 비취색 바탕에 노란 꽃을 붙였다.
노래 부르며 열을 나누어 춤추니
어여쁜 모습 움직이며 빛이 흐른다.
(제5구에 입운(入韻)하여 5언 3운의 소율과는 약간 다르다.)

— 최액(崔液), 「踏歌詞」

羅袖動香香不已.
紅蕖裊裊秋煙裏.
輕雲嶺上乍搖風, 嫩柳池塘初拂水.

비단 소매 움직이니 향이 계속 풍겨 나오고
붉은 연꽃이 가을 안개 속에서 하늘거린다.
가벼운 구름이 고개 위에서 갑자기 바람에 흔들리니
어린 버들가지가 연못가에서 물을 스친다.
(이 사는 후인의 의탁으로 의심된다.)

— 양귀비(楊貴妃), 「阿那曲」

碧玉妝成一樹高,
萬條垂下綠絲條.
不知細葉誰裁出, 二月春風似剪刀.

푸른 옥으로 단장한 높다란 나무
가지마다 푸른 실을 드리우고 있다.
가는 잎을 누가 재단해냈는지 모르겠지만
이월의 봄바람이 재단해낸 가위인 듯하다.

— 하지장(賀知章), 「柳枝」

이제 남은 것은 당(唐) 명황(明皇)[2]의 「호시광(好時光)」뿐이다. 만약 이 사가 정말로 당 명황이 지은 것이라면 그가 사의 창시자라고 볼 수 있다.

寶髻偏宜宮樣; 蓮臉嫩, 體紅香.
眉黛不須張敞畫, 天敎入鬢長.

莫倚傾國貌; 嫁取箇, 有情郎.
彼此當年少, 莫負好時光.

쪽머리 치우친 것이 궁중 풍에 어울리고
연꽃 얼굴 부드럽고 몸은 발그레 향기롭다.
눈썹은 장창이 그리지 않았어도
자연스레 긴 귀밑머리로 돌아간다.

빼어난 용모 뽐내지 말고
사랑하는 사람에게 시집가야지.
서로 젊을 때에
좋은 시절 저버리지 말기를.

—당 현종, 「好時光」

그러나 이 사는 운각이 서로 너무 멀리 떨어져 있어서[3] 성당(盛唐) 시기에 출현했을 리 없으며, 심지어는 오대(五代)에 출현했을 리도 없다(제40절을 참조할 것). 이 사에 사용된 언어를 보면 대략 남송(南宋) 이후의 위작(僞作)일 것이다. 새로운 체재의 흥기는 반드시 사회의 기풍에서 비롯되는 것이지 갑자기 생기거나 육성되다가 멈추어버릴 수는 없는 것이다. 만약 당 현종 시대에 「호시광」 같은 사가 있었다면 원곡(元曲)과 같

2) 唐 玄宗을 가리킨다. 그의 諡號가 '至道大聖大明孝皇帝'여서 후세의 詩文에서 곧잘 그를 明皇이라고 칭했다.
3) 이 사의 운각은 '香', '長', '郎', '光'이다.

은 곡(曲)이 진작에 출현했어야 한다.

36.7 이외에도 위응물(韋應物)과 왕건(王建)의 「삼대(三臺)」는 근체 육언절구이고, 고황(顧況)의 「죽지(竹枝)」, 원결(元結)의 「애내곡(欸乃曲)」(아마도 「阿那曲」), 유우석(劉禹錫)과 백거이(白居易)의 「양류지(楊柳枝)」·「죽지」·「낭도사(浪淘沙)」는 모두 근체 칠언절구이고, 유우석(劉禹錫)의 「포구악(拋球樂)」은 5언 3운 소율(小律)이어서 모두 신악부(新樂府)로 칠 수 있을 뿐, 정식의 사(詞)는 아니다. 이제 그 각각에 대해 한 수씩 예를 들어본다.

一年一年老去, 來日後日花開.
未報長安平定, 萬國豈得銜杯.

한 해 한 해 이 몸은 늙어가고
내일도 모레도 꽃은 계속 피겠지.
장안이 평정되었다는 소식 없으니
온 나라가 언제 축배를 들 수 있을까?

— 위응물(韋應物), 「三臺」

魚藻池邊射鴨, 芙蓉苑裏看花.
日色赭袍何似, 不着紅鸞扇遮.

물고기와 수초의 못가에서 오리 쏘는 놀이를 하고
연꽃 동산에서 꽃을 본다.
햇빛 받은 붉은 겉옷은 무엇과 같을까?
붉은 난새 부채로 가린 것은 아니다.

— 왕건(王建), 「宮中三臺」

帝子蒼梧不復歸,
洞庭葉下荊雲飛.
巴人夜唱竹枝後, 腸斷曉猿聲漸稀.

요임금의 두 딸은 창오로 다시 돌아가지 못하고
동정호에 낙엽 지는데 초 땅의 구름 떠간다.
巴渝人이 밤에 「죽지」를 부르고 난 뒤에
애 끊는 새벽 원숭이 소리 점차 희미해진다.

— 고황(顧況), 「竹枝」

偶存名跡在人間,
順俗與時未安閑.
來謁大官兼問政, 扁舟却入九疑山.

어쩌다 이 세상에 이름과 자취를 남기고
시속과 더불어 살아가지만 편안하지 않다.
고관을 찾아뵙고 정치를 묻고 나서
일엽편주를 타고 구의산으로 들어갔다.

— 원결(元結), 「欸乃曲」

金谷園中鶯亂飛,
銅駝陌上好風吹.
城中桃李須臾盡, 爭似垂楊無限時.

금곡원의 꾀꼬리 어지럽게 날아다니고
銅駝街에는 온화한 바람이 불어온다.
성 안의 도리화는 순식간에 떨어지니
어찌 수양버들이 끝없이 가는 것과 같으리?

— 유우석(劉禹錫), 「楊柳枝」

白帝城頭春草生,
白鹽山下蜀江淸.
南人上來歌一曲, 北人莫上動鄕情.

백제성 위에 봄풀이 돋아나고

백염산 아래 촉강이 맑게 흐른다.
남인이 올라와 노래 한 곡 부르니
북인은 고향생각 일으키지 마시게.

— 유우석, 「竹枝」

九曲黃河萬里沙,
浪淘風簸自天涯.
如今直上銀河去, 同時牽牛織女家.

굽이굽이 황하는 만 리길 모래 실어 나르는데
바람에 거센 물결 일으키며 하늘 끝에서 온다.
이제 만약 곧바로 은하수에 올라간다면
동시에 견우와 직녀의 집에 이르리.

— 유우석, 「浪淘沙」

陶令門前四五樹, 亞夫營裏百千條.
何似東都正二月, 黃金枝映洛陽橋.

陶淵明 문 앞에 있던 네다섯 그루의 버드나무
周亞夫 군영 안에 있던 수천 수백의 버들가지.
어찌 같으랴 東都 洛陽에 이월이 찾아와
황금빛 가지가 낙양 天津橋에 비치는 것과!

— 백거이(白居易), 「楊柳枝」

瞿塘峽口水煙低,
白帝城頭月向西.
唱到竹枝聲咽處, 寒猿闇鳥一時啼.

구당협 입구에 물과 안개 나지막하고
백제성 위로 달은 서쪽을 향해 간다.
「죽지」를 노래 부르다 북받쳐 오를 때

처량하고 슬픈 원숭이와 새도 함께 운다.

— 백거이, 「竹枝」

一泊沙來一泊去, 一重浪滅一重生.
相攪相淘無歇日, 會教山海一時平.

한 번 정박하니 모래가 오고 한 번 정박하니 간다.
한 겹 파도가 사라지더니 한 겹이 일어난다.
서로 휘젓고 서로 씻어내며 그칠 날이 없으니
산과 바다를 일시에 평평하게 하겠다.

— 백거이, 「浪淘沙」

五色繡團圓,
登君玳瑁筵.
最宜紅燭下, 偏稱落花前.
上客如先起, 應須贈一船.

둥근 표면에 오색 수를 놓고
그대의 대모 자리에 올랐다.
가장 어울리는 건 붉은 촛불 아래
떨어지는 꽃 앞에 일컬어지는 것.
귀빈이 만약 먼저 일어난다면
크게 술 한 잔 올려야 하리.

— 유우석, 「抛球樂」

36.8 한 가지 주의해야 할 것은 형식이 같은 조(調)라고 해서 사패(詞牌)가 반드시 같은 것은 아니라는 점이다. 예를 들어 똑같이 칠언절구라도 각각 「청평조(清平調)」·「애내곡(欸乃曲)」·「양류지(楊柳枝)」·「죽지(竹枝)」·「낭도사(浪淘沙)」 등으로 달리 불린다. 사패(詞牌) 중에는 본래 시제(詩題)인 것이 많다. 예를 들어 앞에서 서술한 「답가사(踏歌詞)」가 읊은 것

은 춤이고, 「무마사(舞馬詞)」가 읊은 것은 '무마(舞馬 : 춤추는 말)'이고, 「애내곡」이 읊은 것은 '범주(泛舟 : 뱃놀이)'이고, 「양류지」가 읊은 것은 버들이고, 「낭도사」가 읊은 것은 '낭도사(浪淘沙 : 파도에 씻기는 모래)'이고, 「포구악(抛球樂)」이 읊은 것은 수놓은 공이다(「謫仙怨」·「漁父」·「憶江南」·「瀟湘神」 등이 모두 그와 같다. 다음 글을 보라). 후대에 이르러서야 점차로 '본의(本意)'에서 벗어났다.

어떤 사는 본래 잘 갖추어진 율시이다. 예를 들어 유장경(劉長卿)의 「적선원(謫仙怨)」을 보자.

> 晴川落日初低, 惆悵孤舟解攜. 鳥向平蕪遠近, 人隨流水東西.
> 白雲千里萬里, 明月前溪后溪. 獨恨長沙謫去, 江潭春草萋萋.
>
> 활짝 갠 내에 석양이 가라앉을 무렵
> 슬픔 속에 외로운 배 길을 떠난다.
> 새는 평평한 황무지에서 멀리 가까이 날고
> 사람은 흐르는 물 따라 동쪽 서쪽으로 간다.
>
> 흰 구름은 천 리 만 리 끝없이 떠가고
> 밝은 달은 전계와 후계 위에 빛난다.
> 장사로 좌천된 것이 홀로 한스러운데
> 강가와 못가의 봄풀만 무성하다.

이것은 분명 육언율시이다. 점대(黏對)가 율격에 맞을 뿐만 아니라 함련(頷聯)과 경련(頸聯)의 대장(對仗)도 율격에 맞는다. 다만 제4구와 제5구 사이를 띄워서 쌍첩(雙疊)으로 썼기 때문에 엄연히 한 수의 사가 된 것이다. 두홍여(竇弘餘)와 강변(康駢)의 「광적선원(廣謫仙怨)」도 똑같은 경우이다. 다시 황보염(皇甫冉)[4]의 「원회흘(怨回紇)」을 보자.

---

4) 텍스트에는 '皇甫松'이라고 되어 있는데, 「怨回紇」의 작가는 皇甫冉이다.

白首南朝女, 愁聽異域歌. 收兵頡利國, 飮馬胡蘆河.[5]
毳布腥膻久, 穹廬歲月多. 雕窠城上宿, 吹笛淚滂沱.

머리가 하얗게 센 남조의 여인
슬픔에 잠겨 이역의 노래를 듣는다.
힐리국에서 군대를 거두어
호로하에서 말에게 물을 먹인다.

모포의 누린내 맡은 지 오래되었고
파오에서 보낸 세월 한참 되었다.
성 위의 새 둥지에서 밤을 묵으며
피리를 부니 눈물이 철철 흐른다.

이것은 그야말로 한 수의 오언율시이다.[6]

36.9 「흘나곡(紇那曲)」·「청평조(淸平調)」·「원회흘(怨回紇)」·「적선원(謫仙怨)」 등의 시 같지만 시가 아닌 사는 읽으면 시이고 노래로 부르면 사이다. 이것이 시와 사의 전환점이다. 이로부터 한두 글자를 증감하면 그것이 바로 사의 진정한 시작이다. 다음 예를 보자.

(1) 구구입운(句句入韻)의 칠언시에서 변한 것

西塞山邊白鷺飛,
桃花流水鱖魚肥.
青箬笠, 綠蓑衣.

---

5) 텍스트에는 '蘆'가 '盧'로 되어 있는데, 誤字이다.

6) 이 시의 평측을 살펴보면 仄仄平平仄(a), 平平仄仄平(B). 平平仄仄仄(b, 제3자 拗), 仄仄平平平(A, 제3자는 出句 제3자에 대한 救). 仄仄平平仄(a), 平平仄仄平(B). 平平平仄仄(b), 平仄仄平平(A, 제1자 拗)이어서 율시의 평측 격식에 잘 부합되며, 頷聯은 收兵-飮馬(動賓詞組) 頡利國-胡蘆河(고유명사)로 對仗을 이루고, 頸聯은 毳布-穹廬(명사사조) 腥膻-歲月(명사사조) 久-多(형용사 술어)로 對仗을 이루고 있어서 전형적인 오언율시에 속한다.

斜風細雨不須歸.

서새산 마루에 백로 날아예고
도화철 봄물에 쏘가리 살졌다.
대나무 삿갓에 도롱이 걸치고
가랑비 맞으며 돌아갈 줄 모른다.

— 장지화(張志和), 「漁父」

(2) 보통의 칠언절구에서 변한 것

湘水流, 湘水流.
九疑雲物至今秋.
若問二妃何處所, 零陵芳草露中愁.

상수가 흐른다, 상수가 흐른다.
구의산의 구름과 경물 지금은 가을이다.
순임금의 두 왕비가 어디 있냐고 묻는다면
영릉의 이슬 맺힌 방초에서 슬퍼하고 있으리.

— 유우석(劉禹錫), 「瀟湘神」

그러나 근체 절구에서 변한 것이 아니라 고악부(古樂府)에서 변한 것도 있다. 다음 예를 보자.

胡馬, 胡馬,
遠放燕支山下.
跑沙跑雪獨嘶,
東望西望路迷.
迷路, 迷路.
邊草無窮日暮.

호마여, 호마여

멀리 연지산 아래 놓아길렀다.
모래와 눈 위를 뛰어다니며 홀로 울고
동쪽 서쪽을 바라보다 길을 잃었다.
길을 잃었다, 길을 잃었다.
변방의 초원 끝이 없는데 해가 저문다.

— 위응물(韋應物), 「調笑」

36.10 이로부터 볼 때 장단구(長短句)의 사(詞)는 분명 이미 성당 시기에 배태되었고(張志和 · 張九齡의 「漁父」, 韋應物의 「調笑」 등), 중당(中唐)에 이르러 점차 성행하여 왕건(王建)에게 「궁중조소(宮中調笑)」가 있고, 한굉(韓翃)에게 「장대류(章臺柳)」가 있고, 대숙륜(戴叔倫)에게 「전응곡(轉應曲)」(즉 「調笑」)이 있고, 유우석(劉禹錫)에게 「억강남(憶江南)」 · 「소상신(瀟湘神)」이 있고, 백거이(白居易)에게 「화비화(花非花)」 · 「억강남(憶江南)」 · 「연도원(宴桃源)」 · 「장상사(長相思)」가 있는 등등이다. 대략 중당 이후부터 시인들은 근체시 외에도 또 다른 시체(詩體)가 있다는 것을 의식하게 되었다. 그러나 당시에는 아직 이것을 사(詞)라고 부르지는 않았으며, 단지 '곡(曲)' 또는 '악(樂)'의 부류로 간주했을 따름이다.

36.11 온정균(溫庭筠)은 사를 대량으로 제조한 첫 번째 사람이었다. 전해지기로는 그에게 『악란집(握蘭集)』 · 『금전집(金荃集)』 등이 있다고 하는데, 조숭조(趙崇祚)가 『화간집(花間集)』에 그의 사 66수를 수록하였다. 사는 그의 제창을 거쳐서 더욱 성행하게 되었을 것이다. 그가 사용한 사식(詞式)으로 지금 알 수 있는 것은 다음의 19종이다.

1. 「남가자(南歌子)」　　2. 「하엽배(荷葉杯)」
3. 「몽강남(夢江南)」(즉 「억강남(憶江南)」)
4. 「양류지(楊柳枝)」　　5. 「번녀원(蕃女怨)」
6. 「하방원(遐方怨)」　　7. 「소충정(訴衷情)」
8. 「정서번(定西番)」　　9. 「사제향(思帝鄉)」

10. 「옥호접(玉胡蝶)」
11. 「주천자(酒泉子)」
12. 「여관자(女冠子)」
13. 「귀국요(歸國遙)」
14. 「보살만(菩薩蠻)」
15. 「청평악(淸平樂)」
16. 「경루자(更漏子)」
17. 「하독신(河瀆神)」
18. 「하전(河傳)」
19. 「목란화(木蘭花)」

온정균(溫庭筠)의 시대에 이르러 사와 시는 비로소 확실하게 분가를 하였다.

36.12 그러나 사와 시는 분가한 뒤에도 어느 정도의 뒤섞임을 면할 수 없어서 몇몇 시의 형식이나 시의 형식과 유사한 것이 사식(詞式)으로 사용되기도 했다. 예를 들어 온정균의 「목란화(木蘭花)」는 엄연히 측운 칠언율시이다.

家臨長信往來道, 乳燕雙雙拂煙草. 油壁車輕金犢肥, 流蘇帳曉春雞早.
籠中嬌鳥暖猶睡, 簾外落花閑不掃. 衰桃一樹近前池, 似惜紅顏鏡中老.

집이 장신궁을 오가는 길옆에 있는데
어린 제비가 쌍쌍이 안개 낀 풀을 스친다.
채색 수레 가볍고 금빛 송아지 살쪘는데
술 휘장에 날이 새 봄 닭이 일찍 운다.
새장의 새는 따뜻하여 깨어날 줄 모르고
주렴 밖의 낙화는 한가하여 쓸지 않는다.
앞 연못 가까이의 시들어가는 도화 한 그루
고운 얼굴이 늙어 가는 것을 애석해하는 듯하다.

점대(黏對)와 대장(對仗)이 율격에 맞을 뿐만 아니라 출구(出句) 마지막 글자의 평측이 교대로 사용되어 측운 율시의 전형적인 규칙에도 들어맞는다(제4절을 참조할 것). 다시 한악(韓偓)의 「생사자(生查子)」를 보자.

侍女動妝奩, 故故驚人睡. 那知本未眠, 背面偸垂淚.

懶卸鳳皇釵, 羞入鴛鴦被. 時復見殘燈, 和煙墜金穗.

시녀가 화장 상자를 움직여서
일부러 자는 사람을 놀라 깨게 한다.
어찌 알랴 본래 잠을 이루지 못하고
등 돌리고 몰래 눈물 흘리고 있음을.

봉황 장식 비녀를 힘없이 풀고
수줍어하며 원앙 이불 속에 들었다.
때때로 다시 본다 꺼져 가는 등불에서
연기와 함께 떨어지는 불똥을.

이것은 고풍(古風) 식의 율시이다. 다시 후치(侯寘)[7]의 「서자고(瑞鷓鴣)」를 보자.

遙天拍水共空明.
玉鏡開匳特地晴.
極目秋容無限好, 擧頭醉眼暫須醒.

白眉公子催行急, 碧落仙人著句清.
後夜蕭蕭葭葦岸, 一樽獨酌見離情.

멀리서 파도치고 하늘 넓고 밝은데
경대를 열고 옥거울 비추니 특히 맑다.
멀리 바라보니 가을빛이 무한히 좋아
머리 들고 취한 눈이 잠시 깨어야 하리.

흰 눈썹의 공자는 떠날 것을 재촉하고
푸른 하늘의 선인이 지은 구절 맑다.

7) 텍스트에는 侯寘가 侯寶으로 되어 있는데, 誤字이다.

한밤중 쓸쓸히 갈대 우거진 언덕에서
홀로 술 마시며 이별의 슬픔에 잠긴다.

이것은 그야말로 순수한 칠언율시이다. 이로부터 알 수 있듯이 사와 시의 관계는 시종 밀접하였다.

36.13 앞에서 언급했듯이 시에서 한두 글자를 증감하여 사로 바꾸는 풍조는 남당(南唐) 이후에 이르러서도 그치지 않았다. 다음 예를 보자.

(1) 칠언절구 한 수에서 한 글자를 줄인 것

深院靜, 小庭空,
斷續寒砧斷續風.
無奈夜長人不寐, 數聲和月到簾櫳.

깊숙한 정원 조용하고, 작은 마당 비어 있다.
끊겼다 이어지는 가을 다듬이 소리 바람 소리
긴긴 밤 잠 못 이루는데
달빛과 함께 발 드리운 창문을 두드린다.

— 남당(南唐) 후주(後主) 이욱(李煜), 「搗練子」

(2) 칠언절구 두 수에서 한 글자를 줄인 것

枕上流鶯和淚聞,
新啼痕間舊啼痕.
一春魚鳥無消息, 千里關山勞夢魂.

無一語, 對芳樽.
安排腸斷到黃昏.
甫能炙得燈兒了, 雨打梨花深閉門.

베갯머리에서 눈물과 함께 꾀꼬리 소리를 들으니

새로운 눈물자국이 옛 눈물자국에 섞인다.
봄 내내 물고기와 기러기는 소식 전하지 않아
천 리 산하에 꿈속의 혼이 고달프다.

한 마디 말도 없이 술잔을 대하며
황혼에 이르러 애가 끊길 것에 대비한다.
이제 겨우 등잔에 불을 붙이니
배꽃에 비가 내리쳐 깊이 문을 닫는다.

—진관(秦觀), 「鷓鴣天」

여기서는 매우 분명한 것들만을 들어 말하였다. 서너 글자를 증감하거나 한두 구절을 증감한 것은 예가 너무 많아서 일일이 들지 않겠다.

제37절 사의 글자 수

37.1 사는 두 시기로 나눌 수 있다. 당(唐)·오대(五代)가 제1기이고, 송(宋) 이후가 제2기이다. 사의 의경(意境)을 본서의 범위 안에 두지 않는다면 양자 사이의 구별은 다음과 같다.

① 전자는 모두 단조(短調)이고, 후자는 단조(單調)와 장조(長調)를 겸하였다.
② 전자는 운(韻)과 운 사이의 거리가 짧고, 후자는 운과 운 사이의 거리가 짧은 것도 있고 긴 것도 있다.

운에 관해서는 다음 절에서 논하기로 하고, 여기서는 장단(長短)의 문제를 살펴보기로 한다.

37.2 만수(萬樹)는 그의 『사율(詞律)』「발범(發凡)」에서 다음과 같이 말

하였다.

> 『초당시여(草堂詩餘)』에서 소령(小令)·중조(中調)·장조(長調)의 항목으로 나눈 이래 후인들이 이를 따랐지만 이 또한 대략적인 구분이었을 뿐이니, 『사종(詞綜)』에서 "주관적인 견해로써 나눈 것인데 후인들이 마침내 이를 답습하였지만 매우 거친 분류에 속한다"라고 지적한 것과 같다. 전당(錢唐)의 모선서(毛先舒)는 "58자(字) 이내가 소령이고, 59자부터 90자까지가 중조이고, 91자를 넘는 것이 장조이니 이는 고인의 정례(定例)이다"라고 하였다. 내 생각에는 이 또한 『초당시여』의 분류에 구속받은 것으로, 이른바 '정례'는 근거가 무엇인가? 한 글자를 줄인다고 해서 단조(短調)가 되고 한 글자를 많게 한다고 해서 장조(長調)가 되는 이치는 세상에 없다. 예를 들어 「칠낭자(七娘子)」는 58자 짜리도 있고 60자 짜리도 있으니, 소령이라고 할 것인가? 중조라고 할 것인가? 또 「설사아(雪獅兒)」는 89자 짜리도 있고 92자 짜리도 있으니, 중조라고 할 것인가? 장조라고 할 것인가? 그러므로 본보(本譜)에서는 다만 글자 수에 의거해서 소령·중조·장조를 구분하지는 않았다.[8)]

한 글자를 줄인다고 해서 단조가 되고 한 글자를 많게 한다고 해서 장조가 되는 것은 물론 지나치게 융통성이 없는 것이다. 그러나 58자 이내를 소령으로 한 것은 나름대로 타당성이 있는 것이어서 결코 "주관적인 견해로써 나눈 것"이 아니다. 앞에서 말했듯이 최초의 사는 대체로 근체의 율시와 절구를 증감시켜 만든 것이다. 칠언율시 한 수 또는 칠언절구 두 수는 모두 56자인데, 사가 으레 그렇듯이 2첩(疊)으로 나누고 각각의 첩에 한 글자씩 보태면 바로 58자가 된다. 다음 예를 보자.

---

8) 自『草堂』有小令中調長調之目, 後人因之, 但亦約略云爾. 『詞綜』所云"以臆見分之, 後遂相沿, 殊屬牽率"者也. 錢唐毛氏云: "五十八字以內爲小令, 五十九字至九十字爲中調, 九十一字以外爲長調, 古人定例也." 愚謂此亦就『草堂』所分而拘執之, 所謂"定例", 有何所據? 若以少一字爲短, 多一字爲長, 必無是理. 如「七娘子」有五十八字者, 有六十字者, 將名之曰小令乎? 抑中調乎? 如「雪獅兒」有八十九字者, 有九十二字者, 將名之曰中調乎? 抑長調乎? 故本譜但敍字數, 不分小令中長之名.

春色將闌, 鶯聲漸老,
紅英落盡靑梅小.
畫堂人靜雨濛濛, 屛香半掩餘香裊.

密約沈沈, 離情杳杳,
菱花塵滿慵將照.
倚樓無語欲銷魂, 長空黯淡連芳草.

봄빛이 끝나가고, 꾀꼬리 소리 쇠약해가
붉은 꽃 다 떨어지고 푸른 매실 조그맣다.
화당에 사람 고요하고 비 부슬부슬 내리는데
병풍에 향은 반쯤 가려지고 남은 향 하늘거린다.

밀약은 소식이 없고, 이별의 정 깊어가는 데
마름꽃에 먼지 가득하여 비추어보고 싶지 않다.
말없이 누대에 기대어 있자니 넋이 나갈 듯한데
먼 하늘 암담한 기운이 방초에 이어져 있다.

— 구준(寇準), 「踏莎行」

이것은 측운 칠언절구 두 수를 합성한 것이다. 단지 각 수의 수구(首句)에 한 글자를 첨가한 다음 두 구로 나누어서 한 수의 사로 만든 것이다.

37.3 만약 매 첩에 두 글자씩을 보탠다면 60자가 될 것이다. 다음 예를 보자.

誰道閑情抛擲久?
每到春來, 惆悵還依舊.
日日花前常病酒,
不辭鏡裏朱顔瘦.

河畔靑蕪堤上柳.

爲問新愁, 何事年年有?
獨立小橋風滿袖,
平林新月人歸後.

헛된 감상을 내버린 지 오래라고 누가 말했던가?
봄이 올 때마다, 슬픔은 아직 여전한 것을!
날마다 꽃 앞에서 크게 취하여
거울 속의 붉은 얼굴 야위어도 마다 않는다.

강가의 파란 풀과 언덕 위의 버드나무.
묻노니 새로운 슬픔은, 어찌하여 해마다 찾아드는가?
작은 다리에 홀로 서 있으니 바람은 소매 가득히 불어오고
평지 숲 위로 막 돋은 달이 사람 돌아간 뒤를 비춘다.

— 풍연사(馮延巳), 「鵲踏枝」

이것도 측운 칠언절구 두 수를 합성한 것인데, 각 수의 제2구에 두 글자를 첨가하여 두 구로 나누었으며 제3구에도 압운을 했을 뿐이다(전기의 사는 압운을 보통 조밀하게 하였다).

37.4 이외에도 수첩(首疊)에 두 글자를 첨가하고, 차첩(次疊)에 네 글자를 첨가한 것이 있다. 다음 예를 보자.

煖日閒窗映碧紗,
小池春水浸晴霞.
　　數樹海棠紅欲盡,
　　爭忍?
玉閨深掩過年華!

　　獨憑繡牀方寸亂,
　　腸斷!
淚珠穿破臉邊花.

　　鄰舍女郎相借問,
　　音信,
教人羞道未還家!

따뜻한 날 한산한 창에 푸른 깁 비치고
작은 못 봄물에 갠 하늘의 놀이 잠겨 있다.
몇 그루 해당은 붉은 꽃이 지려고 하니
어찌 견딜까?
규방은 깊이 닫혔는데 세월만 흘러간다!

홀로 침상에 기대 있으니 마음 산란하여
애간장 끊어진다!
눈물방울이 얼굴 옆 꽃에까지 떨어진다.
이웃집 아가씨가 나에게 묻는다
임의 소식을.
아직 돌아오지 않았다고 말하자니 부끄럽다.

— 구양형(歐陽炯), 「定風波」

이것은 두 수의 평운 칠언절구를 합성한 것이다. 칠언율시의 규칙을 참고하여 따랐기 때문에 제5구에 운을 달지 않았다. '爭忍'·'腸斷'·'音信'의 여섯 글자는 첨가해 넣은 것이므로 이것들을 제거해도 의미가 여전히 이어진다. 이것들을 첨가해 넣은 것은 운각(韻脚)을 복잡하게 변화시켜 운(韻)이 느슨해지지 않도록 한 것이다.

37.5 우리가 보기에 율시·절구와 글자 수에 별 차이가 없는 사는 모두 소령(小令)으로 칭할 수 있을 것 같다. 우리는 사를 두 종류로 나누는 것이 마땅하다고 생각한다. 첫째는 62자 이내의 소령으로 당(唐)·오대사(五代詞)가 대체로 이 범주에 국한된다(극소의 예외로 杜牧의 「八六子」 같은 것이 의심스럽다). 둘째는 63자를 넘는 '만사(慢詞)'(다음 글을 보라)로 『초당시여(草堂詩餘)』에서 언급한 중조(中調)와 장조(長調)를 포함하는데, 이것

들은 대체로 송대(宋代) 이후에 나왔다.

37.6 『사율(詞律)』에 서술된 것에 의하면 가장 짧은 사는 「죽지사(竹枝詞)」로 14자로 이루어졌다. 다음 예를 보자.

> 芙蓉幷蒂竹枝一心連女兒花侵槅子竹枝眼應穿女兒. (皇甫松)
>
> 나란히 핀 부용꽃 한 마음으로 이어져 있고, 꽃이 창틈으로 들어와 눈을 찌르겠다.

이것은 일종의 민가 형식이며, '竹枝'·'女兒'는 바로 화성(和聲[9])이다. 만약 화성도 글자 수에 계산해 넣으면 응당 14자가 넘는다. 또한 「십륙자령(十六字令)」(「蒼梧謠」라고도 함)이 있다.

> 天!
> 休使圓蟾照客眠.
> 人何在? 桂影自嬋娟. (蔡伸)
>
> 하늘이여!
> 둥근 달이 잠자는 나그네를 비추게 하지 마소서.
> 임은 어디에? 달빛이 절로 아름답다.

이것도 민가의 형식이다. 진정한 사로 가장 짧은 것은 18자의 「한중호(閒中好)」이다.

> 閒中好,
> 塵務不縈心.
> 坐對當窗木,
> 看移三面陰. (段成式)

9) 가곡을 演唱할 때 일종의 후렴과 같은 것이다. 唱者가 가사를 한 수 노래하고 나면 한 사람 또는 여러 사람이 應和하는 부분인데 주로 虛聲이다.

한가하니 좋구나.
속세의 일이 마음을 얽어매지 않는다.
앉아서 창문 앞의 나무를 마주하고
삼면의 그림자 이동하는 것을 바라본다.

가장 긴 것은 240자의 「앵제서(鶯啼序)」이다.

殘寒正欺病酒, 掩沈香繡戶.
燕來晚, 飛入西城, 似說春事遲暮.
畫船載, 淸明過却, 晴烟冉冉吳宮樹.
念羈情, 游蕩隨風, 化爲輕絮.

十載西湖, 傍柳繫馬, 趁嬌塵輭霧.
遡紅漸招入仙溪, 錦兒偸寄幽素.
倚銀屛, 春寬夢窄; 斷紅溼, 歌紈金縷.
暝隄空, 輕把斜陽, 總還鷗鷺.

幽蘭旋老, 杜若還生, 水鄕尙寄旅.
別後訪六橋無信, 事往花萎, 瘞玉埋香, 幾番風雨!
長波妒盼, 遙山羞黛; 漁燈分影春江宿, 記當時, 短楫桃根渡.
靑樓髣髴, 臨分敗壁題詩, 淚墨慘淡塵土.

危亭望極, 草色天涯, 嘆鬢侵半苧.
暗檢點離痕歡唾, 尙染鮫綃; 嚲鳳迷歸, 破鸞慵舞.
殷勤待寫, 書中長恨; 藍霞遼海沈過雁, 謾相思, 彈入哀箏柱.
傷心千里江南, 怨曲重招, 斷魂在否? (吳文英)

봄 한기가 때마침 술병 난 몸을 엄습하여
침향을 피운 방의 수놓은 문을 닫았다.
제비는 늦게 와서

서성으로 날아들며
봄이 늦었다고 말하는 듯하다.
놀이 배는 호수에 가득히 떠다니고
청명은 이미 지나버렸는데
오궁 숲에 모락모락 아지랑이 피어난다.
생각하면 나그네의 떠도는 마음
바람 따라 흩날리는 버들 솜이 되었다.

십 년 전 서호에서
버드나무 옆에 말을 매고
꽃가루와 엷은 안개 좇아다녔다.
붉은 꽃을 거슬러 선녀 계곡으로 들어가니
금아가 몰래 은밀한 정을 전해 왔다.
떠나기가 아쉬워 은병풍에 기대니
봄은 길건만 그녀와의 단꿈은 짧기만 했다.
그녀의 눈에서 눈물이 흘러
부채와 춤옷을 축축이 적셨었다.
어둠 내린 강둑에 인적이 없어질 때
석양일랑 몽땅 다
갈매기 백로에게 돌려주었다.

난초가 시들고
두약이 다시 나도
물가 마을에서 아직도 나그네였다.
헤어졌다 다시 오니
육교에도 그녀의 소식은 없다.
옛날 일은 사라지고 꽃은 지는데
옥과 향을 묻은 뒤로
몇 차례나 비바람이 지나갔을까?
맑은 물도 그녀의 눈 시샘하여 흘겨보고
산줄기도 그 눈썹에 부끄러워하는데

고깃배 불빛 속에 봄 강에서 잠을 잔다.
생각난다 그 당시에
짧은 노로 도근 나루에서 그녀를 보내던 일이.
청루에 어렴풋한
헤어질 때 허물어진 벽에 써둔 시는
눈물로 쓴 글씨가 참담하게 먼지를 뒤집어썼다.

높다란 정자에서 아득히 바라보니
풀빛이 하늘 끝과 맞닿았는데
살쩍에는 절반이나 하얀 모시 침범했다.
가만히 살펴보니
이별의 한과 기쁨의 침이
아직도 손수건에 물들어 있다.
날개 처진 봉황이 갈 길을 잃어
깨진 거울 앞에서 춤추기도 귀찮다.
은근히 글을 써서
편지에다 장탄식을 하려고 해도
놀 잠긴 먼 바다에 기러기 빠져서 못 건너겠다.
끝없는 그리움을
구슬픈 쟁 속에 튕기어 넣는다.
강남 땅 천 리가 마음을 아프게 하여
원한 서린 곡조로 거듭 혼을 부르건만
그대의 영혼은 어디 있는지 모르겠다.

37.7 가장 짧은 사는 앞 절에서 예로 든 「어부(漁父)」(즉 「漁歌子」)·「소상신(瀟湘神)」·「조소(調笑)」(즉 「調笑令」)와 본 절에서 든 「한중호(閒中好)」처럼 단락을 나누지 않았고, 비교적 긴 사는 두 단락으로 나누어 쌍첩(雙疊, 즉 前闋과 後闋)이라고 한다. 단락을 나누지 않은 사를 단조(單調)라고 하고, 두 단락으로 나눈 사를 쌍조(雙調)라고 한다. 그러나 이른바 장단(長短)에 절대적인 기준이 있는 것은 아니다. 두 단락으로 나눈 사가

34자밖에 안 되는 경우도 있다. 다음 예를 보자.

何處笛?
深夜夢回情脉脉.
竹風簾雨寒窗隔.

離人幾歲無消息.
今頭白!
不眠特此重相憶.

어디서 들려오는 피리소리일까?
깊은 밤 꿈 깨니 정에 젖어든다.
차가운 창 너머로 대와 발에 비바람 친다.

떠나간 사람 여러 해 소식 없어
지금 머리가 하얗게 세었다.
잠 못 이루어 특히 지금 몹시 그립다.

— 구양수(歐陽修), 「歸國謠」

단락을 나누지 않은 사가 44자에 이르는 경우도 있다. 다음 예를 보자.

西風昨夜穿簾幕,
閨院添蕭索,
最是梧桐零落.
迤邐秋光過却,
人情音信難託.
教奴獨自守空房,
淚珠與燈花共落.

가을바람이 간밤에 주렴과 휘장을 뚫고 들어와
규방 뜰에 쓸쓸함이 첨가되었는데

가장 쓸쓸한 건 오동잎이 떨어지는 것이다.
점차 가을빛이 지나가건만
인정은 소식을 맡기기 어렵다.
이 몸이 홀로 빈 방을 지키게 하시니
눈물방울이 불똥과 함께 떨어진다.

—범중윤(范仲胤)의 처, 「伊川令」

37.8 전결(前闋)과 후결(後闋)이 구절 수가 같고 글자 수도 같으면 완전히 평행상태가 되는데, 이것을 정식의 쌍조(雙調)로 볼 수 있다. 이와 같은 쌍조 중에서 가장 짧은 것이 36자의 「장상사(長相思)」이다. 다음 예를 보자.

汴水流, 泗水流,
流到瓜洲古渡頭.
吳山點點愁.

思悠悠, 恨悠悠,
恨到歸時方始休.
月明人倚樓. (白居易)

변수의 물 흘러 흐르고, 사수의 물 흐르고 흘러
모두 다 과주의 오랜 부두 적시건만
오산은 점점이 수심에 잠겼어라.

끊임없는 그리움, 끝없는 안타까움
임이 와야 이 원한 풀리려는가?
달 밝은 누대에 홀로 기대어 섰다.

예를 더 들어보면 다음과 같다.

春花秋月何時了?

往事知多少!
小樓昨夜又東風,
故國不敢回首月明中.

雕欄玉砌應猶在,
只是朱顔改.
問君能有幾多愁,
恰似一江春水向東流!

봄 꽃 가을 달 언제 끝장나려나?
지난 일은 또 얼마이던가!
작은 누각엔 어제 밤 또 봄바람 불어
고국을 밝은 달빛 아래선 돌아볼 수 없구나.

조각한 난간과 옥섬돌 그대로 있으련만
다만 홍안만이 바뀌었구나.
묻노니 그대 얼마나 많은 수심 품을 수 있는가?
온 강의 봄물이 동쪽으로 흐르는 것 같다네!

— 남당 후주 이욱(李煜), 「虞美人」

景物因人成勝槪,
滿目更無塵可礙.
等閒簾幙小闌干, 衣未解,
心先快.
明月淸風如有待.

誰信門前車馬隘,
別是人間閒世界.
座中無物不淸涼, 山一帶,
水一派.
流水白雲長自在.

경물이 사람에게 아름다운 경치를 이루어주어
시야를 방해하는 먼지 한 점 없다.
한가히 주렴과 휘장 거두고 작은 난간에 올라
옷을 벗기도 전에 마음이 먼저 상쾌하다.
밝은 달과 맑은 바람이 기다리고 있었나보다.

문 앞에 거마 드나들기 험하다고 누가 믿겠는가?
인간세상 별도의 한가한 세계이다.
좌중에는 청량하지 않은 것이 없으니
산이 하나 둘러 있고 물 한 줄기 흐른다.
흐르는 물과 흰 구름에 언제나 유유자적한다.

—심회종(沈會宗), 「天仙子」

37.9 사는 쌍조(雙調)가 가장 흔하고, 단조(單調)가 그 다음이며, 삼첩(三疊)과 사첩(四疊)은 매우 드물다. 특히 사첩은 「앵제서(鶯啼序)」 한 보(譜)뿐인데(「梁州令疊韻」을 사첩으로 쓴 것은 의심스럽다), 이미 앞에서 예로 들었다. 삼첩의 사로는 「야반악(夜半樂)」·「보정현(寶鼎現)」·「척씨(戚氏)」 등이 있는데, 여기서 예를 하나 들어보겠다.

凍雲黯淡天氣, 扁舟一葉, 乘興離江渚.
渡萬壑千巖, 越溪深處.
怒濤漸息, 樵風乍起, 更聞商旅相呼. 片帆高擧,
泛畫鷁, 翩翩過南浦.

望中酒旆閃閃, 一簇煙村, 數行霜樹.
殘日下, 漁人鳴榔歸去.
敗荷零落, 衰楊掩映, 岸邊兩兩三三, 浣紗遊女.
避行客, 含羞笑相語.

到此應念 : 繡閣輕拋, 浪萍難駐.

嘆後約, 丁寧竟何據?
慘離懷, 空恨歲晚歸期阻.
凝淚眼, 杳杳神京路,
斷鴻聲遠長天暮!

구름 얼어붙은 음침한 날씨에
일엽편주를 타고
강나루를 떠나니 감흥이 인다.
수많은 계곡과 산을 지나
월계가 끝나는 곳에 이르렀다.
성난 파도 점차 가라앉더니
순풍이 일고
상인들이 서로 인사하는 소리 들린다.
돛을 높이 세우고
그림배는 경쾌하게 남쪽 포구를 지난다.

멀리 주막의 깃발이 펄럭이고
마을엔 연기가 피어오르고
서리 내린 나무들이 줄지어 있다.
석양 아래
어부들은 뱃전을 두드리며 돌아간다.
연잎은 시들어 떨어지고
누런 버들잎 어울려 빛난다.
물가에는 오순도순
빨래하는 아낙들 보이는데
지나가는 나그네를 부끄러워 피하며
서로 웃고 이야기한다.

이제 생각하면
고향의 아름다운 누각 너무 쉽게 떠나와
물결에 떠도는 부평초처럼 정착할 수가 없구나.

아아, 훗날의 기약을 정녕 무엇에 의지하리?
이별의 정회 참담하고
날은 저무는데 돌아갈 날 막막하여 슬픔이 인다.
이슬 맺힌 눈으로 응시하니
서울 가는 길 아득한데
외로운 기러기 소리 저녁 하늘 멀리 사라져 간다.

— 유영(柳永), 「夜半樂」

이들은 대체로 글자 수가 많기 때문에 삼첩・사첩으로 나눈 것이지, 다른 의미가 있는 것은 아니다.

* * *

37.10 사에는 '영(令)'・'인(引)'・'근(近)'・'만(慢)' 등의 명칭이 있는데, 대체로 글자 수와 관계가 있다. 이제 이 용어들 각각에 대해 설명해 보겠다.

37.11 (1) 영(令)

'영(令)'은 사패(詞牌)의 통칭이다. 따라서 수많은 사패에 임의로 '영(令)' 자를 덧붙일 수 있다. 예를 들면 다음과 같다.

「삼대(三臺)」 「삼대령」이라고도 한다.
「조소(調笑)」 「조소령」이라고도 한다.
「낭도사(浪淘沙)」 「낭도사령」이라고도 한다.
「상림춘(上林春)」 「상림춘령」이라고도 한다.
「희천앵(喜遷鶯)」 「희천앵령」이라고도 한다.
「우중화(雨中花)」 「우중화령」이라고도 한다.
「작교선(鵲橋仙)」 「작교선령」이라고도 한다.

「동선가(洞仙歌)」　「동선가령」이라고도 한다.

또한 수많은 사패가 '영(令)'자가 붙은 별명을 지니고 있다. 예를 들면 다음과 같다.

「남가자(南歌子)」　「풍접령(風蝶令)」이라고도 한다.
「취태평(醉太平)」　「사자령(四字令)」이라고도 한다.
「춘광호(春光好)」　「수의란령(愁倚闌令)」이라고도 한다.
「청상원(淸商怨)」　「관하령(關河令)」이라고도 한다.
「사화번(四和番)」　「사범령(四犯令)」이라고도 한다.
「소막차(蘇幕遮)」　「빈운송령(鬢雲鬆令)」이라고도 한다.
「염노교(念奴嬌)」　「백자령(百字令)」이라고도 한다.

37.12 (2) 인(引)

두문란(杜文瀾)은 『사율(詞律)』(권10)에 실린 「천추세인(千秋歲引)」 뒤에 자신의 견해를 덧붙여 "제목에 '인(引)'을 덧붙인 것은 '인신(引申)'의 의미여서 글자 수가 반드시 원래의 것보다 많다"라고 하였다. 이는 「천추세인」이 「천추세」에 글자를 증가시켜 만든 것이라는 말이다. 이제 「천추세」와 「천추세인」의 작품을 들어 비교해보자.

雨聲蕭瑟, 初到梧桐響.
人不寐, 秋聲爽.
低檐燈暗淡, 畫幕風來往.
誰共賞?
依稀記得船篷上.

拍岸浮輕浪,
水闊菰蒲長.

向別浦，收橫網.
綠蓑動暝色，艇子搖雙槳.
君莫忘：
此情猶是當時唱.

빗소리 소슬하게, 오동잎에 떨어져 소리를 낸다.
사람은 잠 못 이루고, 가을 소리 상쾌하다.
처마 밑의 등불 암담하고, 채색 장막에 바람 드나든다.
누구와 함께 완상하나?
어렴풋이 거룻배의 일이 생각난다.

가벼운 파도가 물가 언덕을 치며 솟아오르고
물 넓게 펼쳐 있고 부들이 길게 뻗어 있다.
이별의 포구를 향해, 가로놓인 그물을 거두었다.
어스름에 푸른 도롱이 움직이고, 배는 쌍 노를 저었다.
그대는 잊지 마시게
이 정을 그 당시에 노래로 불렀다네.

— 섭몽득(葉夢得), 「千秋歲」

別館寒砧，孤城畫角.
一派秋聲入寥廓.
東歸燕從海上去，南來雁向沙頭落.
楚臺風，庾樓月，宛如昨.

無奈被些名利縛；
無奈被他情擔閣.
可惜風流總閒却.
當初謾留華表語，而今誤我秦樓約.
夢闌時，酒醒後，思量著.

이별의 객사에 가을 다듬이 소리, 외로운 성에 뿔피리 소리.

한 줄기 가을 소리가 쓸쓸한 성곽에 든다.
동쪽으로 돌아가는 제비는 바닷가에서 떠나고
남쪽으로 오는 기러기는 모래톱에 내려앉는다.
초대의 바람, 유루의 달, 어제 일처럼 완연하다.

어찌할 수 없구나 명리에 얽매인 몸을.
어찌할 수 없구나 그가 정의 짐을 내려놓은 것을.
안타깝게도 풍류는 결국 하릴없이 물러갔다.
당초에 화표에서의 말을 거짓 남기더니
지금은 나의 진루에서의 약속을 그르쳤다.
꿈이 끝났을 때, 술에서 깨어난 후, 그리움에 젖는다.

— 왕안석(王安石), 「千秋歲引」

두문란(杜文瀾)의 의견에 의하면 후보(後譜)가 82자여서 전보(前譜)보다 10자가 많은데, 바로 전보를 약간 증감시켜 만든 것이라는 것이다. 전결(前闋) 제2구에서 한 글자를 줄이고, 제3구는 전보의 두 구를 합쳐서 한 구로 만든 다음에 한 글자를 첨가한 것이고, 후결(後闋) 제1구와 제2구에 각각 두 글자를 첨가하고, 제3구도 전보의 두 구를 합쳐서 한 구로 만든 다음에 한 글자를 첨가한 것이다. 또한 전결과 후결 모두 제4구·제5구에 각각 두 글자를 첨가하고, 마지막에 가서는 전보의 두 구를 세 구로 나누었다. 이와 같이 후보는 전보에서 '인신(引申)'되어 나온 것이라고 할 수 있다. 다만 한 가지, 후보가 전보보다 운(韻) 하나가 줄었기 때문에 만수(萬樹)는 "전사(前詞)와 판이하다"라고 말했다. 우리는 두문란의 말이 반드시 옳다고 증명할 방법이 없다. 왜냐하면 증거로 삼을 만한 다른 자료가 없기 때문이다. 「천추세인」 외에 사의 명칭에 '인(引)'이 덧붙은 것으로 다음과 같은 것들이 있다.

「취화인(翠華引)」　　「법가도인(法駕導引)」
「강성매화인(江城梅花引)」(즉 「明月引」)

「화청인(華淸引)」 「금조상사인(琴調相思引)」
「태상인(太常引)」 「청문인(靑門引)」
「동파인(東坡引)」 「매화인(梅花引)」
「바라문인(婆羅門引)」 「양관인(陽關引)」
「망운애인(望雲涯引)」 「몽옥인인(夢玉人引)」
「미선인(迷仙引)」 「황학인(黃鶴引)」
「혜란방인(蕙蘭芳引)」 「청파인(淸波引)」
「화서인(華胥引)」 「요천봉취화인(遙天奉翠華引)」
「운선인(雲仙引)」 「미신인(迷神引)」
「석주인(石州引)」

이것들은 모두 비교의 대상으로 삼을 만한 짝 사가 없다. 이를테면 「취화인(翠華引)」의 앞에 「취화(翠華)」 또는 「취화령(翠華令)」이 없다는 말이다. 사정이 이러므로 '인(引)'이 보통의 사에서 '인신(引申)'되어 나온 것이라고 단정하기 어렵다. 더구나 「취화인」이 바로 「삼대령(三臺令)」이므로 '인(引)'이 '영(令)'의 별명이 아닌가 하고 의심하게 만든다. 『초학기(初學記)』에 "옛날의 금곡(琴曲)에 아홉 인(引)이 있다"라고 하였으니, 이로부터 '인(引)'이 바로 '곡(曲)'임을 알 수 있다. 당대(唐代)에는 사(詞)를 곡(曲)이라고 칭했으므로 '인(引)' 또한 사(詞)라고 할 수 있다. 송대(宋代) 이후에 이르러 '인(引)'이 원조(原調)의 '인신(引申)'이라고 오해한 사람이 있는지의 여부는(왕안석(王安石) 포함) 또 다른 문제이다. 또한 조조(曹組)의 「바라문인(婆羅門引)」은 76자이고, 유영(柳永)의 「바라문령(婆羅門令)」은 86자여서, 비록 두 사조(詞調)가 전혀 상관이 없긴 하지만 이를 통해 '인(引)'이 반드시 '영(令)'보다 긴 것이 아님을 알 수 있다.

37.13 (3) 근(近)

'근(近)'은 '근박(近拍)'이라고도 칭한다. '근'자가 덧붙은 사패(詞牌)도

원사(原詞)보다 글자가 더 많다. 예를 들어 「소충정(訴衷情)」과 「소충정근(訴衷情近)」을 비교해보자.

清晨簾幕卷輕霜.
呵手試梅妝.
都緣自有離恨, 故畫作, 遠山長.

思往事, 惜流光.
易成傷.
擬歌先斂, 欲笑還顰, 最斷人腸.

맑은 새벽에 서리 맺힌 커튼을 걷고
입김으로 손을 녹이며 매화장을 한다.
모두가 이별의 한 때문에
짐짓 기다랗게 遠山眉를 그린다.

옛 일을 생각하니, 흘러가는 청춘이 애석하여
이내 마음의 고통이 인다.
노래 부르기에 앞서 눈썹이 찌푸려지고
웃으려 해도 눈썹이 일그러져
나의 애간장을 끊는다.

— 구양수(歐陽修), 「訴衷情」

雨晴氣爽, 竚立江樓望處. (杜文瀾이 '處'자가 韻이라고 하였는데, 옳다.)
澄明遠水生光, 重疊暮山聳翠.
遙想斷橋幽徑, 隱隱漁村, 向晚孤烟起.

殘陽裏,
脈脈朱闌靜倚.
黯然情緒, 未飲先如醉.

愁無際!
暮雲過了, 秋風老盡, 故人千里.
竟日空凝睇!

비 개어 날씨 상쾌한데, 강루에 우두커니 서서 바라본다.
맑고 밝아 멀리 물에서는 빛이 나고
저녁 산은 첩첩 푸르게 솟아 있다.
멀리 생각하니 끊어진 다리와 그윽한 길,
은은히 어촌에서는, 저녁 무렵 외로운 연기가 솟아오른다.

석양 속에서
정을 품고 붉은 난간에 조용히 기대 있다.
암울한 마음이라, 마시기도 전에 취한 것 같다.
슬픔은 끝이 없구나!
저녁 구름 지나가고, 가을바람 쇠잔해졌는데
그리운 그 사람 천 리 밖에 있어
종일토록 공연히 물끄러미 바라본다.

— 유영(柳永), 「訴衷情近」

그러나 「소충정근」이 「소충정」과 짝을 이루는 것을 제외하면, 그 밖의 '근'사(詞)는 다른 사와 짝을 이루지 않으며 심지어 '근'자가 있을 수도 있고 없을 수도 있다. 예를 들면 다음과 같다.

「축영대(祝英臺)」	즉 「축영대근」이다.
「격포련(隔浦蓮)」	즉 「격포련근」이다.
「박호접(撲蝴蝶)」	즉 「박호접근」이다.
「조매방(早梅芳)」	즉 「조매방근」이다.

이로부터 볼 때 '근'도 '인'과 마찬가지로 반드시 먼저 원사(原詞)가 있고난 다음에 글자를 증가시켜 '근'이 되는 것은 아니다. 그러나 '근'으로

칭해지는 것에는 단조(短調)가 없는 것 또한 사실이다. 「호사근(好事近)」의 '근'이 반드시 '인'·'근'의 '근'이 아닌 것을 제외하면 다른 것들 이를테면 「여지향근(荔枝香近)」은 73자 또는 76자이고, 「곽랑아근박(郭郎兒近拍)」은 73자이고, 「격포련근박(隔浦蓮近拍)」은 73자이고, 「박호접근(撲蝴蝶近)」은 75자이고, 「축영대근(祝英臺近)」은 77자이고, 「홍림금근(紅林檎近)」은 79자이고, 「조매방근(早梅芳近)」은 80자이어서 바로 『초당시여(草堂詩餘)』에서 언급한 중조(中調)이다.

왕이(王易)는 『사곡사(詞曲史)』에서 '인'과 '근'에 대해 다음과 같이 해석하였다.

> 대곡(大曲)에서 여러 편의 곡을 이어 하나의 대편(大篇)을 이룬 것을 '배편(排徧)'이라고 한다. 그 첫머리에 '인'이 있는데, 끌어당겨 그것을 늘였으므로 "머리를 길게 뺀다"는 뜻이다. 가두(歌頭)가 있고, 산서(散序)가 있고, 중서(中序)가 있다. '서(序)'는 '서(敍)'로서, '포서(鋪敍)'의 뜻이 있다. 곡이 절반에 이르면 '최곤(催袞)'이 있다. '최(催)'는 무박(舞拍)을 재촉하는 것이다. '곤(袞)'은 '곤(滚)'이라고도 하는데, 이 또한 무박(舞拍)이 흘러나오게 하는 것이다. 또한 '근박(近拍)'이라고 하는데, 입파(入破)에 가까워서 박자를 일으킨다는 말이다. 그러므로 근사(近詞)는 모두 구(句)가 짧고 운(韻)이 조밀하고 음(音)이 긴 것으로, '인'과는 다르다.10) (109면)

이 견해에 따르면 '인'은 원사(原詞)를 인신(引申)한 것이 아니고, '근'도 원사를 확충한 것이 아니다. 이들은 구의 장단·운의 소밀 등과 관련된다.

37.14 그러나 왕이(王易)의 견해는 하나의 주장이 될 수 있을 뿐으로, 실제로는 '인'과 '근'에 확실한 정의를 내리기가 무척 어렵다. 일반

---

10) 凡大曲聯多徧之曲以成一大篇, 謂之"排徧". 則開首有"引"焉. 引而長之, 亦引首之義也. 有歌頭焉, 有散序焉, 有中序焉. 序者叙也, 有鋪叙之義. 迨曲將半, 則有催袞焉. 催者, 所以催舞拍也. "袞"又作"滚", 亦以滚出舞拍也. 亦曰"近拍", 謂近於入破, 將起拍也. 故凡近詞皆句短韻密而音長, 與"引"不同.

적으로 말해서 '인'과 '근'은 모두 '영(令)'보다 짧다. 당대에는 이른바 '영'·'인'·'근'이 없었다. 남당(南唐) 후주(後主)에게 「낭도사령(浪淘沙令)」과 「삼대령(三臺令)」이 있었지만 송대 이전에는 아직 '인'과 '근'이 없었다. 앞에서 말한 것처럼 당·오대에 단조(單調)밖에 없었고 '인'과 '근'의 명칭이 송인에게서 시작된 것이라면, '인'과 '근'에 별다른 깊은 뜻이 없다고 하더라도 송인이 새로 제작한 사(또는 변경한 사패)라야 '인' 또는 '근'이라고 칭할 수 있었을 것이다. 우리는 그 대략을 아는 것으로 만족해야지, 더 이상 깊이 파고들 수 없다.

37.15 (4) 만(慢)

오증(吳曾)은 『능개재만록(能改齋漫錄)』에서 다음과 같이 말하였다.

> 사는 남당(南唐) 이래로 소령(小令)뿐이었다. 만사(慢詞)는 인종조(仁宗朝)에서 시작되었다. 중원에 전쟁이 끝나고 변경(汴京)이 번성하자 가무의 자리에서 신성(新聲)을 다투어 발표했다. 유영(柳永)이 실의하여 무료하자 방곡(坊曲)을 전전하다가 마침내 비속한 언어를 모두 수집하여 사에 엮어 넣어 기인(伎人)들이 전창(傳唱)하도록 했다. …… 그 후 소식(蘇軾)·진관(秦觀)·황정견(黃庭堅) 등이 잇달아 작품을 내놓으니 드디어 만사가 성행하였다.[11)]
>
> — 호운익(胡雲翼), 『사학(詞學)ABC』, 38면과 왕이(王易), 『사곡사(詞曲史)』, 110면에 모두 이 단락이 인용되어 있다.

'만'의 특징은 글자 수가 증가했다는 점이다. 이 특징은 '인'과 '근'이 증거를 구하기 어려운 것과 달리 아주 명백하다. 원사(原詞)와 만사(慢詞)의 글자 수를 비교한 다음의 예를 보자.

---

11) 詞自南唐以來, 但有小令. 其慢詞起自仁宗朝. 中原息兵, 汴京繁庶, 歌臺舞榭, 競賭新聲. 耆卿失意無聊, 流連坊曲, 遂盡收俚俗語言, 編入詞中, 以便伎人傳唱. …… 其後東坡少游山谷輩相繼有作, 慢詞遂盛.

「낭도사(浪淘沙)」 54자	「낭도사만」 133자
「강성자(江城子)」 70자	「강성자만」 109자
「상림춘(上林春)」 40자	「상림춘만」 102자
「완계사(浣溪沙)」 42자	「완계사만」 93자
「추노아(醜奴兒)」 44자	「추노아만」 90자
「복산자(卜算子)」 44자	「복산자만」 89자
「금당춘(錦堂春)」 48자	「금당춘만」 99자 또는 101자
「서강월(西江月)」 50자	「서강월만」 103자
「우중화(雨中花)」 51자	「우중화만」 96자
「목란화(木蘭花)」 52자	「목란화만」 101자
「고적령(鼓笛令)」 55자	「고적만」 106자
「사지춘(謝池春)」 66자	「사지춘만」 90자
「성성령(聲聲令)」 66자	「성성만」 96자 또는 97자
「석황화(惜黃花)」 70자	「석황화만」 108자
「분접아(粉蝶兒)」 72자	「분접아만」 96자

37.16 이제 우리에게 한 가지 문제가 있다. 만사는 동조(同調)의 영사(令詞)를 늘여서 만든 것일까 그렇지 않으면 영사(令詞)의 원명(原名)만 빌렸을 뿐 실제로는 그 영사의 형식과 아무런 관계가 없는 것일까? 이에 대해 우리는 후자를 믿는 편이다. 『사율(詞律)』은 「서강월만(西江月慢)」 뒤에 주를 달아 "「서강월」 본조(本調)와 아무 관련이 없다"라고 하였다. 또 「강성자만(江城子慢)」 뒤에 주를 달아 "「강성자」 본조와 전혀 다르다"라고 하였다. 기타의 사들도 아마 모두 이와 같을 것이다. 예를 들어 「완계사(浣溪沙)」와 「완계사만(浣溪沙慢)」을 다음에 비교해본다.

枕障熏鑪冷繡帷,
二年終日苦相思.
杏花明月爾應知.

天上人間何處去? 舊歡新夢覺來時.
黃昏微雨畵簾垂.

베갯머리 병풍과 향로와 차가운 수 휘장
이 년 동안 종일토록 그리움에 힘겨웠다.
밝은 달 아래의 살구꽃을 그대는 알리.

천상과 속세의 어디로 갔을까?
지난 즐거움의 꿈에서 깨어났을 때
황혼에 가랑비 내리고 채색 주렴 드리워 있다.

—장서(張曙), 「浣溪沙」

水竹舊院落, 櫻筍新花果.
嫩英翠幄, 紅杏交榴火.
心事暗卜, 葉底尋雙朵.
深夜歸青鎖.
燈盡酒醒時, 曉窗明, 釵橫鬢嚲.

怎生那?
被間阻時多(평성으로 측성과 叶韻하였음).
奈愁腸數疊, 幽恨萬端, 好夢還驚破.
可怪近來, 傳語也無箇!
莫是嗔人呵?
眞箇若嗔人, 却因何逢人問我?

물 흐르고 대나무 우거진 옛 뜰
앵두나무 순이 새로 꽃과 열매 맺었다.
갓 피어난 꽃과 비취빛 휘장
붉은 살구꽃이 빨간 석류와 교차된다.
마음의 일 몰래 점치려고
잎 밑에서 쌍 꽃송이를 찾았다.

깊은 밤 푸른 꽃무늬 창으로 돌아가
등불 다하고 술에서 깨어날 때
새벽 창 밝아오고, 비녀는 살짝 밑으로 늘어졌다.

어찌하나?
이불 사이에서 사이가 멀어지는 때가 많으니.
슬픔은 거듭 쌓이고, 깊은 한 종잡을 수 없어
좋은 꿈도 깜짝 놀라 깨어난다.
참으로 이상하구나 근래에 들어, 전하는 말조차 없으니!
나에게 성이 나 꾸짖는 것은 아닐까?
참으로 나에게 성이 난 것이라면
무엇 때문에 사람을 만나면 내 안부를 물을까?

— 주방언(周邦彦), 「浣溪沙慢」

우리는 「완계사만」이 「완계사」에서 변화되어 나왔다는 흔적을 찾을 수 없었다. 우리가 추측하기로는 송인이 신성(新聲)을 제작한 뒤에 왕왕 기억에 편리하도록 구 사패를 차용했는데, 한편 구 사패와의 혼동을 피하기 위해 '만'자를 덧붙였을 것이다. '만'은 '쾌만(快慢 : 빠르고 늦음, 속도)'의 '만'인데, 사가 길기 때문에 시간이 많이 걸리므로 '만'이라고 했을 것이다. 『전사명해(塡詞名解)』는 "생각건대 '만'으로 명명한 사는 만곡(慢曲)이다. 음을 가늘고 부드럽게 끌어서 갑자기 끝나지 않도록 한 것이다"라고 하였는데, 이 말은 맞지 않는 것 같다. 만약 각 글자가 차지하는 시간을 가지고 논한다면 만사 속의 글자는 오히려 빠른 속도로 불러 내려갔을 것이다. 왜냐하면 만사는 왕왕 운(韻)이 띄엄띄엄 있는데, 운이 띄엄띄엄 있으면 짧은 박자를 사용하지 않을 수 없기 때문이다.

37.17 신성이 '만'으로 명명된 후 몇몇 본조(本調)는 오히려 인기가 시들해졌다. 예를 들어 「성성만(聲聲慢)」은 「성성령(聲聲令)」보다 훨씬 많이 보인다. 따라서 경우에 따라서는 본조는 이미 실전되고 만사만 남아

세상에 유행했다고 짐작할 수 있다. 이를테면 「옥녀영춘만(玉女迎春慢)」·「양주만(揚州慢)」·「국향만(國香慢)」·「서설농만(瑞雪濃慢)」·「요화만(瑤花慢)」·「석주만(石州慢)」·「소상봉고인만(瀟湘逢故人慢)」·「석여춘만(惜餘春慢)」·「소무만(蘇武慢)」·「자유향만(紫萸香慢)」 등이 그런 경우이다. 그러나 한 가지 가능성이 더 있다. 만사가 성행한 후에는 반드시 본조가 있어야 '만'이라고 칭할 수 있는 것이 아니게 되었다. 이렇게 되면 '만'은 다만 일반적으로 말하는 '곡(曲)'과 같은 것이므로 '만'자의 사용여부는 있으나마나가 되었다. 예를 들면 다음과 같다.

「장상사만(長相思慢)」 즉「장상사」(103자 짜리 한 가지이다)
「탁패자만(卓牌子慢)」 즉「탁패자」
「권심방만(倦尋芳慢)」 즉「권심방」
「경청조만(慶淸朝慢)」 즉「경청조」
「서자장만(西子妝慢)」 즉「서자장」
「장정원만(長亭怨慢)」 즉「장정원」
「서평악만(西平樂慢)」 즉「서평악」
「배성월만(拜星月慢)」 즉「배성월」(또는「배신월(拜新月)」이라고 함)
「야비작만(夜飛鵲慢)」 즉「야비작」

37.18 이밖에도 글자 수의 증감과 관련된 용어들이 있어서 덧붙여 서술하겠다.

37.19 (1) 탄파(攤破)

'탄(攤)'은 '탄개(攤開 : 펼쳐 놓다)'의 뜻이고, '파(破)'는 '파열(破裂)'의 뜻이다. 한 구를 파열시켜 두 구로 만드는 것을 '파'라고 하고, 글자 수를 약간 증가시키는 것을 '탄'이라고 한다. 남당(南唐) 중주(中主 : 李璟)에게 「탄파완계사(攤破浣溪沙)」가 있는데, 이것이 가장 표준적이다. 이제 그 자신이 지은 「완계사(浣溪沙)」를 가지고 비교해보면 다음과 같다.

風壓輕雲貼水飛.
乍晴池館燕爭泥.
沈郎多病不勝衣.

沙上未聞鴻雁信; 竹間時有鷓鴣啼.
此情唯有落花知!

가벼운 구름 바람에 눌려 물에 붙어서 날고
갑자기 갠 못가의 객사엔 제비가 진흙을 다투는데
沈郎은 병이 많아 옷을 감당하지 못한다.

모래 위에선 기러기의 편지소식 듣지 못했고
대숲 사이에선 때때로 자고새가 울고 있다.
이 마음을 오직 낙화만이 알리라!

—남당 중주 이경(李璟), 「浣溪沙」

菡萏香銷翠葉殘,
西風愁起綠波間.
還與韶光共憔悴, 不堪看.

細雨夢回鷄塞遠, 小樓吹徹玉生寒.
多少淚珠無限恨? 倚欄干.

연꽃 향기 사라지고 푸른 잎 시드니
가을바람은 푸른 물결 사이로 슬픔을 일으킨다.
더구나 좋은 시절 함께 초췌해지니, 차마 볼 수가 없구나.

이슬비 내리는 속에 꿈 깨어나니 계새는 멀기만 하고

작은 누각에서 밤새도록 부니 옥 생황에 한기가 돈다.
계속 떨어지는 눈물방울 슬픔은 한이 없어, 난간에 기대선다.

— 남당 중주 이경, 「攤破浣溪沙」

여기서의 탄파는 본조 각 결(闋)의 제3구를 파열시켜 두 구로 만들고, 원래의 일곱 자를 열 자로 늘여놓은 것이다. 그에 따라 본래 42자의 「완계사」가 탄파를 거쳐 48자로 변한 것이다.

37.20 이외에도 「탄파추노아(攤破醜奴兒)」(또한 「攤破采桑子」라고도 함)가 있는데, 이것은 앞에서 말한 원칙과 크게 다르다. 이제 「추노아」와 「탄파추노아」를 각각 한 수씩 들어 서로 비교해보자.

蝤蠐領上訶梨子, 繡帶雙垂.
椒戶閒時,
競學樗蒲賭荔枝.

叢頭鞵子紅編細, 裙窣金絲.
無事顰眉,
春思翻教阿母疑.

하얀 목덜미 위의 어깨 장식
수놓은 허리띠가 쌍으로 늘어져 있다.
화려한 규방이 한가할 때
다투어 저포놀이를 배워 여지 내기를 한다.

신발 끝의 장식물을 붉은 실로 촘촘히 엮고
치마를 금실로 턴다.
아무 일 없이 눈썹을 찌푸리니
봄의 그리움이 어미를 의심케 한다.

— 화응(和凝), 「醜奴兒」

樹頭紅葉飛都盡, 景物凄凉.
秀出群芳,
又見江梅淺淡妝.
　　也囉! 眞箇是可人香!

蘭魂蕙魄應羞死, 獨佔風光.
夢斷高唐,
月送疏枝出女墻.
　　也囉! 眞箇是可人香!

나무 끝의 붉은 잎 다 떨어져, 경물이 처량하다.
여러 꽃 중에서 특히 뛰어난데
또한 옅게 화장한 강변의 매화가 보인다.
아아, 참으로 사랑스런 사람의 향기로다!

난초와 혜초의 혼백이 부끄러워 죽을 정도로, 풍광을 독차지하였다.
고당의 꿈에서 깨어나니
성긴 가지를 떠난 달이 성가퀴 위로 나온다.
아아, 참으로 사랑스런 사람의 향기로다!

— 조장경(趙長卿), 「攤破醜奴兒」

여기서의 탄파는 본조에 '화성(和聲)'을 덧붙인 것일 뿐이다. 우리는 물론 「탄파완계사」를 정례(定例)로 삼아야 하겠다.

37.21 (2) 감자(減字) 또는 투성(偸聲)

'감자'는 본조보다 글자 수를 줄이는 것이고, '투성'도 대략 같은 뜻이다. 이제 「목란화(木蘭花)」·「감자목란화(減字木蘭花)」·「투성목란화(偸聲木蘭花)」를 각각 한 수씩 들어 비교해보자.

花殘却似春留戀,
幾日餘香吹酒面.
溼煙不隔柳條青, 小雨池塘初有燕.

波光縱使明如練,
可奈落紅紛似霰!
解將心事訴東風, 只有啼鶯千種囀.

꽃이 시드니 오히려 봄이 떠나기 서운해선지
며칠을 餘香이 술 취한 얼굴에 불어온다.
습한 안개는 버들가지를 푸르게 하고
가랑비 내리는 연못에 제비 날아들었다.

물결에 반짝이는 빛이 흰 비단처럼 밝지만
꽃잎이 싸라기처럼 떨어지는 걸 어찌하나!
마음을 달래려고 봄바람에 호소하니
꾀꼬리 소리만 요란하게 들려온다.

— 섭몽득(葉夢得), 「木蘭花」

雨簾高卷,
芳樹陰陰連別館.
　　凉氣侵樓,
　　蕉葉荷枝各自秋.

前溪夜舞,
化作驚鴻留不住.
　　愁損腰肢,
　　一桁香銷舊舞衣.

빗속에 주렴을 높이 걷어 올리니
꽃나무 무성하게 별관에 이어져 있다.

서늘한 기운이 누대에 스며들어
파초와 연잎 모두 가을기운 완연하다.

앞개울에서 밤에 춤을 추니
놀란 기러기를 붙들어둘 수 없구나.
슬픔에 허리가 가늘어져
옛 춤옷에 한 줄기 향기 사라진다.

— 여위노(呂渭老), 「減字木蘭花」

雲籠瓊苑梅花瘦,
外院重扉聯寶獸.
　　海月新生,
　　上得高樓沒奈情!

簾波不動銀釭小,
今夜夜長爭得曉?
　　欲夢荒唐(또는 '高唐'),
　　祗恐覺來添斷腸(또는 '恐覺來時')!

구름 덮인 동산에 매화 수척한데
바깥뜰의 겹 문은 향로에 연결된다.
바다에 달이 새로 떠올라
높은 누대에 오르니 정을 어찌할 수 없구나!

주렴 그림자 꼼짝 않고 은 등잔 작은데
오늘밤 이렇게 기니 언제 새벽이 올까?
이루지 못할 꿈을 꾸려 해도
깨어나면 단장의 고통만 더할까 두렵다.

— 장선(張先), 「偸聲木蘭花」

「목란화」는 56자인데 「감자목란화」는 44자이고 「투성목란화」는 50자이니, 이로부터 감자 또는 투성이 모두 글자 수를 줄인 것임을 알 수 있다. 그러나 감자나 투성 모두 네 개의 운을 사용하고 있어서 이 점에 있어서는 이들 둘이 같지만, 본조와는 크게 다르다.

37.22 (3) 촉박(促拍)

촉박은 투성과 정반대이다. 투성은 글자 수를 줄이는 것이지만, 촉박은 글자 수를 늘이는 것이다. 다음 예를 보자.

得意許多時.
長醉賞月影花枝.
暴風急雨年年有, 金籠鎖定, 鶯雛燕友, 不被鷄欺.

紅旆轉逶迤,
悔無計千里追隨.
再來重綰瀘南印, 而今目下, 恓惶怎向, 日永春遲!

뜻을 얻은 수많은 때에
늘 취하여 꽃가지를 비추는 달을 감상한다.
폭풍과 세찬 비는 해마다 있는 법이니
금빛 새장에 갇혀 있는, 꾀꼬리와 제비여
부디 닭에게 속지 말기를!

붉은 깃발 구불구불 길게 이어졌지만
천 리를 뒤따를 수 없음이 후회된다.
다시 와 노남의 인끈을 거듭 맨다 해도
지금 눈앞에서, 솟구치는 슬픔을 어찌하나!
날은 길고 봄은 더디기만 하다.

— 황정견(黃庭堅), 「促拍醜奴兒」

만수(萬樹)는 "이 사조(詞調)는 틀림없이 촉박(促拍)이다"라고 말했는데, 두문란(杜文瀾)은 이를 반박하여 "촉박은 박자를 재촉하여 짧게 하는 것으로서 감자와 비슷하다. 이 사조는 글자 수가 「추노아(醜奴兒)」보다 많으므로 촉박으로 명명할 수 없다"라고 말했다. 우리는 촉박이 글자 수를 늘이는 것이라고 본다. 이 사조는 각 결(闋) 두 번째 운과 세 번째 운이 19자나 떨어져 있어서 박자를 재촉하여 짧게 해야 조화를 구할 수 있을 것이다.

제38절 사운(상)

38.1 사의 운부(韻部)에 관해서는 청(淸) 중항(仲恒)의 『사운(詞韻)』이 있다. 중항은 명(明) 심겸(沈謙)의 책을 저본으로 하였다. 그 책은 평성(平聲)·상성(上聲)·거성(去聲)을 각각 14부로 나누고 입성(入聲)을 5부로 하여 모두 19부로 하였다. 원서는 평수운(平水韻)으로 설명하였지만 여기서는 편리에 주안점을 두고 『광운(廣韻)』으로 설명하겠다. 예를 들어 원서는 '灰'운의 반을 제3부에 넣고 또 다른 '灰'운의 반을 제5부에 넣었는데, 기실 제3부 '灰'운의 반은 『광운』의 제15부 '灰'운이고, 제5부 '灰'운의 반은 『광운』의 제16부 '咍'운이다. 이런 상황의 글자를 일일이 열거하지 않아도 이미 무슨 말인지 확연해졌을 것이다. 이제 다음과 같이 표로 열거한다.

제1부　평성 東·冬·鐘;
상성 董·腫;
거성 送·宋·用.

제2부　평성 江·陽·唐;
상성 講·養·蕩;
거성 絳·漾·宕.

제3부　평성 支·脂·之·微·齊·灰;
상성 紙·旨·尾·薺·賄;
거성 寘·至·志·未.·霽·祭·泰(合)·隊·廢.

제4부　평성 魚·虞·模;
상성 語·麌·姥;
거성 御·遇·暮.

제5부　평성 佳(開)·皆·咍;
상성 蟹·駭·海;
거성 泰(開)·卦(開)·怪·夬.

제6부　평성 眞·諄·臻·文·欣·魂·痕;
상성 軫·準·吻·隱·混·很;
거성 震·稕·問·焮·慁·恨.

제7부　평성 元·寒·桓·刪·山·先·仙;
상성 阮·旱·緩·潸·産·銑·獮;
거성 願·翰·換·諫·襇·霰·線.

제8부　평성 蕭·宵·肴·豪;
상성 篠·小·巧·皓;
거성 嘯·笑·效·號.

제9부　평성 歌·戈;
상성 哿·果;
거성 箇·過.

제10부　평성 佳(合)·麻;
상성 馬;
거성 卦(合)·禡.

제11부　평성 庚·耕·淸·靑·蒸·登;
상성 梗·耿·靜·迥·拯·等;
거성 映·諍·勁·證·嶝.

제12부　평성 尤·侯·幽;

상성 有·厚·黝;
거성 宥·候·幼.

제13부 평성 侵;
상성 寑;
거성 沁.

제14부 평성 覃·談·鹽·添·嚴·咸·銜·凡;
상성 感·敢·琰·忝·儼·豏·檻·范;
거성 勘·闞·豔·㮇·釅·陷·鑑·梵.

제15부 입성 屋·沃·燭.

제16부 입성 覺·藥·鐸.

제17부 입성 質·術·櫛·陌·麥·昔·錫·職·德·緝.

제18부 입성 物·迄·月·沒·曷·末·黠·鎋·屑·薛·葉·帖·業.

제19부 입성 合·盍·洽·狎.

38.2 『사고전서총목제요(四庫全書總目提要)』는 중항의 『사운(詞韻)』에 대해 다음과 같이 준엄하게 비판하였다.

> 사체(詞體)는 시와 곡의 사이에 있어서 운이 어느 한 쪽에 국한되지 않고 가사도 고금을 나누지 않는다. 전적으로 속음(俗音)을 사용하면 시와의 거리가 멀지 않지만, 전적으로 시운(詩韻)을 따르면 속곡(俗曲)과는 크게 어그러진다. '針'·'眞'·'因'·'陰'에 구분이 없다고 추측했을 뿐만 아니라 '元'과 '魂', '灰'와 '咍'가 협운(叶韻)하지 않는다고 추측했기 때문에 심약(沈約)과 육사(陸詞)가 있었어도 끝내 한 책으로 묶을 수 없었을 것이다. 심겸(沈謙)은 이 이치를 모르고서 억지로 사리를 이해했다. 게다가 중항은 심겸의 잘못을 답습하여 갈등이 더욱 증폭되었다. 그가 분류한 것을 보면 평성·상성·거성을 14운부로 나누어 '魂'운을 쪼개서 '眞'·'軫'운에 넣고, '咍'운을 쪼개서 '佳'·'蟹'운에 넣었는데, 이것은 속음을 따른 것이다. 그런데 '麻'운과 '遮'운을 여전히 한 운부로 한 것은 옛것을 따른 것이다. 평·상·거 3성은 '眞'·'軫'이 한 운부이고, '侵'·'寑'이 한 운부이고, '元'·'阮'이 한 운부이고, '覃'·'感'이 한 운부이다. 입성은 '質'·'陌'·'錫'·'職'·'緝'이 한 운부이고, '眞'·'庚'·'青'·'蒸'·

'侵'이 또 합쳐서 한 운부이고, '物'·'月'·'曷'·'黠'·'屑'·'葉'이 합쳐서 한 운부이고, '文'·'元'·'寒'·'刪'·'先'·'覃'·'鹽'이 또 합쳐서 한 운부이다. 이것은 속(俗)도 아니고 아(雅)도 아니며, 고(古)도 아니고 금(今)도 아니면서 천하의 작자들을 포괄하려고 한 것이니 정말 어렵지 않겠는가?[12]

『사고전서총목제요』는 사는 운부를 규정할 필요가 없는 것이라고 보았다. 엄격한 사운(詞韻)은 아예 시운(詩韻)에 의거하는 것이 좋고, 폭넓게 운용하려면 임의로 "방음(方音)을 참작하는 것"이 좋다는 것이다. 『중원음운제요(中原音韻提要)』에서는 다음과 같이 말하였다.

당에는 사운이 없어서 사운은 시와 모두 같았다. 당초(唐初)의 「회파(回波)」 제편(諸篇)이나 당말(唐末)의 『화간집(花間集)』을 가지고 자세히 살펴볼 수 있을 것이다. 그 운용 방법이 송대보다 엄밀하였는데, 점차 입성으로 평성을 대신하고 상성으로 평성을 대신하는 예들이 있게 되었다. 그런데 삼백 년 동안 작가들이 구름처럼 많았지만 그래도 사운은 없었다. 간혹 방음(方音)을 참작했지만 노래 부르는 사람이 발음하기 좋고 듣는 사람이 듣기에 좋은 것을 취하면 그만이었다. 하나는 옛날과 멀리 떨어지지 않아서 방음이 운과 맞았기 때문에 차이가 없었고, 또 하나는 옛날과 점차 멀어져 가서 고음(古音)과 맞지 않는다는 것을 알았지만 방언마다 자신들의 구어를 따랐으므로 표준을 정할 수 없었기 때문에 운서(韻書)가 없었던 것이다.[13]

---

12) 詞體在詩與曲之間, 韻不限於方隅, 詞亦不分今古. 將全用俗音, 則去詩未遠; 將全從詩韻, 則與俗多乖. 既虞"針""眞""强作解事. 因""陰"之無分, 又虞"元魂灰咍"之不叶. 所以雖有沈約陸詞, 終不能勒爲一書也. 沈謙既不明此理, 恒又沿譌踵謬, 轇轕彌增. 卽以所分者言之, "庚平上去分十四韻, 割"魂"入"眞軫", 割"咍"入"佳蟹", 此諧俗矣; 而"麻遮"仍爲一部, 三聲既則又從古. "眞軫"一部, "侵寢"一部, 梗"一部, "元阮"一部, "覃感"一部矣; 入聲則"質陌錫職緝"爲一部, 是"眞庚青蒸侵"又合爲一也, "物月曷黠屑葉"合爲一部, 是"文元寒刪先覃鹽"又合爲一也. 不俗不雅, 不古不今, 欲以範圍天下之作者, 不亦難耶?

13) 唐無詞韻, 凡詞韻與詩皆同. 唐初「回波」諸篇, 唐末『花間』一集, 可覆按也. 其法密於宋, 漸有以入代平, 以上代平諸例. 而三百年作者如雲, 亦無詞韻. 間或參以方音, 但取歌者順吻, 聽者悅耳而已矣. 一則去古未遠, 方音猶與韻合, 故無所出入; 一則去古漸遠, 知其不合古音, 而又諸方各隨其口語, 不可定以一格, 故無書也.

38.3 공평하게 말하면 중항의 『사운』은 꽤 객관적인 저작이어서 지나치게 나무랄 수는 없다. 그것은 전적으로 송사(宋詞)를 위해 지은 것이다. 당사(唐詞)가 완전히 시운(詩韻)에 의거했다는 것은 심겸과 중항도 모르는 바 아니었다. 그러나 오대(五代) 이후부터 사운이 시운과 점차 달라졌다. 심겸이 정한 것은 대체로 송사(宋詞)를 귀납해낸 것이다. '魂'이 '眞'·'軫'에 들어가고 '咍'가 '佳'·'蟹'에 들어간 것은 당시에 분명히 그와 같은 현상이 있었고, '遮'를 '痲'에서 분리해내지 않은 것은 송사에 본래 그와 같은 현상이 없었기 때문이다. 평성·상성·거성에서 -m -n -ng의 세 종류를 구분한 것은 송대에도 확실히 이 셋을 구분할 수 있었기 때문이다. 입성에서 -p -t -k의 세 종류를 구분하지 않은 것은 송인들이 이미 이 셋을 전혀 구분하지 않았기 때문이다. 송인이 실제 어음을 사운에 적용했으므로 심겸이 송사를 귀납하여 『사운』을 만든 것은 합리적인 것이었다. 그런데 심겸도 하나의 대강을 정할 수 있었을 뿐이고, 모든 사에 다 정확하게 들어맞도록 할 수는 없었다. 예를 들어 심겸은 '灰'와 '咍'를 두 운부로 나누어 놓았지만 시운(詩韻)은 '灰'와 '咍'를 통압(通押)하므로 사인(詞人)들 중에도 자연히 시운을 답습한 자가 있었다. 또 송대에 -m -n -ng를 구분할 수 있었다고는 했지만 방음(方音) 중에는 이들을 구분하지 않는 경우도 있었다. 이런 것들은 모두 예외로 간주할 수밖에 없어서 이런 것들을 가지고 심겸을 가혹하게 질책할 수는 없다.

38.4 우선 말하면 시운(詩韻)에 의거하여 전사(塡詞)하는 것은 당·오대만이 아니라 송대에 들어와서도 여전히 명맥이 끊이지 않았다. 이제 각각 한 수씩의 사를 예로 들어본다.

江繞黃陵春廟閑,
嬌鶯獨語關關.
滿庭重疊綠苔斑.
陰雲無事, 四散自歸山.

簫鼓聲稀香燼冷, 月娥斂盡彎環.[14]
風流皆道勝人間.
須知狂客, 判死爲紅顔.

강물은 황릉의 봄 사당을 한가히 두르고
어여쁜 꾀꼬리 혼자 꾀꼴꾀꼴 지저귄다.
온 정원에 푸른 이끼 자국이 겹겹이 쌓였고
먹구름이 아무 일 없이, 사방으로 흩어져 산으로 돌아간다.

피리소리 북소리 잦아들고 타고 남은 향 차가운데
달은 거의 다 거두어들여 고리처럼 굽었다.
풍류는 모두 속세보다 낫다고 하는데
알아야 하리 狂客이, 목숨을 걸고 홍안이 되려는 것을.
(전체에 '刪'운을 사용하였으며, '寒'·'先'운을 한 글자도 섞지 않았다.)

— 五代(蜀) 우희제(牛希濟), 「臨江仙」

海角飄零.
嘆漢苑秦宮, 墜露飛螢.
夢裏天上, 金屋銀屛.
歌吹競擧靑冥.
問當時遺譜, 有絶藝鼓瑟湘靈.
促哀彈, 似林鶯嚦嚦, 山溜泠泠.

梨園太平樂府, 醉幾度春風, 鬢髮星星.
舞破中原, 塵飛滄海, 風雪萬里龍庭.
寫胡笳哀怨, 人憔悴不似丹靑.
酒微醒,
對一窗凉月, 燈火靑熒.

14) 텍스트에는 '彎'이 '鸞'으로 되어 있는데, 誤字이다.

바다 모퉁이에서 떠돌아다닌다.
한탄스럽게 한나라 동산 진나라 궁궐에서, 이슬 떨어지고 반딧불 난다.
꿈속의 천상은, 황금 가옥에 은 병풍 둘렀다.
노래 부르고 피리 불며 다투어 궁정에서 연주한다.
당시 전해 내려온 악보에 따라
뛰어난 기예로 瑟을 타는 湘水의 英靈이 있는지 묻는다.
슬픈 연주 소리가, 숲 속의 꾀꼬리 지저귀고, 산 여울이 졸졸 흐르는 것 같다.

이원의 태평한 악부 노래 들으며
몇 차례 봄바람에 취했더니, 머리가 희끗희끗하다.
중원에서 한껏 춤을 추니
먼지가 창해에 날리고, 바람과 눈이 만 리 밖의 용정에 몰아친다.
호가소리 애달프고, 사람 초췌하여 그려도 그림 같지 않다.
술에서 약간 깨어나
창밖의 싸늘한 달을 대하니, 등불만 희미하게 빛난다.
(전체에 '靑'운을 사용하였으며, '庚'·'蒸'운을 한 글자도 섞지 않았다.)

—南宋(金) 오격(吳激), 「春從天上來」

38.5 다음으로 앞에서 서술한 19운부에 따라, 시운(詩韻)에 합치되는 제9·제12·제13운부를 제외하고, 나머지 운부에 대해서는 각각 한두 수의 예를 들겠다. 일반 독자들이 쉽게 이해할 수 있도록 평수운목(平水韻目)으로 바꾸고, 필요에 따라 『광운(廣韻)』을 보조로 사용하여 설명하겠다.

(제1부) 東, 冬; 董, 腫; 送, 宋.
杏花村館酒旗風(東).
水溶溶(冬),
颺殘紅(東).
野渡舟橫, 楊柳綠陰濃(冬).
望斷江南山色遠, 人不見, 草連空(東).

夕陽樓外晩烟籠(東).
粉香融(東).
淡眉峯(冬).
記得年時, 相見畵屛中(東).
只有關山今夜月, 千里外, 素光同(東).

행화촌의 酒旗가 바람에 펄럭이는데
물은 넘실거리고, 떨어지는 붉은 꽃잎 바람에 흩날린다.
들판 나루에 배는 가로 비껴 있고, 버드나무는 녹음이 짙다.
아무리 바라보아도 강남의 산 빛 멀어서
사람은 보이지 않고, 풀빛만 하늘에 이어진다.

누대 너머 석양 아래 저녁 안개 자욱한데
하얀 분 냄새 향긋하고, 먼 산 같은 두 눈썹 옅었다.
생각난다 그 당시에, 그림 병풍 안에서 만났었지.
오늘밤 산 위의 저 달이
천리 밖에서 똑같이 하얗게 빛나겠지.

— 사일(謝逸), 「江城子」

(제2부) 江, 陽; 講, 養; 絳, 漾.
秋是愁鄉(陽)!
自錦瑟斷絃, 有淚如江(江)!
平生花裏活, 奈舊夢難忘(陽).
藍橋雲樹正綠,
料抱月幾夜眠香(陽).
河漢阻, 但鳳音傳恨, 闌影敲涼(陽).

新妝(陽).
蓮嬌試曉, 梅瘦破春, 因甚却扇臨窗(江)?
紅巾銜翠翼, 早弱水茫茫(陽).
柔情各自未剪,[15] 問此去莫負王昌(陽).

芳信準, 更敢尋紅杏西廂(陽)!

가을은 슬픔의 고향!
금슬의 현이 끊어지니, 눈물이 강물처럼 흐른다!
평생을 꽃 속에서 살았더니, 옛 꿈을 잊기 어렵다.
남교의 높다란 나무들 푸른데, 달을 안고 몇 밤이나 향긋하게 잘 것인가?
은하수 가로막혔지만, 봉황 소리 한을 전하고, 난간 그림자가 서늘함을 전한다.

새로 화장한다.
아름다운 연꽃이 새벽에 피려하고, 청초한 매화가 봄을 알리니
무엇 때문에 부채를 치우고 창문에 임할까?
파랑새가 붉은 수건을 입에 물었지만
神山 앞의 약수는 아득하기만 하다.
은근한 정을 각자 자를 수 없으니
여기서 떠나면 왕창을 저버리지 않을지 묻는다.
그대의 편지가 틀림없다면, 붉은 살구의 서상을 감히 찾아가리.

—사달조(史達祖), 「玉簟涼」

(제3부) 支, 微, 齊, 灰(半); 紙, 尾, 薺, 賄(半); 寘, 未, 霽, 泰(半), 隊(半).
鬪鴨池南夜不歸(微),
酒闌紈扇有新詩(支).
雲隨碧玉歌聲轉, 雪繞紅綃舞袖回(灰).

今感舊, 欲霑衣(微).
可憐人似水東西(齊).
回頭滿眼凄涼事, 秋月春風豈得知(支)?

투압지 남쪽에서 밤이 되어도 돌아가지 않고
술자리 끝난 뒤 부채에다 새 시를 적어준다.

---

15) 텍스트에는 '情'이 '指'로 되어 있는데, 誤字이다.

구름은 벽옥의 노래 소리 따라 돌아들고
눈은 홍초의 춤 소매 주위를 돌며 떨어진다.

지금 옛 정을 생각하니, 눈물이 옷을 적시려 한다.
사랑하는 사람이 물처럼 멀리 떠나가 버려
머리 돌려보면 눈 가득히 처량한 일뿐이니
가을 달 봄바람이 내 마음의 고통을 어찌 알리?

—안기도(晏幾道), 「鷓鴣天」

(제4부) **魚, 虞; 語, 麌; 御, 遇.**
鳳髻金泥帶, 龍紋玉掌梳(魚).
去來窗下笑相扶(虞).
愛道畵眉深淺入時無(虞).

弄筆偎人久, 描花試手初(魚).
等閒妨了繡工夫(虞).
笑問雙鴛鴦兩字怎生書(魚).

봉황 머리를 금빛 줄로 묶고, 용이 새겨진 옥 빗으로 빗는다.
창밑으로 다가와 웃는 얼굴로 맞으며
사랑스럽게 묻는다. "눈썹 화장이 유행에 어울려요?"

오랫동안 임에 기대 붓 움직이며, 처음으로 수단껏 꽃을 그려 보았다.
마음 내키는 대로 자수 일을 멈추고
웃으며 묻는다. "원앙 두 글자는 어떻게 쓰나요?"

—구양수(歐陽修), 「南歌子」

(제5부) **佳(半), 灰(半); 蟹, 賄(半); 卦(半), 泰(半), 隊(半).**
往事只堪哀(灰),
對景難排(佳).
秋風庭院蘚侵階(佳).

一行珠簾閒不卷,[16] 終日誰來(灰)?

金鎖已沈埋(佳);
壯氣蒿萊(灰)!
晚涼天淨月華開(灰).
想得玉樓瑤殿影, 空照秦淮(佳)!

지난일은 다만 슬픔을 견딜 수 없어
경치를 대하고도 물리치기 어렵다.
가을바람 부는 정원은 이끼가 섬돌에 침입했다.

온 방의 주렴을 걷어 올리지 않았으니, 종일토록 누가 온단 말인가?
자물쇠는 이미 가라앉아 매몰되었고
장대한 기개도 잡초에 묻히고 말았다.
저녁 하늘 서늘하고 깨끗한데 달빛 비쳐들어
생각하면 옥 궁전에 그림자 지우고, 공연히 진회를 비추고 있겠지!

(여기서 사용한 '灰'韻字는 기실 『광운』에서는 '咍'운자이다. '灰'는 合口呼이고, '咍'는 開口呼이다. 『사운』은 合口呼의 '灰'운을 '支'·'微'운에 귀속시켰고, 개구호의 '咍'운을 '佳'운에 귀속시켰다. 그러나 '灰'와 '咍'가 詩韻에서는 본래 상통하기 때문에 『사운』에서도 여전히 상통할 수 있다. 예를 들어 晏幾道의 「浣溪沙」는 '開'·'梅'·'回'·'才'·'來'를 韻字로 썼는데, '梅'·'回'는 합구호로 '灰'운에 속하고 '開'·'才'·'來'는 개구호로 '咍'운에 속한다.)[17]

—南唐 後主 이욱(李煜), 「浪淘沙」

16) 텍스트에는 '行'이 '任'으로 되어 있는데, 誤字이다.

17) '開口呼'와 '合口呼'는 聲音을 韻頭 元音(즉 모음)의 차이에 따라 분류한 것이다. 이것을 다시 洪音과 細音으로 나누어 開口呼의 洪音을 開口呼라 하고, 開口呼의 細音을 齊齒呼라 하고, 合口呼의 洪音을 合口呼라 하고, 合口呼의 細音을 撮口呼라 한다. 이를 구체적으로 설명하면, '開口呼'는 韻頭가 없으면서 韻腹이 'i'·'u'·'y'가 아닌 것을 가리키고, '齊齒呼'는 韻頭 또는 韻腹이 'i'인 것을 가리키고, '合口呼'는 韻頭 또는 韻腹이 'u'인 것을 가리키고, '撮口呼'는 韻頭 또는 韻腹이 'y'인 것을 가리킨다. 이 넷을 합하여 四呼라고 한다.

(제6부) 眞, 文, 元(半); 軫, 吻, 阮(半); 震, 問, 願(半).

闌干十二獨憑春(眞).
晴碧遠連雲(文).
千里萬里, 二月三月, 行色苦愁人(眞).

謝家池上江淹浦, 吟魄與離魂(元).
那堪疎雨滴黃昏(元)![18]
更特地憶王孫(元).

열두 굽이 난간에 봄날 홀로 기대어 있으니
맑게 갠 푸른빛이 멀리 구름에 이어진다.
천리만리, 이월삼월, 행색이 사람을 슬프고 고통스럽게 한다.

謝家의 연못가 江淹의 포구, 謝靈運의 시와 江淹의 「別賦」.
황혼에 떨어지는 빗방울 소리를 어찌 견디나!
더욱 특히 왕손이 생각난다.

(여기서 사용한 '元'운자는 바로 『광운』의 '魂'운자이다. 平水韻의 '元'운은 『광운』의 '元'·'魂'·'痕'을 포괄한다. 『사운』은 '元'운을 '删'·'先'에 귀속시키고, '魂'·'痕'을 '眞'·'文'에 귀속시켰다.)

— 매요신(梅堯臣),[19] 「少年游」

(제7부) 元(半), 寒删先; 阮(半), 旱潸銑; 願(半), 翰諫霰.

靑樓春晚(阮);
晝寂寂, 梳勻又懶(旱).
乍聽得鴉啼鶯弄, 惹起新愁無限(潸).
記年時, 偸擲春心, 花間隔霧遙相見(霰).
便角枕題詩, 寶釵貰酒, 共醉靑苔深院(霰).

---

18) 텍스트에는 '雨'가 '兩'으로 되어 있는데, 誤字이다.
19) 唐圭璋은 『全宋詞』에서 이 작품을 歐陽修의 것으로 고증하였다.

怎忘得迴廊下，攜手處花明月滿(旱)?
如今但暮雨，蜂愁蝶恨，小窗閒對芭蕉展(銑).
却誰拘管(旱)?
儘無言，閒品秦箏，淚滿參差雁(諫).
腰肢漸小，心與楊花共遠(阮).

청루의 봄날 저녁.
낮에 적적하여, 머리 빗고 화장하는 것도 내키지 않는다.
갑자기 들리는 까마귀와 꾀꼬리 소리가, 새로운 슬픔을 끝도 없이 일으킨다.
당시를 생각하면, 몰래 청춘의 마음을 던져
꽃 사이에서 안개 너머로 멀리 임을 보았다.
베개에 시를 쓰고, 비녀를 맡기고 술을 얻어
푸른 이끼 낀 깊은 정원에서 함께 취하였다.

어찌 잊을까 회랑 아래에서, 둥근 달 아래 꽃 환한 곳에서 손잡고 지내던 일을?
지금은 다만 저녁 비 속에, 벌 나비의 슬픔 안고
작은 창가에서 물끄러미 파초 잎 펴지는 것을 바라본다.
다시 누가 상관하리요?
말없이, 한가롭게 秦箏을 타며, 날아가는 기러기에 눈물짓는다.
허리는 점차 가늘어지고, 마음은 버들 솜 따라 멀리 향한다.
(이는 上去通押으로, 상세한 것은 다음 절을 참조할 것.)

—여위노(呂渭老), 「薄倖」

(제8부) 蕭, 肴, 豪; 篠, 巧, 皓; 嘯, 效, 號.
碾玉釵頭雙鳳小(篠);
倒暈工夫，畫得宮眉巧(巧).
嫩麴羅裙勝碧草(皓).
鴛鴦繡字春衫好(皓).

三月露頭春意早(皓).
細看花枝，人面爭多少(篠)?

水調聲長歌未了(篠);
掌中盃盡東池曉(篠).

조그만 쌍봉 장식의 옥비녀를 머리에 꽂고
倒暈 화장 솜씨를 발휘하여, 그린 눈썹 교묘하다.
어린 누룩 빛 비단치마가 푸른 풀보다 낫고
원앙을 수놓은 봄 적삼이 맵시 있다.

춘 삼월의 이슬 끝에 봄기운 이르고
꽃가지를 자세히 살피니, 사람 얼굴과 얼마나 다툴까?
水調 가락 길어 노래 끝나지 않았는데
손 안의 술잔이 다하니 동쪽 못이 밝아온다.

— 안기도(晏幾道), 「蝶戀花」

(제9부) 歌笴箇 獨用(예를 들지 않는다).

(제10부) 佳(半), 麻; 馬; 卦(半), 禡.
喜鵲橋成催鳳駕(禡).
天爲歡遲, 乞與初凉夜(禡).
乞巧雙蛾加意畫(卦).
玉鉤斜傍西南掛(卦).

分鈿擘釵凉葉下(禡)
香袖凭肩, 誰記當時話(卦)?
路隔銀河猶可借(禡),
世間離恨何年罷(卦 또한 禡)?

오작교가 놓이자 봉황 수레 재촉하고
하늘이 즐거운 상봉을 위해, 맑고 시원한 밤을 마련해 주었다.
솜씨를 빌 때 두 눈썹을 정성들여 그리니
옥고리 같은 달이 남서쪽 모퉁이에 걸려 있다.

서늘한 나뭇잎 아래서 비녀를 쪼개어 사랑을 맹서하고
향긋한 소매로 어깨에 기대서서, 나누었던 사랑의 말을 누가 기억할까?
견우와 직녀는 은하수가 가로막았어도 오작교에 의지할 수 있는데
이 세상 이별의 한은 언제나 끝이 날까?

—안기도,「蝶戀花」

(제11부) 庚, 靑, 蒸; 梗, 迥; 敬, 徑.

墜絮孳萍, 狂鞭孕竹, 偸移紅紫池亭(靑).
餘花未落, 似供殘蝶經營(庚).
賦得送春詩了, 夏帷攛斷綠陰成(庚).
桑麻外, 乳鴉穉燕, 別樣芳情(庚).

荀令舊香易冷, 嘆俊游疎嬾, 枉是銷凝(蒸)!
塵侵謝屐, 幽徑斑駁苔生(庚).
便覺寸心尙老, 故人前度謾丁寧(靑).
空相誤, 祓蘭曲水, 挑菜東城(庚).

버들 솜 떨어져 부평초 불어나고
사나운 채찍 같은 비가 대나무를 잉태하니
몰래 울긋불긋한 꽃잎을 못가 정자로 옮긴다.
남은 꽃잎 아직 떨어지지 않아
남아 있는 나비들이 경영하도록 하는 것 같다.
송춘시를 지으니, 녹음을 만지작거려 여름 휘장을 이루었다.
뽕나무와 삼 너머로, 어린 까마귀와 제비가, 각별히 봄기운을 돋운다.

순령의 옛 향기 쉽게 차가워지고
안타깝게도 빼어난 유람 소원해져서
헛되이 넋만 나간다.
謝靈運의 나막신에 먼지가 끼어
그윽한 길에 알록달록한 이끼가 생겼다.
이 마음 늙어 가는데, 옛 친구는 지난번에 소식이 어그러졌다.

헛되이 잘못되었구나, 곡수에서 난초로 부정을 제거하고
동성에서 야채를 뜯는 일이.

—사달조(史達祖), 「慶清朝」

(제12부) 尤有宥 獨用(예를 들지 않는다).

(제13부) 侵寢沁 獨用(예를 들지 않는다).

(제14부) 覃, 鹽, 咸; 感, 琰, 豏; 勘, 豔, 陷.

憑高入夢, 搖落關情, 寒香吹盡空巖(咸).
墜葉消紅, 欲題秋思誰緘(咸)?
重陽正隔殘照, 趁西風, 不響雲尖(鹽).
乘半暝, 看殘山灌翠, 賸水開奩(鹽).

暗省長安年少, 幾傳杯弔甫, 把菊招潛(鹽).
身老江湖, 心隨歸雁江南(覃).
烏紗倩誰重整? 映風林, 鉤玉纖纖(鹽).
漏聲起, 亂星河入影畫簷(鹽).

높은 곳에 기대어 꿈에 드니
흩날리는 낙엽이 마음을 움직이고
찬 향기가 텅 빈 바위에 불어온다.
잎 떨어지고 꽃 시들어
가을의 그리움을 시로 쓰려 해도 누구에게 부치나?
중양절이 바로 석양 너머 있으니
서풍을 뒤쫓아도, 구름 끝에 울리지 않는다.
어스름을 틈타, 사라져 가는 산의 푸른 관목을 보고
어둠에 잠겨가는 물에 모습을 비추어본다.

남몰래 장안의 어린 시절 돌아보고
몇 차례 술잔을 전하며 杜甫를 애도하고

국화를 붙잡고서 陶淵明을 부른다.
몸은 강호에서 늙어가지만
마음은 돌아가는 기러기 따라 강남으로 간다.
烏紗帽를 누구에게 다시 바로 씌워달라고 할까?
바람 부는 숲을 비추는, 옥 갈고리 같은 달이 가늘다.
물시계 소리 들려오는데, 은하수는 채색 처마 밑으로 진다.

— 오문영(吳文英), 「聲聲慢」

(제15부)　屋, 沃.

江鴉初飛, 蕩萬里素雲, 際空如沐(屋).
詠情吟思, 不在秦箏金屋(屋).
夜潮上, 明月蘆花, 傍釣蓑夢遠, 句清敲玉(沃).
翠罌汲曉, 欸乃一聲秋曲(沃).

片篷障雨乘風, 半竿渭水, 伴鷺汀幽宿(屋).
那知煖袍挾錦, 低簾籠燭(沃).
鼓春波, 載花萬斛(屋).
帆鬣轉, 銀河可掬(屋).
風定浪息, 滄茫外, 天浸寒綠(沃).

강의 물새가 갓 날아올라, 만 리 길 흰 구름을 움직이니
하늘에서 머리를 감는 것 같다.
정과 그리움을 음영하니, 秦箏과 황금 가옥에 있지 않다.
밤의 조수 가, 달 밝고 갈대꽃 하얀데
도롱이 걸치고 낚시하는 꿈 멀고, 시구가 맑아 옥을 두드리는 것 같다.
푸른 병으로 새벽에 물을 길으며, 가을에 「欸乃曲」을 부른다.

빗속에 거룻배에 앉아 바람을 타고, 위수에서 노 저어
백로와 함께 그윽한 물가에서 묵는다.
어찌 알랴 따뜻한 비단 도포에, 주렴 드리우고 촛불 켜는 것을.
봄 물결 두드리며, 꽃을 만 섬이나 실었다.

돛의 방향을 돌리니, 은하수를 움켜쥘 듯하다.
풍랑이 가라앉으니, 아득한 강물 너머로, 하늘이 차고 푸른 강물에 잠긴다.

— 오문영, 「三部樂」

(제16부) **覺, 藥.**

夜雨滴空階, 孤館夢回, 情緒蕭索(藥).
一片閒愁, 想丹青難貌(覺).
秋漸老, 蛩聲正苦; 夜將闌, 燈光漸落(藥).
最無端處, 忍把良宵, 只恁孤眠却(藥).

佳人應怪我, 自別後, 寡信輕諾(藥).
記得當時, 剪香雲爲約(藥).
甚時向幽閨深處, 按新詞, 流霞共酌(藥).
再同歡笑, 肯把金玉珍珠博(藥)!

밤비가 텅 빈 계단에 떨어지니
외로운 객사에서 꿈 깨어나, 마음이 쓸쓸하다.
한 조각 하릴없는 슬픔을, 그림으로 그려내기 어렵다.
가을이 점점 깊어가, 귀뚜라미 소리 처량한데
밤이 다해 가, 등불도 가물가물하다.
두서없이, 이 좋은 밤을 참으며, 그저 이렇게 외로이 잠을 잔다.

가인은 나를 나무라리라.
이별 후로, 가볍게 승낙했던 편지 드무니.
생각난다 그 당시에, 향긋한 구름 머리 잘라주기로 약속하였지.
언제나 그윽한 규방 깊은 곳에서
새 사를 지으며, 流霞酒를 함께 마실 수 있을까?
다시 함께 즐길 수만 있다면, 황금과 진주를 아낌없이 내어주리!

— 유영(柳永), 「尾犯」

(第17部)　質, 陌, 錫, 職, 緝.

紅葉黃花秋意晚, 千里念行客(陌).
飛雲過盡, 歸鴻無信, 何處寄書得(職)?

淚彈不盡臨窗滴(錫);
就硯旋研墨(職).
漸寫到別來, 此情深處, 紅牋爲無色(職).

단풍 들고 국화 노랗게 되어 가을이 깊으니
천 리 밖 길 떠난 나그네가 생각난다.
구름 다 지나가고, 돌아가는 기러기에 편지 없으니
어디에 편지를 부칠 수 있을까?

눈물이 끝없이 나와 창가에 떨어지니
벼루에 떨어져 바로 눈물로 먹을 간다.
점차 써내려가다 이별 후, 이 마음 깊은 곳에 이르니
붉은 편지지가 눈물 때문에 색이 바랬다.

(이 작품은 '陌錫職'운만을 통압하여 제11부의 입성만 사용한 것으로, -k를 -t, -p와 섞지 않았다. 이것은 비교적 시율에 맞는 예이다.)

—안기도,「思遠人」

棹又朧(錫).
天然箇, 品格于中壓一(質).
簾兒下, 時把鞵兒踢(錫).
語低低, 笑咭咭(質).

每每秦樓相見, 見了無限憐惜(陌).
人前强不欲相需溼(緝).
把不定, 臉兒赤(陌).

棹又朧[20]

천연의 품격으로, 그 중의 제일이다.
주렴 아래, 때때로 신을 차고
낮은 소리로 말하며 싱긋 웃는다.

진루에서 볼 때마다, 무한히 사랑스럽다.
남 앞에선 짐짓 가까이하려 하지 않지만
어쩔 수 없이 얼굴이 붉어진다.

(이 작품이 -k -t -p를 통압한 예이다. 실제에 있어서는 당시에도 여전히 -k -t -p를 韻尾로 발음하지 않았을 것이다. 아마도 이미 현대의 吳音처럼 모두 [ʔ]로 발음했을 것이다.)

—진관(秦觀),「品令」

(제18부) 物, 月, 曷, 黠, 屑, 葉.

寒蟬凄切(屑).
對長亭晚, 驟雨初歇(月). 都門帳飮無緒, 留戀處、蘭舟催發(月).
執手相看淚眼, 竟無語凝噎(屑).
念去去, 千里煙波, 暮靄沉沉楚天闊(曷).

多情自古傷離別(屑),
更那堪冷落淸秋節(屑)!
今宵酒醒何處? 楊柳岸、曉風殘月(月).
此去經年, 應是良辰好景虛設(屑).
便縱有千種風情, 更與何人說(屑)?

늦가을 매미 소리 처량히 울리고
길가의 정자에 날은 저무는데
내리던 소낙비도 어느새 멎었다.
성문 밖 천막에서 정신없이 술 마시고

---

20) '棹又䍦'는 송대의 방언인데 의미가 분명치 않다.『詞律』(권5)의 杜文瀾 注에 보면 "'棹又䍦' 및 '壓一' 등의 말은 아직 알 수가 없다. 아마도 傳寫할 때 잘못된 것 같다"라고 하였다.

이별이 아쉬워 머뭇거릴 때
물가의 배는 떠나기를 재촉한다.
손잡고 마주보는 눈물 맺힌 눈길
끝내 말없이 목메어 흐느꼈다.
가도 가도 끝없을 안개 서린 천리 물결
저녁안개 자욱한 남녘 하늘 아득하다.

정이 깊을수록 이별은 슬프게 마련인데
더욱이 쓸쓸한 이 가을을 어이 견디나!
오늘밤 술 깨면 멎을 곳 어디일까?
버들 늘어선 물가에 새벽바람 불고 조각달 걸렸으리.
이렇게 떠나가 세월이 흘러간다면
호시절 좋은 경치 무슨 소용이며
갖가지 그윽한 정취 우러난다 해도
그 누구에게 이 마음 토로하리?
(이것은 다만 -t 韻尾에 국한하고, -p 운미와는 通押하지 않은 예이다.)

— 유영(柳永), 「雨霖鈴」

紫簫吹破黃昏月(月).
蔌蔌小梅花, 飄香雪(屑).
寂寞花底風鬟, 顏色如花命如葉(葉).
千里涴凝塵, 凌波韈(月).

心事鑑影鸞孤, 箏絃雁絶(屑).
舊時雪堂人, 今華髮(月).
腸斷金縷新聲, 盃深不覺琉璃滑(黠).
醉夢遶南雲, 花上婕(葉).

자색 피리를 황혼에 달뜨도록 분다.
흩날리며 떨어지는 작은 매화는
향긋한 눈송이가 날리는 것 같다.

적막한 꽃 밑의 아름다운 머리
안색은 꽃 같고 목숨은 잎과 같다.
천 리 길을 걸어 빨아도 먼지가 맺혀 있다,
물결 위를 건너는 듯 사뿐한 버선.

심사는 헤어진 부부처럼 외롭고, 쟁의 현도 끊어졌다.
지난날 雪堂에 있던 사람, 지금은 머리가 희끗희끗하다.
단장의 새로 지은 金縷曲
잔 깊어 유리가 매끄러운 걸 느끼지 못한다.
취하여 꿈속에서 남쪽 구름이 에워싼다,
꽃 위를 날아다니는 나비를.
(이 작품은 -t 韻尾와 -p 韻尾를 通押한 예이다.)

— 이헌능(李獻能), 「春草碧」

(제19부)　合, 洽.
四時美景, 正年少賞心, 頻啓東閤(合).
芳酒載盈車, 喜朋侶簪盍(合).
杯觴交飛勸酬獻, 正酣飲, 醉主公陳榻(合)[21].
坐來爭奈, 玉山未頹, 興尋巫峽(洽).

歌闌旋燒絳蠟(合);
況漏轉銅壺, 烟斷香鴨(洽).
猶整醉中花, 借纖手重插(洽).
相將扶上, 金鞍騕褭, 碾春焙, 願少延歡洽(洽).
未須歸去, 重尋豔歌, 更留時霎(洽).

네 계절의 아름다운 경치에, 젊은이가 마음이 즐거워
자주 동쪽 쪽문을 열었다.
향긋한 술을 수레 가득 싣고

21) 텍스트에는 '主公'이 '公主'로 되어 있는데, 誤字이다.

기쁘게도 친구들이 의기투합하였다.
술잔을 주고받으며 서로 권하니
흠뻑 마시고, 취한 사람이 陳蕃 걸상의 주인이다.
앉아서 어찌하나, 아직 술에 취해 넘어지지 않았으니
감흥에 젖어 무협을 찾아가야겠다.

노래 끝나니 이내 붉은 촛불 켠다.
더구나 물시계에서 물방울 떨어지고
오리 향로에서 연기 끊겼다.
취중에 꽃을 가지런히 하고는
미인의 섬섬옥수를 빌려 다시 꽂았다.
서로 함께 부축하여, 황금 안장의 요뇨마에 오르니
봄 차를 갈아서, 즐거움을 좀더 늘였으면 좋겠다.
돌아갈 것 없으니, 다시 아름다운 노래를 찾아서
잠시 더 머물러 있으리.

(『詞律』에는 '閤'자가 '閣'자로 되어 있는데, 杜文瀾은 이에 대해 "王氏의 校本에는 '閣'이 '閤'으로 되어 있다"라고 하였다. 지금 생각해보면 역시 '閤'이 맞는 것 같다. 다만 제19부의 예를 찾기 쉽지 않아서 아쉬운 대로 이 작품을 예로 들었다.)

— 황정견(黃庭堅), 「惜餘歡」

제39절 사운(중)

39.1 앞 절에서 서술한 『사운』 19부는 사운의 정례(定例)로 볼 수 있다. 이외에도 수많은 변례(變例)가 있다. 이제 그 변례들을 정례와의 거리에 따라서 몇 가지로 나누어 서술해보겠다.

39.2 (1) 변례지만 그 종주(宗主)를 떠나지 않은 것

이것은 『사운』에서는 동부(同部)가 아니지만 『절운(切韻)』계통에서는 동류(同類)인 것을 가리킨다. 예를 들면 다음과 같다.

1. 제3부와 제5부를 통압한 것(韻尾가 모두 -i이다)

花前獨占春風早, 長愛江梅(灰, 3부).
秀豔淸杯(灰, 3부),
芳意先愁鳳管吹(支, 3부).

尋香已落閒人後, 此恨難裁(灰, 5부).
更晩須來(灰, 5부);
却恐初開勝未開(灰, 5부).

꽃 앞을 봄바람이 일찍이 독점하여
늘 강가에 핀 매화를 좋아한다.
아름답고 맑은 술잔을 드니
춘정이 먼저 슬퍼 생황을 분다.

한가히 향긋한 꽃을 찾았으나 이미 떨어져
이 한을 가다듬기 어렵다.
오는 것이 이미 늦었으니
생각하면 갓 핀 것이 피지 않은 것보다 낫지 않은가!

—안기도, 「采桑子」

2. 제6부와 제7부를 통압한 것(韻尾가 모두 -n이다)

名滿人間(刪, 7부).
記黃金殿, 舊賜淸閒(刪, 7부).

才高鸚鵡賦, 風懍惠文冠[22](寒, 7부).
濤波何處試蛟鼉, 到白頭猶守溪山(刪, 7부).
且做龔黃様度, 留與人看(寒, 7부).

桃溪柳曲陰圓(先, 7부).
離唱斷, 旌旗却卷春還(刪, 7부).
襦袴寄餘溫(元, 6부).
雙石畔, 唯聞吏膽長寒(寒, 7부).
詩翁去, 誰細遶屈曲闌干(寒, 7부)?
從今後, 南來幽夢, 應隨月渡雲湍(寒, 7부).

명성이 인간 세상에 가득 찼다.
생각난다 황금 궁전에서, 지난날 한가히 쉴 틈을 주셨던 것이.
재능이 높아 「앵무부」를 지었고, 바람에 혜문관이 위태로웠다.
파도는 어디서 교룡과 악어를 시험하는가?
백두가 되도록 시내와 산을 지키리.
잠시 龔遂와 黃霸가 되어 지내며, 머물러 남들에게 보여주리.

도화 계곡 버들 굽이 우거져 그늘졌는데
이별의 노래 끊기고, 봄이 돌아와 깃발이 다시 펄럭이니
저고리와 바지에 남은 따뜻함을 의탁한다.
쌍 바위 가에서, 관리의 담이 늘 춥다고 들었다.
시옹이 떠나갔으니, 누가 굽은 난간을 세심히 돌아줄까?
지금부터는, 남쪽으로 와 우수의 꿈속에서
달빛 따라 구름 여울을 건너야 하리.

(『사율』은 '溫'자 아래 주를 달아 '차협(借協 : 임시로 빌려서 협운한 것)'이라고 하였다. 이로부터 일반 詞人들은 제6부와 제7부의 구분에 매우 엄격했음을 알 수 있다.)

— 모방(毛滂), 「八節長歡」

22) 텍스트에는 '懍'이 '凜'으로 되어 있는데, 誤字이다.

輕風拂柳冰初綻(諫, 7부),
細雨銷塵雲未散(翰, 7부).
紅窗青鏡待粧梅, 綠陌高樓催送雁(諫, 7부).

華羅歌扇金蕉醆(潸, 7부, 上去通押),
記得尋芳心緒慣(諫, 7부).
鳳城寒盡又飛花, 歲歲春光常有恨(願, 6부).

가벼운 바람이 버들에 불어 얼음 터지기 시작하고
가랑비에 먼지 가라앉는데 구름은 흩어지지 않는다.
붉은 창 아래 푸른 거울에 梅花粧을 기다리고
푸른 길가 높은 누각에서 기러기를 전송한다.

비단 노래 부채와 금빛 파초무늬 술잔
꽃을 찾는 데 익숙해졌던 것이 기억난다.
봉성에 추위 끝나자 다시 꽃잎 흩날리니
해마다 봄빛에 늘 한을 품게 된다.

—안기도, 「玉樓春」

3. 제15부 · 제16부와 제17부를 통압한 것(韻尾가 모두 -k이다)

綠楊巷陌(陌, 17부),
西風起, 邊城一片離索(藥, 16부).
馬嘶漸遠, 人歸甚處, 戍樓吹角(覺, 16부).
情懷正惡(藥, 16부);
更衰草, 寒烟淡薄(藥, 16부).
似當時, 將軍部曲(沃, 15부),
迤邐度沙漠(藥, 16부).

追念西湖上, 小舫攜歌, 晚花行樂(藥, 16부).

舊游在否? 想如今, 翠凋紅落[23](藥, 16부).
漫寫羊裙[24], 等新雁, 來時繫著(藥, 16부).
怕悤悤, 不肯寄與誤後約(藥, 16부).

버드나무 늘어선 거리에
가을바람 불어, 변방의 성곽이 쓸쓸하다.
말 울음소리가 점점 멀어지며, 사람은 어디로 사라져 가는가?
戍樓에서는 구슬픈 피리 소리 들려온다.
마음이 이처럼 괴로운데, 시든 풀에 차가운 안개마저 아련하다.
마치 그 옛날, 장군의 대오가
사막에 기다랗게 늘어선 모습 같다.

회상해보면 서호 위에서
작은 배 띄우고 손잡고 노래 부르며
저녁 꽃과 함께 행락을 즐겼었지.
지난날의 나들이는 어디로 갔나?
지금은, 푸른 잎 시들고 붉은 꽃 떨어졌다.
羊欣의 치마에 질펀하게 써서
새 기러기 기다려, 날아올 때 입으려다.
두려운 건 총총 세월이 흘러
편지 부치려 하지 않아 후일의 약속 어그러지는 것이다.

— 강기(姜夔), 「淒涼犯」

盤絲繫腕, 巧篆垂簪, 玉隱紺紗睡覺(覺, 16부).
銀瓶露井, 彩箑雲窗, 往事少年依約(藥, 16부).
爲當時, 曾寫榴裙, 傷心紅綃褪萼(藥, 16부).
黍夢光陰, 漸老汀洲烟蒻(藥, 16부).

23) 텍스트에는 '凋'가 '彫'로 되어 있는데, 誤字이다.
24) 텍스트에는 '漫'이 '謾'으로 되어 있는데, 誤字이다.

莫唱江南古調, 怨抑難招, 楚江沈魄(陌, 17부).
熏風燕乳, 暗雨梅黃, 午鏡澡蘭簾幙[25](藥, 16부).
念秦樓, 也擬人歸, 應剪菖蒲自酌(藥, 16부).
但悵望, 一縷新蟾, 隨人天角(覺, 16부).

오색실을 팔에 매고, 정교한 전각을 비녀에 드리우고
옥을 숨긴 감색 깁을 덮고 잠을 잤다.
노천 우물에서 은병으로 물을 긷고
구름무늬 창가에서 채색 부채를 부쳤던
젊었을 때의 지난 일이 아련하다.
그 당시, 석류 빛 치마에 글씨를 써서
붉은 비단 빛이 바랠까 상심하였다.
기장 꿈을 꾸며 세월은 흘러
점차 부들 우거진 물가에서 늙어간다.

강남의 옛 가락을 부르지 말라.
초강에 잠긴 혼백을, 부르기 어려워 원망스럽다.
훈풍에 어린 제비 자라고
소리 없이 내리는 비에 매실이 노랗게 익어 가는데
낮에 거울 비추며 휘장 안에서 난초에 목욕한다.
진루를 생각하면, 또한 돌아가서
창포를 잘라 스스로 술잔을 기울여야 하리.
다만 슬피 바라본다, 한 가닥 새 달이
사람 따라 하늘 모퉁이에 있는 것을.

(杜文瀾은 姜夔 詞의 '陌'·'曲' 두 글자를 운이 아니라고 보았지만, 吳文英 사의 '魄'자도 '藥'·'覺'과 叶韻되고 있다. 이는 이 글자들이 모두 -k 韻尾여서 본래 상통할 수 있기 때문이다.)

— 오문영(吳文英), 「澡蘭香」

25) 텍스트에는 '澡'가 '藻'로 되어 있는데, 誤字이다.

4. 제17부 · 제18부와 제19부를 통압한 것(운미가 모두 -p이다)

懸花誰葺(緝, 17부)?
記滿庭燕麥, 朱扉斜闔(合, 19부).
妙手作新, 公館青紅曉雲溼(緝, 17부).
天際疎星趁馬, 畫簾隙, 冰絃三疊(葉, 18부).
盡換却, 吳水吳烟, 桃李靚春靨(葉, 18부).

風急(緝, 17부)!
送帆葉(葉, 18부).
正雁水夜淸, 臥虹平帖(葉, 18부).
軟紅路接(葉, 18부).
塗粉闈深早催入(緝, 17부).
懷煖天香宴果, 花隊簇, 輕軒銀蠟(合, 19부).
便問訊, 湖上柳, 兩隄翠匝(合, 19부).

매달린 꽃을 누가 정리할까?
뜰 가득히 우거진 귀리와, 붉고 기울어진 문짝이 생각난다.
솜씨 좋은 사람이 새 사를 지으니
울긋불긋한 공관이 새벽 구름에 젖었다.
하늘 가 드문드문한 별이 말을 뒤쫓고
채색 주렴 사이로, 거문고 줄 세 곡을 탄다.
모두 바뀌었구나, 오 땅의 물과 안개
복사꽃 살구꽃이 봄의 보조개를 단장한다.

바람이 거세다!
일엽편주를 보낸다!
맑은 물 위를 기러기 날아가고
누운 무지개 안정되어 있다.
부드러운 붉은 길이 접해 있어서

분칠한 쪽문 깊숙이 일찍 들어오길 재촉한다.
생각난다 따뜻한 날 향긋한 잔치의 과일
줄지어 늘어선 꽃떨기, 높고 낮은 은빛 촛대.
이에 묻는다, 호숫가의 버드나무
비 내리는 제방을 푸름이 둘렀는지.

— 오문영, 「暗香」

39.3 (2) -t -k -p가 서로 섞인 것

본래 『사운(詞韻)』 제16부와 제17부에서 -t -k -p는 이미 섞여 있다. 여기서 변례(變例)로 간주한 것은 이것들이 『사운』에서 섞인 상황보다 더욱 두드러지고 다른 운부조차도 섞여 있기 때문이다. 다음 예를 보자.

1. 제17부와 제18부를 통압한 것

石頭城上, 望天低, 吳楚眼空無物(物, 18부).
指點六朝形勝地, 惟有青山如壁(錫, 17부).
蔽日旌旗, 連雲檣櫓, 白骨紛如雪(屑, 18부).
大江南北, 消磨多少豪傑(屑, 18부)!

寂寞避暑離宮, 東風輦路, 芳草年年發(月).
落日無人青徑冷, 鬼火高低明滅(屑, 18부).
歌舞樽前, 繁華鏡裏, 暗換青青髮(月).
傷心千古, 秦淮一片明月(月).

석두성 위에서, 하늘 끝을 바라보니
오와 초 땅에 아무것도 보이지 않는다.
형세가 빼어난 육조의 땅을 가리키니
오직 청산만이 벽처럼 늘어서 있다.
하늘을 뒤덮은 깃발들, 구름에 이어진 배들

백골이 눈처럼 하얗다.
장강 남북으로, 얼마나 많은 호걸이 사라졌던가!

더위를 피해 온 적막한 별궁, 동풍이 부는 수레 길
방초는 해마다 피어난다.
지는 해 아래 사람이 없어 푸른 길 차가운데
도깨비불이 위 아래로 명멸한다.
가무를 곁들인 술잔 앞, 화려한 거울 속에서
어느새 검었던 머리가 바뀌었다.
천고에 걸쳐 상심하니, 진회의 한 조각 밝은 달.

— 살도랍(薩都拉),[26] 「念奴嬌」

春風惡劣(屑, 18부)!
把數枝香錦, 和鶯吹折(屑, 18부).
雨重柳腰嬌困, 燕子欲扶扶不得(職, 17부).
軟日烘烟, 乾風收霧, 芍藥酴醿弄顏色(職, 17부).
簾幙輕陰, 圖書淸潤, 日永篆香絶(屑, 18부).

盈盈笑靨宮黃額(陌, 17부).
試紅鸞小扇, 丁香雙結(屑, 18부).
團鳳眉心倩郎貼(葉, 18부).
敎洗金罍, 共看西堂, 醉花新月(月, 18부).
曲水成空, 麗人何處? 往事暮雲萬葉(葉, 18부).

봄바람이 모질구나!
버들 솜 날리는 가지들에 불어와
꾀꼬리와 함께 꺾어버렸다.
비가 세차 어여쁜 버들가지 고단하여
제비가 부축하려 해도 그럴 수가 없다.

---

26) 이 詞人은 보통 '薩都剌'로 표기한다.

부드러운 햇볕이 안개를 내리쬐고
마른 바람이 안개를 거두어
작약과 겨우살이풀이 빛깔을 뽐낸다.
휘장으로 가볍게 그늘 드리우니, 도서는 맑게 윤기 나고
낮이 길어 篆字香이 다 타서 끊어졌다.

방긋 웃으니 보조개 나오고 이마엔 노란 연지.
붉은 난새 그려진 작은 부채 들고
한 쌍의 정향 매듭을 지어보았다.
임에게 부탁하여 둥근 봉황 도안을 미간에 붙였다.
금 술독을 씻게 하여, 西堂에서 함께 보며
꽃과 새 달에 취하였다.
流觴曲水는 과거의 일이 되었고, 고운 사람은 어디에?
지난 일 아득한데 저녁 구름 자욱하다.

— 풍위수(馮偉壽), 「春雲怨」

2. 제17부 · 제18부 · 제19부를 통압한 것

空江浪闊(曷, 18부)!
淸塵凝, 層層碎刻冰葉(葉, 17부).
水邊照影, 華裙曳翠, 露搔淚溼(緝, 17부).
湘烟暮合(合, 19부);
塵襪凌波半涉(葉, 18부).
怕臨風, 欺瘦骨(月, 18부),
護冷素衣疊(葉, 18부).

樊姊玉奴恨, 小鈿疏脣, 洗妝輕怯(洽, 19부).
汜人最苦, 粉痕深, 幾重愁黶(葉, 18부)!
花溢香濃, 猛熏透, 霜綃細摺(葉, 18부).
倚瑤臺, 十二金錢暈半減(屑, 18부).

텅 빈 강에 물결이 드넓구나!
가벼운 먼지 가라앉고
층층의 얼음조각이 부수어졌다.
물가에서 그림자 비추고
화려한 치마가 푸른 자락 끌리니
이슬에 스치며 눈물에 젖는다.
湘水의 안개가 저녁에 합쳐지고
사뿐한 걸음걸이로 반쯤 건너왔다.
바람이 불어와, 야윈 꽃봉오리를 속일까 두렵다.
하얀 옷을 겹겹이 입어 추위를 보호하리.

울타리 밑의 매화는 한을 품고
작은 비녀 옅은 입술, 화장을 씻으니 신체가 섬약하다.
汜水의 사람이 가장 고달픈데
분 자국 깊고, 슬픔의 보조개 여러 겹이다.
꽃 넘치고 향기 진해
맹렬한 냄새가 코에 스며들어
서리 빛 생초를 가늘게 접었다.
요대에 기대서니
열두 금전의 무리가 반은 없어졌다.

— 오문영, 「淒涼犯」

3. 제16부와 제19부를 통압한 것

綠陰春盡, 飛絮遶香閣(藥, 16부).
晚來翠眉宮樣, 巧把遠山學(覺, 16부).
一寸狂心未說, 已向橫波覺(覺, 16부).
畫簾遮匝(合, 19부);
新翻曲妙, 暗許閒人帶偸掐(洽, 19부).

前度書多隱語, 意淺愁難答(合, 19부).
昨夜詩有回紋, 韻險還慵押(洽, 19부).
都待笙歌散了, 記取留時雲(洽, 19부).
不消紅蠟(合, 19부).
閒雲歸後, 月在庭花舊闌角(覺, 16부).

녹음이 짙어지며 봄이 다 가버려
흩날리는 버들 솜이 향긋한 규방을 맴돈다.
저녁에 궁정 형식의 검은 눈썹 그리며
교묘하게 먼 산의 모양을 본떴다.
사랑에 빠진 마음 말하지 않았지만
이미 눈망울에 나타나 있다.
채색 주렴으로 작은 누각을 가리고
새로 번안한 곡이 교묘하여
한가한 사람들이 훔쳐 배우도록 넌지시 허락했다.

그녀의 지난번 편지에 숨어 있는 말 많아서
알아내지 못해 답하기 어려워 가슴 아팠다.
어제 밤 그녀가 回文詩를 써 보내왔는데
險韻으로 押韻하여 화답할 수가 없었다.
생황 노래 끝나기를 기다려
그녀가 나를 붙잡아두었을 때를 추억해야겠다.
붉은 촛불이 필요 없었으니
옅은 구름 서서히 돌아간 후
달이 꽃 만발한 정원의 난간 모퉁이를 비추었지.

(『詞律』은 黃庭堅의 「惜餘歡」에 註를 달아서 "'閣'·'合'·'峽'·'蠟'을 함께 叶韻한 것은 江西의 音이다"라고 하였다. 晏幾道 또한 강서 사람이었으므로 '閣'과 '蠟'을 함께 압운하였다. 이는 대략 그들이 方音을 사용했기 때문일 것이다.)

—안기도, 「六幺令」

4. 제15부와 제17부의 '職'운자(韻字)를 통압한 것

茅舍槿籬溪曲(沃, 15부),
鷄犬自南自北(職, 17부).
菰葉長, 水濱開, 門外春波漲綠(沃, 15부).
聽織(職, 17부),
聲促(沃, 15부),
軋軋鳴梭穿屋(屋, 15부).

시냇물 굽어진 곳에 무궁화 울타리 두른 초가집
닭과 개는 남으로 북으로 분주하다.
줄잎 길고, 수초는 피었는데, 문밖의 봄물 불어 푸르다.
베 짜는 소리 들으니
그 소리 촉급하다.
찰칵 찰칵 베틀 북 소리가 집을 뚫고 나온다.

('屋'·'沃'과 '職'·'錫'을 통압한 것은 대략 당시의 荊南과 蜀中의 方音이 그러했다. 歐陽炯의 「西江月」이 '綠'자를 '翼'·'力'·'色'과 叶韻하고, 黃庭堅의 「念奴嬌」가 '笛'자를 '屋'·'沃'韻字와 협운한 것이 증거가 될 수 있다.)

— 손광헌(孫光憲), 「風流子」

39.4 (3) -n -ng -m이 서로 섞인 것

송대의 상황을 일반적으로 말하면 -n -ng -m의 세 계통은 여전히 그 구분이 분명했다. -t -k -p의 한계가 없어진 것은 -n -ng -m의 한계가 없어지기 훨씬 전의 일이었다. 현재에 이르러서도 북방관화(北方官話)는 -n과 -ng의 구분을 보존하고 있다. 그러나 사인(詞人)들은 순전히 자연적인 소리에 맡길 수 있었으므로 방음(方音)의 영향을 면할 수 없었다. 당시 몇몇 방음은 이미 -n -ng -m의 계통을 명확하게 구분할 수 없었기 때문에 이들은 혼용될 수밖에 없었다. 예를 들면 다음과 같다.

1. 제6부 · 제11부 · 제13부를 통압한 것

(子) 3부를 모두 통압한 것

障泥油壁人歸後, 滿院花陰(侵, 13부).
樓影沈沈(侵, 13부),
中有傷春一片心(侵, 13부).

閒穿綠樹尋梅子, 斜日籠明(庚, 11부).
團扇風輕(庚, 11부),
一徑楊花不避人(眞, 6부).

진흙받이에 옻칠한 수레 타고 그 사람 돌아간 후
정원 가득히 꽃 우거졌다.
누각 그림자 짙은데
그 안에 傷春의 한 조각 마음이 있다.

한가히 푸른 나무를 뚫고 매실을 찾으니
저녁 해가 밝게 비쳐든다.
둥근 부채가 내는 바람 가볍고
온 길의 버들 솜이 사람을 피하지 않는다.

— 주조(朱藻), 「醜奴兒」

(丑) 제6부와 제11부를 통압한 것

流水孤村, 愛塵事頓消, 來訪深隱(吻, 6부).
向醉裏誰扶? 滿身花影(梗, 11부)!
鷗鷺驚看相比瘦, 近來不是傷春病(敬, 11부).
嗟流景(梗, 11부)!
竹外野橋, 猶繫烟艇(迥, 11부).

誰引(軫, 6부)?
斜川歸興(徑, 11부)!

便啼鶯縱少, 無奈時聽(徑, 11부)!
待棹擊空明, 魚波千頃(梗, 11부).
彈斷琵琶留不住, 最愁人是黃昏近(吻, 6부).
江風緊(軫, 6부)!
一行柳絲吹暝(徑, 11부).

물이 흐르는 외로운 마을
기쁘게도 세속의 일이 잠시 사라지고
깊이 은거하는 사람을 찾아왔다.
취한 중에 누가 부축하는 것일까?
온 몸 가득히 꽃 그림자로다!
갈매기와 백로가 야윈 나를 보고 놀라는데
근래의 병은 傷春의 병이 아니다.
흘러가는 세월이 안타깝다!
대숲 밖의 들판 다리에, 안개 낀 배를 매어두었었지.

누가 불러일으키는 것일까?
고향의 비껴 흐르는 내로 돌아가고픈 생각을!
꾀꼬리가 많지 않다지만
우는 소리 수시로 들리는 것을 어쩔 수 없구나!
끝없이 물결치는, 밝고 아득한 물 위를 노 저어 가야지.
비파 연주 끝나니 더 머무를 수 없구나
가장 슬픈 건 황혼이 다가온 것.
강바람 세차게 불어와
황혼의 버들가지 바람에 휘날린다.
(상거통압이다. 다음 글을 참조할 것.)

— 장염(張炎), 「梅子黃時雨」

空山子規叫, 月破黃昏冷(梗, 11부).
簾幙風輕, 綠暗紅又盡(軫, 6부).
自從別後, 粉消香膩, 一春成病(敬, 11부).

那堪晝閒日永(梗, 11부)!

恨難整(梗, 11부)!
起來無語, 綠萍破處池光淨(敬, 11부).
悶理殘妝, 照花燭自憐瘦影(梗, 11부).
睡來又怕, 飮來越醉, 醒來却悶(願, 6부).
看誰似我孤另(徑, 11부)?

텅 빈 산에서 두견새가 울고
달 떠오른 황혼이 싸늘하다.
주렴과 휘장에 바람 가볍게 불어와
녹음 짙어지고 붉은 꽃은 다시 졌다.
이별한 후부터, 분 향기 사라져서
봄 내내 병이 되고 말았다.
어찌 견딜까 이 길고 한가한 날을!

한을 추스르기 어렵구나!
일어나 말이 없는데
푸른 부평초 헤쳐진 곳에 못 물빛 맑다.
근심 속에 나머지 화장 정리하고
화촉을 비추며 스스로 야윈 그림자를 가엾어 한다.
잠들기가 또 두려우니
마시면 더욱 취하고, 깨어나면 다시 근심한다.
누가 나처럼 외롭게 헤어져 있을까?
(상거통압.)

—정해(程垓),「瑤階草」

(寅) 제6부와 제13부를 통압한 것
心期昨夜尋思徧, 猶負殷勤(文, 6부).
齊斗堆金(侵, 13부),
難買丹誠一寸眞(眞, 6부).

須知枕上尊前意, 占得長春(眞, 6부).
寄語東鄰(眞, 6부) :
似此相看有幾人(眞, 6부)?

마음을 기약한 임을 어제 밤 그리워 찾았건만
오히려 간절한 마음을 저버렸다.
한 말 가득히 황금을 쌓아도
진실한 마음을 사기 어렵다.

알아야 하리 베갯머리 술잔 앞의 마음이
영원한 청춘을 차지하고 있음을.
동쪽 이웃의 미인에게 말을 부치니
나처럼 그대 보는 이 몇이나 있을까?

— 안기도(晏幾道), 「采桑子」

(卯) 제11부와 제13부를 통압한 것

玉砌花光錦繡明(庚, 11부),
朱扉長日鎭長扃(靑, 11부);
夜寒不去寢難成(庚, 11부).
爐香烟冷自亭亭(靑, 11부)!

殘月秣陵碪(侵, 13부),
不傳消息但傳情(庚, 11부)!
黃金窗下忽然驚(庚, 11부) :
征人歸日二毛生(庚, 11부)!

옥섬돌 가의 꽃은 비단 수처럼 빛나고
붉은 사립문은 온종일 긴 빗장을 걸어두었다.
밤 추위가 가시지 않아 잠 못 이루는데
향로의 찬 연기는 스스로 높이 솟아오른다.

조각달 아래 들리는 秣陵의 다듬이 소리
소식은 전하지 않고 마음만 전한다.
황금빛 창문 아래 갑자기 놀라니
떠난 사람 돌아온 날에 머리 희끗희끗해졌구나!

—南唐 中主 이경(李璟), 「望遠行」

2. 제7부와 제14부를 통압한 것

禁烟過後落花天(先, 7부),
無奈春寒(寒, 7부).
東風不管春歸去, 共殘紅, 飛上秋千(先, 7부).
看盡天涯芳草, 春愁堆在闌干(寒, 7부).

楚江橫斷夕陽邊(先, 7부),
無限靑烟(先, 7부).
舊時雲去今何處? 山無數, 柳漲平川(先, 7부).
與問風前回雁, 甚時吹過江南(覃, 14부)?

한식이 지난 후 꽃은 떨어지지만
봄추위를 어쩔 수 없다.
봄바람은 봄이 돌아가는 것에 상관치 않고
흩날리는 꽃잎을, 그네에 불어올린다.
하늘가 방초를 다 보니
봄의 우수가 난간에 쌓여 있다.

초강은 석양 가를 횡단하고
푸른 연기는 끝이 없다.
옛날의 구름은 지금 어느 곳에?
산은 수없이 많고, 버들은 평야에 늘어섰다.
바람 앞에서 돌아오는 기러기에게 묻는다.

언제 강남을 지나왔느냐고

— 주자지(周紫芝), 「風入松」

氣應三陽, 氛澄六幕, 翔烏初上雲端(寒, 7부).
問朝來何事, 喜動門闌(寒, 7부)?
田父占來好歲, 星家說道宜官(寒, 7부).
擬更憑高望遠, 春在烟波, 春在晴巒(寒, 7부).

歌管雕堂宴喜, 任重簾不卷, 交護春寒(寒, 7부).
況金釵整整, 玉樹團團(寒, 7부)!
柏葉輕浮重醑, 梅枝巧綴新旛(元, 7부).
共祝年年如願, 壽過松椿, 壽過彭聃(覃, 14부).

대기가 봄에 부응하고, 기운이 천지사방을 맑게 하여
태양이 구름 위로 갓 떠올랐다.
아침에 무슨 일로, 기뻐 대문을 움직이느냐고 묻는다.
농부는 풍년을 점치고, 점성가는 관가에 좋다고 말한다.
높이 올라 멀리 바라보니
봄은 안개어린 물결에 있고, 맑게 갠 산에 있다.

아로새긴 집에서 풍악 울리며 즐거운 잔치 벌리고
겹겹의 주렴 걷지 않아, 봄추위를 막아준다.
하물며 금비녀 가지런하고, 옥 나무 무성함에랴!
측백나무 잎이 무거운 술에 가볍게 뜨고
매화가지가 새 깃발을 교묘히 장식했다.
함께 기원한다 해마다 원하는 대로 되고
소나무와 참죽나무보다 장수하고
彭祖와 老聃보다 장수하기를.

(이 사의 韻脚은 모두 一等 洪音이다.[27] '旛'자도 오늘날처럼 홍음으로 읽었

27) 현대음성학의 원리로 분석하면 혀의 위치가 비교적 낮고 비교적 뒤에서 나는 모음으

기 때문에 '寒'운과 '覃'운이 상통할 수 있었다. 만약 韻尾 -m이 이미 -n으로 변했다면 이것이 '寒'운과 '先'운의 상통보다 더욱 조화를 이룬다.)

— 갈립방(葛立方), 「錦堂春慢」

清和時候, 熏風來小院(霰, 7부).
瑯玕脫籜, 方塘荷翠颭(琰, 14부).
柳絲輕度流鶯, 畫棟低飛乳燕(霰, 7부).
園林綠陰初徧(霰, 7부).

景初限(潸, 7부)!
輕紗細葛, 綸巾和羽扇(霰, 7부).
披襟散髮, 心清塵不染(琰, 14부).
浮名薄利休羨(霰, 7부)

맑고 온화한 때, 훈풍이 작은 정원에 불어온다.
파란 대가 껍질을 벗고 나오고
네모진 못에는 푸른 연잎이 바람에 살랑거린다.
꾀꼬리가 버들가지를 가볍게 건너고
제비가 채색한 용마루를 낮게 날아간다.
원림에는 녹음이 이제야 두루 퍼졌다.

경치를 이제 기대하게 되어
가벼운 비단과 가는 갈포
관건 쓰고 깃 부채 들고 나섰다.
옷깃이 열리고 머리 흩어져도
마음이 맑아 먼지에 물들지 않는다.
술 한 잔을 남김없이 비우니

로 확실히 밝게 들리는 폭넓은 모음(洪音)과, 혀의 위치가 비교적 높고 비교적 앞에서 나는 모음으로 낮고 가라앉게 들리는 폭 좁은 모음(細音)이 있다. 이는 상대적인 것이므로 넓은 음은 다시 넓은 음(一等)과 비교적 넓은 음(二等)으로, 좁은 음도 비교적 좁은 음(三等)과 좁은 음(四等)으로 나누었다.

만사가 멀리 사라졌다.
헛되고 보잘것없는 명리가 부럽지 않다.

(이 사는 상거통압으로, 운각이 모두 3·4등 細音이다. '限'자도 現代官話처럼 세음으로 읽었으므로 제법 조화를 이루었다. '先'운과 '鹽'운의 통압도 그 이유는 '寒'운과 '覃'운의 통압과 같다.)

— 조언단(趙彦端), 「撲蝴蝶」

39.5 (4) 특별한 변례(變例)

특별한 변례라고 한 까닭은 압운 방식이 상리(常理)를 벗어났기 때문이다. 현재 발견할 수 있는 것에 따르면 '語'·'御'와 '紙'·'寘'가 상통한다. 여기서의 이른바 '語'·'御'는 『광운』의 '語'·'虞'·'御'·'遇'를 포괄한다('姥'·'暮' 및 輕脣字는 제외). 이른바 '紙'·'寘'는 『광운』의 '紙'·'旨'·'止'·'尾'·'薺'·'寘'·'至'·'志'·'未'·'霽'·'祭'를 포괄한다. 이와 같은 통압은 두 가지 가능한 원인이 있다. 한 가지 가능성은 당시 사인의 방음에서 '語'·'紙'·'御'·'寘'가 본래 섞여 있는 것이다. 예를 들어 현대 월어(粵語)에서는 '水'·'許'·'翠'·'去'를 통압할 수 있고, 오음(吳音)에서는 '聚'·'里'를 통압할 수 있다. 또 한 가지 가능성은 [y] [i] 두 음(音)에 비슷한 곳이 있어서 사인들이 폭넓게 통압한 것이다. 다음 예를 보자.

飛花自有牽情處(御, 4부).
不向枝邊墜(寘, 3부).
隨風飄蕩已堪愁,
更伴東流流水過秦樓. (後闋 생략)

흩날리는 꽃잎도 정이 끌리는 곳이 따로 있는지
가지 옆에는 떨어지지 않는다.

바람 따라 흩날리는 것도 이미 못내 서글픈데
더욱이 동쪽으로 흐르는 물 따라 진루를 지난다.

— 안기도(晏幾道), 「虞美人」

飛閣危橋相倚(紙, 3부);
人獨立東風, 滿衣輕絮(御, 4부).
還記憶江南, 如今天氣(寘, 3부).
正白蘋花, 遶隄漲流水(紙, 3부)

寒梅落盡誰寄(寘, 3부)?
方春意無窮, 青空千里(紙, 3부).
愁草樹依依, 關城初閉(霽, 3부).
對月黃昏, 角聲傍烟起(紙, 3부).

높은 누각과 다리가 서로 기대어 있는데
봄바람 맞으며 홀로 서 있으니
옷 가득히 가벼운 버들 솜 흩날린다.
강남을 다시 기억하니, 오늘 날씨 같았다.
하얀 마름꽃이, 불어난 물의 제방을 두르고 있었지.

일찍 핀 매화가 다 졌으니 누구에게 부칠까?
마침 봄기운 끝이 없어, 푸른 하늘이 천리에 뻗어 있다.
슬프게도 풀과 나무 바람에 흔들리고
관새의 성루는 이제 막 닫혔다.
황혼에 달을 대하니, 뿔피리 소리가 안개 속에 들린다.

— 장선(張先), 「慶春澤」

雨晴氣爽, 竚立江樓望處(御, 4부).
澄明遠水生光, 重疊暮山聳翠(寘, 3부).
遙想斷橋幽徑, 隱隱漁村, 向晚孤烟起(紙, 3부).

殘陽裏(紙, 3부),
脈脈朱闌靜倚(紙, 3부).
黯然情緒, 未飮先成醉(寘, 3부).
愁無際(霽, 3부)!
暮雲過了, 秋風老盡, 故人千里(紙, 3부).
竟日空凝睇(霽, 3부)!

비 개어 날씨 상쾌한데, 강루에 우두커니 서서 바라본다.
맑고 밝아 멀리 물에서는 빛이 나고
저녁 산은 첩첩 푸르게 솟아 있다.
멀리 생각하니 끊어진 다리와 그윽한 길,
은은히 어촌에서는, 저녁 무렵 외로운 연기가 솟아오른다.

석양 속에서
정을 품고 붉은 난간에 조용히 기대 있다.
암울한 마음이라, 마시기도 전에 취한 것 같다.
슬픔은 끝이 없구나!
저녁 구름 지나가고, 가을바람 쇠잔해졌는데
그리운 그 사람 천 리 밖에 있어
종일토록 공연히 물끄러미 바라본다.

(杜文瀾은 『蓮子居詞話』를 인용하여 "紅友는 '翠'자가 운이라고 주를 달았는데, '處'자가 운임은 전혀 몰랐다. 蔣勝欲의 「探春令」에서 '處'·'翅'·'住'·'指'를 함께 叶韻한 것이 증거가 될 수 있다"고 말했다. 그의 말이 옳다고 생각된다.)

— 유영(柳永), 「訴衷情近」

幾日來, 眞箇醉(寘, 3부).
不知道窗外, 亂紅已深半指(紙, 3부).
花影被風搖碎(寘, 3부).
擁春酲乍起(紙, 3부).

有箇人人, 生得濟楚(語, 4부).
來向耳畔, 問道今朝醒來(未, 3부).
情性兒, 慢騰騰地[28](寘, 3부),
惱得人又醉(寘, 3부).

요 며칠 동안, 참으로 취하였다.
창 밖으로, 붉은 꽃이 이미 반쯤 흐드러지게 핀 걸 몰랐다.
꽃 그림자가 바람에 어지럽게 살랑거리고
봄을 끌어안으니 취기가 갑자기 일어난다.

여인 중에는, 아름답게 태어난 자가 있다.
와서 귓가에 대고
오늘 아침에 깨어났느냐고 묻는다.
본성이, 느긋하여, 괴로우면 다시 취한다.
(『사율』은 '楚'자에 협운이라고 주를 달지 않았다. 그러나 이 사 前闋의 用韻 상황을 가지고 대조해보면 '楚'자가 韻字여야 한다.)

— 주방언(周邦彦), 「紅窗逈」[29]

玉窗蠅字記春寒, 滿茸絲紅處(御, 4부).
畫翠鴛, 雙展金蜩翅(寘, 3부).
未抵我, 愁紅膩(寘, 3부).

芳心一點天涯去, 絮濛濛遮住(遇, 4부).
對花彈阮纖瓊指(紙, 3부).
爲粉醫, 空彈淚(寘, 3부)!

옥창에 작은 글자로 봄추위를 기록하니
茸樹 가지 붉은 곳에 가득하다.

---

28) 텍스트에는 '慢'이 '謾'으로 되어 있는데, 誤字이다.
29) 텍스트에는 '紅'이 '江'으로 되어 있는데, 誤字이다.

푸른 원앙 그리니
황금 매미 날개 쌍으로 펼쳤다.
나에게 이르기 전에, 붉은 연지에 근심한다.

한 점 여인의 마음은 하늘 끝으로 가는데
흩날리는 버들 솜이 가로막는다.
꽃을 대하고 가늘고 하얀 손가락으로 阮咸을 탄다.
분 바른 하얀 보조개에, 공연히 눈물 뿌린다.

— 장첩(蔣捷), 「探春令」

淸逼池亭, 潤侵山閣, 雲氣凝聚(遇, 4부).
未有蟬前, 已無蝶後, 花事隨流水(紙, 3부).
西園支徑, 今朝重到, 半礙醉筇吟袂(霽, 3부).
除非是, 鶯身瘦小, 暗中引雛穿去(御, 4부).

梅簷滴溜, 風來吹斷, 放得斜陽一縷(麌, 4부).
玉子敲棋, 香綃落剪, 聲度深幾許(語, 4부)!
層層離恨, 凄迷如此, 點破漫煩輕絮(御, 4부).
應難認 : 爭春舊館, 倚紅杏處(御, 4부).

맑은 기운이 못가 정자에 닥치고
물기가 산의 누각에 들어와
구름기가 맺혀 모여 있다.
매미가 있기 전이고, 나비가 사라진 후에
꽃은 흐르는 물을 따라간다.
서쪽 동산의 갈래 길에, 오늘 아침 다시 오니
취한 지팡이와 시 읊는 소매를 반쯤 막아선다.
오로지 야위고 작은 꾀꼬리가
몰래 새끼를 데리고 뚫고 지나간다.

매화 처마에서 빗방울 떨어지더니

바람이 불어와 끊기고
한 가닥 석양빛이 들어온다.
옥돌로 바둑을 두고, 향긋한 생초를 자르니
그 소리가 얼마나 깊은가!
겹겹이 쌓인 이별의 한, 서글픔이 이와 같으니
마구 흩날리는 버들 솜이 이 마음 드러내준다.
알아보기 어렵게 되었다.
봄을 다투던 옛집, 붉은 살구에 기대던 곳을.

—장첩, 「永遇樂」

39.6 이상에서 서술한 것을 정리해보면 가장 엄격한 것은 시운(詩韻)에 따랐고, 가장 폭넓은 것은 심지어 일반적인 사운(詞韻)에도 따르지 않았다. 이렇게 된 것은 첫째 각가(各家)의 용운(用韻)이 엄격한 것도 있고 폭넓은 것도 있기 때문이고, 둘째 방음(方音)에 구애받았기 때문이다. 일정한 규칙이 없는 바에는 자신의 뜻대로 해도 무방할 것이다.

39.7 당송인(唐宋人)의 시구(詩句)에 이미 상거통압(上去通押)의 상황이 있었다(제25절을 볼 것). 사에 이르러서는 상거통압이 더욱 보편화되었다. 일반 사람들은 대체로 상성과 거성을 동용(同用)할 수 있다고 보았다. 예를 들어 앞 절에서 든 여위노(呂渭老)의 「박행(薄倖)」은 상성 '阮'·'旱'·'潸'·'銑'과 거성 '諫'·'霰'을 동용하였고, 본 절의 앞에서 든 장염(張炎)의 「매자황시우(梅子黃時雨)」는 상성 '軫'·'吻'·'梗'·'迥'과 거성 '敬'·'徑'을 동용하였고, 정해(程垓)의 「요계초(瑤階草)」는 상성 '軫'·'梗'과 거성 '願'·'敬'·'徑'을 동용하였고, 조언단(趙彦端)의 「박호접(撲蝴蝶)」은 상성 '阮'·'潸'·'琰'과 거성 '霰'을 동용하였고, 장선(張先)의 「경춘택(慶春澤)」은 상성 '紙'와 거성 '寘'·'御'·'霽'를 동용하였고, 유영(柳永)의 「소충정근(訴衷情近)」은 상성 '紙'와 거성 '寘'·'御'·'霽'를 동용하였고, 주방언(周邦彦)의 「홍창형(紅窗迥)」은 상성 '紙'·'語'와 거성 '寘'를 동용하였고, 장첩(蔣捷)의 「탐춘령(探春令)」은 상성 '紙'와 거성 '寘'·'御'·'遇'

를 동용하였고, 「영우악(永遇樂)」은 상성 '紙'·'語'·'麌'와 거성 '御'·'遇'·'霽'를 동용하여 모두가 상거통압이다. 이제 몇 개의 예를 더 들어 보겠다.

雪盡寒輕, 月斜煙重(上).
淸懽猶記前時共(去).
迎風朱戶背燈開, 拂簷花影侵簾動(上).

繡枕雙鴛, 香苞翠鳳(去).
從來往事都成夢(去).
傷心最是醉歸時, 眼前少箇人人送(去).

눈이 끝나 추위 으스스한데, 달 기울고 안개 짙다.
전에 함께 있었던 때를 생각하니 청아하게 즐겁다.
바람을 맞아 붉은 문이 등불 뒤로 열리고
처마를 스치는 꽃 그림자가 주렴에 들어와 움직인다.

쌍 원앙을 수놓은 베개, 향긋한 꽃망울과 비취빛 봉황.
예전의 일들이 모두 꿈이 되어 버렸다.
취해 돌아갈 때가 가장 가슴 아프니
이제 눈앞에는 나를 전송해주던 여인이 없구나.

— 안기도(晏幾道), 「踏莎行」

流鶯窗外啼聲巧(上).
睡未足, 把人驚覺(去).
翠被曉寒輕, 寶篆沈烟裊(上).

宿酲未解宮娥報(去).
道別院, 笙歌會早(上).
試問海棠花, 昨夜開多少(上)?

창밖에서 꾀꼬리 울음소리 어여뻐서
잠이 아직 부족한데, 사람을 깜짝 놀라 깨게 한다.
비취 이불은 새벽 한기에 으스스한데
篆香에서 연기가 하늘거린다.

숙취가 깨지 않았는데 궁녀가 와서 알린다.
별채 정원에서, 생황노래 모임이 벌써 시작되었다고.
물어본다 해당화가, 간밤에 얼마나 피었느냐고.

—진관(秦觀), 「海棠春」

晩妝初過(去),
沈檀輕注些兒箇(去).
向人微露丁香顆(上).
一曲淸歌, 暫引櫻桃破(去).

羅袖裛殘殷色可(上);
杯深旋被香醪涴(去).
繡床斜凭嬌無那(去).
爛嚼紅絨, 笑向檀郎唾(去).

저녁 화장 막 끝내고
빨간 연지 가볍게 발랐다.
보일 듯 내민 혀끝은 정향 꽃봉오리.
맑은 노래 한 곡
잠시 앵두 입술 터뜨린다.

비단 소매 술에 젖어 검붉은 빛깔 곱고
술잔 깊지만 이내 술로 가득 찬다.
수놓은 침상에 비스듬히 기댄 어쩔 수 없는 교태.
잘근잘근 빨간 술을 씹어
웃으며 낭군에게 내뱉는다.

—南唐 後主 이욱(李煜), 「一斛珠」

金鞍美少年，去躍青驄馬(上).
牽繫玉樓人，繡被春寒夜(去).

消息未歸來，寒食梨花謝(去).
無處說相思，背面鞦韆下(去).

황금빛 안장에 앉은 미소년이
청총마를 타고 달린다.
옥루의 여인을 사랑에 빠지게 하여
수 이불 속에서 추운 봄밤을 지낸다.

그의 소식은 아직 돌아오지 않았는데
다시 한식이 되어 배꽃이 떨어진다.
그리움을 호소할 데 없어서
그네 아래서 등 돌리고 눈물을 삼킨다.

—안기도(晏幾道), 「生查子」

39.8 이외에도 일종의 평측호압(平仄互押)이 있다. 평측호압은 상거통압과 성질이 다르다. 상거통압은 상성을 쓰는 것과 거성을 쓰는 것이 마음대로여서 일정한 규칙이 없다. 그러나 평측호압은 평성을 써야 할 곳과 측성을 써야 할 곳이 정해져 있다. 또한 평측호압은 평측전운(平仄轉韻)과 다르다. 평측전운은 평운(平韻)에서 측운(仄韻)으로 바뀌거나 측운에서 평운으로 바뀔 뿐으로, 평운의 운부와 측운의 운부는 결코 같지 않다. 그러나 평측호압은 일정한 위치에서 동일한 운부의 평운과 측운을 번갈아 쓴다. 예를 들면 다음과 같다.

「서강월(西江月)」(甲種)

모두 양결(兩闋) 8구(句), 6운(韻) : ○평평측, ○평평측, 일운도저(一韻到底)

例 1) 사마광(司馬光)

寶髻鬆鬆挽就, 鉛華淡淡妝成(평).
紅烟翠霧罩輕盈(평),
飛絮游絲無定(측).

相見爭如不見, 有情還似無情(평).
笙歌散後酒微醒(평),
深院月明人靜(측).

쪽머리를 가볍게 끌어당기고
엷게 분을 발라 화장을 마쳤다.
붉고 푸른 안개가 가볍게 끼었는데
버들 솜과 거미줄이 정처 없이 떠다닌다.

만나는 것이 어찌 만나지 못하는 것과 같으랴?
정이 있는 것이 오히려 무정한 것과 같구나.
생황노래 끝난 후 술이 약간 깨었는데
깊은 정원 밝은 달 아래 사람은 고요하다.

例 2) 사달조(史達祖)

裙褶綠羅芳草, 冠梁白玉芙蓉(평).
次公筵上見山公(평),
紅綬欲銜雙鳳(측).

已向冰匳約月, 更來玉界乘風(평).
凌波韈冷一樽同(평),
莫負彩舟涼夢(측).

치마는 주름진 초록 비단이어서 방초요
관은 머리에 얹은 백옥이어서 부용이라.
차공의 잔치에서 산공을 만나니

붉은 인끈으로 두 봉새를 함께 품고 싶다.

이미 거울 향해 달 뜰 때를 기약하니
더욱 바람을 타고 월궁으로 가련다.
사뿐한 버선 차가워 술 한 잔 같이 하니
채색 배 안의 가을 꿈을 저버리지 마시게.

「서강월(西江月)」(乙種)

모두 양결(兩関) 8구(句), 6운(韻) : ○평평측, ○평평측, 모두 두 개의 운부(韻部)를 사용함.

例 1) 오문영(吳文英)
枝裊一痕雪在, 葉藏幾豆春濃(평).
玉奴最晩嫁東風(평),
來結梨花幽夢(측).

香力添熏羅被, 瘦肌猶怯冰綃(換韻, 평).
綠陰青子老溪橋(평),
羞見東鄰嬌小(측).

가는 가지에 눈 자국이 남아 있고
잎은 작은 꽃망울을 감추고 있어 봄이 완연하다.
매화가 가장 늦게 동풍에게 시집가
배꽃의 그윽한 꿈과 맺어진다.

향기가 비단 이불에 스며들고
야윈 살갗은 오히려 하얀 생초를 겁나게 한다.
녹음 속의 푸른 열매는 시내 다리 변에서 커가며
작고 예쁜 동쪽 이웃의 여인 보기를 부끄러워한다.
(「서강월」 갑종과 을종은 『사율』의 순서에 따랐다. 이하도 마찬가지이다.)

「환소난봉(換巢鸞鳳)」

모두 양결(兩闋) 19구(句), 12운(韻) : 평○평○평평평○측; 측측측○○측○측○측

例 1) 사달조(史達祖)

人若梅嬌(평).
正愁橫斷塢, 夢繞溪橋(평).
倚風融漢粉, 坐月怨秦簫(평).
相思因甚到纖腰(평)?
定知我今無魂可銷(평)!
佳期晚, 謾幾度淚痕相照(측)!

人悄(측);
天渺渺(측)!
花外語香時透郎懷抱(측).
暗握荑苗, 乍嘗櫻顆, 猶恨侵階芳草(측).
天念王昌忒多情, 換巢鸞鳳教偕老(측).
溫柔鄉, 醉芙蓉一帳春曉(측).

사람이 매화처럼 아리땁다.
슬픔이 성채를 횡단하고, 꿈이 시내 다리를 맴돈다.
바람에 기대어 漢의 흰 분과 화합하고
달빛 아래 앉아 秦의 퉁소 소리를 원망한다.
그리움은 어찌하여 허리를 가늘게 할까?
내가 지금 나갈 넋조차 없음을 아는구나!
만날 언약 늦어져
몇 번이나 눈물자국을 헛되이 비추었던가!

사람은 잠잠하고
하늘은 아득하다.

꽃 밖으로 향기가 때때로 임의 가슴에 스며든다.
몰래 어린 싹을 잡고, 잠시 앵두를 맛보니
오히려 섬돌에 침입한 방초가 한스럽다.
하늘은 왕창이 너무나 다정한 걸 염려하시어
둥지를 바꾸어 난새와 봉새가 해로하게 하셨다.
온유향에서, 봄밤이 새도록 부용에 취하였다.

「어가오(漁家傲)」(乙種)

모두 양결(兩関) 10구(句), 10운(韻) : 평평측측측, 평평측측측

例 1) 두안세(杜安世)

疏雨纔收淡淨天(평);
微雲綻處月嬋娟(평).
寒雁一聲人正遠(측),
添幽怨(측),
那堪往事思量徧(측)?

誰道綢繆兩意堅(평)?
水萍風絮不相緣(평)!
舞鑑鸞腸虛寸斷(측);
芳容變(측),
好將憔悴教伊見(측)!

보슬비가 하늘을 말끔하게 치워서
옅은 구름 터진 곳에 달이 아름답다.
임은 멀리 있는데 가을 기러기 소리 들려와
깊은 그리움을 사무치게 하니
어떻게 지난 일들을 추억하리?

정이 끈끈하여 두 마음 변함없다고 누가 말했던가?
부평초와 흩날리는 버들 솜은 인연이 없다네!

춤 거울과 난새 장은 부질없이 마디마디 끊겼다.
꽃다운 용모가 변했으니
초췌한 얼굴을 그이에게 어찌 보이나!

「취공자(醉公子)」

모두 양결(兩関) 8구(句), 8운(韻) : 측측평측, 평평측평

例 1) 무명씨(無名氏)

門外猧兒吠(측),
知是蕭郎至(측).
刬襪下香階(평),
冤家今夜醉(측).

扶得入羅幃(평),
不肯脫羅衣(평).
醉則從他醉(측),
還勝獨睡時(평).

문밖에서 발바리가 짖는 걸 보니
소랑이 왔음을 알겠다.
버선발로 계단을 내려가니
알미운 그이와 오늘밤 취하련다.

부축하여 비단 휘장 안으로 드니
비단 옷을 벗으려 하지 않는다.
취하려면 그를 따라 취하는 것이
혼자 잘 때보다 훨씬 낫다네.

(『사율』은 '階'자와 제7구의 '醉'자를 운으로 보지 않았는데, 상세한 고증이 필요하겠지만 이 두 글자도 운으로 보인다.)

석효우(石孝友), 「접연화(蝶戀花)」(乙種)

別來相思無限期(평)!
欲說相思, 要見終無計(측).
擬寫相思持送伊(평),
如何盡得相思意(측)?

眼底相思心裏事(측),
從把相思, 寫盡憑誰寄(측)?
多少相思都做淚(측),
一齊淚損相思字(측)!

이별 후 그리움이 끝도 없구나!
그리움을 말하려 해도
보려고 해도 끝내 방법이 없다.
그리움을 글로 써서 그에게 보내려 해도
어떻게 내 마음을 다 표현할 수 있을까?

눈 아래의 그리움과 마음속의 일.
그리움을 다 쓴다고 해도, 누구를 통해 부치나?
하고많은 그리움이 모두 눈물이 되어
한꺼번에 쏟아져 '相思'자를 지워 버렸다!

(『사율』은 이 사 밑에 "'期'자는 평성으로 첫 韻字이고 제4구의 '伊'자도 평성으로 叶韻하였으므로 이 詞調 또한 平仄兩叶에 속한다"라고 주를 달았다.)

양무구(楊无咎), 「이랑신(二郎神)」

炎光欲謝, 更幾日, 熏風吹雨(측).
共說是天公, 亦嘉神貺, 特作澄淸海宇(측).
灌口擒龍, 離堆平水, 休問功超前古(측).
當中興, 護我邊陲, 重使四方安堵(측).

新府(측).
祠庭占得, 山川佳處(측).
看曉汲雙泉, 晚除百病, 奔走千門萬戶(측).
歲歲生朝, 勤勤稱頌, 可但民無災苦(측).
[薦樽俎], 願得地久天長, 協佐皇都(평).

여름 더위가 물러나려한 후, 며칠이 지나자
훈풍이 불며 비가 내렸다.
함께 말했다 하늘도, 신령한 恩賜를 기뻐하시어
특별히 맑은 세상을 만들어주셨다고
灌口에서 못된 용을 사로잡고
離堆에서 治水를 하셨으니
그 공적이 예전을 뛰어넘느냐고 묻지 말라.
중흥을 맞이하여, 우리의 변방을 보호하시니
다시금 사방을 편안케 하셨다.

새로운 관청.
사당의 뜰이 산천의 아름다운 곳을 차지하였다.
새벽에 쌍천에서 물을 긷고
저녁에 온갖 병을 물리치며
수많은 집을 가가호호 분주히 다녔다.
해마다 생일이 되면, 정성스럽게 칭송하니
어찌 백성들에게 재난이 없게 하는 데 그치랴?
[잔치를 벌이고], 원컨대 영원토록
황도를 돕고 보살펴주시기를!
(『사율』은 이 사 밑에 "마지막 구의 '都'자는 애초에는 잘못된 글자라고 의심했지만 앞에 '佐'자를 쓴 것을 음미해보면 뒤에 平聲字로 상응시키는 것이 마땅하다. 따라서 이 또한 바로 平仄互用의 詞體이다"라고 주를 달았다.)

유영(柳永), 「선청(宣淸)」

殘月朦朧, 小宴闌珊, 歸來輕寒森森(평).
背銀釭,[30] 孤館乍眠, 擁重衾, 醉魄猶噤(측).
永漏頻傳, 前歡已去, 離愁一枕(측).
暗尋思, 追舊游, 神京風物如錦(측).

念擲果朋儕,[31] 絶纓宴會, 當時曾痛飮(측).
命舞燕翩翻,[32] 歌珠貫串, 向玳筵前, 盡是神仙流品(측).
至更闌, 疏狂轉甚(측).
更相將,[33] 鳳幃鴛寢.[34](측).
玉釵亂橫信任(측).
散盡高陽,[35] 這歡娛, 甚時重恁(측)?

조각달 몽롱하고, 작은 연회 끝이 나서
돌아오니 가벼운 추위가 으스스하다.
은 등잔 등지고, 외로운 객사에서 잠깐 눈 붙이려고
두꺼운 이불을 끌어안았지만
취한 몸 오히려 추위에 떤다.
물시계 소리는 끝없이 들려오는데
예전의 애인은 이미 가버려
베갯머리엔 이별의 슬픔만 가득하다.
가만히 옛 생각을 더듬어, 지난날을 추억하니
서울의 풍물은 비단처럼 화려했었다.

생각하면 여인들이 과일을 던져주는 준수한 벗들

---

30) 텍스트에는 '釭'이 '缸'으로 되어 있는데, 誤字이다.
31) 텍스트에는 '念'이 '會'로 되어 있는데, 誤字이다.
32) 텍스트에는 '翩翻'이 '翻翻'으로 되어 있는데, 『全宋詞』에 따라 바꾸었다.
33) 텍스트에는 "歌珠貫串, 向玳筵前, 盡是神仙流品. 至更闌, 疏狂轉甚; 更相將"이 빠져 있어 보충하였다.
34) 텍스트에는 '幃'가 '樓'로 되어 있는데, 誤字이다.
35) 이 두 구가 『全宋詞』에는 "玉釵亂橫, 任散盡高陽"으로 되어 있다.

갓끈을 끊어버린 즐거운 연회
당시엔 정말 흠뻑 마셨다.
제비가 곡예 넘듯 춤추고, 옥구슬 꿰듯 노래 부르게 하여
화려한 연회를 벌이니, 참으로 신선의 풍류였다.
밤이 깊어지면 방탕함이 심해져
서로가, 봉황 휘장의 원앙 침상에 들어
옥비녀가 마구 나뒹굴어도 내버려두었다.
高唐 陽臺의 일이 모두 사라졌으니
그 즐거움을, 언제나 다시 그때처럼 누리려나?

(『사율』은 이 사 밑에 "'森'자가 평성이지만 운자여서 이 또한 平仄兩叶의 詞調이다. 만약 '噤'자가 운의 시작이라면 처음 시작하여 28자 째 가서야 운을 사용한 것이 되니 그럴 리는 없을 것이다. '衾'자 역시 협운이라고 말하는 사람이 있지만 이 한 편뿐이기 때문에 고증할 방법이 없다. 杜文瀾은 "宋本에서는 '森森'을 '凜凜'이라고 하였으니, 이 한 운만 평운으로 협운한 것이 아니다"라고 말하였다"라고 주를 달았다.)

39.9 엄격히 말하면 「서강월(西江月)」과 「환소난봉(換巢鸞鳳)」·「어가오(漁家傲)」(乙種) 등의 사만이 평측호협(平仄互叶)이라고 볼 수 있다. 「취공자(醉公子)」와 석효우(石孝友) 식의 「접연화(蝶戀花)」는 애매모호한 상태에 있다. 「이랑신(二郎神)」과 「선청(宣淸)」 같은 것은 평측통압(平仄通押)으로 볼 수밖에 없다. 평측호협은 평성과 측성이 번갈아 나오는 것으로 규정되어 있지만 평측통압은 평성과 측성을 폭넓게 통용하면 되기 때문이다. 일반적으로 가장 흔히 보이는 평측호협은 「서강월」(甲種)이다.

제40절 사운(하)

40.1 고체시(古體詩)에서는 운(韻)의 평측(平仄)이 자유롭다. 측운(仄韻) 고풍(古風)과 평운(平韻) 고풍(古風)은 똑같이 흔히 보인다. 그러나 근체시(近體詩)에서는 평성운(平聲韻)을 사용하는 것이 원칙이다. 사(詞)에 이르러서는 다시 평성운과 측성운의 병용이 회복되었다. 다만 한 가지 고풍과 크게 다른 점은 사인(詞人)이 사보(詞譜)를 선정한 뒤에는 반드시 원보(原譜)의 평측에 따라야 하며, 운각(韻脚)의 평측도 바꿀 수 없다는 것이다. 평성운의 사는 측성운을 사용할 수 없고, 측성운의 사는 평성운을 사용할 수 없다. 평성운과 측성운을 모두 사용할 수 있는 것은 평측양체(平仄兩體)로 본다. 이제 비교적 흔히 보이는 사보(詞譜)를 평성운과 측성운으로 나누어 예를 들면 다음과 같다.

(1) 평성운을 사용하는 것으로 한정된 것

「남가자(南歌子)」	「어가자(漁家子)」(單調)	「억강남(憶江南)」
「도련자(搗練子)」	「팔성감주(八聲甘州)」	「억왕손(憶王孫)」(單調)
「하방원(遐方怨)」	「강성자(江城子)」(單調)	「강성매화인(江城梅花引)」
「상견환(相見歡)」	「하만자(何滿子)」	「장상사(長相思)」
「춘광호(春光好)」	「옥호접(玉蝴蝶)」	「추노아(醜奴兒)」
「화당춘(畵堂春)」	「완랑귀(阮郎歸)」	「소년유(少年游)」
「목란화만(木蘭花慢)」	「망원행(望遠行)」(中調)	「임강선(臨江仙)」
「자고천(鷓鴣天)」	「서자고(瑞鷓鴣)」	「매화인(梅花引)」(甲)
「일전매(一剪梅)」	「접현빈(接賢賓)」	「당다령(唐多令)」
「파진자(破陣子)」	「행향자(行香子)」	「성성령(聲聲令)」
「우비악(于飛樂)」	「풍입송(風入松)」	「수조가두(水調歌頭)」
「만정방(滿庭芳)」	「소상야우(瀟湘夜雨)」	「안아미(眼兒媚)」
「인월원(人月圓)」	「요대취팔선(瑤臺聚八仙)」	「심원춘(沁園春)」

「망해조(望海潮)」　「다려(多麗)」　「춘풍요나(春風嫋娜)」

(2) 측성운을 사용하는 것으로 한정된 것

「생사자(生查子)」　「장명녀(長命女)」　「여관자(女冠子)」(乙丙)
「알금문(謁金門)」　「취화간(醉花間)」　「점강순(點絳脣)」
「청상원(淸商怨)」　「복산자(卜算子)」　「후정화(後庭花)」
「억민령(憶悶令)」　「호사근(好事近)」　「일락색(一落索)」
「억소년(憶少年)」　「서지금(西地錦)」　「하성조(賀聖朝)」
「형주정(荊州亭)」　「도원억고인(桃源憶故人)」「품령(品令)」
「오가기(誤佳期)」　「응천장(應天長)」　「양주령(梁州令)」
「유춘령(留春令)」　「석분비(惜分飛)」　「촉영요홍(燭影搖紅)」
「적적금(滴滴金)」　「귀전락(歸田樂)」　「죽향자(竹香子)」
「탐춘령(探春令)」　「탐방신(探芳新)」　「영춘악(迎春樂)」
「봉래조(鳳來朝)」　「우중화(雨中花)」　「취화음(醉花陰)」
「청문인(靑門引)」　「목란화(木蘭花)」　「경배악(傾盃樂)」
「망원행(望遠行)」(長調)「행화천(杏花天)」「차두봉(釵頭鳳)」
「보섬궁(步蟾宮)」　「징초(徵招)」　「고적령(鼓笛令)」
「사귀악(思歸樂)」　「금장춘(錦帳春)」　「작교선(鵲橋仙)」
「일곡주(一斛珠)」　「답사행(踏莎行)」　「칠낭자(七娘子)」
「접연화(蝶戀花)」　「소막차(蘇幕遮)」　「염노교(念奴嬌)」
「체인교(殢人嬌)」　「동풍제일지(東風第一枝)」「해패령(解佩令)」
「사지춘(謝池春)」　「모어아(摸魚兒)」　「청옥안(靑玉案)」
「천추세(千秋歲)」　「어가행(御街行)」　「금전도(錦纏道)」
「이정연(離亭燕)」　「주야락(晝夜樂)」　「우림령(雨霖鈴)」
「동선가(洞仙歌)」　「맥산계(驀山溪)」　「박행(薄倖)」
「쇄창한(鎖窗寒)」　「해어화(解語花)」　「취루음(翠樓吟)」
「맥상화(陌上花)」　「만강홍(滿江紅)」　「하신랑(賀新郎)」
「축영대근(祝英臺近)」「제천락(齊天樂)」　「서학선(瑞鶴仙)」
「수룡음(水龍吟)」　「기라향(綺羅香)」　「소영(疏影)」
「암향(暗香)」　「옥루지(玉漏遲)」　「영롱사범(玲瓏四犯)」

「탈금표(奪錦標)」

40.2 당·오대에는 시에서 사로 변한 지 오래 되지 않아서 평성운이 측성운보다 많았다. 송조(宋朝) 이후에 이르러 점차 측성운이 평성운보다 많아졌다. 통계를 내보면 측운사(仄韻詞)가 좀더 많아 보인다(측성운 중에서 上去가 한 부류이고 入聲이 따로 한 부류를 이루어 몇몇 詞調는 「滿江紅」처럼 입성운을 사용하는 것이 보통이다).

40.3 몇몇 사패(詞牌)는 평성운과 측성운을 모두 사용할 수 있다. 그러나 그 가운데서도 많이 쓰이는 것과 적게 쓰이는 것의 구분이 있다. 이제 각각의 예를 들어보면 다음과 같다.

(甲) 평성운을 사용하는 것이 보통인 것

「완계사(浣溪沙)」 「낭도사(浪淘沙)」 「희천앵(喜遷鶯)」
「금당춘(錦堂春)」 「우중화만(雨中花慢)」 「성성만(聲聲慢)」

(乙) 측성운을 사용하는 것이 보통인 것

「상천효각(霜天曉角)」 「여몽령(如夢令)」
「억진아(憶秦娥)」 「봉함배(鳳銜盃)」

40.4 다음으로 평측전운(平仄轉韻)에 대해서 이야기해보자. 본래 율화(律化)된 고풍(古風)의 전운(轉韻)은 이미 평성운과 측성운을 번갈아 쓰는 방향으로 나갔다(제31절을 볼 것). 사운(詞韻)에 이르러서는 전운할 때 더욱 평성운에서 측성운으로 바뀌거나 측성운에서 평성운으로 바뀌는 것이 원칙이다. 다음 예를 보자.

구양형(歐陽炯), 「南鄕子」(單調) 평평측측측

岸遠沙平(평),

日斜歸路晚霞明(평).
　孔雀自憐金翠尾(측),
　臨水(측),
　認得行人驚不起(측).

저 멀리 물가의 모래밭 평평하고
귀로에 해는 기울어 저녁놀 환하다.
공작은 스스로 노랗고 파란 꼬리를 뽐내며
물가에 서서
행인을 알아보곤 놀라지도 않는다.

묵기영(万俟咏),[36]「昭君怨」　　측측평평, 측측평평

春到南樓雪盡(측),
驚動燈期花信(측).
　小雨一番寒(평),
　倚闌干(평).

莫把闌干頻倚(측),
一望幾重烟水(측)?
　何處是京華(평)?
　暮雲遮(평)!

봄이 남쪽 누각에 도착하니 눈이 다 녹고
대보름과 꽃 소식에 깜짝 놀란다.
가랑비에 한기가 스며드는데
난간에 기대선다.

난간을 잡고 자주 기대서지 말아야지
바라보면 안개 낀 물 몇 겹이던가?

36) 텍스트에는 万俟雅言이라고 되어 있는데, 雅言은 그의 字이다.

어느 곳이 서울일까?
저녁 구름이 가로막고 있구나!

「女冠子」(甲種)　　측측평○평, ○평○평

含嬌含笑(측),
宿翠殘紅窈窕(측).
　　鬢如蟬(평),
　　寒玉簪秋水, 輕紗卷碧烟(평).

　　雪肌鸞鏡裏, 琪樹玉樓前(평).
　　寄語青娥伴, 早求仙(평)!

교태를 머금고 미소를 머금어
간밤의 푸름과 남은 붉음이 어여쁘다.
살쩍은 매미 날개 같고
차가운 옥비녀는 가을 물 같은데
가벼운 비단을 말아 올리니 푸른 안개가 스며든다.

난새 거울 속의 눈같이 하얀 피부
옥 누각 앞의 산호 장식나무.
青女를 동반하여 말을 전해서
일찍 신선이 되기를 구하련다.

「菩薩蠻」　　측측평평, 측측평평.

(제36절을 볼 것)

온정균(溫庭筠), 「更漏子」　　○측측○평평, 측측측○평평.

玉闌干, 金甃井(측),
月照碧梧桐影(측).
　　獨自箇, 立多時(평),

露華濃濕衣(평).

一向(측),
凝情望(측),
待得不成模樣(측).
雖叵耐, 又尋思(평),
怎生嗔得伊(평)!

옥난간, 황금빛 벽돌로 담을 두른 우물,
달빛에 선명한 벽오동 그림자.
혼자서, 오래 서 있었더니
이슬에 옷이 흠뻑 젖었다.

줄곧, 정에 응결되어 바라보며
기다리니 모양이 말이 아니다.
참을 수 없지만, 한편 생각하니
어떻게 그에게 화를 낼 수 있으랴!

이백(李白)(?), 「淸平樂」 前闋 측, 後闋 평

禁闈淸夜(측),
月探金窗罅(측).
玉帳鴛鴦噴蘭麝(측),
時落銀燈香灺(측).

女伴莫話孤眠(평),
六宮羅綺三千(평).
一笑皆生百媚, 宸游教在誰邊(평)?

대궐 문 안의 맑은 밤
달빛이 황금 창의 틈을 찾는다.

옥 휘장의 원앙이 난향과 사향을 뿜어내고
은 등잔에선 이따금 향긋한 불똥이 떨어진다.

반려 여인은 말없이 외롭게 잠이 들고
황후의 寢宮에는 아름다운 비단이 삼천.
한 번 웃으면 모두 온갖 媚態 생겨나니
임금님의 나들이는 누구 옆에 계시게 하나?

왕안국(王安國), 「減字木蘭花」 측측평평, 측측평평

畫橋流水(측),
雨濕落紅飛不起(측).
　　月破黃昏(평),
　　簾裏餘香馬上聞(평).

徘徊不語(측),
今夜夢魂何處去(측)?
　　不似垂楊(평),
　　猶解飛花入洞房(평)!

채색 다리 밑으로 물이 흐르고
낙화는 비에 젖어 흩날리지 않는다.
황혼에 달이 떠오르니
주렴 안의 餘香을 말 위에서 맡는다.

말없이 배회하니
오늘밤 꿈속의 혼은 어디로 가나?
수양버들의 버들 솜은
오히려 규방으로 날아 들어갈 줄 아는데!

「偸聲木蘭花」(위와 마찬가지로 平仄轉韻이다)

(제37절을 볼 것.)

황보송(皇甫松), 「荷葉盃」 측측평평평, 雙疊

記得那年花下(측),
深夜(측)!
初識謝娘時(평),
水堂西面畵簾垂(평).[37]
携手暗相期(평).

惆悵曉鶯殘月(측),
相別(측)!
從此隔音塵(평),
如今都是異鄕人(평).
欲見更無因(평)!

생각난다 그 해 꽃 아래에서
깊은 밤
처음으로 謝娘을 알게 되었을 때
水堂 서쪽에 채색 주렴 드리우고
손잡고 은밀히 기약했었지.

슬프다 새벽에 꾀꼬리 울고 조각달 비칠 때
서로 헤어지고는
그로부터 소식이 끊기고 말았다.
지금은 모두가 타향 사람이 되어
만나고 싶어도 한층 더 어렵게 되었다.

37) 텍스트에는 '簾'이 '樓'로 되어 있는데, 誤字이다.

「虞美人」　　측측평평, 측측평평

(제37절을 볼 것.)

왕특기(王特起), 「梅花引」(乙)　　측측측평평○평, 측측평평○평

山之麓(측),
水之曲(측),
一灣秀色盤虛谷(측).
　水溶溶(평),
　雨濛濛(평).
　有人行李, 蕭蕭落葉中(평).

人家籬落炊烟濕(측),
天外雲峰迷淡碧(측).
　野雲昏(평),
　失前村(평),
　溪橋路滑, 平沙沒舊痕(평).

산기슭, 물굽이,
물굽이의 빼어난 빛이 빈 골짜기를 둘렀다.
물은 넘실거리고, 비는 부슬부슬 내린다.
누군가 먼 길을 떠난다, 쓸쓸히 낙엽은 지는데.

인가 울타리는 밥 짓는 연기에 축축하고
하늘가 구름 덮인 봉우리는 푸른빛이 흐릿하다.
들판의 구름 어두워, 앞마을 보이지 않는데
시내 다리 길 미끄럽고, 넓은 모래언덕에 옛 흔적 묻혔다.

상자인(向子諲), 「梅花引」(丙)　　측측측평平○평측측평평○평, 雙疊

花如頰(측),
梅如葉(측),

小時笑弄階前月(측).
　　最盈盈(평),
　　最惺惺(평),
　　閒愁未識, 無計說深情(평).
一年空省春風面(측),
花落花開不相見(측).
　　要相逢(평),
　　得相逢(평),
　　須信靈犀, 中自有心通(평).

同杯勺(측),
同斟酌(측),
千愁一醉都忘却(측).
　　花陰邊(평),
　　柳陰邊(평),
　　幾回擬待, 偷憐不成憐(평).
傷春玉瘦慵梳掠(측),
抛擲琵琶閒處著(측).
　　莫猜疑(평),
　　莫嫌遲(평),
　　鴛鴦翡翠, 終自一雙飛(평).

꽃은 뺨과 같고, 매실은 잎과 같아
어렸을 때 섬돌 앞 달과 함께 웃고 놀았다.
가장 아름답고, 가장 총명한데
사랑의 슬픔 알지 못하여
깊은 정을 토로할 방법이 없다.
일 년 내내 아름다운 얼굴 살피지 못해
꽃이 피었다가 져도 만나지 못하였다.
만나고 싶으면, 만날 수 있어야 하는데
절로 마음이 통한다는 무소뿔을 믿어야 하리.

같은 잔에 따라, 함께 술을 마셔서
취하여 온갖 슬픔을 모두 잊는다.
꽃그늘 가에서, 버들그늘 가에서
몇 번이나 기다리며
몰래 사랑을 꿈꾸었지만 이루지 못했다.
봄에 상심하여 몸은 야위고 빗질도 내키지 않아
비파를 한적한 곳에 던져두었다.
시기하지 말고, 원망하지 말아야지.
원앙과 비취는 결국 한 쌍이 날아갈 것을!

안수(晏殊), 「玉堂春」 측측○평○○평, ○평○○평

斗城池館(측),
二月風和烟煖(측).
　　繡戶珠簾, 日影初長(평).
　　玉轡金鞍, 繚繞沙隄路, 幾處行人映綠楊(평)!

小檻朱闌回倚, 千花濃露香(평).
脆管淸絃, 欲奏新翻曲, 依約林間坐夕陽(평).

京城의 못과 관각
이월의 바람 온화하고 안개 따뜻하다.
수놓은 문과 주렴, 해도 이제 길어졌다.
옥 재갈과 금빛 안장, 모래 둑길을 둘러싸고
여러 곳에서 푸른 버들이 행인에 비친다.

작고 붉은 난간에 돌아와 기대서니
수많은 꽃에 이슬 향기 짙다.
피리와 비파로, 새 곡을 타려다가
정에 얽혀 숲 사이에 앉아 석양을 바라본다.

40.5 이상에서 서술한 것은 모두 갑운(甲韻)에서 을운(乙韻)으로 전운(轉韻)한 것인데, 만약 다시 전운한다면 병운(丙韻) 정운(丁韻) 등등으로 바뀌지 다시 갑운으로 돌아가지는 않는다(설사 그런 경우가 있다고 하더라도 우연일 뿐 규정이 아니다). 그러나 몇몇 사보(詞譜)는 이와 달라서 그들의 전운 방식은 갑, 을, 갑, 을이다. 이것은 회환식(迴環式)이라고 칭할 수 있겠다. 다음 예를 보자.

紅酥手,
黃藤酒,
滿城春色宮墻柳.
　　東風惡,
　　歡情薄.
　　一懷愁緒, 幾年離索.
　　錯! 錯! 錯!

春如舊,
人空瘦,
淚痕紅裛鮫綃透.
　　桃花落,
　　閒池閣,
　　山盟雖在, 錦書難託.
　　莫! 莫! 莫!

그대는 부드러운 섬섬옥수로
나에게 황등주를 따라주었지.
성 안에 넘친 봄빛 실버들로 늘어질 때
봄바람이 사나워 인연이 깨졌으니
내 한 가슴 원한을 안고
외로운 나날로 몇 해를 보냈던가?
아아, 돌이킬 수 없는 잘못이여!

봄은 예나 다름이 없건만
사람은 보람 없이 야위어만 가니
연지 묻은 손수건 눈물에 젖는다.
복숭아꽃 스러져 화원마저 쓸쓸하니
사랑의 맹세 변함 없어도
정 담은 편지를 누가 전해주리요?
아아, 어쩔 수 없는 내 신세여!

(이밖에 「擷芳詞」가 있는데, 이 사에 비해 前闋과 後闋 마지막의 세 疊字가 빠졌을 뿐이다.)

※ 주의 : 측운에서 측운으로 전운한 것은 매우 드물다.

— 육유(陸游), 「釵頭鳳」

春將半,
鶯聲亂,
柳絲拂馬花迎面.
　　小堂風,
　　暮樓鐘,
　　草色連雲, 暝色連空.
　　重! 重!

秋千畔,
何人見?
寶釵斜照春妝淺.
　　酒霞紅,
　　與誰同?
　　試問別來, 近日情悰.
　　忡! 忡!

봄이 한창이고, 꾀꼬리 소리 요란한데
버들가지 말을 스치고 꽃이 얼굴을 맞는다.
작은 집에 부는 바람, 누각에 들리는 저녁 종소리.

풀빛은 구름에 이어지고, 어스름은 하늘에 이어진다.
아아, 마음이 무겁다.

그네 가에서, 누구를 만날까?
석양에 비녀 반짝이고 봄 화장 옅다.
노을 같은 붉은 술을, 누구와 함께 하나?
이별 후의 일을 물어보니, 요즈음의 심정은
아아, 근심만 쌓여간다.

—여위노(呂渭老), 「惜分釵」

40.6 서양의 시에는 수운(隨韻)이란 것이 있는데, 그 형식은 aabb로서 제1구와 제2구가 한 운을 이루고 제3구와 제4구가 한 운을 이룬다. 중국의 사에도 이런 형식이 있다. 다음 예를 보자.

南唐 後主 이욱(李煜), 「子夜歌」　aabb ccdd

人生愁恨何能免?
銷魂獨我情何限!
　　故國夢重歸,
　　覺來雙淚垂.
高樓誰與上?
長記秋晴望.
　　往事已成空,
　　還如一夢中!

인생의 슬픔과 한을 어떻게 면할 수 있을까?
슬픔에 넋이 나가니 유독 나의 정 끝이 없어라!
고향으로 꿈속에서 거듭 돌아가니
깨어나면 두 줄기 눈물 줄줄 흐른다.
높은 누각에 누구와 함께 올랐던가?
맑은 가을 함께 바라보던 일을 잊을 수 없다.

지난 일들 이미 사라져버려
그저 일장춘몽 같을 뿐이다.

「보살만(菩薩蠻)」·「경루자(更漏子)」 등의 사도 모두 이 부류에 속한다. 일운도저(一韻到底)의 사도 수운(隨韻)의 연장으로 볼 수 있다.

40.7 서양시에는 또 포운(抱韻)이란 것이 있는데, 그 운식(韻式)은 abba로 제1구와 제4구가 한 운을 이루고 제2구와 제3구가 한 운을 이루어 마치 갑운(甲韻)이 을운(乙韻)을 품에 안은 것 같은 형상이다. 중국의 사에도 이와 같은 포운이 있다. 예를 들어 「호천효(壺天曉)」라는 별명을 지닌 「서강월(西江月)」은 운식(韻式)이 abba abba이다. 『사율(詞律)』은 이 체를 수록하지 않았는데, 나중에 서본립(徐本立)이 『사율습유(詞律拾遺)』에 이 체를 수록하였다. 이 사의 운각(韻脚)은 측평평측, 쌍첩(雙疊)이다. 이제 두 개의 예를 들어본다.

例 1) 구양형(歐陽炯)

月映長江秋水,
　　分明冷浸星河.
　　淺沙汀上白雲多,
雪散幾叢蘆葦.

扁舟倒影寒潭裏,
　　烟光遠罩輕波.
　　笛聲何處響漁歌,
兩岸蘋香暗起.

달이 장강의 가을 물에 비치고
은하수도 맑고 뚜렷하게 잠겨 있다.
얕은 모래섬 위로 흰 구름 많고
눈이 몇 군데 갈대숲을 흩뜨려놓았다.

조각배는 차가운 못 속에 그림자를 드리웠고
안개 빛이 멀리 가벼운 물결을 뒤덮고 있다.
피리 소리는 어디서 뱃노래에 맞추어 울리나?
양쪽 물가에서 마름 향이 몰래 풍겨온다.

例 2) **소식(蘇軾)**

點點樓前細雨;
　　重重江外平湖.
　　當年戲馬會東徐,
今日淒涼南浦.

莫恨黃花未吐,
　　且教紅粉相扶.
　　酒闌不必看茱萸,
俯仰人間今古.

누각 앞에 점점이 떨어지는 가랑비
강 밖으로 겹겹이 펼쳐진 평평한 호수.
그 당시 말을 달려 彭城에서 만났는데
지금은 남포에서 쓸쓸하기만 하다.

노란 국화가 아직 피지 않았다고 원망 말고
아름다운 여인이 부축하게 하시게.
술자리 끝나도 수유를 볼 것 없으니
인간세상 예와 지금 잠깐이란다.
(이 사는 平仄互押이어서 구양형의 사보다 더욱 진일보하였다.)

40.8 이밖에 다음에 든 것과 같은 예는 비록 서양의 포운(抱韻)과는 다르지만 근체시의 운식(韻式)과는 차이가 크고 오히려 포운에 근접해 있다.

고형(顧敻), 「酒泉子」 abba acca

羅帶縷金,
　　蘭麝烟凝魂斷.[38]
　　畫屛欹, 雲鬢亂,
恨難任[39]!

幾回垂淚滴鴛衾,
　　薄情何處去?
　　月臨窗, 花滿樹,
信沈沈!

금실로 수놓은 비단 허리띠
난향과 사향의 연기 맺혀 넋이 끊어진다.
그림 병풍 기울고, 구름 모양 머리 헝클어져
쌓인 한을 견딜 수 없다.

몇 번이나 눈물이 원앙 이불에 떨어졌던가!
무정한 사람은 어디로 갔을까?
달빛이 창틈으로 들어오고, 나무엔 꽃이 만발했는데
임은 소식이 감감하구나!

모희진(毛熙震), 「酒泉子」 abba ccca

閒臥繡幃,
　　慵想萬般情寵.
　　錦檀偏, 翹股重,
翠雲欹.

　　莫天屛上春山碧,

38) 텍스트에는 '蘭'이 '蘭'으로 되어 있는데, 誤字이다.
39) '任'은 여기서 下平聲(12) '侵'韻에 속하여 평성이다. 따라서 '金'과 한 韻에 속한다.

　　映香烟霧隔.
　　蕙蘭心, 魂夢役,
斂娥眉.

수놓은 휘장 안에 한가히 누워 있으니
온갖 총애의 정을 생각하고 싶지 않다.
아름다운 천홍색 화장 치우치고, 머리장식 무거운데
푸른 구름 기울어졌다.

황혼에 병풍 위로 봄 산이 푸르고
햇빛 비치는 향긋한 안개가 가로놓였다.
혜초와 난초 같은 마음, 넋이 꿈속에서 수고하니
아름다운 눈썹이 찌푸려진다.

장선(張先), 「醉垂鞭」　abbaa ccaaa

酒面灩金魚.
　　吳娃唱,
　　吳潮上.
玉殿白麻書,
待君歸後除.

　　勾留風月好,
　　平湖曉.
翠峰孤;
此景出關無.
西州空畫圖.

술 위로 金魚가 출렁이고
吳 땅의 미인이 노래 부르는데
吳 땅의 조수가 밀려온다.

대궐의 조서는
벼슬을 주려고 그대 돌아오길 기다린다.

경치가 좋아 머뭇거리니
평평한 호수는 밝고
푸른 산봉우리는 고고하다.
이 경치 관문을 나서면 없어서
서주에서 부질없이 그림을 그린다.

손광헌(孫光憲), 「定風波」 aabba ccadda

簾拂疏香斷碧絲,
淚衫還滴繡黃鸝.
上國獻書人不在,
凝黛!
晚庭又是落紅時!

春日自長心自促,
翻覆!
年來年去負前期!
應是秦雲兼楚雨,
留住!
向花枝誇說月中枝! ('花枝'의 '枝'는 잘못 들어간 글자일 것이다.)

푸른 실 같은 향기가 주렴에 스치며 끊어지고
눈물이 다시 꾀꼬리 수놓은 적삼에 떨어진다.
서울에 편지를 바치지만 임은 계시지 않아
눈썹이 찌푸려진다.
저녁 정원에는 다시 꽃이 떨어지는구나!

봄날이 길어질수록 마음은 급하니

참으로 무상하구나!
해가 오고 또 가면서 예전의 기약을 저버렸으니
응당 秦雲과 楚雨를, 붙잡아 두어야 하리!
꽃을 향해 달 속의 가지를 자랑해야겠다!

온정균(溫庭筠), 「訴衷情」 aaabccbbbbb

鶯語,
花舞;
春晝午,
　　雨霏微,
　　　　金帶枕,
　　　　宮錦,
　　鳳凰帷.
　　柳弱蝶交飛,
　　依依.
　　遼陽音信稀,
　　夢中歸!

꾀꼬리 지저귀고, 꽃들이 춤춘다.
봄의 한낮에, 비가 부슬부슬 내린다.
금빛 허리띠와 베개, 궁중의 비단
봉황을 수놓은 휘장.
버들가지 하늘거리고 나비 함께 날아
그리움이 사무친다.
요양에서의 소식 없는데
꿈속에서 돌아온다.

녹건의(鹿虔扆), 「上行盃」 abb ccca

草草離亭鞍馬, 從遠道, 此地分襟.
　　燕宋秦吳千萬里.

無辭一醉.

野棠開, 江草濕.
佇立;
霑衣泣.
征騎駸駸!

허둥지둥 이별의 정자에서 말에 안장을 얹고
이제 먼 길을 떠나야 하니, 여기서 이별이다.
燕과 宋과 秦과 吳는 천리만리 멀리 있으니
사양치 말고 흠뻑 취하세.

팥배나무 꽃 피고, 강변의 풀 젖었는데
우두커니 서 있으니
눈물이 옷을 적시고
떠나는 말은 쏜살같구나!

40.9 서양시에는 또 교운(交韻)이란 것이 있는데, 그 형식은 abab로 제1구와 제3구가 한 운이고 제2구와 제4구가 한 운이다. 중국의 사에도 교운과 비슷한 운식이 있다. 다음 예를 보자.

모문석(毛文錫), 「紗窗恨」　abab bb

雙雙蝶翅塗金粉,
咂花心.
綺窗繡戶飛來穩,
畫堂陰.

二三月愛隨風絮, 伴落花, 來拂衣襟.
更剪輕羅片, 傅黃金.

쌍쌍의 나비는 날개에 금분을 칠하고
꽃의 꿀샘을 빤다.
비단 창 수놓은 문으로 사뿐히 날아와서는
채색 집 그늘로 들어간다.

이삼월에 바람 따라 흩날리는 버들 솜을 좋아하여
낙화와 함께, 옷깃을 스치고 지나간다.
다시 가벼운 비단 조각을 잘라, 황금을 바른 듯하다.

(前闋에 교운을 사용하였다. 모문석은 이외에도「紗窗恨」한 수가 더 있는데, 한 글자가 적지만 운식은 똑같다.)

온정균(溫庭筠),「定西番」(제1수)　　abb abab

漢使昔年離別,
　　攀弱柳, 折寒梅;
　　上高臺.

千里玉關春雪,
　　雁來人不來.
羌笛一聲愁絶,
　　月徘徊.

한나라 사신이 지난해 이별하며
버들가지를 붙잡고, 이른 매화를 꺾어
높은 누대에 올랐다.

천리 밖 옥문관에 봄눈이 내렸는데
기러기는 왔지만 사람은 오지 않는다.
한 줄기 피리소리에 슬픔이 북받쳐
달빛 아래 배회한다.

온정균, 「定西番」(제2수)

海燕欲飛調羽,[40]
　　萱草綠, 杏花紅;
　　隔簾櫳.

雙鬢翠霞金縷,
　　一枝春豔濃.
樓上月明三五,
　　瑣窗中.

바다제비가 날려고 날갯짓을 하는데
망우초 푸르고, 살구꽃 붉다
주렴 드리운 창 너머로.

양 살쩍은 푸른 놀과 금색 실.
가지 하나에 봄빛이 짙고 아름답다.
누대 위엔 보름이라 달이 밝구나
조각한 창문 안에.

이것은 평측교협(平仄交叶)의 운식(韻式)이다. 그러나 「정서번(定西番)」에서 평성의 운각은 고정되어 있지만 측성의 운각은 자유로울 수 있는 것 같다. 따라서 온정균(溫庭筠)의 또 다른 「정서번(定西番)」은 끝에서 둘째 구에 운을 달지 않았다.

細雨曉鶯春晚,
　　人似玉, 柳如眉;
　　正相思!

40) 텍스트에는 '燕'이 '雪'로 되어 있는데, 誤字이다.

羅幙翠簾初卷,

　　鏡中花一枝.

　　腸斷塞門消息,, 雁來稀!

늦은 봄 새벽 가랑비 속에 꾀꼬리가 우는데

사람은 옥과 같고, 버들잎은 눈썹 같아

그리움 솟구친다.

비단 휘장 푸른 주렴을 걷어 올리니

거울 속에는 꽃 한 가지.

변방 소식 없어 애가 끊기는데, 기러기조차 드물다.

— 온정균, 「定西番」(제3수)

우교(牛嶠)에게도 한 수의 「정서번(定西番)」이 있는데, 수구(首句)에 운을 달지 않았다.

紫塞月明千里, 金甲冷, 戍樓寒;

夢長安!

　　鄕思望中天闊,

漏殘星亦殘.

　　畵角數聲嗚咽,

雪漫漫!

달 밝은 자줏빛 변방 천리, 금빛 갑옷 차갑고, 망루에 한기가 들어

長安을 꿈꾼다.

고향 생각에 바라보니 하늘은 아득하고

물시계 소리 희미하고 별들도 희미하다.

뿔피리 소리 흐느끼는데

끝없이 눈발이 휘날린다.

— 우교(牛嶠), 「定西番」

손광헌(孫光憲)의 「정서번(定西番)」에 이르러서는 교운(交韻)의 규범을 완전히 상실하여 평운(平韻)만 남고 말았다.

帝子枕前秋夜, 霜幄冷, 月華明;
正三更!
何處戍樓寒笛? 夢殘聞一聲!
遙想漢關萬里, 淚縱橫!

가을밤 왕자의 베갯머리, 서리 내린 휘장 차갑고, 달빛 밝아
바로 한밤중이구나!
어느 戍樓에서 부는 피리일까? 꿈결에 들려오는 그 소리!
멀리 만 리 밖 漢의 관문을 생각하니, 눈물이 하염없이 흐른다.

— 손광헌(孫光憲), 「定西番」

40.10 이밖에도 교운(交韻)과 포운(抱韻)의 사이에 있는 운식(韻式)이 있다. 이를테면 「하엽배(荷葉盃)」 같은 것인데, 그 운식은 aabccb이다.

一點露珠凝冷,
波影,
　滿池塘.
　　　綠莖紅艷兩相亂,
　　　腸斷.
　水風涼.

한 점 이슬방울 차갑게 맺혀 있고
물결 그림자가, 온 못에 가득하다.
푸른 줄기와 붉은 꽃이 어지럽게 섞여 있어

애가 끊긴다, 물과 바람 차가운데.

— 온정균(溫庭筠), 「荷葉盃」

40.11 송대 이후에 새로 창작된 사보(詞譜)가 오대(五代) 이전의 원래의 사보와 가장 크게 다른 점은 운(韻)의 소밀(疏密)이 다르다는 것이다. 오대 이전의 사는 기껏해야 양구일운(兩句一韻) 정도였지만 송대에 새로 창작된 사는 3·4구 내지 5·6구에 1운인 것들이 적지 않다(우리는 이런 이유로 杜牧의 「八六子」가 僞作이라고 단정한다). 오대 이전의 사는 두 자 내지 여덟 자에 운을 다는 것이 보통이고, 어쩌다 열네 자까지 가는 경우가 있지만 그것은 칠언 근체시의 여파였다. 송대에 새로 창작된 사는 열네 자 이상 지나서 운을 단 것들이 적지 않다. 구수(句數)와 자수(字數) 이 두 가지 요소 중에서는 구수가 더 중요하다. 왜냐하면 구말(句末)에는 잠시의 멈춤이 있어야 하므로 시간을 잡아먹기 때문이다.

40.12 당·오대사의 운이 촘촘한 것은 앞에서 든 온정균(溫庭筠)의 「소충정(訴衷情)」·「정서번(定西番)」·「하엽배(荷葉盃)」 등으로 증명할 수 있을 것이다. 여기서 다시 몇 가지 예를 더 들어본다.

櫂擧,
舟去.
波光渺渺, 不知何處.
　　岸花汀草共依依;
　　雨微,
　　鷓鴣相逐飛.
天涯離恨江聲咽,
啼猿切;
此意向誰說?
　　倚蘭橈,
　　無憀,
　　魂銷.

小爐香欲焦.

노를 들어올리며, 배는 간다.
물결 빛 아득하여, 어디인지 알 수 없다.
물가의 꽃과 풀이 함께 한들거리고
가랑비 내리는데, 자고새가 앞뒤로 날아간다.
하늘가 이별의 한에 강 소리 오열하고
원숭이 울음소리 애절하다.
이 마음을 누구에게 호소하나?
蘭舟에 기대보지만
의지할 데 없어, 슬픔에 넋이 나간다.
작은 향로의 향이 까맣게 타들어간다.

— 고형(顧敻), 「河傳」

秋色淸, 河影淡,
深戶燭寒光暗.
綃幌碧, 錦衾紅;
博山香炷融.

更漏咽,
蛩鳴切;
滿院霜華如雪.
新月上, 薄雲收;
映簾懸玉鉤.

가을빛 맑고, 강 그림자 옅은데
깊숙한 문 안의 촛불 차가워 빛 어둡다.
생초 휘장 푸르고, 비단 이불 붉은데
불붙인 박산향이 타들어간다.

물시계 소리 오열하고, 귀뚜라미 울음 애절한데

정원 가득히 서리꽃이 눈처럼 내렸다.
초승달 떠올라, 엷은 구름 걷히니
달빛 비치는 주렴에 옥고리가 걸려 있다.

— 모희진(毛熙震), 「更漏子」

美人浴,
碧沼蓮開芬馥.
雙髻綰雲顔似玉;
素蛾輝淡綠.

雅態芳姿閒淑;
雪映鈿裝金斛;
水濺靑絲珠斷續.
酥融香透肉!

미인이 목욕하는 곳
푸른 늪에 연꽃 피어 향기롭다.
양 쪽머리는 구름을 묶고 얼굴은 옥 같은데
옅게 칠한 아미는 담녹색으로 빛난다.

우아하고 아름다운 자태 말쑥하고
금빛 욕조에 든 비녀가 눈에 비친다.
물을 뿌리니 검은 머리에 구슬이 굴러가고
매끄럽고 부드러운 향이 살갗에 스며든다.

— 염선(閻選), 「謁金門」

一鉤初月臨粧鏡,
蟬鬢鳳釵慵不整.
重簾靜,
層樓迥.
惆悵落花風不定.

柳堤芳草徑,
夢斷轆轤金井.
昨夜更闌酒醒,
春愁過却病.

한 조각 초승달이 화장 거울에 들어와
매미날개 머리와 봉황비녀를 단장할 마음이 나지 않는다.
겹겹의 주렴 조용하고, 층층 누각은 멀리 있다.
바람이 멎지 않아 꽃 떨어지니 가슴이 아프다.

버들 늘어선 제방 방초 우거진 길
금빛 우물의 두레박소리에 꿈이 깨었다.
어제 밤 이슥하여 술이 깨었는데
春愁가 지나쳐 오히려 병이 되었다.

—南唐 中主 이경(李璟),「應天長」

40.13 송사의 운이 띄엄띄엄 있는 것으로, 다음의 예를 들 수 있다.

戀帝里, 金谷園林, 平康巷陌. 觸處繁華; 連日疏狂, 未嘗輕負, 寸心雙眼.
況佳人盡, 天外行雲, 堂上飛燕.
向玳筵, 一一皆妙選.
長是因酒沈迷, 被花縈絆.

更可惜, 淑景亭臺, 暑天枕簟. 霜月夜凉, 雪霰朝飛; 一歲風光, 盡堪隨分, 俊遊淸宴.
算浮生事, 瞬息光陰, 錙銖名宦.[41)]
正歡笑, 試恁便分散.
卽是恨雨愁雲, 地遙天遠.

41) 텍스트에는 '錙'가 '錨'로 되어 있는데, 誤字이다.

서울이 그립나니
금곡의 뜰과 숲, 평강의 골목길
눈이 닿는 곳마다 번화하여
연일 들떠서
일찍이 가볍게 저버린 적 없었다
한 조각 마음과 두 눈을.
하물며 아름다운 여인이
멋지게 노래 부르고
간드러지게 춤을 춤에랴.
호화로운 연석에다가
하나하나 다 정선된 인물들이라
언제나 술에 빠져
꽃에 둘러싸였다.

더욱 아쉬운 것은
맑은 경치의 정자·누대와
여름날의 베개·대자리랴.
새하얀 달은 밤이라 서늘하고
눈과 싸라기는 아침에 흩날린다.
한 해의 풍광에 따라
도처에서 마음껏 즐겼다
좋은 사귐과 맑은 연회를.
생각해보면 인생사란
세월은 순식간에 흘러가고
명성과 관직도 잠깐이다.
기쁨과 즐거움도, 이처럼 흩어져 사라진다.
한스럽고 슬픈 구름과 비, 땅 멀고 하늘 멀다.

— 유영(柳永), 「鳳歸雲」

穉柳蘇晴,[42] 故溪歇雨, 川迴未覺春賒.
駝褐侵寒, 正憐初日, 輕陰抵死須遮.

嘆事逐孤鴻盡去, 身與蒲塘共晚, 爭知向此征途, 區區佇立塵沙.
追念朱顔翠髮, 曾到處, 故地使人嗟.

道連三楚, 天低四野, 喬木依前, 臨路橫斜.
重慕想 : 東陵晦跡, 彭澤歸來, 左右琴書自樂, 松菊相依, 何況風流鬢未華.
多謝故人, 親馳鄭驛, 時倒融尊, 勸此淹留, 共過芳時, 翻令倦客思家.

어린 버들 맑게 갠 속에 새롭고
옛 시내에는 빗방울 이미 그쳐
개울 따라 멀리 가보지만 봄 더디다고 느끼지 않는다.
낙타털 속옷으로 한기가 뚫고 들어와
마침 아침 해 비추기 바라지만
엷은 그림자가 가리려 한다.
평생의 사업은 외로운 기러기 따라 사라져버리고
내 생명도 연못 속의 부들처럼 시들어
어찌 알았으리 이처럼 기나긴 여행길에서
모래먼지 가운데 우두커니 서 있을 줄을.
돌이켜보니 붉은 얼굴 검은 머리의 소년시절에
이곳에 왔었으니 옛 땅이 나를 탄식케 한다.

길은 三楚로 이어지고
하늘은 사방의 들녘에 드리우고
교목은 예전처럼, 비스듬히 서 있다.
漢의 召平은 종적을 감추고
晋의 陶淵明이 은거한 것을 동경하니
좌우에 거문고와 책을 벗 삼아 즐기고
소나무와 국화에 의지하였으니
늙기 전부터 얼마나 풍류스러운가!
옛 친구들에게 감사하니

42) 텍스트에는 '柳'가 '綠'으로 되어 있는데, 誤字이다.

친히 역참에 나와 맞이하고
그때마다 주연을 베풀어
더 머물기를 권유하니
함께 봄을 날 때면
도리어 지친 나그네에게 고향생각 나게 한다.

— 주방언(周邦彦), 「西平樂」

一抹殘霞, 幾行新雁, 天染斷紅, 雲迷陣影, 隱約望中, 點破晚空澄碧,
助秋色.
門掩西風, 橋橫斜照, 青翼未來, 濃塵自起, 咫尺鳳幃, 合有人相識.

嘆乖隔!
知甚時恣與, 同携歡適?
度曲傳觴, 幷韉飛轡, 綺陌畫堂連夕.
樓頭千里, 帳底三更, 盡堪淚滴!
怎生向, 總無聊, 但只聽消息!

저무는 놀빛을 바르고, 몇 줄의 기러기가 날아가는데
붉게 물든 하늘을 횡단하고, 구름 속으로 그림자 사라진다.
바라보니 어렴풋이, 맑고 푸른 저녁하늘을 점점이 날아
가을빛을 돕는다.
가을바람에 문을 닫고, 석양이 다리를 비추건만
파랑새는 오지 않고, 짙은 먼지만 절로 이는데
지척의 봉황 휘장이, 사람이 있음을 알려준다.

안타깝구나 멀리 떨어져 있음이!
언제나 마음껏, 함께 손 붙잡고 즐길 수 있을까?
곡을 지어 술잔을 전하며
언치를 나란히 하고 고삐를 잡고
저녁까지 畫堂에 이르는 길을 달렸다.
천리 밖 누대 위, 삼경의 장막 밑에서

떨어지는 눈물을 어찌 견디나!
어찌하나, 언제나 무료한 것을.
다만 그저 소식을 듣는다.

—주방언, 「雙頭蓮」

40.13 이로부터 보면 이른바 '만사(慢詞)'는 『악부여론(樂府餘論)』에서 말한 "'만(慢)'은 '만(曼)'으로, 소리를 길게 끌며 노래 부르는 것을 말한다"와 같은 것이 결코 아니다. 오히려 이와 반대이다. 만사는 운이 띄엄띄엄 있기 때문에 촉급하게 노래하여 사람들이 그 띄엄띄엄함을 싫어하지 않도록 할 필요가 있다. 따라서 '만(慢)'은 바로 '촉박(促拍)'이다. 그러나 각 글자가 소비하는 시간이 상대적으로 짧긴 하지만 각 운이 소비하는 시간은 상대적으로 길 수밖에 없기 때문에[43] '만(慢)'이라고 부른 것이다.

40.14 사조(詞調)에 어떤 운을 사용해야 한다고 한정되어 있는 것은 아니지만 사인(詞人)들은 왕왕 선배의 암시를 받아들여 선배가 사용했던 원운(原韻)을 썼다. 예를 들어 왕안석(王安石)은 「계지향(桂枝香)」에 '屋'·'沃'운을 사용했는데, 연서가(練恕可)·장저(張翥)·오자효(吳子孝)·장일(張逸)·진량(陳亮)도 모두 왕안석을 따라 '屋'·'沃'운을 사용하였다. 이들 외에 진윤평(陳允平)과 장염(張炎)은 '月'·'屑'운을 사용하였고, 이팽노(李彭老)와 당각(唐珏)은 '陌'·'職'운을 사용하였고, 장염은 또 다른 한 수에 '覺'·'藥'운을 사용하여 비록 왕안석의 원운(原韻)은 아니지만 그와 똑같이 입성운(入聲韻)을 사용하였다(『歷代詩餘』 권73을 볼 것). 또한 「옥루지(玉漏遲)」조(調)는 『역대시여』 권57에 실려 있는 14수 중 '篠'·'皓'운이 8수를 차지하고, 그 인운(隣韻)인 '有'운이 2수를 차지하고 있어서 우연이라고 볼 수 없다.

---

43) 여기서 각 韻이 소비하는 시간이 길다는 말은 한 韻이 끝난 후부터 다음 韻이 끝날 때까지 걸리는 시간이 길다는 말이다.

제41절 사자(詞字)의 평측(一)－1자 내지 4자구

41.1 사자(詞字)의 평측은 시자(詩字)보다 더욱 고정되어 있다.[44] 예를

44) 詞字는 평측만 따지는 것이 아니라 詞人에 따라서는 四聲(平上去入)도 따진다.
萬樹는 『詞律·發凡』에서 다음과 같이 말했다. "평측에는 본디 定律이 있지만 평성은 한 가지이고 측성은 上·去·入 세 종류를 겸하고 있어서 측성을 만났을 경우 세 성조 중의 하나를 대략 메워 넣을 수는 없다. 하나의 仄聲調에 대략 메워 넣어도 되는 것이 십 분의 육, 칠이고 그래서는 안 되는 것이 십 분의 삼, 사여서 잘 살펴본 다음에 결정해야 결점이 없게 된다. 그런 까닭에 입안에서 충분히 읊어보아야 스스로 그 이치를 얻게 된다. 한 측성조에는 그 자신의 風度와 聲響이 있어서 만약 상성과 거성을 서로 바꾸면 음조가 제대로 발휘되지 않아 소리를 이루지 못한다. 마지막 句가 더욱 중요해서 이를테면 「永遇樂」의 '尙能飯否'와 「瑞鶴仙」의 '又成瘦損'에서 '尙'과 '又'는 측성, '能'과 '成'은 평성, '飯'과 '瘦'는 거성, '否'와 '損'은 상성이라야 음조가 제대로 발휘된다. 마지막 두 글자에 平上 또는 平去, 去去, 上上, 上去를 사용하면 모두 맞지 않게 된다. 元人 周德淸은 曲을 논하면서 구를 마무리함에 定格이 있다고 하였다. 吳文英도 詞를 논할 때 어떤 調는 어떤 音으로 마무리해야 하는가를 언급하였다. 그들의 말이 상세하진 않지만 그 이치는 깨달을 수 있다. 내가 전에 南曲을 지은 이를 본 적이 있는데, 「千秋歲」 제12구 5字語에 거성으로 句를 멈추게 하고 歌者로 하여금 벌떡 일어나 3板을 치지 못하게 했다. 상성과 거성의 차이를 검은색과 흰색처럼 분명히 알았기 때문이다. 다른 성조를 빌려 쓸 수 없는 곳은 한 음조와 관계되기 때문에 소홀히 할 수 없다. 옛날 명성을 떨쳤던 詞의 묘미는 전적으로 여기에 있다. 만약 대충 처리한 후 돌아보지 않고 멋대로 메워 넣는다면 詞를 짓는데 무슨 어려움이 있겠으며, 音을 아는 자라고 단정할 수 있겠는가? 또한 古詞에 따라 塡詞하는 것도 아주 어려운 일은 아니겠지만, 그것을 충분히 읊조려 오래 되면 입안에서 절로 그 음조의 聲響을 터득하게 되어 순조롭지 않은 글자는 반드시 입에 저촉될 것이므로 마음속에서도 그 음조에 맞지 않는 글자를 생각하지 않게 된다. 비유컨대 南曲에 극히 숙달되면 「黃鶯兒」의 두 4字句에 平平仄平을 쓰므로, 작자의 입안과 의중에는 반드시 仄仄平平이 없을 것이다. 어찌 마음을 쓸데없이 쓰겠는가? 상성과 거성도 그와 마찬가지이다. 상성은 그 소리가 느리고 부드러우면서 腔調가 낮고, 거성은 급하고 굳세면서 성조가 높아서 서로 배합하여 쓰면 억양이 조화를 이룰 수 있다. 대체로 두 개의 상성이나 두 개의 거성은 피해야 한다. 그리고 작품에 실린 古人의 用字法을 따라 하기에 힘쓰면 저절로 박자가 맞을 수 있어서 周邦彦을 일으켜 듣게 해도 인정받을 수 있을 것이다. 더욱이 하나의 要訣이 있으니, 유명한 사의 轉折跌蕩處에는 거성을 많이 썼다는 것이다. 어째서인가? 上去入 3성 중에서 상성과 입성은 평성이 될 수 있지만, 거성은 독립적이다. 그러므로 내가 일찍이 다음과 같이 말했다. 성조를 논할 때는 하나의 평성으로 세 측성과 대비시키지만, 노래를 논할 때는 去聲을 平上入과 대비시켜야 한다. 거성을 써야 할 곳에 거성을 쓰지 않으면 제 소리를 발휘하지 못하니, 입성을 써서도 안 되고, 절대로 평성이

들어 B식 시구는 평평측측평일수도 있고 측평평측평(拗救)일수도 있지만, 사에서는 측평평측평으로 해야 하는 곳을(이백, 「菩薩蠻」의 "有人樓上愁" 같은 것) 임의로 평평측측평으로 바꿀 수 없다. 또한 a식 시구 측측평평측은 어쩌다 (측)측측평측(제3자 不論)이 될 수 있지만, 신기질(辛棄疾) 「축영대근(祝英臺近)」의 "煙柳暗南浦", "十日九風雨", "哽咽夢中語"와 오문영(吳文英) 「축영대근」의 "花信上釵股", "不放歲華去"는 (측)측측평측으로만 되

나 상성을 써서는 안 된다."

또한 다음과 같이 말했다. "어떤 사람이 말했다. '입성이 평상거 3성으로 파입된 것은 『中原音韻』이 힘써 정리했다고 들었습니다. 상성을 평성으로 하는 것은 무슨 근거입니까?' 내가 대답하여 말했다. '『中州音韻』에 "者也"를 평성으로 한 것이 있지 않습니까? 上聲音은 부드러우면서 겸손하여 평성에 가깝습니다. 지금 詞를 가지고 말하면 믿기 어려우므로 우선 曲을 가지고 설명하겠습니다. 北曲 「淸江引」 마지막 글자는 可平可上이어서 「西廂」 "下場頭那答兒發付我"의 "我"자는 상성이고, "香美娘處分破花木瓜"의 "瓜"자는 평성입니다. 「天下樂」 "泛浮査到日月邊"의 "邊"자는 평성이고, "安排着憔悴死"의 "死"자는 상성입니다. 이런 것들이 매우 많아서 상성은 모두 평성으로 대치할 수 있지만, 거성자를 써서는 안 됩니다. 입안에서 읊어보기만 하면 상성은 조화롭지만 거성은 돌출됨을 느낄 수 있습니다. 지금 평성이지만 可仄이라고 주를 단 것은 더 이상 자세하게 언급하기가 불편하므로 可仄이라고 한 것일 뿐입니다. 그러나 고명한 작가는 스스로 능히 살펴 쓸 수 있습니다. 본래 평성이지만 古詞에 가끔 상성을 사용한 것은 拗에 가까운 것 같지만 이를 구실로 평성을 상성으로 바꾸어 쓰면 腔調에 해가 없으므로 주에서 이를 자세히 밝힌 것이 많습니다. 이를테면 何籀는 「宴淸都」 前闋에 "那更天遠, 山遠, 水遠, 人遠"을 썼는데, 書舟도 이를 본받아 네 개의 "好"자를 사용하였습니다. "遠"과 "好"는 모두 상성이므로 평성을 대신할 수 있습니다. 句字는 본래 周邦彥이 지은 것과 같이 해야 합니다. "庾信愁多, 江淹恨極須賦"에서 "多"자와 "淹"자는 평성을 써야 하는데, 두 개의 "遠"자로 대신할 수 있지만 거성자를 넣어서는 안 됩니다. 譜圖에 上六下四로 읽고 "遠"자를 측성으로 간주하여 可仄이라고 주를 단 것은 상성과 거성을 임의로 사용하게 만든 것이어서 매우 잘못된 것입니다. 이런 것들이 무척 많아서 이루 다 열거할 수 없으므로 독자들이 참작하기 바랍니다'." 또 다음과 같이 말했다. "입성이 평상거 3성으로 파입된 것은 曲을 두고 말한 것입니다. 그러나 詞와 曲은 한 가지 이치여서 지금 사 중에 평성이 된 것이 도처에 있어서 상성이 평성으로 된 것보다 훨씬 많아 조목조목 열거하기 어렵다. 작자는 입성이 측성이라고 해서 상성이나 거성자를 써서는 안 된다. 또한 입성이 상성과 어울리는 곳에 거성을 쓸 수 없고, 입성이 거성과 어울리는 곳에 상성을 쓸 수 없다는 것을 잘 알아야 한다. 이상의 두 가지는 모두 확연히 의거할 수 있는 것이므로 간절히 다시 말하며 중언부언을 꺼리지 않은 것이니 억지를 부린 것이라고 하지 않으면 좋겠다." 내 생각에 입성이 평상거 3성에 派入되었다고 한 것은 아마도 宋代 어떤 방언의 입성이 이미 소실되어 3성으로 轉入되었을 것이므로 반드시 派入은 아니다. ≪附註三十六≫

어 있어서 제3자를 평성으로 할 수가 없다. 시구에서의 '一三五不論'이란 것이 사에 와서는 논하지 않을 수 없는 곳이 있게 되었다(다음 글을 참조해 볼 것). 따라서 만수(萬樹)의 『사율(詞律)』과 『백향사보(白香詞譜)』 등의 책은 각 글자의 평측을 모두 규정하였다. '가평가측'이라고 명기한 것을 제외하고는 모두 평측을 임의로 바꿀 수 없다. 일반적으로 말해서 만사(慢詞)의 평측이 소령(小令)보다 더욱 엄격하다.

41.2 1자구(字句)부터 11자구에 이르기까지 평측은 모두 규정되어 있다. 사의 구는 평측 방면을 가지고 말하면 대체로 율구(律句)와 요구(拗句)의 두 종류로 나눌 수 있다('律'과 '拗'는 해묵은 설을 취한 것일 뿐, 다른 뜻은 없다). 율구는 바로 측측평평측과 같은 보통의 시구이고, 요구는 바로 측평평평측과 같은 고풍 식의 구이다. 5언과 7언에만 율구와 요구의 구별이 있는 것이 아니라 3언·4언·6언에도 율구와 요구의 구별이 있다. 3언은 5·7언의 하(下) 3자와 같아서 평평측과 평측측은 율구이고, 측평측과 측측측은 요구이다. 4언은 5·7언의 상(上) 4자와 같아서 측평평측·평평평측·평평측측과 측평측측은 율구이고, 평측평측과 측측측측 등은 요구이다. 6언은 7언의 하 6자와 같아서 (측)측(평)평(측)측은 율구이고, 평평측평평측 등은 요구이다. 평각(平脚)의 구는 이로부터 유추할 수 있을 것이다. 대체로 말해서 당·오대의 사는 거의 전부가 율구이고, 송사는 왕왕 율구와 요구가 섞여 있다. 시는 고풍의 경우 요구가 마음대로지만 사에서의 요구는 규정되어 있다. 예를 들어 「성성만(聲聲慢)」의 제6구는 평평측평(평)측인데, 반드시 보(譜)에 따라 전사(塡詞)해야 해서 요구가 아닌 것을 허용하지 않을 뿐만 아니라 다른 모양의 요구가 되는 것도 허용하지 않는다. 이로부터 볼 때 평평측평(평)측의 구식(句式)은 「성성만」의 경우 오히려 요구가 아닌 율구로 보아야 할 것이다.

41.3 쌍결(雙闋)의 사에서 몇몇 사조(詞調)는 전결(前闋)과 후결(後闋)이 완전히 자수(字數)가 같고 평측도 같다. 예를 들어 「낭도사(浪淘沙)」 전결은 측측측평평(韻), 측측평평(叶), 평평측측측평평(叶), 측측평평평측측, 측

측평평(叶)인데, 후결도 이와 같다. 그런데 몇몇 사조는 전결과 후결이 완전히 다르다. 예를 들어 「소충정(訴衷情)」은 전결이 평평측측측평평(韻), 측측측평평(叶), 평평측측평측, 측측측, 측평평(叶)인데, 후결은 평측측, 측평평측평平(叶), 측평평측, 측측평평, 측측평평(叶)이다. 몇몇 사조는 전결과 후결이 대동소이하다. 예를 들어 「경청조(慶清朝)」는 전결의 처음 세 구가 측측평평, 평평측측, 평평평측평평(韻)이고 후결의 처음 세 구는 평측측평측측, 측측평평측, 측측평평(叶)이지만, 제4구 이하는 전 · 후결 똑같이 평평측측, 평평평측평평(叶), 측측측평측측, 측평평측측평평(叶), 평평측, 측평측측, 평측평평(叶)이다. 전결과 후결이 완전히 같은 것은 소령(小令)이 가장 많고(이른바 '雙疊'), 대동소이한 것은 중조(中調)와 장조(長調)가 가장 많고(왕왕 처음 두세 구가 다르고 그 이후가 같은데, 처음과 끝부분이 다르고 중간이 같은 것도 있다), 완전히 다른 것은 드문 편이다.

41.4 구 중의 평측에 갑 · 을 두 가지 형식이 모두 되는 것이 있다. 그러나 변화를 구할 목적으로 사인들은 왕왕 전결에 갑종 형식을 사용하고, 후결에 을종 형식을 사용하였다. 예를 들어 오예지(吳禮之)의 「희천앵(喜遷鶯)」에서 전결의 "佳期罕遇"는 평평측측인데 후결의 "天桃紅小"는 평평평측이고, 전결의 "偏嬉游寶馬"는 측평평측측인데 후결의 "便相期明日"은 측평평평측이다. 황정견(黃庭堅)의 「맥산계(驀山溪)」에서는 전결의 "春未透"는 평측측인데 후결의 "長亭柳"는 평평측이다. 또한 갑종 형식이 정례(正例)이고 을종 형식이 변례(變例)인 경우도 있다. 예를 들어 소식(蘇軾)의 「수조가두(水調歌頭)」에서 전결의 "起舞弄清影"은 측측측평측으로 정례이지만 후결의 "但願人長久"는 측측평평측으로 변화를 구한 것이고, 사달조(史達祖)의 「쌍쌍연(雙雙燕)」에서 전결의 "翠尾分開紅影"은 측측평평평측으로 정례이지만 후결의 "日日畫欄獨凭"은 측측측평측측으로 변화를 구한 것이다. 후인들은 정례처에서는 감히 변화할 수 있다는 말을 하지 못하였고, 다만 변례처에서 갑종 형식과 을종 형식이 모두 된다고 주를 달아 밝힐 수 있었다.

41.5 사자(詞字)의 평측은 대략 처음 창작된 사를 표준으로 삼는다. 그러나 어떤 사조는 누가 처음 창작했는지 모르는데, 그렇다면 무엇을 표준으로 삼아야 할까? 가장 좋은 방법은 물론 동조(同調)의 사를 가지고 서로 비교하여 귀납의 방법으로써 사자의 평측을 결정하는 것이다. 만수(萬樹)는 그의 『사율(詞律)』에서 그와 같이 했는데, 이것은 매우 과학적인 방법이다. 또 어느 한 사를 모범적인 사로 확정했다고 하더라도 동조의 다른 사들을 귀납해서 봐야 어느 곳에서 평측에 구애받지 않을 수 있고 어느 곳에서 평측을 바꿀 수 없는지를 알게 된다. 그러나 귀납의 결과 예외가 없을 수 없기 때문에 해석과 판단을 내릴 필요가 있다. 시험삼아 만수가 원호문(元好問) 「옥루지(玉漏遲)」 "白髮又添多少" 속의 '白髮' 두 글자에 대해 비평한 것을 살펴보자.

> '白髮' 두 글자는 입성을 평성으로 삼은 것이다. 살펴보건대 자경(子京 : 宋祁)은 '東風'을 썼고, 몽창(夢窗 : 吳文英)은 '瑤臺'·'黃昏'을 썼고, 귀우(歸愚 : 沈德潛)는 '何人'을 썼고, 죽산(竹山 : 蔣捷)은 '盈盈'을 썼으니 모두가 양평성(兩平聲)이다. 죽산은 한편 다른 한 수에 '鶴立'의 두 입성을 썼으니 바로 '白髮' 두 글자와 같다. 이 두 글자를 평성으로 쓰고 그 다음의 한 글자는 반드시 측성을 써야 한다. 이를테면 '白髮' 다음에 반드시 측성자인 '又'를 쓴 것이다. 서주(書舟 : 程垓)가 "不耐飛來蝴蝶"을 쓴 것은, '耐'는 측성이고 '飛'는 평성이어서 오필(誤筆)이므로 따를 수 없다.[45]

그는 결코 정해(程垓)의 사가 예외를 이루고 있다고 해서 그의 규율을 바꾸지는 않았다. 이는 그의 높은 안목을 보여준 것이다. 그러나 만수(萬樹)가 소홀히 한 점도 있으니, 그것은 그가 시대의 요소를 계산에 넣지 않은 점이다. 「옥루지(玉漏遲)」를 가지고 논하면 마지막 여섯 자를 "(측)

---

45) "白髮"二字乃以入作平, 觀子京(宋祁)用"東風", 夢窗(吳文英)用"瑤臺""黃昏", 歸愚用"何人", 竹山用"盈盈", 皆兩平聲. 竹山又有一首用"鶴立"二入聲, 正與"白髮"二字同. 此二字用平, 其下一字必仄, 如"白髮"之下必用"又"字也. 書舟用"不耐飛來蝴蝶", "耐"仄"飛"平, 乃誤筆, 不可從.

측측평평측"으로 한 사람들도 없지 않다. 이를테면 『역대시여(歷代詩餘)』에는 다음과 같은 예들이 실려 있다.

> 那更好游人老.
> 그곳은 나그네가 살아가기에 더욱 좋다.
>
> — 장염(張炎)

> 無奈酒闌情好.
> 술자리 끝나고 감정이 좋아지는 것을 어쩔 수 없다.
>
> — 하몽계(何夢桂)

> 滿意一篙春浪.
> 마음껏 봄 물결을 헤치며 상앗대를 젓는다.
>
> — 유인(劉因)

> 花月一春多少.
> 꽃과 달이 봄 내내 얼마나 될까?
>
> — 장저(張翥)

> 惆悵落紅多少.
> 슬프게도 꽃이 무수히 떨어졌구나.
>
> — 백박(白樸)

> 忘却鏡中白首.
> 거울 속의 흰 머리를 잊는다.
>
> — 장야(張埜)

> 縱醉可眠芳草.
> 흠뻑 취하여 방초 사이에서 잠든다.
>
> — 무명씨(無名氏)

이로부터 볼 때 「옥루지(玉漏遲)」의 평측은 두 시기로 나누어서 볼 수 밖에 없다. 우선 말하자면 오문영(吳文英) 이전이 한 시기로서 그때 「옥루지」 말구(末句)의 평측은 "평평측평평측"이었다. 그리고 장염(張炎) 이후가 또 한 시기로서 그때의 평측은 "(측)측측평평측"이었다. 유기(劉基)의 「옥루지」 말구 "寒鴉自啼疏柳(평평측평평측)"는 고의로 원시 형식을 모방한 것이다.

41.6 사에서는 입성자(入聲字)가 때때로 평성이 될 수 있다는 것은 만수가 『사율』 「발범(發凡)」에서 명확하게 밝혀놓았는데, 대단히 믿을 만하다. 예를 들어 만수는 소식(蘇軾) 「수조가두(水調歌頭)」 "又恐瓊樓玉宇"의 '玉'자 아래와, 이중원(李重元) 「억왕손(憶王孫)」 "杜宇聲聲不忍聞"의 '不'자 아래와, 사달조(史達祖) 「경청조(慶淸朝)」 "別樣芳情"의 '別'자 아래 등에 모두 주를 달아 "평성이 된다"라고 밝혔는데, 이것들은 모두 근거가 있다. 그가 상성이 평성이 될 수 있다고 말한 것은 신뢰도가 약간 떨어진다. 또 만수가 「영우악(永遇樂)」의 "尙能飯否"와 「서학선(瑞鶴仙)」의 "又成瘦損"을 언급하면서 '飯'과 '瘦'는 반드시 거성이어야 하고, '否'와 '損'은 반드시 상성이어야 한다고 한 것은 기교의 문제일 뿐 규율의 문제는 아닐 것이다.

41.7 이제 1자구(字句)부터 11자구까지 이들의 평측 상황을 이야기 해보자.

41.8 (1) 1자구

사에는 「일칠령(一七令)」이란 것이 있는데, 한 자부터 일곱 자까지 구를 구성한다. 한 자는 단구(單句)이고 두 자부터 일곱 자까지는 쌍구(雙句)여서 예를 들면 위부(魏扶)의 "愁. 迥野, 深秋. 生枕上, 起眉頭. ……(슬프다. 아득한 들판, 깊어 가는 가을. 베갯머리에서 일어나, 눈썹을 찡그린다. ……)" 등이 있다. 이와 같이 한 글자도 구를 이룰 수 있는 것 같다. 그러나 만수가 말한 것처럼 「일칠령」은 일종의 유희 작품이어서 사조(詞調)로 볼 수 없다. 이외에는 「초편(哨遍)」 후단(後段) 기구(起句)의 '噫'자만이 『사율』에 의해 1자구로 인정되었다. 또한 첩구(疊句) 중의 1자구가 있다. 예를 들어 앞 절에서 든 육유(陸游) 「차두봉(釵頭鳳)」의 "錯! 錯! 錯!"·"莫! 莫! 莫!"과 여위노(呂渭老) 「석분차(惜分釵)」의 "重! 重!"·"忡! 忡!" 등이 있다.

41.9 1자구는 드물게 보이지만 1자두(字豆 : 逗)[46]는 자주 보인다. 그것은 왕왕 4자 앞에 붙어서 5자구를 형성한다. 예를 들면 장자운(蔣子雲) 「호사근(好事近)」의 "任－楊花飄泊(버들솜이 흩날리도록 내버려둔다)" 같은 것이다. 더욱 흔히 보이는 것은 두 개의 4자구 앞에 붙어 있는 경우인데, 이 두 구는 대장(對仗)을 사용할 수도 있다. 다음 예를 보자.

> 甚－輕輕覷着, 神魂迷亂!
> 참으로 살짝 바라만 보아도, 정신이 혼미해진다.
>
> —진관(秦觀), 「河傳」

> 試－煩他纖手, 卷上紗籠.
> 수고롭게 그녀의 섬섬옥수로, 비단초롱을 말아 올린다.
>
> —조장경(趙長卿), 「瀟湘夜雨」

> 但－荒烟衰草, 亂鴉斜日.
> 다만 황야의 연무와 시든 풀, 석양 속의 시끄러운 까마귀 소리뿐이다.
>
> —살도랄(薩都剌), 「滿江紅」

> 被－歲月無情, 暗消年少.
> 세월은 무정하게도, 남몰래 젊음을 앗아갔다.
>
> —원호문(元好問), 「玉漏遲」

---

46) 두 개의 4字句, 세 개의 4字句, 두 聯의 4疊句, 두 개의 5字句, 두 개의 6字句 등의 앞에 붙어서 뒤의 구들을 거느리는 것 같이 보이므로 1字領이라고도 한다. 이 1字豆에는 去聲字가 많이 쓰인다.

漸－酒空金榼, 花困蓬瀛.
어느덧 술은 금잔에 비고, 꽃은 蓬萊와 瀛州에서 시들었다.

—진관, 「滿庭芳」

恨－玉奴消瘦, 飛趁輕鴻.
한스럽게도 매화는 시들어, 기러기 따라 흩날린다.

— 오문영(吳文英), 「聲聲慢」

方－春意無窮, 青空千里.
마침 봄기운 끝이 없고, 푸른 하늘이 천리만큼 펼쳐 있다.

— 장선(張先), 「慶春澤」

愛－貼地爭飛, 競誇輕俊.
땅에 접근하여 다투어 날고, 날렵함을 다투어 과시하기를 좋아한다.

—사달조(史達祖), 「雙雙燕」

似－楚江暝宿, 風燈零亂.
초강에서 날 저물어 머무니, 바람 앞에 등불이 깜박이는 듯했다.

— 주방언(周邦彥), 「鎖窗寒」

正－愁横斷塢, 夢繞溪橋.
바로 슬픔이 성채를 횡단하고, 꿈이 시내 다리를 맴돈다.

—사달조, 「換巢鸞鳳」

嘆－門外樓頭, 悲恨相續.
한탄스럽게도 문밖의 누대 위에서, 슬픔과 한이 꼬리를 문다.

— 왕안석(王安石), 「桂枝香」

看－檻曲縈紅, 檐牙飛翠.
보아라 굽은 난간은 붉은 칠을 둘렀고, 날렵한 처마는 비취빛을 띠고 있다.

— 강기(姜夔), 「翠樓吟」

嘆－腰圍帶剩, 點鬢霜新.
안타깝게도 허리를 두른 띠는 헐거워지고, 살쩍은 새로 서리가 내렸다.

— 육유(陸游), 「沁園春」

위의 예를 통해서 보면 1자두(字豆)는 모두가 측성(仄聲)인데, 이것이 정격(定格)이다.

41.10 (2) 2자구

2자구는 많이 보이지 않는다. 비교적 상용되는 것은 '평측' 한 종류뿐인데, 어쩌다 '평평'과 '측측'도 있기는 하다. 2자구에는 한 가지 특징이 있는데, 그것은 2자구를 사용할 경우에는 보통 운(韻)을 단다는 점이다. 다음 예를 보자.

明月! **明月**!
照得離人愁絶!
更深影入空牀,
不道幃屛夜長.
長夜! **長夜**!
夢到庭花陰下!

밝은 달! 밝은 달!
이별한 사람을 극도로 슬프게 하는구나!
밤 깊어지며 빛이 빈 침상에 들어오니
휘장과 병풍에 밤 길다고 말하지 마오.
긴긴 밤! 긴긴 밤!
꿈이 뜰 안 꽃 그림자 아래로 간다.

— 풍연사(馮延巳), 「調笑令」

鶯嘴啄花紅溜,
燕尾剪波綠皺.
指冷玉笙寒, 吹徹小梅春透.
依舊! 依舊!
人與綠楊俱瘦!

꾀꼬리가 부리로 꽃을 쪼니 붉은 기운이 흐르고
제비가 꼬리로 물결을 자르니 푸른 물이 주름진다.
손가락 차가워 옥피리에 한기가 돌고
밤새도록 부니 작은 매화에 봄이 스민다.
여전하구나! 여전하구나!
사람과 푸른 버들 함께 야위었다.

— 진관(秦觀), 「如夢令」

이것은 첩구(疊句)여서 마침 1자구의 첩구와 비슷하다. 첩구가 아닌 것은 왕왕 후결(後闋)의 기구(起句)에 있다. 「쌍쌍연(雙雙燕)」·「암향(暗香)」·「쇄창한(鎖窗寒)」·「환소난봉(換巢鸞鳳)」·「서학선(瑞鶴仙)」·「희천앵(喜遷鶯)」 등의 사에서 후결의 기구는 '평측'이고, 「심원춘(沁園春)」·「봉황대상억취소(鳳凰臺上憶吹簫)」의 후결 기구는 '평평'이고, 「취루음(翠樓吟)」의 후결 기구는 '측측'이다(다음 절을 참조할 것). 첩구가 아니면서 후결 기구에도 있지 않은 것은 비교적 드물게 보인다. 이제 「취옹조(醉翁操)」·「하전(河傳)」·「남향자(南鄉子)」·「척씨(戚氏)」의 네 사조(詞調)를 예로 들어본다.

琅然,
淸圓,
誰彈?
響空山.
無言!
惟翁醉中知其天.47)

月明風露娟娟.
人未眠.
荷蕢過其前,
曰有心也哉此賢! (後闋 생략)

옥구슬 구르는 듯하고
청량하고 매끄러우니
누가 타는 것일까?
인적 없는 산에 울려 퍼진다.
말이 없구나!
오직 醉翁만이 취중에 天命을 안다.
달 밝아 바람에 이슬 반짝이는데
사람은 잠을 이루지 못한다.
삼태기를 메고 그 앞을 지나가며
"이 현자는 심사가 있구나"라고 말한다.

— 소식(蘇軾), 「醉翁操」

春暮,
微雨,
送君南浦.
　　愁斂雙蛾;
落花深處,
　　啼鳥似逐離歌.
　　粉檀珠淚和!

봄날 저녁
가랑비는 내리는데
그대를 남포에서 보내려니
슬픔에 두 눈썹이 찌푸려진다.

---

47) 텍스트에는 '知'가 '和'로 되어 있는데, 誤字이다.

짙게 꽃 떨어진 곳에서
새가 울며 이별가를 쫓는 것 같고
향긋한 분에 눈물방울이 섞인다.

— 이순(李珣), 「河傳」

曉日壓重簷.
斗帳春寒起未忺.
天氣困人梳洗懶, 眉尖,
淡畫春山不喜添.

閒把繡絲撏.
認得金鍼又倒拈.
陌上游人歸也未? 懨懨!
滿院楊花不捲簾.

아침 해가 무겁게 처마를 내리누르지만
작은 휘장 안은 봄추위에 일어나고 싶지 않다.
날씨가 사람을 지치게 하여 머리 빗고 세수할 마음 내키지 않아
두 눈썹을
옅게 봄 산처럼 그리고 첨가하고 싶지 않다.

한가히 수 실을 손에 잡으니
바늘을 또 거꾸로 집어 들었구나.
거리의 나그네는 돌아갔을까?
기운이 없구나!
정원 가득히 버들 솜 날려 주렴을 걷어올리지 않는다.

— 손도현(孫道絢), 「南鄕子」

晚秋天,
一霎微雨灑庭軒.
檻菊蕭疏, 井梧零亂, 惹殘煙.

淒然,
望江關. (이하 생략)

늦은 가을 날
잠시 가랑비가 정원 창문에 뿌린다.
난간 앞의 국화는 시들어 떨어지고
우물 가 오동도 어지러이 낙엽 져서
엷은 안개를 일으킨다.
처연히
강변의 關城을 바라본다.

— 유영(柳永), 「戚氏」

41.11 (3) 3자구

가장 흔히 보이는 3자구는 평평측·평측측·측평평이고, 그 다음은 측측측·측평측·측측평이며, 가장 드물게 보이는 것은 평평평이다(거의 없다고 할 수 있다).

41.12 세 글자의 율구(律句)가 대장을 이루는 것이 가장 보편적인 현상이다. 다음 예를 보자.

(甲) 평측측—측평평

驚塞雁, 起城烏.
변방의 기러기 놀라고, 성 위의 까마귀 날아오른다.

— 온정균(溫庭筠), 「更漏子」

深院靜, 小庭空.
깊숙한 정원 조용하고, 작은 마당 비어 있다.

— 南唐 後主 이욱(李煜), 「搗練子」

思往事, 惜流光.
지난 일을 생각하니, 흘러간 세월이 아쉽다.

— 구양수(歐陽修), 「訴衷情」

花露重, 草烟低.
꽃에 이슬 무겁고, 풀에 안개 낮게 깔렸다.

— 구양수, 「阮郞歸」

(乙) 측평평-평측측

碧雲天, 黃葉地.
푸른 구름 드리운 하늘, 누런 낙엽 뒤덮인 땅.

— 범중엄(范仲淹), 「蘇幕遮」

鬢雲鬆, 羅襪剗.
머리 풀고, 버선발로 다가오던 그 모습.

— 진관(秦觀), 「河傳」

剪紅情, 裁綠意.
붉은 꽃 자르는 마음, 푸른 잎 재단하는 뜻.

— 오문영(吳文英), 「祝英臺近」

月臨窗, 花滿樹.
달빛이 창가에 이르고, 꽃이 나무에 가득하다.

— 고형(顧敻), 「酒泉子」

(丙) 평측측-평평측

紅杏了, 夭桃盡.
붉은 살구꽃 지고, 싱싱한 복사꽃 다 떨어졌다.

— 소식(蘇軾), 「占春芳」

梅雨過, 蘋風起.

장마 비 지나가니, 마름을 스치는 미풍이 인다.

—사일(謝逸), 「千秋歲」

평측측과 평평측은 왕왕 통용된다. 다음 예를 보자.

「억강남(憶江南)」 蘭燼落(皇甫松)－厭厭醉(吳文英).
「알금문(謁金門)」 風乍起(馮延巳)－空相憶(韋莊).
「어가오(漁家傲)」 千障裏(范仲淹)－尋花去(歐陽修).
「천선자(天仙子)」 愁未醒(趙令時)－傷流景(張先).
「동선가(洞仙歌)」 幽夢覺(劉光祖)－金波淡(蘇軾).
「맥산계(驀山溪)」 春未透(黃庭堅)－登雲嶼(晁補之).
「봉황대상억취소(鳳凰臺上憶吹簫)」 多少事(李清照)－剛剛踢(趙文).
「만강홍(滿江紅)」 清鏡裏(陸游)－薰風動(劉過).

측측측과 측평측도 왕왕 통용된다. 다음 예를 보자.

「작교선(鵲橋仙)」 又豈在(秦 觀)－倒添了(范成大).
「축영대근(祝英臺近)」 便老去(史達祖)－倩誰喚(辛棄疾).
「옥루지(玉漏遲)」 已換却(周 密)－漫空倩(吳文英).
「동풍제일지(東風第一枝)」 做弄出(史達祖)－照花影(史達祖).
「유초청(柳梢青)」 誤幾度(張元幹)－酒醒後(秦 觀).
「해패령(解佩令)」 自剪下(晏幾道)－是情事(晏幾道).
「암향(暗香)」 正寂寂(姜 夔)－送帆葉(吳文英).

※ 주의 : 평(평)측은 3자구에 많이 사용되고, 측(측)측은 3자두에 많이 사용된다.

41.13 (4) 4자구

4자구는 측각(仄脚) 율구(律句)를 가지고 논하면 측평평측이 가장 많이 보이고, 평평평측이 그 다음이고, 평평측측이 다음다음이고, 측평측측이 가장 드물게 보인다. 평각(平脚) 율구를 가지고 논하면 측측평평이 가장 많이 보이고, 평측평평이 그 다음이고, 평측측평과 측측측평이 함께 드물게 보인다.

측평평측과 평평평측은 한 부류로, 왕왕 통용될 수 있다. 다음 예를 보자.

「옥루지(玉漏遲)」	紫簫聲杳(周 密)－花飛時節(程 垓)
「만정방(滿庭芳)」	暖風搖曳(宋 徽宗)－高堂芳樹(秦 觀)
「암향(暗香)」	錦機雲密(張 炎)－梅邊吹笛(姜 夔)
「염노교(念奴嬌)」	晩妝鑱罷(趙長卿)－人生行樂(曾 覿)
「서학선(瑞鶴仙)」	綺羅叢裏(康與之)－笙簧聲裏(張元幹)
「수룡음(水龍吟)」	繞雲縈水(蘇 軾)－羅裙零亂(晁補之)
「영우악(永遇樂」)	海棠零亂(趙師俠)－西園支徑(蔣 捷)

이것들은 또한 종종 평평측측과 통용된다. 다음 예를 보자.

「축영대근(祝英臺近)」

五更魂夢(程垓)－都無人管(辛棄疾)－相招晩醉(高觀國).

「일곡주(一斛珠)」

晩妝初過(南唐 後主)－輕雲微月(蘇軾)－天敎命薄(晏幾道).

이것들은 모두 측평평측을 정격(正格)으로 삼아야 한다(상술한 송 휘종 「만정방」 "暖風搖曳"구가 놓인 곳에 『歷代詩餘』에 실린 115수 중 85수가 측평평측을 사용하였다). 사보(詞譜)에 평평평측만을 사용하도록 규정된 곳은 우리가 추측하기로는 원칙적으로 측평평측(실제로는 상평평측)과 바꿀 수 있다. 다만 자료가 많지 않기 때문에 검증할 방법이 없을 뿐이다. 반대로 측평평측만을 사용하도록 규정된 곳은 임의로 평평평측으로 바꿀 수 없으며 더욱이 평평측측은 사용할 수 없다(평평측측은 다른 부류에 속하기 때문에 폭넓은 규율에서는 측평평측과 상통할 수 있지만 엄격한 규율에서는 서로 범할 수 없다).

41.14 평평측측과 측평측측은 한 부류여서 통용되어야 한다. 그러나 후자가 그다지 조화롭지 않기 때문에 대다수의 사조(詞調)에서 평평측측이 홀로 사용된다. 가장 보편적인 경우는 평평측측으로 (측)측평평과 대(對)를 이루게 한 것이다. 예를 들면 다음과 같다.

非惟我老, 更有人貧.
내가 늙었을 뿐만 아니라, 더욱이 가난한 사람이 있다.
— 육유(陸游), 「沁園春」

仙肌勝雪, 宮鬢堆鴉.
선녀의 피부는 눈보다 희고, 궁중 식 머리는 까마귀를 얹은 듯 검다.
— 오격(吳激), 「人月圓」

當庭月暗, 吐燄如虹.
정원을 마주하니 달빛 어두운데, 무지개처럼 빛을 토한다.
— 조장경(趙長卿), 「瀟湘夜雨」

風銷絳蠟, 露浥紅蓮.
바람에 붉은 촛불 꺼지고, 이슬에 붉은 연꽃 젖었다.
— 주방언(周邦彥), 「解語花」

草脚愁蘇, **花心夢醒**.
풀뿌리는 슬픔 속에 소생하고, 화심은 꿈에서 깨어났다.
— 사달조(史達祖), 「東風第一枝」

燈火烘春, **樓臺浸月**.
등불은 봄을 밝히고, 누대는 달빛에 잠긴다.
— 유진(劉鎭), 「高陽臺」

月冷龍沙, **塵淸虎落**.
달빛은 변새 사막에 차갑고, 성 울타리에 먼지 가라앉았다.

— 강기(姜夔), 「翠樓吟」

萬里飛霜, **千山落木**.
만 리에 걸쳐 서리 날리고, 온갖 산에 낙엽진다.

— 장염(張炎), 「綺羅香」

露濕銅鋪, **苔侵石井**.
문고리는 이슬에 젖고, 돌우물은 이끼가 꼈다.

— 강기, 「齊天樂」

載酒園林, **尋花巷陌**.
술을 싣고 원림에 가고, 골목과 거리에서 꽃을 찾았다.

— 육유, 「沁園春」

凉月橫舟, **銀漢浸練**.
서늘한 달이 배를 가로지르고, 은빛 못에는 비단이 잠겨 있는 듯하다.

— 장야(張埜), 「奪錦標」

※ 주의 : "측측평평, 평평측측"은 慢詞 前闋의 첫 두 구에 많이 보인다.

41.15 측평측측은 율구(律句)에서 그다지 조화롭지 않긴 하지만 요구(拗句)로 사용할 수 있다. 어떤 곳은 요구를 사용하는 것이 마땅해서 그런 경우에는 측평측측을 사용하도록 제한되어 있으므로 평평측측과 상통할 수 없으며, 더욱이 측평평측이나 평평평측과 상통할 수 없다. 다음 예를 보자.

「봉황대상억취소(鳳凰臺上憶吹簫)」
這回去也(李淸照); 幾回淡月(趙文); 舊時勝賞(張翥).

「암향(暗香)」

翠尊易泣 …… 幾時見得(姜夔); 粉英落盡 …… 再調玉鼎(趙以夫); 軟紅路接 …… 兩堤翠匝(吳文英); 蘚碑露泣 …… 小舟泛得(陳允平); 料應太液 …… 臥橫紫笛(張炎); 故園夢接 …… 此時共折(張炎); 石牀冷落 …… 幾曾忘却(張炎). ('忘'은 거성으로 읽는다.)

「쌍쌍연(雙雙燕)」

過春社了(史達祖).

「신안과장루(新雁過妝樓)」(일명 「瑤臺聚八仙」)

紺雲暮合(吳文英); 素娥慣得(吳文英); 頓涼驟覺(陳允平); 故人念我(張炎); 倩人醉裏(張炎); 底須謝屐(張炎); 翠微喚酒(張炎).

「서학선(瑞鶴仙)」

洞天自樂(周邦彦); 甚時是足(趙長卿); 未容退避(趙長卿); 盛傳鞏洛(張元幹); 太平再見(康與之); 縱歡細酌(曾覿); 自歌自送(楊无咎); 甚時去得(侯寘); 惱人睡足(侯寘); 數聲畫角(辛棄疾); 欲歸未得(辛棄疾); 有時夢去(袁去華); 淺如故否(趙彦端); 恨長怨永(王千秋); 醉扶玉腕(楊炎); 怎生意穩(陸淞); 萬緣自得(高觀國); 又成瘦損(史達祖); 舊家姊妹(史達祖); 鈿車寶馬(李昴英); 看誰瘦損(陸叡); 賸追笑樂(方千里); 幾時覓得(吳文英); 聳秋井幹(吳文英); 鏡中未晚(吳文英); 未如鬢白(吳文英); 半簾晚照(吳文英); 爲誰自綠(毛幵); 素娥未識(蔣捷); 半廊界月(蔣捷); 碎蛩訴月(蔣捷); 又還醉也(蔣捷); 夢中更樂(陳允平); 向人睍睆(陳允平); 正調絃促(歐良); 夜長自語(張炎); 絳紗萬燭(劉灝); 等閒過了(葛長庚).

※ 주의 : 『역대시여(歷代詩餘)』에 실려 있는 40수의 「서학선(瑞鶴仙)」 중에 단지 두 개의 예외가 있다. 하나는 강여지(康與之)의 "偷彈淚血(평평측측)"이고, 또 하나는 장구(張榘)의 "氿埽六合(측측측측)"이다. 후자는 요구이므로 예외로 보지 않아도 좋다.

41.16 이외에 진정한 4자 측각 요구로서 가장 흔히 보이는 것은 평

측평측인데, 주로 만사에 사용된다. 이것이 채용될 때 어쩌다 (측)평평측과 상통한다(변례). 이것의 제3자는 반드시 평성이고, 제1자와 제2자는 평측이 어쩌다 바뀌기도 한다. 다음 예를 보자.

「해어화(解語花)」

嬉笑游冶(周邦彦); 明艷容冶(方千里); 曾試纖指(吳文英); 春態容冶(陳允平); 變例 : 苦無分曉(周邦彦).

「환소난봉(換巢鸞鳳)」

一帳春曉(史達祖).

「계지향(桂枝香)」

天氣初肅 …… 悲恨相續 …… 衰草凝綠(王安石); 蛩韻淒切 …… 猶未成屑 …… 非雨非雪(陳允平); 松炬如晝 …… 瀟灑如舊 …… 容易消瘦(唐藝孫); 霜老枯荻 …… 一醉秋色('一'자가 평성으로 쓰였음) …… 空記行跡(唐珏); 歸夢溪曲 …… 清泛佳菊 …… 謾懷幽獨(變例)(練恕可); 辟寒金粟(變例) …… 花影堪掬 …… 芳杜爲屋(張翥); 一見秋色 …… 休問何夕 …… 幾分消息(變例)(張炎).

「제천락(齊天樂)」

離思何限(周邦彦); 愁緒無限(楊无咎); 相和砧杵(姜夔); 容易墮去(史達祖); 還被吹醒(史達祖); 曾倩排遣(史達祖); 春翠偸聚(史達祖); 詩思誰領(史達祖); 烟際沈鷺(吳文英); 玉(平聲)榦金蕊(吳文英); 坡靜詩卷(吳文英); 雪(平聲)面波鏡(吳文英); 同剪燈語(吳文英); 樂(平聲)事常少(吳文英); 雲外別墅(吳文英); 芳艷流水(吳文英); 蘭蕙疏綺(吳文英); 曾共誰倚(陳允平); 歸興無限(陳允平); 芳意偸變(周密); 春到多少(周密); 清致誰識(周密); 依舊眉嫵(周密); 雙鬢如雪(周密); 心事誰表(周密); 難貯零露(王沂孫); 芳意今少(張炎); 猶是遲了(張炎); 翻笑行樂(張炎); 都是愁處(張炎); 空被花惱(張炎); 還記游歷(張炎); 如聽風雨(張炎); 獨(平聲)抱淒楚(張炎); 書畫船小(張炎); 飛夢湘楚(張炎); 書帶題扇(劉瀾); 絲鬢無數(李萊老); 雙鬢何許(王易簡); 銀露千頃(唐藝孫); 頻報秋信(呂同老); 如許幽抱(練恕可); 猶記嬌鬢(唐珏).

「영우악(永遇樂)」

春尙留戀(趙師俠); 雲氣凝聚(蔣捷).

「소영(疎影)」

枝上同宿 …… 飛近蛾綠(姜夔); 還更淸絶 …… 獨(平聲)抱孤潔(張炎).

「척씨(戚氏)」

蛩響衰草(柳永); 玄圃淸寂(蘇軾).

평측측측은 비교적 드물게 보인다. 예를 들면 다음과 같다.

「성성만(聲聲慢)」

眠又未得(劉涇); 吹斷曉笛(高觀國); 多占秀碧(蔡崧年); 花下秉燭(張翥); 愁字了得(李淸照).

가장 드물게 보이는 것은 물론 측측측측이다. 오문영(吳文英)「앵제서(鶯啼序)」의 "傍柳繫馬"가 그 예인데, 이와 같은 예는 아주 드물 것이다.

41.17 평각(平脚)의 4자 율구는 측측평평을 정격으로 삼아야 하는데, 이것은 평측평평과 통용된다. 예를 들면 다음과 같다.

「점강순(點絳脣)」

鳳管雲笙(趙長卿)－來是春初(曾允元).

「감자목란화(減字木蘭花)」

月破黃昏(王安國)－凉氣侵樓(呂渭老).

「추노아(醜奴兒)」

繡帶雙垂(和 凝)－長閉簾櫳(晏幾道).

「소충정(訴衷情)」

最斷人腸(歐陽修)－誰伴朝雲(晏幾道).

「화당춘(畫堂春)」

睡損紅妝(黃庭堅)－無奈春歸(徐 俯)

「취화음(醉花陰)」

寶枕紗廚(李清照)－簾卷西風(李清照).

「답사행(踏莎行)」

密約沈沈(寇 準)－春色將闌(寇準).

평측측평과 측측측평은 한 부류인데, 제법 드물게 보인다. 예를 들면 다음과 같다.

「하전(河傳)」

何處夢回(徐昌圖); 常記那回(秦觀); 巧笑靚妝(黃庭堅).

「감황은(感皇恩)」

回首舊游(賀鑄); 熟睡起來(晁冲之); 把酒勸君(晁冲之); 憑遠下臨(葛郯); 蝴蝶滿園(葛郯); 往事舊歡(周邦彥); 千里斷腸(趙企); 席上看君(辛棄疾); 一壑一丘(辛棄疾); 溫詔鼎來(陸游); 黃閣紫樞(陸游); 塵世利名(韓玉).

「암향(暗香)」

寄與路遙(姜夔); 月濕斷磯(趙以夫); 雁水夜清(吳文英); 雁渚渡閒(陳允平); 向人弄芳(張炎).

「성성만(聲聲慢)」(平韻)

猶在禁街(宋 徽宗); 猶自未知(宋 徽宗); 猶自未歸(趙長卿); 終待共游(趙長卿); 枕畔數枝(李彌遜); 人似舊遊(辛棄疾); 淚落塞邊(吳潛); 影入畫簷(吳文英); 行雨夢中(吳文英); 人在小樓(吳文英); 分與雁聲(蔣捷); 還賦小山(周密);

千縷碎雲(周密); 閒過此秋(王沂孫); 船過剡溪(王沂孫); 如雁也無(王沂孫); 猶自未逢(張炎); 却是故鄉(張炎); 都付與秋(張炎); 依舊燕來(張炎); 猶自未聞(張炎); 垂幔過墻(史可堂); 猶在杏花(尹濟翁); 腸斷數聲(張翥).

※ 주의 : 이것은 3자두(字豆) "측평평"과 합하여 한 구를 이루기도 하는데, 그 경우 "측평평(평)측측평"이 되어 두 개 또는 세 개의 평성 다음에 반드시 두 개의 측성이 있어야 한다. 이것은 앞의 "측평평"의 영향을 받은 것이라고 말할 수 있다. 다음의 7자구에서 「쇄창한(鎖窗寒)」을 논한 것을 참고해 보라.

「희천앵(喜遷鶯)」
著意絆春(蔣捷); 稔歲閏正(吳禮之).

「망해조(望海潮)」
金谷俊游(秦觀); 鴛瓦雉城(秦觀); 山倚斷霞(折元禮).

이 부류는 평측측평을 정격(正格)으로 삼아야 하고, 측측측평은 변례(變例)이다.

41.18 평각(平脚) 4자 요구(拗句)는 평평측평이 비교적 많이 보인다. 어쩌다 매우 드물게 이것이 측평측평과 상통할 수 있지만 절대로 측평평평은 사용할 수 없다(제3자가 반드시 측성이어야 한다). 예를 들면 다음과 같다.

長亭短亭, 春風酒醒 …… 芙蓉繡裀, 江山畵屛. (戴復古)
장정과 단정에서, 봄바람에 술이 깬다. …… 연꽃을 수놓은 요, 강산을 그린 병풍.
情高意眞, 眉長鬢青 …… 思君憶君, 魂牽夢縈. (劉過)
깊은 정 진실한 마음, 눈썹 길고 머리 검다. …… 그대 그리움에, 꿈속의 혼 얽혀든다.

—「취태평(醉太平)」

從今又添(李清照); 詩人案頭(趙文).

—「봉황대상억취소(鳳凰臺上憶吹簫)」

제42절 사자(詞字)의 평측(二)—5자 내지 6자구

42.1 (5) 5자구

5자구는 율구(律句)와 요구(拗句)의 두 종류로 나눌 수 있다. 율구는 보통 오언율시의 구이다. 측각(仄脚)의 5언 율구는 (측)측평평측이 가장 많이 보이고, 평평평측측은 비교적 적게 보인다. 평각(平脚)의 5언 율구는 (측)측측평평이 가장 많이 보이고, 평평측측평이 가장 드물게 보인다. 예를 들면 다음과 같다.

(甲) 측측평평측

「생사자(生査子)」 전후(前後) 제2구·제4구.
「복산자(卜算子)」 전후 제2구·제4구.
「오가기(誤佳期)」 전후 제4구 및 후 제2구.
「석분비(惜分飛)」 전후 제3구.
「취화음(醉花陰)」 전후 제2구·제5구.
「접연화(蝶戀花)」 전후 제3구.
「소막차(蘇幕遮)」 전후 제4구·제7구.
「금전도(錦纏道)」 전후 말구(末句).
「천추세(千秋歲)」 전후 제6구 및 전 제1구.
「어가행(御街行)」 전후 말구.
「맥산계(驀山溪)」 전후 제2구·제9구.
「남가자(南歌子)」 전후 제1구.
「우미인(虞美人)」 전후 제2구.
「하전(河傳)」 후 제3구.
「청옥안(青玉案)」 전후 말구.
「촉영요홍(燭影搖紅)」 제4구.

(乙) (평)평평측측

「보살만(菩薩蠻)」 후(後) 제1구.
「임강선(臨江仙)」 전후 제4구.
「천추세(千秋歲)」 전후 제5구.
「만정방(滿庭芳)」 후 제1구.
「취루음(翠樓吟)」 전 제4구 · 후 제5구.
「제천락(齊天樂」) 후 제2구.
「알금문(謁金門)」 전후 제4구.
「감황은(感皇恩)」 전후 제6구.
「동선가(洞仙歌)」 후 제1구.
「환소난봉(換巢鸞鳳)」 전 제4구.
「서학선(瑞鶴仙)」 전 제1구.

(丙) (측)측측평평

「억강남(憶江南)」 제2구.
「소군원(昭君怨)」 전후 제3구.
「보살만(菩薩蠻)」 전후 제3구.
「소충정(訴衷情)」 전 제2구.
「오가기(誤佳期)」 후 제1구.
「안아미(眼兒媚)」 전 제2구.
「낭도사(浪淘沙)」 전후 제1구.
「임강선(臨江仙)」 전후 제5구.
「풍입송(風入松)」 전후 제2구.
「맥산계(驀山溪)」 전후 제3구 · 제6구.
「여몽령(如夢令)」 제3구.
「생사자(生査子)」 전후 제3구.
「복산자(卜算子)」 전후 제1구.
「호사근(好事近)」 전 제1구.
「인월원(人月圓)」 전 제2구.
「취화음(醉花陰)」 전후 제3구.
「남향자(南鄕子)」 전후 제1구.
「감황은(感皇恩)」 전 제1구.

(丁) 평평측측평

이것은 측평평측평과 통용하는 것말고는 독용(獨用)하는 경우가 매우 드물다. 이를테면 『백향사보(白香詞譜)』에서 「남가자(南歌子)」 1보(譜) 제2구만 이 형식을 쓰고 있다. 이것이 측평평측평과 통용될 때에는 후자가 정례이다. 이것은 율시의 상황과 매우 다르다. 다음 글을 참고해 보라.

42.2 오언율시에서 매 구 제1자의 평측은 구애받지 않지만, 사에서

몇몇 5자구는 제1자의 평측도 고정되어 있다. 사율이 시율보다 더 엄격하다는 것을 이런 데서 알 수 있다. 예를 들면 다음과 같다.

(甲) **평측평평측**(측측평평측으로 하지 않는다)

燈市光相射. (周邦彦)
꽃등은 거리에서 서로 빛을 내뿜는다.
多買鶯鶯笑. (周邦彦)
많은 사람들이 앵앵의 웃음을 산다.
香潤殘冬被. (吳文英)
향기와 윤기가 겨울 이불에 남아 있다.
星斗寒相射. (方千里)
별들이 찬 하늘에서 서로 빛을 내뿜는다.

—「해어화(解語花)」

(乙) **측평평측측**(평평평측측으로 하지 않는다)

杳香消散盡. (宋祁)
살구 향이 모두 흩어져 사라졌다.
一春渾不見. (程垓)
봄이 도무지 보이지 않는다.
絮花寒食路. (吳文英)
한식 시절 버들 솜 날리는 길.
雁邊風信小. (吳文英)
기러기에 전해오는 소식 드물다.
老來歡意少. (周密)
늙어가며 기쁜 일이 드물다.
竹多塵自掃. (張炎)
대나무 많아 먼지가 절로 쓸린다.
浙江歸路杳. (元好問)

절강에서 돌아갈 길이 아득하다.
故園平似掌. (劉因)
고향 동산은 평평하기가 손바닥 같다.
病懷因酒惱. (張翥)
병든 마음이 술 때문에 괴롭다.
碧梧深院悄. (白樸)
벽오동 깊은 정원 고요하다.
桂香浮綠酒. (張埜)
계수나무 향기가 녹주에 떠오른다.
海榴花似火. (劉基)
바다 석류꽃이 불같이 붉다.

—「옥루지(玉漏遲)」

滿羅衫是酒. (張翥)
비단 적삼 가득히 술 자국이다.

—「맥상화(陌上花)」

但愁斜照斂. (周邦彦)
다만 석양빛 사라져 가는 것이 슬프다.
畫船喧疊鼓. (周邦彦)
채색 배가 거듭되는 북소리에 시끄럽다.
爲誰眉黛斂. (楊无咎)
누구 때문에 눈썹을 찡그리나?
歲添長命縷. (劉圻父)
세월에 長命縷[48]가 첨가되었다.
一聲聲更苦. (姜夔)
소리 하나마다 더욱 괴롭다.
更蒼烟白鷺. (張輯)
더욱 창망한 안개 속의 백로

48) 단오 때 팔에 묶어서 복을 비는 오색실을 가리킨다.

楚峰煙數點. (高觀國)

아득히 안개 속에 초 땅의 봉우리 몇 점.

有愁誰爲寄. (高觀國)

이 슬픔을 누구에게 부칠까?

爲誰簪短鬢. (高觀國)

누굴 위해 짧은 머리에 비녀를 꽂을까?

奈何詩更苦. (史達祖)

어찌하나 시가 더욱 쓰라리니.

樹頭喧夜永. (史達祖)

나무 위에서 긴긴 밤 시끄럽다.

帕羅香自滿. (史達祖)

비단 손수건에 향기가 절로 가득하다.

待歸聽俊語. (史達祖)

돌아갈 것을 기다리며 고명한 말을 듣는다.

九秋宮殿冷. (史達祖)

깊은 가을에 궁전은 차갑다.

雁銜千里月. (方岳)

기러기가 천리 밖의 달을 머금는다.

曉酲春夢穩. (翁孟寅)

새벽에 흠뻑 취하니 봄꿈이 편안하다.

倩人傳此意. (洪瑹)

사람에게 이 뜻을 전해달라고 청한다.

料應眉黛斂. (方千里)

생각하면 응당 눈썹이 찌푸려지리라.

驟飛滄海雨. (吳文英)

소낙비가 창해에 날린다.

鍊顔銀漢水. (吳文英)

은하수로 수련하여 젊은 얼굴을 유지한다.

暮天菱唱遠. (吳文英)

저녁 하늘 멀리 마름 따는 여인의 노래 들려온다.

晩風吹半醒. (吳文英)

저녁 바람 불어와 반쯤 깨었다.

畫旗飄賽鼓. (吳文英)

채색 기가 제사 북소리에 펄럭인다.

亂鴉溪樹繞. (吳文英)

까마귀들이 어지럽게 계곡의 나무 주위를 돈다.

洞簫誰院宇. (吳文英)

퉁소소리 들리니 누구네 집 뜰인가?

亂蛩疏雨裏. (吳文英)

부슬부슬 내리는 빗속에 귀뚜라미 소리 어지럽다.

種花招燕子. (吳文英)

꽃을 심어 제비를 부른다.

喚人吟思遠. (陳允平)

사람을 불러 먼 곳 그리는 시를 읊는다.

四山煙翠斂. (陳允平)

사방의 산에 푸른 안개가 걷힌다.

夢隨春去遠. (周密)

꿈이 봄을 따라 멀리 간다.

看花人自老. (周密)

꽃을 보니 사람 혼자 늙었다.

醉歌浮大白. (周密)

취해 노래 부르며 큰 술잔으로 술을 마신다.

細將梅蕊數. (周密)

찬찬히 매화 꽃술을 센다.

暮煙聲更咽. (周密)

저녁 안개 속에 소리 더욱 목멘다.

恨春容易老. (周密)

한스럽게도 봄은 쉽게 늙는다.

柳絲千萬縷. (王沂孫)

실 같은 버들가지 천 가닥 만 가닥.

笑人歸較晚. (王沂孫)

돌아오는 것이 꽤 늦은 사람을 비웃는다.

甚時重去好. (張炎)
언제 다시 가는 것이 좋을까?
亂紅休去掃. (張炎)
어지럽게 떨어진 꽃을 쓸어버리지 마시게.
露涼鷗夢闊. (張炎)
이슬 서늘하여 갈매기 꿈 아득하다.
故山空放鶴. (張炎)
고향 산 텅 비어 학을 놓아길렀다.
抱琴歸去好. (張炎)
거문고를 안고 돌아가는 것이 좋겠다.
近來無杜宇. (張炎)
근래에는 두견새가 없다.
問春何處好. (張炎)
봄에게 어느 곳이 좋은가를 묻는다.
傍江橫峭壁. (張炎)
강 옆으로 가파른 암벽이 가로질러 있다.
此心游太古. (張炎)
이 마음은 아주 오랜 옛날로 간다.
翠簾深幾許. (張炎)
푸른 주렴 안은 얼마나 깊을까?
渭濱人未老. (張炎)
위수 가에서 사람은 아직 늙지 않았다.
晉人淸幾許. (張炎)
진나라 사람들은 얼마나 맑았을까?
感時花淚濺. (劉灝)
시절을 느껴 꽃을 보아도 눈물이 흐른다.
一聲聲是怨. (王月山)
소리 한 마디 한 마디가 다 원망이다.
解隨人去遠. (儲泳)
사람 따라 멀리 떠나갈 줄 안다.
砌蛩終夜語. (李萊老)

섬돌의 귀뚜라미 밤새도록 운다.

小樓今夜雨. (王易簡)

작은 누각에 오늘밤 비가 내린다.

半牕留鬢影. (唐藝孫)

창문 반쪽에 살쩍 그림자가 머물러 있다.

怕翻雙翠鬢. (呂同老)

양쪽 검은 살쩍이 흩날릴까 두렵다.

粉匳雙鬢好. (練恕可)

화장 거울에 양쪽 살쩍이 좋다.

苦吟淸夜永. (唐珏)

기나긴 고요한 밤에 애써 시를 읊는다.

—「제천락(齊天樂)」

夜窗聽暗雨. (張炎)

창가에서 어둠 속에 내리는 빗소리를 듣는다.

做成情味苦. (張翥)

정의 쓴맛을 보고 말았다.

—「기라향(綺羅香)」

(『詞律』에서 結句가 「齊天樂」의 평측과 일치한다고 말하였다.)

(丙) 측측측평평(평측측평평으로 하지 않는다)

此處忽相逢 …… 夢去倚君旁. (黃庭堅)

이곳에서 갑자기 서로 만나니 …… 꿈속에 가서 그대 옆에 기댄다.

燭下小紅妝 …… 悵望採蓮人. (晁補之)

촛불 아래서의 담홍빛 화장 …… 연 따는 여인을 슬피 바라본다.

蓼嶼荻花洲 …… 悵望倚層樓. (張昇)

여뀌 섬과 억새꽃 만발한 모래섬 …… 높은 누각에 기대어 슬피 바라본다.

—「이정연(離亭燕)」

42.3 율구(律句)의 요구(拗救)는 시에서 일반 율구와 그 기능이 같은 것으로 간주된다. 이를테면 평평측평측은 평평평측측과 상통한다. 그러나 사에서는 그렇지 않다. 율구로부터 약간 변한 구는 '준율구(準律句)'로 볼 수 있지만 이런 준율구는 왕왕 진짜 율구와 상통하지 않는다. 예를 들면 다음과 같다.

(甲) 평측측평측((측)측평평측으로 하지 않는다. 그러나 어쩌다 측측측평측이 될 수 있다. 제1자는 구애받지 않고, 제3자는 반드시 측성이다)

還過釣臺路 …… 攲枕聽鳴櫓 …… 心事兩無據. (蘇軾)

다시 조대로를 지나가니 …… 베개에 기대어 노 젓는 소리를 듣고 …… 심사는 둘 다 근거가 없다.

新燕近簾語 …… 燈火小橋路 …… 風雨暗花圃. (呂渭老)

새로 온 제비가 주렴 가까이서 지저귀고 …… 등불 밝은 작은 다리길 …… 비바람에 화원 어둡다.

離恨慘歌舞 …… 開徧小春暮 …… 知解怨人否. (趙長卿)

이별의 한에 가무가 애처롭다 …… 봄꽃이 두루 피어난 저녁 …… 사람을 원망할 줄 아는지?

煙柳暗南浦 …… 十日九風雨 …… 哽咽夢中語. (辛棄疾)

안개 싸인 버들에 남포 어둡고 …… 열흘에 구일은 비바람 치는데 …… 꿈속의 말에 목이 멘다.

深院又春晚 …… 無語小妝懶 …… 羞怕淚痕滿. (程垓)

깊은 봄 정원에 다시 저녁이 와 …… 말없이 내키지 않는 화장을 하고 …… 가득한 눈물자국 부끄럽고 두렵다.

梅雪印苔絮 …… 易散苦難聚 …… 吹恨正無數. (趙彦端)

매화가 눈 내리듯이 물속의 이끼에 떨어지고 …… 헤어지긴 쉬워도 모이긴 어려워라 …… 바람에 흩날리는 한이 무수하구나.

花裏控金勒 …… 都在畫闌側 …… 飛上鬟雲碧. (劉過)

꽃 속에서 금빛 재갈을 당기고 …… 모두 채색 난간 곁에 있다 …… 구름 같은 검은 머리 위로 날아간다.

欲起病無力 …… 一日近一日('一'字는 평성으로 쓰였음) …… 顲頷小樓側. (劉過)

일어나려 해도 병들어 무력하고 …… 하루하루 다가와 …… 작은 누각 곁에서 초췌해간다.

風日共清美 …… 湘綠漲沙嘴 …… 爭似且留醉. (張輯)

바람과 해가 함께 맑고 아름답다 …… 푸른 상수가 모래부리에 불어났다 …… 어찌 잠시 머물러 취하는 것과 같으랴?

更向別離處 …… 香雪照尊俎 …… 淮海謾千古. (張輯)

더욱이 이별의 자리를 향해 …… 흰 꽃이 술자리를 비추고 …… 회수가 천고를 속였다.

沙路淨如洗 …… 花柳自多麗 …… 無處倩雙鯉. (黃機)

모래 길이 씻은 듯이 깨끗하고 …… 꽃과 버들은 절로 아름다운데 …… 쌍 잉어에게 편지를 부탁할 곳이 없다.

花影暗南浦 …… 蘭艇採香去 …… 端的此心苦. (高觀國)

꽃 그림자에 남포 어둡고 …… 거룻배는 향을 따가고 …… 참으로 이 마음 괴롭다.

獨自個春睡 …… 不似舊風味 …… 春在可憐裏. (高觀國)

혼자서 봄잠을 자고 …… 예전의 풍미와 같지 않고 …… 봄은 사랑스러운 곳에 있다.

前事怕重記 …… 新夢又溱洧 …… 春草更憔悴. (史達祖)

예전 일을 다시 기억하기 두렵고 …… 새로 꿈을 꾸면 다시 溱과 洧 …… 봄풀은 더욱 초췌해졌다.

春到斷腸處 …… 欲過大堤去 …… 不敢寄愁與. (史達祖)

봄이 단장의 곳에 찾아와 …… 큰 제방을 지나가려 해도 …… 감히 슬픔을 부칠 수 없다.

雲暖翠微路 …… 淺約晝行處 …… 鶯漏漢宮語. (吳文英)

푸른 산길에 구름 따뜻하고 …… 낮에 가는 곳도 다소 어렴풋한데 …… 꾀꼬리가 漢宮의 말을 누설한다.

竹冷翠微路 …… 沙印小蓮步 …… 歸夢趁風絮. (吳文英)

푸른 산길에 대나무 차갑고 …… 모래에 작은 연꽃 걸음이 찍힌다. …… 귀향의 꿈이 바람에 날리는 버들 솜을 따라간다.

低捲繡簾半 …… 擾擾似情亂 …… 剪燭記同看. (蔣捷)

수놓은 발을 낮게 반쯤 걷어올리고…… 복잡하여 정이 얽힌 것 같은데…… 촛불 심지를 자르며 함께 본 것을 상기한다.

瑤草四時碧…… 花氣透簾隙…… 鶯燕似曾識. (周密)

아름다운 풀 사철 푸르고…… 꽃향기가 주렴 틈을 뚫고 들어오고…… 꾀꼬리와 제비는 전에 보았던 듯하다.

愁與病相半…… 絲竹靜深院…… 羞見看花伴. (周密)

슬픔과 병이 반반이고…… 깊은 정원에 음악소리 조용하다. …… 꽃 동무 보기가 부끄럽다.

寂寞漢南樹…… 芳事頓如許…… 心事已遲暮. (張炎)

적막한 한남의 나무…… 꽃다운 일 홀연히 이와 같았는데…… 마음의 일 이미 때늦었다.

船檥水村悄…… 生氣覆瑤草…… 五色散微照. (張炎)

배를 댄 물가 마을 고요하고…… 생기가 아름다운 풀을 덮었다. …… 은은한 빛에 오색이 흩어진다.

人醉萬花醒…… 白髮半垂領…… 樂事在瓢飮. (張炎)

사람이 취하니 온갖 꽃 깨어나고…… 백발이 반쯤 옷깃에 드리웠다. …… 즐거움은 소박한 생활에 있다.

空谷飮甘露…… 蕭艾遽如許…… 山鬼竟無語. (張炎)

인적 없는 골짜기에서 감로를 마시고…… 쓸모 없는 자가 갑자기 이렇게 되었다. …… 산 귀신은 끝내 말이 없다.

苔老舊時樹…… 童子更無語…… 還賦斷腸句. (張炎)

이끼는 옛 나무에서 살아가고…… 동자는 더욱 말이 없다. …… 다시 단장의 시를 짓는다.

憶得舊游戲…… 同在彩雲裏…… 都是去時淚. (無名氏)

지난날의 유희가 생각난다. …… 함께 채색 구름 속에 있었는데…… 모두가 떠나갈 때의 눈물이다.

好夢總無據…… 攲枕聽殘雨…… 淸瘦自羞覷. (吳淑姬)

좋은 꿈은 결국 의지할 수 없고…… 베개에 기대어 그쳐 가는 빗소리를 듣는다. …… 비쩍 말라 스스로 보기가 부끄럽다.

—「축영대근(祝英臺近)」

※ 주의 : 이 형식은 어쩌다 또한 평평측평측과 통용된다. 예를 들면 장구(張榘)의 "天香漬冰露(하늘의 향기가 얼음과 이슬에 스민다)", 오문영(吳文英)의 "無塵涴流水(굽이쳐 흐르는 물에 먼지가 없다)"·"還迷鏡中語(거울 속의 말에 다시 미혹되었다)", 장염(張炎)의 "逢迎斷橋路(끊어진 다리 길에서 맞닥뜨렸다)", 탕회(湯恢)의 "無人埽紅雪 …… 瓊枝爲誰折(눈처럼 내린 붉은 꽃을 쓰는 사람 없는데 …… 옥 가지를 누구를 위해 꺾나?)"·"濃香半狼藉 …… 元無片雲隔(짙은 향이 반쯤 낭자하다 …… 원래 한 조각 구름 만큼도 떨어져 있지 않았다)", 이팽노(李彭老)의 "輕陰小庭院(가볍게 그늘진 작은 정원)" 등이 있다. 그러나 이것은 이미 북송(北宋)의 구법(舊法)이 아니다. 또한 이 보(譜) 전결(前闋)의 제3구는 여전히 반드시 평측측평측을 써야 하는데, 다만 전결 제5구 및 후결(後闋) 제5구는 어쩌다 평평측평측으로 바꿀 수 있을 뿐이다.

瀟灑**太**湖岸 …… 落日**暴**風雨. (蘇舜欽)
말쑥한 태호의 언덕 …… 폭풍우 속에 해가 진다.
離別**一**何久 …… 鼓吹**助**清賞. (蘇軾)
이별한 지 얼마나 오래되었나? …… 북치고 피리 불어 그윽한 경치를 돕는다.
明月**幾**時有 …… 起舞**弄**清影. (蘇軾)
밝은 달은 언제부터 있었을까? …… 일어나 춤추며 맑은 그림자를 희롱한다.
河漢**下**平野 …… 莫恨**歲**華晚. (葉夢得)
은하수가 평야에 드리웠고 …… 세월이 늦었다고 한탄하지 말라.
霜降**碧**天靜 …… **疊**鼓鬧清曉. (葉夢得)
서리 내려 푸른 하늘 고요하고 …… 거듭되는 북소리에 맑은 새벽 시끄럽다.
渺渺**楚**天闊 …… 危檻**對**千里. (葉夢得)
아득한 남쪽 하늘 드넓고 …… 높은 난간에서 천리를 마주한다.
物我**本**虛幻 …… 寄語**舊**猿鶴. (李綱)
사물과 나는 본래가 헛된 환영 …… 옛 원숭이와 학에게 말을 부친다.
涼吹**送**溪雨 …… 倚枝**飽**山閣. (侯寘)
서늘한 바람이 계곡의 비를 보내고 …… 가지에 기대어 산의 누각을 실컷 바라본다.
我飲**不**須勸 …… 一笑**出**門去. (辛棄疾)
내가 마시는데 권할 것 없고 …… 웃으며 문을 나간다.

造物**故**豪縱 …… 老子**舊**游處.　　　(辛棄疾)
조물주는 일부러 호탕하였다. …… 노자가 지난날 유람한 곳.
歲歲**有**黃菊 …… 君起**更**斟酌.　　　(辛棄疾)
해마다 노란 국화는 피어나고 …… 그대 일어나 다시 술을 따르게.
落日**暗**塵起 …… 季子**正**年少.　　　(辛棄疾)
해는 지는데 쌓인 먼지 일고 …… 막내아들은 나이가 어리다.
長記**與**君別 …… 有酒**徑**須醉.　　　(朱熹)
늘 잊지 못하네 그대와의 이별을 …… 술이 있으면 바로 취해야 하리.

―「수조가두(水調歌頭)」

※ 주의 : 이 보(譜)는 「축영대근(祝英臺近)」처럼 엄격하지는 않지만 평측측평측을 정례로 삼아야 한다. 『사율』을 보라.

(乙) 평평측평측((평)평평측측으로 하지 않는다. 제3자는 반드시 측성이어야 하고, 제1자는 구애받지 않는다)

斜陽**映**山落.　(周邦彦)
석양이 산촌을 비춘다.
碧天**淨**如水.　(趙長卿)
푸른 하늘이 물처럼 깨끗하다.
纖歌**遏**雲際.　(趙長卿)
고운 노래가 구름 가에서 막힌다.
東風**夜**來惡.　(張元幹)
봄바람이 밤사이에 거세졌다.
冰輪**桂**華滿.　(康與之)
하얀 달 속에 계수나무 꽃이 만발하였다.
蘭釭**半**明滅.　(康與之)
난 등잔이 반쯤 명멸한다.
縈風**度**池閣.　(曾覿)
회오리바람이 못가 누각을 건너간다.

霜華弄初日. (侯寘)
서리꽃이 아침 해를 희롱한다.
溪奩照梳掠. (辛棄疾)
시냇물 비추어보며 머리 빗는다.
舟人好看客. (辛棄疾)
사공은 손님 보기를 좋아한다.
斜陽掛深樹. (袁去華)
석양이 깊은 숲에 걸려 있다.
十年漫回首. (趙彦端)
머리 돌려 지난 십 년을 끝없이 회상한다.
樓臺競裝點. (楊炎)
누대에서 다투어 장식한다.
屛間麝煤冷. (陸淞)
병풍 사이에서 사향 그을음 차갑다.
提携遠塵境. (高觀國)
손을 잡고 속세를 멀리 벗어난다.
回頭翠樓近. (史達祖)
머리 돌려 바라보니 妓樓가 가깝다.
冰霜一生裏. (史達祖)
쓸쓸하고 삭막하게 보낸 일생.
鼇山海雲駕. (李昴英)
오산에 바다 구름을 몰고 간다.
千金買光景. (陸叡)
천금을 주고 세월을 산다.
威聲際沙漠. (張榘)
威名이 사막에까지 뻗어 있다.
無風自花落. (方千里)
바람이 없는데 저절로 꽃이 떨어진다.
乘槎上銀漢. (吳文英)
뗏목을 타고 은하수에 오른다.
天邊歲華轉. (吳文英)

하늘가에서 세월이 바뀐다.

林聲怨秋色. (吳文英)

숲 소리가 가을빛을 원망한다.

人生斷腸草. (吳文英)

인생의 단장초.

輕紗睡初足. (毛幷)

가벼운 깁이라 잠이 비로소 족하다.

風檠背寒壁. (蔣捷)

風燈이 차가운 벽을 등지고 있다.

梅花太孤潔. (蔣捷)

매화가 너무나 고고하고 깨끗하다.

山川夢凄切. (蔣捷)

산천의 꿈이 처절하다.

層簾四垂也. (蔣捷)

높은 주렴이 사방에 드리웠다.

樓危萬山落. (陳允平)

누대가 높아 모든 산이 아래로 보인다.

蛾眉畫來淺. (陳允平)

아미를 옅게 그렸다.

何人抱幽獨. (歐良)

누가 은거의 고독을 안고 지내는가?

匆匆話離緖. (張炎)

총총히 이별의 정서를 이야기한다.

江空珮鳴玉. (劉瀾)

강은 텅 비었는데 패옥 소리 울린다.

孤村帶淸曉. (葛長庚)

외로운 마을에 맑은 새벽이 찾아왔다.

—「서학선(瑞鶴仙)」

何曾夢雲雨. (蘇軾)

일찍이 언제 雲雨의 꿈을 꾸었던가?

別來**負**情素.　(趙長卿)
이별 후 평소의 정을 저버렸다.
才簪**又**重數.　(辛棄疾)
머리에 꽂았다간 다시 또 헤아린다.
風前**問**征路.　(趙彦端)
바람 앞에서 여행길을 묻는다.
歡聲**動**阡陌.　(劉過)
기쁨의 함성이 거리에 울린다.
無田**種**瓜得.　(劉過)
오이를 심어 수확할 밭이 없다.
後朝**幾**重水.[49]　(張輯)
모레 아침에는 물이 몇 겹 가로놓여 있을까?
丹砂**有**奇趣.　(張輯)
단사는 기이한 취향이다.
殷紅**鬪**輕草.　(黃機)
짙은 홍색과 옅은 초록이 다툰다.
嬌姿**黯**無語.　(高觀國)
아리따운 자태 암담하여 말이 없다.
梅花**煞**憔悴.　(高觀國)
매화가 몹시 초췌해졌다.
柔條**暗**縈繫.　(史達祖)
부드러운 가지로 몰래 얽어맸다.
風標**較**消瘦.　(史達祖)
아름다운 자태가 다소 초췌해졌다.
霞腴**汚**塵土.[50]　(張榘)
붉고 풍성한 모란이 진토에 더럽혀졌다.
新妝**趁**羅綺.　(吳文英)
아름다운 비단을 따라 새로 단장했다.

49) 텍스트에는 '朝'가 '期'로 되어 있는데, 誤字이다.
50) '汚'가 동사로 쓰일 때는 去聲(7) '遇'韻에 속하여 仄聲이다.

柔香**繫**幽素.　(吳文英)
부드러움과 향이 소박한 마음에 매여 있다.
晴和**曉**煙舞.　(吳文英)
맑고 온화한 새벽에 안개가 춤을 춘다.
輕陰**便**成雨.　(吳文英)
가벼운 구름이 이내 비를 이루었다.
珠簾**卷**幽月.　(湯恢)
주렴을 걷으니 달빛이 그윽하다.
淸光**最**先得.　(湯恢)
맑은 빛을 가장 먼저 얻었다.
生綃**合**歡扇.　(李彭老)
생초를 재단해 만든 합환선.
餘香**半**憔悴.　(無名氏)
남은 향에 반은 초췌해졌다.

—「축영대근(祝英臺近)」

※ 주의 : 장염(張炎)이 이런 곳에 평측측평측을 쓴 것은 북송의 구법(舊法)이 아니다. 그러나 평평측평측은 (측)측측평측과 상통할 이유가 있으므로 정해(鄭獬)의 「호사근(好事近)」 "紅韡踏殘雪(붉은 신을 신고 남은 눈을 밟는다)"을 장자운(蔣子雲)은 "酒病煞如昨(술병 났던 것이 정말로 어제 같다)"이라고 하였다.

(丙) 측평측측측(제3자의 요(拗)를 제4자에서 구(救)하지 않았다)

那人**正睡**裏　(姜夔)
그 사람은 마침 잠들어 있다.
爲容**不在**貌　(張炎)
용모의 단장은 외모에 있지 않다.

—「소영(疎影)」

(丁) 측평평측평(제1자의 평측은 어쩌다 구애받지 않지만, 제3자는 반드시 평

성이다)

還鄉空斷腸 …… 畫船聽雨眠. (李白?)

고향에 돌아가면 공연히 애가 끊기리. …… 채색한 배에서 빗소리 들으며 잠든다.

有人樓上愁 …… 長亭連短亭. (李白?)

그녀는 누대에서 시름에 잠겨 있겠지. …… 시오리 정자길 끝없이 이어져 있다.

一行書也無 …… 也無書寄伊. (李白?)

한 줄의 서신도 없구나. …… 그에게 부칠 편지도 없다.

弄妝梳洗遲 …… 雙雙金鷓鴣. (溫庭筠)

천천히 씻고 빗으며 치장한다. …… 쌍쌍의 금빛 자고새.

雁飛殘月天 …… 玉釵頭上風. (溫庭筠)

기러기 날아가는 조각달 뜬 하늘 …… 옥비녀 꽂은 머리에 부는 바람.

暫來還別離 …… 月明花滿枝. (溫庭筠)

잠시 왔다가 다시 이별이구나! …… 달 밝은 밤 가지에 만개한 꽃.

雨晴紅滿枝 …… 玉關音信稀. (溫庭筠)

비 개어 가지에 붉은 꽃 만개하고 …… 玉門關에선 소식이 없다.

覺來聞曉鶯 …… 鏡中蟬鬢輕. (溫庭筠)

깨어나니 새벽 꾀꼬리 소리 …… 거울 속의 매미 날개 머리 가볍다.

送君聞馬嘶 …… 綠窗殘夢迷. (溫庭筠)

그대를 보내려니 말 울음소리 들리고 …… 푸른 창가에서 꿈의 여운 찾아 헤맨다.

鬢輕雙臉長 …… 社前雙燕迴. (溫庭筠)

살짝 가볍고 양 뺨은 긴데 …… 사당 앞으로 한 쌍의 제비 돌아온다.

背窗燈半明 …… 燕飛春又殘. (溫庭筠)

창문 등지고 등불 희미한데 …… 제비 날아가 봄은 다시 저문다.

淚痕霑繡衣 …… 燕歸君不歸. (溫庭筠)

눈물자국이 수놓은 옷을 적시고 …… 제비 돌아왔건만 임은 돌아오지 않는다.

驛橋春雨時 …… 此情誰得知. (溫庭筠)

역참 다리에 봄비 내릴 때 …… 이 마음을 누가 알 수 있을까?

杏花零落香 …… 無憀獨倚門.[51]　　(溫庭筠)

살구꽃 시들어 떨어져도 향기롭고 …… 무료하여 홀로 대문에 기대어 있다.

臥時留薄妝 …… 錦衾知曉寒.　　(溫庭筠)

누울 때 옅은 화장 남기고 …… 비단 이불은 새벽 추위를 안다.

滿庭萱草長 …… 憑闌魂欲消.　　(溫庭筠)

정원 가득히 망우초 자라고 …… 난간에 기대니 넋이 나갈듯 슬프다.

綠檀金鳳凰 …… 畫樓殘點聲.　　(溫庭筠)

푸른 단향목에 금빛 봉황새 …… 채색 누각의 다해가는 물시계 소리.

秋波浸晚霞(예외)[52] …… 羅衣無此痕.　　(溫庭筠)

가을 물결에 저녁놀 잠기고 …… 비단옷에는 이 흔적이 없다.

游絲狂惹風 …… 相思難重陳.　　(和凝)

떠도는 거미줄이 미친 듯이 바람을 일으키고 …… 그리움은 다시 펼치기 어렵다.

美人和淚辭 …… 綠窗人似花.　　(韋莊)

미인은 눈물을 머금고 떠났다. …… 푸른 창가의 여인은 꽃처럼 아름답다.

畫船聽雨眠 …… 還鄉須斷腸.　　(韋莊)

채색한 배에서 빗소리 들으며 잠이 들고 …… 고향에 돌아가면 모름지기 애가 끊기리.

滿樓紅袖招 …… 白頭誓不歸. (예외)[53]　　(韋莊)

누대의 붉은 소매 아가씨들 너도나도 손짓했다. …… 흰머리 되도록 돌아가지 않으리.

酒深情亦深 …… 人生能幾何.　　(韋莊)

주흥이 깊어가니 정 또한 깊어진다. …… 우리 인생이 얼마나 되리오!

此時心轉迷 …… 憶君君不知.　　(韋莊)

이때 내 마음 몽롱해진다. …… 그대를 그리건만 그대는 모르리.

玉郎猶未歸 …… 錦屛春晝長.　　(牛嶠)

임은 아직 돌아오지 않았는데, 은 병풍 아래 봄 낮이 길다.

臉波和恨來 …… 鴛鴦誰并頭.　　(牛嶠)

---

51) '獨'자가 평성으로 쓰였다. 그렇지 않다면 예외이다. (原註)

52) "秋波浸晚霞"의 평측은 "平平仄仄平"이어서 예외라고 한 것이다.

53) "白頭誓不歸"의 평측은 "仄平仄仄平"이어서 예외라고 한 것이다.

눈물 빛이 한과 함께 오고 …… 누가 원앙과 머리를 나란히 하리?

窗寒新雨晴 …… 羨他初畫眉.　(牛嶠)

비가 그쳐 날이 개니 창문에 한기가 돌고 …… 갓 눈썹을 그린 그가 부럽다.

向他情漫深 …… 夢迴燈影斜.　(牛嶠)

그를 향한 정은 끝없이 깊고 …… 꿈에서 깨니 등불 그림자 비스듬하다.

一枝紅牡丹 …… 迴頭應眼穿.　(牛嶠)

붉은 모란 한 가지 …… 머리 돌려 바라보니 눈을 꿰뚫을 듯하다.

畫屛山幾重 …… 問郎何日歸.　(牛嶠)

그림 병풍 속에 산은 첩첩이 늘어섰고 …… 묻나니 임은 언제 돌아오실까?

斂眉含笑驚 …… 盡君今日歡.　(牛嶠)

눈썹 찌푸리고 웃음 머금고 놀라며 …… 그대와 오늘의 즐거움을 다한다.

雙雙飛鸂鶒 …… 望中煙水遙.　(李珣)

쌍쌍이 나는 자고새 …… 바라보니 안개 낀 물 아득하다.

杜鵑啼落花 …… 淚流紅臉斑.　(李珣)

두견새는 낙화가 슬퍼 울고 …… 눈물이 흘러 붉은 얼굴이 얼룩졌다.

心隨征櫂遙 …… 舊歡何處尋.　(李珣)

마음은 떠나는 배 따라 멀리 가고 …… 옛 즐거움을 어디서 찾나?

手提金縷鞋 …… 教君恣意憐. (예외)[54]　(南唐 後主)

금실 신을 벗어 손에 들었다. …… 임이 마음껏 사랑하게 해야지.

繡衣聞異香 …… 相看無限情.　(南唐 後主)

수놓은 옷에선 진기한 향기가 풍긴다. …… 서로 바라보니 정이 끝없이 샘솟는다.

秋波橫欲流 …… 魂迷春夢中.　(南唐 後主)

그녀의 아름다운 눈은 가을 물결이 흐르는 듯하다. …… 봄 꿈속에 혼이 빠진 것 같다.

更長人不眠 …… 微風凉繡衣.　(馮延巳)

밤은 긴데 사람은 잠 못 이룬다. …… 미풍이 불어 수놓은 옷 서늘하다.

畫船聽雨眠 …… 綠窗離別難.　(馮延巳)

채색 배에서 빗소리 들으며 잠이 들고 …… 푸른 창가에서 이별하기 어렵다.

---

54) "教君恣意憐"의 평측은 "仄平仄仄平"이어서 예외라고 한 것이다.

雙蛾枕上顰(예외)[55] …… 玉箏和淚彈.[56]　(馮延巳)

양 눈썹을 베개 위에서 찡그린다. …… 옥쟁을 눈물을 머금고 탄다.

關山人未還 …… 輕風花滿檐.　(馮延巳)

관새와 산악에서 사람은 돌아오지 않았는데 …… 가볍게 바람 불어 처마에 꽃이 만발했다.

碧籠金鏁橫 …… 寶箏悲斷絃.　(馮延巳)

푸른 새장에 금 자물쇠 가로 걸리고 …… 쟁의 줄이 끊어져 슬프다.

翠屛煙浪寒 …… 落楳飛曉霜.　(馮延巳)

푸른 병풍에 안개 낀 물결 차갑고 …… 새벽 서리 위로 매화 잎 흩날린다.

流螢殘月中 …… 夢隨寒漏長.　(馮延巳)

조각달 아래 반딧불 날고 …… 꿈은 차갑고 긴 밤을 따른다.

落楳生晩寒 …… 江南春草長.　(馮延巳)

떨어지는 매화가 저녁 한기 일으키고 …… 강남엔 봄풀이 길게 자랐다.

楚歌嬌未成 …… 畫橋東復東.　(馮延巳)

슬픈 楚歌를 미녀는 이루지 못한다. …… 채색 다리 동쪽에서 다시 동쪽으로 간다.

—「보살만(菩薩蠻)」

※ 주의 : 다른 몇몇 사조(詞調)의 구도 측평평측평이지만 그 의미상의 절주는 3·2여서 즉 측평평－측평이다. 예를 들면 유과(劉過)의 「취태평(醉太平)」 "寫春風－數聲(봄바람 소리를 묘사한다)"과 송기(宋祁)의 「금전도(錦纏道)」 "向郊原－踏青(교외 벌판으로 나가 푸른 풀을 밟는다)" 등이 있다.

42.4 몇몇 사구(詞句)는 표면적으로는 율구(律句)와 준율구(準律句)가 상통하지만 실제로는 준율구를 사용하는 것이 원칙이다. 예를 들어 「장상사(長相思)」·「경루자(更漏子)」·「완랑귀(阮郞歸)」의 (측)평평측평은 어쩌다 평평측측평이 되기도 하지만 요컨대 전자가 정례이다.

55) "雙蛾枕上顰"의 평측은 "平平仄仄平"이어서 예외라고 한 것이다.
56) 텍스트에는 '和'가 '如'로 되어 있는데, 誤字이다.

吳山點點愁(變)…… 月明人倚樓.　　(白居易)

오 땅의 산은 점점이 슬픔이고…… 달빛 밝은데 사람은 누대에 기대어 있다.

陽臺行雨迴 …… 空房獨守時('獨'자가 평성으로 쓰였다. 그렇지 않으면 變例이다).　　(白居易)

양대에 지나가던 비가 돌아왔다. …… 빈 방을 혼자 지킬 때.

閑庭花影移 …… 相逢知幾時.　　(馮延巳)

한가한 정원에 꽃 그림자 이동하고…… 서로 만나는 건 언제이려나?

休教成鬢霜 …… 如何留醉翁.　　(劉光祖)

살쩍을 서리같이 하얗게 하지 마시게. …… 어찌하면 취옹을 머물게 할까?

—「장상사(長相思)」

畫屏金鷓鴣 …… 夢長君不知.　　(溫庭筠)

그림 병풍의 금빛 자고새 …… 이 긴 꿈을 임은 모르리.

滿庭堆落花 …… 舊歡如夢中.　　(溫庭筠)

정원 가득히 낙화가 쌓였다. …… 지난 즐거움이 꿈만 같구나.

此情須問天 …… 覺來更漏長.　　(溫庭筠)

이 마음을 하늘에게 물어보아야 하리. …… 깨어나니 밤 시간이 길기만 하다.

待郎熏繡衾 …… 玉籤初報明.　　(溫庭筠)

임 기다리며 수 이불을 훈훈하게 하고…… 옥 대깨비가 비로소 새벽을 알린다.

兩行征雁分 …… 一聲村落雞.　　(溫庭筠)

멀리 가는 두 줄 기러기 나뉘고…… 촌락의 외마디 닭 울음소리.

落花香露紅 …… 待郎郎不歸.　　(韋莊)

낙화에 이슬 맺혀 붉은 빛이 영롱하다. …… 임을 기다리건만 돌아오지 않는다.

月明楊柳風 …… 玉釵橫枕邊.　　(牛嶠)

달 밝은 밤 버들에 부는 바람…… 옥비녀가 베개 옆에 가로놓였다.

兩鄉明月心 …… 告天天不聞.　　(牛嶠)

두 마을에서 밝은 달을 바라보는 마음…… 하늘에 고해도 들어주지 않는다.

馬嘶霜葉飛 …… 覺來江月斜.　　(牛嶠)

말은 울고 서리 맞은 잎 흩날린다. …… 깨어나니 강 위의 달 기울었다.

紅紗一點燈('一'자가 平聲으로 쓰였음) …… 梁間雙燕飛.　(毛文錫)

한 점 붉은 깁 초롱…… 들보 사이로 한 쌍의 제비 난다.

露華濃濕衣 …… 怎生瞋得伊.　　　(歐陽炯)

이슬 짙어 옷을 적신다. …… 어떻게 그에게 성을 낼 수 있을까?

明月上金鋪(예외) …… 鏡塵鸞影孤.　(歐陽炯)

밝은 달이 대문 위로 떠오른다. …… 먼지 낀 거울에 난새 그림자 외롭다.

博山香炷融 …… 映簾懸玉鉤.　　　(毛熙震)

博山爐의 향 심지 녹아간다. …… 달빛 비치는 주렴이 옥고리에 걸려 있다.

燈花結碎紅('結'자가 平聲으로 쓰였음) …… 竊香私語時.　(毛熙震)

불똥이 서리 맞은 단풍잎에 떨어진다. …… 은밀한 말 나눌 때 몰래 향내 맡는다.

此情千萬重 …… 寒江天外流.　　　(馮延巳)

이 마음 천근만근 무겁다. …… 찬 강물이 하늘 밖으로 흐른다.

暮潮人倚樓 …… 酒醒空斷腸.　　　(馮延巳)

조수 밀려오는 저녁에 사람은 누대에 기대있다. …… 술 깨니 공연히 애가 끊긴다.

離人殊未歸 …… 誰家夜擣衣(變).[57]　(馮延巳)

떠나간 사람은 의외로 돌아오지 않았다. …… 밤에 누구네 집에선가 다듬이 소리 들린다.

蕭條漸向寒(變) …… 風搖夜合枝(變).　　(馮延巳)

쓸쓸히 점차 추워지고 …… 바람에 흔들려 밤에 가지가 합쳐진다.

西風寒未成 …… 前歡淚滿襟(變).　(馮延巳)

가을바람이 아직 춥지는 않다. …… 예전의 즐거움 사라져 눈물이 옷깃을 죄다 적신다.

夜來衾枕寒 …… 空階滴到明(變).　(馮延巳)

밤이 오니 금침이 차갑다. …… 텅 빈 계단에 날이 밝도록 방울져 떨어진다.

滿庭噴玉蟾 …… 此情江海深.　　　(孫光憲)

정원 가득히 하얀 달빛 뿜어내고 …… 이 정은 강과 바다만큼 깊다.

無言淚滿襟(變) …… 斷腸西復東.　(孫光憲)

말없이 눈물은 옷깃을 가득 적시고 …… 서쪽 다시 동쪽으로 애가 끊긴다.

相思魂欲消 …… 別來情更多.　　　(孫光憲)

57) "誰家夜擣衣"의 평측은 "平平仄仄平"이어서 '變'이라고 하였다.

그리움에 넋이 나갈 듯하고…… 이별 후 정 더욱 깊다.

此生誰更親 …… 霜天暖似春(變). (孫光憲)

이 인생에서 누가 다시 친할까? …… 서리 내린 날이 봄처럼 따뜻하다.

孤心似有違(變) …… 漏移燈暗時. (孫光憲)

외로운 마음은 어긋난 듯하고…… 밤 시간 흘러가 등이 어두울 때.

花時醉上樓(變) …… 相思魂夢愁. (孫光憲)

꽃필 때 취하여 누대에 오르고…… 그리움에 꿈속의 혼 슬프다.

—「경루자(更漏子)」

※ 주의 : 온정균(溫庭筠)의 「경루자(更漏子)」 5수는 전후결(前後闋) 말구(末句)가 모두 (측)평평측평이어서 예외가 하나도 없다. 어떤 이는 "空階滴到明" 한 수도 온정균의 작품이라고 간주하고 유일한 예외라고 하였다. 남당(南唐) 이후에는 예외가 많아져서 결국 (측)평평측평을 정격(正格)으로 삼게 되었다.

風和聞馬嘶 …… 日長蝴蝶飛 …… 人家簾幕垂 …… 畫堂雙燕歸. (歐陽修)

바람 온화한데 말 울음소리 들린다. …… 긴긴 낮에 나비가 난다. …… 인가에 주렴과 휘장 드리웠다. …… 채색 베푼 집에 한 쌍의 제비가 돌아왔다.

春如日(平聲)墮西 …… 花深十(平聲)二梯 …… 隔城聞馬嘶 …… 秋千教放低. (吳文英)

봄이 해처럼 서쪽으로 떨어진다. …… 열두 층계에 꽃이 흐드러졌다. …… 성 저편에서 말 울음소리 들린다. …… 그네가 낮게 놓이도록 하였다.

—「완랑귀(阮郎歸)」

※ 주의 : 『사율』은 "'日'과 '十' 두 글자는 오문영(吳文英)이 반드시 입성을 평성으로 썼는데, 이와 같은 구법은 평측평으로 하는 것이 묘하다. 작가들이 모두 그렇게 한 것은 아니지만…… 고명한 자들은 반드시 평성으로 쓸 줄 알았다"라고 하였다.

42.5 진정한 5언 요구(拗句)로 비교적 흔히 보이는 것은 두 가지 뿐이다. 하나는 측평평평측이고, 또 하나는 평평측평평이다. 이들은 모두

보통의 5언구가 아니다.

42.6 측평평평측의 의미상의 절주는 1・4 또는 3・2이다. 전자는 1자두(字豆)에 4자구(字句)가 붙은 것과 같지만 그와 같은 형식은 왕왕 '3・2'와 호용(互用)된다. 다음 예를 보자.

莫－悤悤歸去 …… 更－一(平聲)分風雨 …… 且高歌－休訴 …… 再相逢－何處. (葉淸臣)

총총히 돌아가지 마시게 …… 다시 한바탕 비바람치고 …… 잠시 소리 높여 노래 부르고 호소하지 말라 …… 다시 어디서 상봉하려나?

有－一(平聲)枝先白 …… 更－淸香堪惜 …… 早－紛紛籍(『詞律』에서 平聲이라고 하였다)籍 …… 任－叫(平聲이어야 함)雲橫笛. (趙師俠)

가지 하나 먼저 하얗게 되었고 …… 더욱이 맑은 향기 애석하기 짝이 없고 …… 일찍 어지러이 종횡으로 교차하였다 …… 구름을 불러 피리를 불게 한다.

—「하성조(賀聖朝)」

按－涼州初徹 …… 有－山頭明月. (鄭獬)

생각건대 양주가 처음으로 뚫렸다 …… 산꼭대기에 밝은 달이 있다.

入－薰風池閣 …… 任－楊花飄泊. (蔣子雲)

훈풍이 못가 누각에 들고 …… 버들 솜처럼 떠돌아다닌다.

—「호사근(好事近)」

※ 주의 : 이 구식은 어쩌다 측측평평측을 사용할 수 있지만 그 절주는 여전히 1・4 또는 1・2・2이다.

自－淸涼無汗. (蘇軾)

절로 청량하여 땀이 없다.

怪－重陽菊(平聲)早. (晁補之)

이상하게도 중양절에 국화가 일찍 피었다.

但－涼蟾如晝. (王安中)

그러나 서늘한 달이 낮처럼 밝다.

鎖－山城淸曉.　　　(劉一止)
산성은 맑은 새벽에 잠겨 있다.
望－靑葱無路.　　　(辛棄疾)
바라보니 청총마에게 길이 없다.
放曉(平聲이어야 함)晴－庭院. (李元膺)
정원에 아침이 활짝 개였다.
漸－秋光凄切.　　　(沈端節)
점차 가을빛이 처절하다.
最難忘－杯酒.　　　(蔣捷)
한잔 술을 가장 잊기 어렵다.
掛－飛來孤劍.　　　(張炎)
날아온 외로운 검을 걸어놓았다.

—「동선가(洞仙歌)」

42.7 평평측평평은 왕왕 3자두와 합하여 8자구를 이룬다. 예를 들면 소식(蘇軾)의 "但屈旨－西風幾時來(다만 가을바람이 언제 불어올지 손꼽아본다)" 같은 것이다. 다음의 8자구 조(條)를 참고해 보라.

42.8 (6) 6자구

6자구는 4자구의 연장이다. 6자구는 4자구 앞에 1절(兩音)을 덧붙인 것이지, 5자구 앞에 1자를 덧붙인 것이 아니다. 이로부터 측각(仄脚)의 6자 율구는 제2자·제6자가 반드시 측성이고 제4자가 반드시 평성임을 알 수 있고, 평각(平脚)의 6자 율구는 제2자·제6자가 반드시 평성이고 제4자가 반드시 측성임을 알 수 있다. 또한 4자구와 마찬가지로 측각의 6자 율구는 (평)측측평평측이 가장 많이 보이고, (측)측평평평측이 그 다음이고, 측측평평측측이 그 다음다음이고, (측)측측평측측이 가장 드물게 보인다. 평각 율구의 경우는 (평)평측측평평이 가장 많이 보이고, (평)평평측평평이 그 다음이고, (평)평평측측평과 평평측측측평은 둘 다 드물게 보인다.

(평)측측평평측과 (측)측평평평측은 한 부류여서 왕왕 통용될 수 있다. 다음 예를 보자.

背鎖落花深院. (黃庭堅)
자물쇠 뒤로 낙화 뒤덮인 깊은 정원.
早被東風吹散. (秦觀)
일찍이 봄바람 불어 흩어졌다.

—「하전(河傳)」

未肯等閑分付. (周邦彦)
까닭 없이 분부하려 하지 않았다.
又被春風吹醒. (周邦彦)
다시 봄바람 불어 술이 깨었다.

—「감황은(感皇恩)」

雲際客帆高掛. (張昇)
구름 끝에 객선의 돛이 높이 걸려 있다.
携手松亭難又. (晁補之)
송정에서 손잡던 일 다시 하기 어렵다.

—「이정연(離亭燕)」

吹盡一簾煩暑. (辛棄疾)
주렴 안 가득했던 무더위를 날려 보냈다.
件我情懷如水. (李淸照)
물과 같은 정회를 품고 나를 동반했다.

—「어가행(御街行)」

簾外燕喧鶯寂. (劉涇)

주렴 밖에서 제비 시끄럽고 꾀꼬리 조용하다.
惟有寒沙鷗熟. (李演)
찬 모래만이 갈매기에게 익숙하다.

—「성성만(聲聲慢)」

一看一回腸斷. (張翥)
볼 때마다 애간장이 끊어진다.
重整釵鸞箏雁. (張翥)
난새 비녀와 쟁의 기러기발을 다시 정리한다.

—「맥상화(陌上花)」

盛集寶釵金釧. (康與之)
귀한 비녀와 금팔찌를 모아 담다.
祓禊嬉游行樂. (張元幹)
불계제에서 즐겁게 물놀이하며 즐기다.

—「서학선(瑞鶴仙)」

金燼暗挑殘燭. (韋莊)
노란 불빛 침침하여 사그라지는 촛불 심지 돋운다.
重疊關山岐路. (牛希濟)
관산의 기로가 중첩되어 있다.

—「알금문(謁金門)」

그러나 이를 엄격히 할 때는 (평)측측평평측만을 독용(獨用)한다. 예를 들면 다음과 같다.

遙夜月明如水 …… 風緊驛亭深閉 …… 霜送曉寒侵被 …… 門外馬嘶人起. (秦觀)
긴긴 밤 달은 물처럼 밝은데 …… 바람은 몰아치고 驛舍는 굳게 잠겼다. …… 새벽의 서리 한기 이불 속으로 스며들어 …… 문밖에서 말이 울고 사람은 일어난다.

鶯嘴啄花紅溜 …… 燕尾剪波綠(平聲)皺 …… 吹徹小梅春透 …… 人與綠楊俱瘦. (秦觀)

꾀꼬리가 꽃을 쪼니 붉은 잎이 떨어질 듯하고…… 제비가 물을 차니 푸른 물결 주름진다. ……「小梅花」곡을 다 부니 춘정이 스며들고…… 사람은 푸른 버들처럼 야위었다.

—「여몽령(如夢令)」

天氣嫩寒輕暖. (張翥)
날씨가 추위 약해져 약간 따뜻하다.
惟有綺羅香散. (張翥)
오직 아름다운 비단의 향기 사라졌다.

—「모어아(摸魚兒)」

繡陌亂鋪芳草. (宋祁)
방초가 길에 알록달록한 수를 펼쳐 놓았다.
數曲暮雲千疊.[58] (程垓)
몇 굽이 저녁 구름 첩첩이 쌓여 있다.
愁滿畫船煙浦. (吳文英)
안개 낀 포구의 채색 배에 슬픔이 가득하다.
定怯藕絲冰腕. (吳文英)
정녕 얼음같이 새하얀 팔이 겁난다.
依舊故人懷抱. (周密)
옛 친구의 마음은 여전하다.
世累苦相縈繞. (元好問)
세속에 구속되어 불운에 얽매여 있다.
人去月斜雲杳. (張翥)
사람이 가니 달은 기울고 구름 아득하다.

---

58)『全宋詞』에는 이 부분이 "忍對危欄數曲, 暮雲千疊"으로 끊어져 있는데, 내용을 감안하면 이것이 옳다.

鈍筆近來如帚.　　(張埜)
무딘 붓이 근래에는 빗자루 같다.
斷續一庭金奏.　　(劉基)
끊겼다 이어지는 정원의 음악소리.

—「옥루지(玉漏遲)」

이를 융통성 있게 할 때는 (측)측평평평측과 통할 수 있을 뿐만 아니라 심지어 측측평평측측과도 통용할 수 있다. 예를 들면 다음과 같다.

靈漢舊期還至.　　(歐陽修)
은하수에서의 옛 기약이 다시 이르렀다.
萬里銀河低掛.　　(李之儀)
만 리 저편에 은하수가 낮게 걸려 있다.
開遍紅蓮萬蕊.　　(張先)
붉은 연꽃이 수없이 두루 피어 있다.

—「작교선(鵲橋仙)」

溪女送花隨處.　　(張先)
시냇가 여인이 가는 곳마다 꽃을 보낸다.
見說岷峨悽愴.　　(蘇軾)
岷峨 지방이 처참하다는 말을 들었다.
悵望浮生急景.　　(孫洙)
급히 가버리는 덧없는 인생을 슬피 바라본다.

—「하만자(河滿子)」

愁夜黛眉顰翠.　　(侯寘)
밤이 슬퍼 검은 눈썹이 찌푸려졌다.
紅杏香中歌舞.　　(于國寶)
붉은 살구 향 속에서의 가무.
料峭春寒中酒.　　(吳文英)

술에 취해도 봄추위가 살을 엔다.

—「풍입송(風入松)」

吹落九天風露. (葛郯)
드높은 하늘에서 바람과 이슬이 불어와 떨어졌다.
柳髮離離如此. (張炎)
버들가지가 이처럼 바람에 날린다.
軋軋朱扉暗叩. (王安中)
덜컹덜컹 붉은 문을 몰래 두드린다.

—「동선가(洞仙歌)」

疇昔此山安在. (辛棄疾)
그 옛날 이 산은 어디 있었을까?
富貴何時休問. (辛棄疾)
부귀를 언제인들 묻지 않으랴?
余旣滋蘭九畹. (辛棄疾)
나는 이미 많은 밭에서 난초를 재배하였다.

—「수조가두(水調歌頭)」

42.9 (측)측평평측측은 본래 (측)측측평평측과 같은 부류가 아니다. 융통성 있게 처리할 때는 서로 통할 수 있지만, 엄격하게 할 때는 오히려 독용(獨用)된다. 다음 예를 보자.

門外星星柳眼. (程垓)
문밖에 버들잎이 파릇파릇 돋아났다.
蕙圃妖桃過雨. (宋祁)
혜초 밭의 싱싱한 복숭아에 비가 지나갔다.
綵掛秋千散後. (吳文英)
그네에서 흩어진 후 비단이 걸려 있다.
淨洗浮雲片玉. (吳文英)

뜬구름과 한 조각 옥을 깨끗하게 씻었다.
猶想烏絲醉墨. (周密)
취중에 烏絲欄 종이에 쓴 시가 생각난다.
寒木猶縣故葉. (張炎)
겨울나무에 아직 옛 잎이 달려 있다.
長苦冰霜壓盡. (何夢桂)
얼음과 서리가 온통 내리눌러 늘 고달프다.

—「옥루지(玉漏遲)」

何遜而今漸老. (姜夔)
하손은 지금 점차 늙어가겠지.
爲問玉(平聲)堂富貴. (趙以夫)
옥당에서 부귀를 누리느냐고 묻는다.
天際疏星趁馬. (吳文英)
하늘가 드문드문한 별이 말을 뒤따른다.
彌望澄光練淨. (陳允平)
희고 깨끗한 맑은 빛이 눈에 가득하다.
一見依然似語. (張炎)
힐끗 보니 여전히 말하는 것 같다.
一笑東風又急. (張炎)
봄바람 다시 세찬 것을 비웃는다.
不信相如便老. (張炎)
司馬相如가 늙었음을 믿지 않는다.

—「암향(暗香)」

千里澄江似練. (王安石)
천 리를 흐르는 澄江이 비단 같다.
寂寞天香院宇. (陳允平)
꽃향기 가득한 정원 적막하다.
猶記燈寒暗聚. (李彭老)
찬 등불 빛 아래 몰래 모였던 것 생각난다.

還見沙痕雪外. (唐藝孫)
눈 밖의 모래 흔적을 다시 본다.
還是秦星夜映. (練恕可)
여전히 진의 별이 밤에 빛난다.
還見青筐似繡. (唐珏)
다시 푸른 광주리가 수놓은 것처럼 보인다.

—「계지향(桂枝香)」

42.10 평각(平脚)의 6언 율구(律句)는 보통 (평)평측측평평과 (평)평평측평평의 두 종류밖에 없는데, 이들은 또한 통용된다. 예를 들면 다음과 같다.

無端惹起離情. (戴復古)
까닭 없이 이별의 정이 일어난다.
小樓明月調箏. (劉過)
작은 누각에서 달빛 아래 쟁을 탄다.

—「취태평(醉太平)」

紅樓桂酒新開. (晏幾道)
妓樓에서 좋은 술을 새로 땄다.
春無蹤跡誰知. (黃庭堅)
봄은 종적이 없으니 누가 알까?

—「청평악(淸平樂)」

弄晴小雨霏霏. (徐俯)
맑음을 희롱하듯 가랑비가 부슬부슬 내린다.
雨餘芳草斜陽. (黃庭堅)
비 내린 뒤 방초가 석양에 빛난다.

—「화당춘(畫堂春)」

小樓霧縠空濛. (和凝)

작은 누각에 옅은 안개가 자욱하다.
更深星斗還稀. (趙長卿)
밤이 깊었는데도 별들은 여전히 희미하다.

—「임강선(臨江仙)」

更來玉界乘風. (史達祖)
바람 타고 仙界로 다시 왔다.
有情還似無情. (司馬光)
정이 있는데도 무정한 것 같다.

—「서강월(西江月)」

浪游慣占花深. (張炎)
기분 나는 대로 노니니 꽃 깊숙한 곳 차지하는데 익숙하다.
巫山行雨方還. (侯寘)
무산의 미녀가 마침 돌아왔다.

—「봉황대상억취소(鳳凰臺上憶吹簫)」

天教綰住閑愁. (蔣捷)
하늘이 한가한 슬픔을 얽어매두도록 했다.
翠微高處幽居. (李彭老)
청산의 높은 곳에서 은거한다.

—「고양대(高陽臺)」

背陰未返冰魂. (張翥)
그늘진 곳에 얼음의 혼이 아직 돌아가지 않았다.
素盟江國芳寒. (高觀國)
본디 추위 속에 피는 강남의 꽃과 맹세했다.

—「동풍제일지(東風第一枝)」

梨花夢與雲銷. (張翥)
배꽃이 꿈속에서 구름과 함께 사라졌다.

輕羅初試朝衫. (虞集)
가벼운 비단을 관복으로 처음 입어보았다.

—「풍입송(風入松)」

42.11 6언 율구 제1자의 평측은 원칙적으로 구애받지 않을 수 있지만 많은 경우에 사실상 고정되어 있다. 이것은 5언의 제1자보다 더욱 엄격하게 보이는데, 왜냐하면 6언은 사구(詞句)의 특색이어서 평측상 왕왕한 글자도 소홀히 하지 않기 때문이다. 다음 예를 보자.

(甲) 측각(仄脚)

(子) 측측측평평측

巷陌雨聲初斷 …… 惹破畫羅輕扇 …… 漸嬾趁時勻染 …… 一架舞紅都變. (周邦彦)
골목과 거리에 빗소리 갓 그쳤다 …… 가벼운 채색 비단 부채를 망가뜨리고 말았다 …… 점차 유행에 따른 화장이 내키지 않는다 …… 나무 가득히 춤추던 붉은 꽃이 모두 시들어 떨어졌다.

—「과진루(過秦樓)」

(丑) 측측평평평측

萬里秋容如拭 …… 冉冉鸞驂鶴(平聲)馭 …… 獨抱一(平聲)天岑寂 …… 忍記穿針亭榭. (張埜)
만 리 가을빛이 씻은 듯 깨끗하고 …… 유유히 난새와 학을 몬다 …… 홀로 높고 적막한 하늘을 안는다 …… 어찌 차마 바느질하던 정자를 기억하랴?

—「탈금표(奪錦標)」

(寅) 평측측평평측

風物向秋瀟灑 …… 煙外酒旗低亞. (張昇)

풍물이 가을 되어 말쑥하고 …… 안개 너머 주점 깃발이 낮게 드리웠다.

天祿故人年少 …… 爭看庾樓人小. (黃庭堅)

옛 친구는 젊어서 天祿閣에 들었고 …… 庾樓의 사람 작아서 어찌 볼까?

—「이정연(離亭燕)」

(卯) 측측(평)평평측.

霽色冷光相射 …… 盡入漁樵閑話. (張昇)

날이 개어 찬 빛이 비치고 …… 모두가 은거자의 한담에 몰입했다.

看即鎖窗批詔 …… 寄得詩來高妙. (黃庭堅)

본즉 꽃무늬 창 아래서 詔書를 작성하고 …… 부쳐온 시는 훌륭하고 묘하다.

映水雕甍華牖 …… 背立西風回首. (晁補之)

조각한 용마루와 화려한 창이 물에 비치고 …… 서풍을 등지고 서서 머리 돌려 바라본다.

—「이정연(離亭燕)」

※ 주의 :「이정연(離亭燕)」 및 다른 많은 사조(詞調)를 통해 볼 때 제1자가 제3자보다 더 중요하다.

(辰) 평측평평측측

還相雕梁藻井 …… 應是棲香正穩. (史達祖)

다시 함께 채색 들보와 천정 사이를 난다 …… 응당 거처의 향기 적당하리라.

簾外餘香未捲 …… 多少呢喃意緒. (吳文英)

걷지 않은 주렴 밖에서 여향이 스며든다 …… 마음속 이야기를 소곤거린다.

—「쌍쌍연(雙雙燕)」

(乙) 평각(平脚)

(子) 평평측측평평

飄然快拂花梢.　　　(史達祖)
날렵하게 꽃가지 끝을 스치고 지나간다.
相將占得雕梁.　　　(吳文英)
함께 채색 들보를 차지하였다.

—「쌍쌍연(雙雙燕)」

追思舊日恩情.　　　(程垓)
지난날의 은혜로운 애정을 추억한다.

—「남포(南浦)」

西園夜飮鳴笳.　　　(秦觀)
서원의 밤 연회에서 피리를 분다.
何人覽古凝眸.　　　(秦觀)
누가 지난 자취를 물끄러미 바라보는가?
西風曉入貂裘.　　　(折元禮)
가을바람 불어 새벽에 담비 갖옷을 입었다.

—「망해조(望海潮)」

(丑) 측평(평)측평평.

爲開臨御端門.　　　(宋 徽宗)
황제의 행차를 위해 궁전의 正南門을 열었다.
故園歡事重重.　　　(晏幾道)
고향에는 갖가지 즐거운 일이 있었다.
畫堂別是風光.　　　(蘇軾)
화당에서 바라보는 풍광이 색다르다.
散來着甚乾忙.　　　(蘇軾)

계산하고 따지느라 쓸데없이 바쁘다.

曉來到處花飛. (黃庭堅)

새벽에 도처에서 꽃잎이 흩날린다.

便嫌柳巷花街. (黃庭堅)

妓樓 늘어선 花柳 거리가 싫다.

翠光交映虛亭. (黃庭堅)

푸른빛이 물가 정자에 되비친다.

夜深玉露初零. (秦觀)

밤이 깊어 이슬방울 갓 떨어진다.

畫船天上來時. (晁補之)

채색 배가 하늘에서 내려올 때.

小橋橫過松間. (晁補之)

작은 다리가 솔밭 사이를 가로 지나간다.

夢回三島波間. (晁補之)

꿈에서 깨어나니 세 섬의 물결 사이이다.

夢中廬阜嵯峨. (晁補之)

꿈속에서 廬山이 우뚝 솟아 있었다.

浩然歸興難收. (晁補之)

가슴이 탁 트여 귀흥을 거두기 어렵다.

擧頭羞見嬋娟. (李之儀)

머리 들어 아름다운 달 보기가 부끄럽다.

夢中還是揚州. (李之儀)

꿈속에서는 여전히 양주였다.

小晴初斷香塵. (毛滂)

날이 약간 개니 먼지가 멎었다.

練光浮動餘霞. (舒亶)

흰빛이 사라져 가는 놀에 떠다닌다.

幾年目斷鷄翹. (舒亶)

몇 년이나 제왕의 鸞旗를 보지 못했던가!

使君高會群賢. (米芾)

사또가 여러 현인을 위해 차린 성대한 연회.

阿誰昔仕吾邦. (葛勝仲)

누가 옛날에 우리나라에서 벼슬을 살았나?

楚臺煙靄空濛. (周紫芝)

초 땅의 누대에 안개가 자욱하다.

九天春意將回. (周紫芝)

황궁에 봄기운이 돌아오려 한다.

一枝烟笛誰橫. (周紫芝)

안개 속에서 누가 피리를 부는 걸까?

雁飛秋影斜陽. (葛郯)

가을의 석양빛 받으며 기러기 날아간다.

午陰佳樹清圓. (周邦彦)

한낮 아름다운 나무 그늘이 둥글고 맑다.

暮雲如陣搴開. (周邦彦)

저녁 구름이 陣처럼 걷히어 열렸다.

夜來暑雨初收. (晁端禮)

밤새 여름비가 비로소 그쳤다.

分甘抛棄簪纓. (晁端禮)

높은 관직을 포기하는 즐거움을 함께 맛본다.

晩來天氣尤寒. (沈會宗)

날이 저무니 날씨가 더욱 춥다.

別尊同倒寒暉. (陳瓘)

찬 불빛 아래 이별의 술잔을 함께 따른다.

斷橋流水溶溶. (蔡伸)

끊어진 다리 사이로 물이 세차게 흐른다.

萬家簾捲青烟. (王庭珪)

집집마다 주렴 걷으니 푸른 연기 들어온다.

馬頭微雪新晴. (葉夢得)

말 머리에 약간의 눈 내리더니 새로 개었다.

又還準備佳期. (趙長卿)

다시 좋은 만남을 준비한다.

小山愁絶天南. (劉子翬)

작은 산의 슬픔이 하늘 남쪽에서 끊어졌다.
畫闌淑景初長.　　(曾覿)
채색 난간에서 해 그림자가 길어졌다.
怪公喜氣軒眉.　　(辛棄疾)
공이 기뻐 눈썹을 치켜 뜬 것을 나무란다.
物華不爲人留.　　(辛棄疾)
자연 경물은 사람을 위해 머물러주지 않는다.
小園別是淸幽.　　(黃公度)
작은 동산이 유달리 맑고 그윽하다.
(이것은 「滿庭芳」 前闋의 제3구로서, 측측평측평평과 통용된다.)

—「만정방(滿庭芳)」

42.12 6언 요구(拗句)는 매우 많아서 측각(仄脚)과 평각(平脚) 모두 크게 두 종류로 나눌 수 있다.

(1) 제2자와 제4자의 평측이 같은 것.
(2) 제4자와 제6자의 평측이 같은 것.

이제 이 각각에 대해 예를 들면 다음과 같다.

(甲) 측각(仄脚), 제2자와 제4자의 평측이 같은 것

(子) 평평측평평측(요구 중에서 이 종류가 비교적 많이 보인다)

光風蕩搖金碧 …… 輸他五陵狂客. (高觀國)
거여목이 금벽색을 띠고 흔들거린다 …… 그를 오릉의 광객에게 보냈다.
尊前漁(仄聲이어야 함)歌樵曲. (李演)
술잔 앞에서 부르는 뱃노래와 나무꾼 노래.
冰壺雁程寂寞.　　(陳郁)
달 밝은 밤 기러기 여정이 적막하다.
新醅醉眠涼月.　　(蔡松年)

새로 빚은 술에 취해 서늘한 달빛 아래 잠이 든다.
多情怎禁幽獨. (張翥)
다정한 이가 고독을 어찌 견딜까?
如今**有**誰堪摘. (李清照)
지금은 누굴 위해 이 꽃을 딴단 말인가!

— 「성성만(聲聲慢)」

今年**漢**酺初賜. (姜夔)
금년에 조정에서 처음으로 잔치를 베풀어주었다.

— 「취루음(翠樓吟)」

殊鄉**又**逢秋晚. (周邦彦)
타향에서 다시 만추를 맞았다.
佳節(平聲)**又**逢重午. (周邦彦)
다시 端午 佳節을 맞았다.
疏蟬**又**還催晚. (楊无咎)
매미가 다시 돌아와 울며 저녁을 재촉한다.
凄凄**更**聞私語. (姜夔)
처량한 귀뚜라미 울음소리가 다시 들려온다.
扁舟**雨**晴呼渡. (張輯)
비가 개어 조각배에게 건너오라고 부른다.
澄霄**卷**開清霽. (高觀國)
맑은 하늘이 걷혀 열리며 활짝 개었다.
霜華**又**隨香冷. (高觀國)
서리꽃이 다시 향을 따라 싸늘해졌다.
斑斑**遽**驚如許. (史達祖)
갑자기 놀랍게도 이처럼 희끗희끗해졌다.
年年怕吟秋興. (史達祖)
해마다 가을의 감흥을 읊기가 두렵다.
低低趁涼飛去. (史達祖)
나지막이 서늘함을 따라 날아간다.

天東**放**開金鏡.　　(史達祖)
동쪽 하늘에 황금 거울 같은 달이 나타났다.
蕭蕭**雨**聲悲切.　　(方岳)
주룩주룩 내리는 빗소리가 슬프기 짝이 없다.
如今**舊**游重省.　　(翁孟寅)
지금은 예전의 나들이를 다시 돌아본다.
霜寒**又**侵鴛被.　　(洪瑹)
서릿발 추위가 다시 원앙 이불에 침입한다.
聲聲**似**愁春晩.　　(方千里)
소리마다 봄날 저녁의 슬픔 같다.
歌蟬**暗**驚春換.　　(吳文英)
울어대는 매미는 남몰래 봄이 바뀌는 것에 놀랐나보다.
疑收**楚**峰殘雨.　　(吳文英)
초 땅 봉우리에 내리던 비가 그친 것 같다.
十(平聲)年**斷**魂潮尾. (吳文英)
십 년 동안 조수의 꼬리에 넋이 나갔다.
秋風**夜**來先起.　　(吳文英)
가을바람이 밤사이에 먼저 일어난다.
臨江**暮**山凝紫.　　(陳允平)
강가에서 바라보니 저녁 산에 자주 빛이 엉겨 있다.
輕霞**未**匀酥臉.　　(周密)
옅은 놀이 아직 부드러운 뺨에 고루 미치지 않았다.
依稀**正**聞還歇.　　(周密)
어렴풋이 돌아와 쉰다는 말을 들었다.
年年**翠**陰庭樹.　　(王沂孫)
해마다 정원의 나무는 푸른 그늘 드리운다.
重逢**可**憐俱老.　　(張炎)
다시 만나니 가련하게도 함께 늙었다.
人行**半**天巖壑.　　(張炎)
반나절 동안 바위와 골짜기를 다녔다.

—「제천락(齊天樂)」

(丑) 측평측평평측

露添**牡**丹新艷 …… 夢回晝長無事. (蔣捷)

이슬이 모란의 싱싱하고 어여쁨을 돋아주고 …… 꿈에서 깨어나니 긴긴 낮 아무 일도 없다.

(이 형식은 (평)측측평평측과 통용된다.)

—「희천앵(喜遷鶯)」

暗中**引**雛飛去. (蔣捷)

몰래 새끼를 데리고 날아간다.

(이 형식 역시 (평)측측평평측과 통용된다.)

—「영우악(永遇樂」)

(寅) 평평측평(측)측

池塘**綵**鴛戲水. (劉涇)

못에서 알록달록한 원앙이 물놀이를 한다.

歌傳**翠**簾盡捲. (高觀國)

노래가 전해오자 푸른 주렴이 모두 걷어 올려졌다.

徘徊**舊**情易冷. (李演)

배회하니 옛 정에 쉽게 낙담한다.

花神**更**裁麗質. (陳郁)

화신이 더욱 고운 바탕을 마름질한다.

遙憐**幾**重眉黛. (蔡松年)

멀리서 몇 겹의 눈썹먹을 사랑한다.

(이 형식은 '평평측측측측'과 통용될 수 있다. 예를 들면 張翥의 "相思尙帶舊恨(그리움으로 여전히 옛 한을 띠고 있다)"과 李淸照의 "三杯兩盞淡酒(두세 잔의 묽은 술)" 등이 있다.)

—「성성만(聲聲慢)」

(卯) 측평측평측측

應時已鞭黛土 …… 茱甲(平聲)嫩憐細縷. (高觀國)

때맞추어 이미 검은 흙을 도리깨질했다. …… 채소 껍질이 연하여 미세한 선을 아낀다.

舊約(平聲)漢宮夢曉 …… 更憐素娥窈窕. (高觀國)

漢宮에서의 옛 약속의 꿈에서 깨어났다. …… 아름다운 月宮仙女가 더욱 사랑스럽다.

信知暮寒較淺 …… 後盟遂妨上苑. (史達祖)

참으로 저녁 추위 그다지 심하지 않을 것을 알겠고 …… 뒤늦은 맹약이 마침내 梁苑을 방해했다.

大酺綺羅幾處 …… 倚牕小梅索句. (史達祖)

큰 잔치 화려하게 연 것이 몇 군데였던가! …… 창문에 기대어 작은 매화 바라보며 시구를 찾는다.

陽梢已含紅萼('陽'과 '紅'은 仄聲이어야 함) …… 倚闌怕聽畫角. (張翥)

양지의 가지는 이미 붉은 꽃망울을 머금었고 …… 난간에 기대어 뿔피리 소리 듣기가 겁난다.

—「동풍제일지(東風第一枝)」

(辰) 평평(평)평측측

宜城當時放客. (吳文英)

柳宜城은 그 당시 방탕한 나그네였다.

誰知壺中自樂. (吳文英)

누가 술병 속 혼자만의 즐거움을 알리?

還思驂鸞素約. (陳允平)

난새를 몰고 함께 떠났던 지난날의 약속을 다시 생각한다.

登臨試開笑口. (張炎)

높이 올라 바라보며 입을 벌려 웃어본다.

竹籬幾番倦倚. (張炎)

대 울타리에 몇 번이나 힘없이 기대었던가!

三十六(모두 平聲)梯䂂遠. (張炎)

서른여섯 계단을 멀리서 바라본다.

湘潭無人弔楚. (張炎)

상담에는 초나라를 애도하는 사람이 없다.

(구법에 제3자는 평성을 사용해야만 하는 것 같았으나, 張炎이 평측에 구애받지 않는 것으로 바꾸었다.)

—「신안과장루(新雁過妝樓)」

※ 주의 : 제2자와 제4자에 모두 평성을 사용한 경우에는 제3자가 반드시 측성이어야 하는데, 「신안과장루(新雁過妝樓)」만은 예외이다.

(乙) 측각(仄脚), 제4자와 제6자의 평측이 같은 것

(子) 평평측측평측

臨行屬付眞意. (趙長卿)

떠나기에 앞서 진의를 부탁하여 맡긴다.

都緣自有離恨. (歐陽修)

모두가 스스로 이별의 한이 있기 때문이다.

碧(平聲)雲又阻來信. (王㒟)

푸른 구름이 또 소식 오는 것을 막는다.

—「소충정(訴衷情)」

無言自倚修竹. (姜夔)

말없이 스스로 길게 자란 대나무에 기댄다.

(측측(평)평평측과 통용된다.)

—「소영(疎影)」

都門帳飮無緖. (柳永)

성문 밖 천막에서 정신없이 술 마신다.
西風萬里無限. (黃裳)
가을바람이 만 리 길 끝없이 분다.

—「우림령(雨霖鈴)」

春酲一枕無緒. (程垓)
봄의 숙취에 베개 베고 정신없이 잤다.

—「남포(南浦)」

(丑) 평평평측평측

麴(平聲)塵波外風軟 …… 如今游興全嬾. (張翥)
버들 비친 연녹색 물결 너머로 바람 부드럽고 …… 지금은 나들이할 기분이 전혀 내키지 않는다.

—「모어아(摸魚兒)」

※ 주의 : 측운(仄韻) 「성성만(聲聲慢)」 전결(前闋) 제3구는 (子) (丑) 두 종류를 통용할 수 있다. 예를 들면 (子)에는 "還成暮徑寒色(다시 저녁 길에 쓸쓸한 기운이 들었다)"(蔡松年); "嫣然困倚修竹(아리따운 모습으로 노곤히 장죽에 기대었다)"(張翥); "悽悽慘慘戚戚(쓸쓸하고 비참하고 슬프다)"(李淸照) 등이 있고, (丑)에는 "園林煙霧如織(원림의 연무가 베를 짠 듯하다)"(劉涇); "六年遺賞新續(육 년의 빼어난 감상을 새로 잇다)"(李演) 등이 있다. 그러나 이것은 또한 평평측평평측과 통용된다. 앞글을 보라.

(寅) 평평평측측측

荊州留滯最久. (周邦彦)
형주에서 가장 오래 머물렀다.
沈湘人去已遠. (周邦彦)
상수에 잠긴 사람은 이미 멀리 갔다.

睽離鱗雁頓阻.　　(楊无咎)

헤어진 후 물고기와 기러기가 갑자기 막혔다.

溪蒲堪薦綠醑.　　(劉圻父)

시내 부들을 초록빛 美酒로 바칠 수 없다.

風流江左久客.　　(高觀國)

강남의 오랜 풍류객이었다.

孤光天地共影.　　(高觀國)

외로운 빛이 천지에 함께 그림자 지운다.

南山依舊翠倚.　　(高觀國)

남산은 여전히 푸르게 기대어 있다.

悠然魂墮故里.　　(史達祖)

유유히 혼이 고향에 떨어진다.

幷刀寒映素手.　　(史達祖)

幷州의 칼이 차갑게 흰 손에 비친다.

闌干斜照未滿.　　(史達祖)

난간에 석양빛이 아직 가득 차지 않았다.

江南朋舊在許.　　(史達祖)

강남의 옛 친구들 어디에 있을까?

飛棚浮動翠葆.　　(翁孟寅)

높이 솟은 천막 위로 취보가 흔들거린다.[59]

相思情緒最苦.　　(洪瑹)

상사의 정서가 가장 괴롭다.

鱗鴻音信未覩.　　(方千里)

물고기와 기러기의 소식을 아직 보지 못했다.

西山橫黛瞰碧.　　(吳文英)

가로지른 눈썹 같은 서산이 푸르게 보인다.

南花淸鬪素靨.　　(吳文英)

남쪽 가지의 꽃이 흰 꽃잎을 맑게 다툰다.

當時湖上載酒.　　(吳文英)

---

59) '翠葆'는 帝王 儀仗의 일종이다.

당시 호숫가에서 술을 실었다.

流紅江**上**去遠. (吳文英)

흐르는 꽃잎이 강물 따라 멀리 간다.

桃溪人**住**最久. (吳文英)

복사꽃 계곡에 사람이 가장 오래 살았다.

坡翁詩**夢**未老. (陳允平)

東坡의 시가 꿈에 보이니 아직 늙지 않았다.

還思前**度**問酒. (陳允平)

다시 생각하니 지난번에 술을 선물했다.

東風千**樹**易老. (周密)

봄바람에 온갖 나무 쉽게 자란다.

天寒宮**怨**贈遠. (周密)

날 차가워 궁중의 원한을 멀리 보낸다.

蕭臺應**是**怨別. (周密)

蕭臺에서 응당 이별을 서러워하리라.

輕鬟猶**記**動影. (周密)

가벼운 쪽머리가 오히려 움직이는 그림자를 기억나게 한다.

銅仙鉛**淚**似洗. (王沂孫)

金銅仙人의 눈물이 씻은 듯이 깨끗하다.

歡游曾**步**翠窈. (張炎)

즐겁게 나들이하여 푸르고 그윽한 곳을 걸었다.

銷憂何**處**最好. (張炎)

근심을 녹이기에 어디가 가장 좋을까?

寒香深**處**話別. (張炎)

매화 향기 깊은 곳에서 이별을 말하였다.

幽尋閑**苑**邃閣. (張炎)

조용히 한가한 동산과 깊은 누각을 찾았다.

相逢何**事**欠早. (張炎)

상봉은 어찌하여 일찍 이루어지지 않는 걸까?

陽關須**是**醉酒. (張炎)

이별의 「陽關曲」은 술에 취해야 한다네.

泉源猶**是**故跡. (張炎)
샘의 근원이 오히려 옛 자취이다.
魚龍吹**浪**自舞. (張炎)
물고기와 용이 입으로 물결 일으키며 춤춘다.
依依心**事**最苦. (張炎)
그리워하는 마음이 가장 괴롭다.
尋泉同**步**翠杳. (張炎)
샘을 찾아 푸르고 깊은 곳으로 함께 걸어갔다.
當年曾**見**漢館. (張炎)
그 해에 일찍이 漢館을 보았다.
劉郎今**度**更老. (張炎)
유랑은 지금 더욱 늙었으리라.
文園顦**顇**頓老. (李萊老)
司馬相如가 초췌해져 갑자기 늙었다.
微薰庭**院**晝永. (練恕可)
향기 은은한 정원의 낮이 길다.

—「제천락(齊天樂)」

長安誰**問**倦旅. (張炎)
장안에서 누가 권태로운 나그네의 안부를 물어줄까?
熏篝須**待**被暖. (張翥)
화로덮개는 이불이 따뜻해지기를 기다려야 한다.

—「기라향(綺羅香)」

※ 주의 :「齊天樂」과「綺羅香」은 모두 後関 起句에 이 형식을 사용하는데, 후자의 경우 전자를 모방한 것 같다.

(卯) 평평(측)측측측

琴心錦**意**暗嬾. (陳允平)

春心과 文思가 웬일인지 내키지 않는다.
明朝柳岸醉醒.　　　(張炎)
내일 아침 술이 깨면 버드나무 드리운 물가겠지.
寒香應徧故里.　　　(張炎)
매화 향기가 고향에 두루 퍼졌으리라.
十(平聲)年孤劍萬里. (張炎)
십 년 동안 외로운 검 차고 만 리를 다녔다.

—「신안과장루(新雁過妝樓)」

※ 주의 : 이 형식은 '평평측평측측'과 통용된다. 예를 들면 오문영(吳文英)의 "江寒夜楓怨落(강물 차가운 밤에 단풍잎이 원망 속에 떨어졌다)", "紅牙潤霑素手(紅牙板이 하얀 손에 의해 윤기가 난다)", 장염(張炎)의 "香深與春暗却(짙은 향이 봄과 함께 몰래 물러갔다)", "朝來自然爽氣(아침이 오면 자연히 상쾌해진다)" 등이 있다. 앞의 글 (甲)과 (寅)을 참고하라.

(辰) 측평평측평측

算應局(平聲)上銷得 …… 爛柯應笑凡客.　　　(宋 徽宗)
바둑판 위에서 사라진 듯하다 …… 도끼자루가 썩는 것도 모르고 바둑을 두었으니 뭇 손들이 웃으리라.
爲誰消遣愁目 …… 夢游天柱林屋.　　　(葛郯)
누구 때문에 슬픈 눈을 하고 소일하는가? …… 꿈속에서 천주산과 임옥산을 유람했다.
又還淑(平聲)景催逼 …… 萬般都在胸臆.　　　(周邦彦)
또한 아름다운 경치가 나를 재촉한다. …… 만사가 모두 가슴속에 있다.
綠楊依舊南陌 …… 寸腸千恨堆積.　　　(沈公述)
남쪽 길에 푸른 버들 여전하고 …… 가슴에 온갖 한이 쌓인다.
鏡中空嘆華髮 …… 爲君腸斷時節.　　　(蔡伸)
공연히 거울 속의 희끗희끗한 머리를 한탄하고 …… 임 때문에 애간장 끊기는 때이다.

盡憑枝上鶯語 …… 恨隨江水東注. (趙師俠)

모두 가지 위의 꾀꼬리 말에 의지하고 …… 한이 강물 따라 동쪽으로 흘러간다.

數聲時顫牕紙 …… 故鄕江上魚美. (趙長卿)

몇 마디 소리가 때때로 창문 종이에 울리고 …… 고향 강의 물고기가 맛있다.

捲簾留伴明月 …… 一枝當爲君折. (張綱)

주렴 걷어 올려 밝은 달을 동반한다. …… 가지 하나 그대 위해 꺾으리.

背人無計留得 …… 月華空照相憶. (李彌遠)

사람을 등지고 있어 머물게 할 방법이 없다. …… 달이 하늘에서 비추어 그리움에 젖게 한다.

鼎來同醉孤絶 …… 夢回猶竦毛髮. (張元幹)

마침 와서 함께 취해도 외롭기 짝이 없다. …… 꿈에서 깨어나니 오히려 모발이 송연하다.

有人偸記新闋 …… 金甌千古無缺. (曾覿)

누군가가 몰래 새 사를 기록한다. …… 쇠 주발은 천고에 이지러짐이 없다.

爲誰高臥烟渚 …… 浩然吾欲高擧. (王自中)

누구 때문에 안개 낀 물가에 높이 누워 있는가? …… 탁 트인 마음으로 나는 은퇴하고 싶다.

恍然飛上空碧 …… 爲君重噴霜笛. (陸凝之)

갑자기 푸른 하늘로 날아오른다. …… 그대 위해 다시 구슬픈 피리를 분다.

萬苞空間黃竹 …… 但餘詩興天北. (侯寘)

수많은 그령 사이사이에 솟아 있는 누런 대나무 …… 다만 남은 시흥이 하늘 북쪽으로 향한다.

曉來衣潤誰整 …… 夜深花睡香冷. (辛棄疾)

새벽이 오면 젖은 옷을 누가 챙겨주나? …… 밤 깊어 꽃은 잠이 들고 향기 청량하다.

滿空凝淡寒色 …… 夢魂飄蕩南北. (范成大)

하늘 가득 찬 기운이 옅게 엉겨 있다. …… 꿈속의 혼이 남북으로 떠돈다.

定知天相行色 …… 舊樓何處西北. (陳三聘)

정녕 하늘이 돕는 행색임을 알겠다. …… 옛 누대는 북서쪽 어느 곳인가?

廣寒宮殿長笛 …… 畫簷高掛虛碧. (張孝祥)

달 속 仙宮의 長笛 소리 …… 채색 처마가 푸른 허공에 높이 걸려 있다.

爲誰依舊佳色 …… 未知何處相憶. (袁去華)

누구 위해 여전히 아름다운 빛을 낼까? …… 어디서 그리워하는지 알 수 없다.

倚闌疑匪人世 …… 明朝猶可同醉. (劉克莊)

난간에 기대서니 인간세상이 아닌 듯하다. …… 내일은 오히려 함께 취할 수 있다.

鬱葱環拱吳越 …… 海門飛上明月. (吳琚)

왕성한 기운으로 吳와 越을 에워싸고 …… 海口에서 밝은 달이 떠오른다.

嫩鶯啼破春晝 …… 斷腸空嘆詩瘦. (張鎡)

어린 꾀꼬리가 봄 낮이 다 지나도록 운다. …… 단장의 슬픔으로 공연히 시에 야위어 감을 한탄한다.

—「염노교(念奴嬌)」

(丙) 평각(平脚), 제2자와 제4자의 평측이 같은 것

(子) 평측측측평평

都是惜別行蹤. (吳文英)

모두가 석별의 종적이다.

難破萬戶連環. (吳文英)

집집마다 이어져 둘러 있는 것을 깨트리기 어렵다.

猶帶數點殘螢 …… 雙鬢半已星星. (陳允平)

여전히 남은 반딧불 몇 점을 띠고 있다. …… 양 살쩍의 반은 이미 희끗희끗하다.

樂(平聲)意稍稍漁樵 …… 飛夢便覺迢遙 …… 淸氣頓掃花妖. (張炎)

어부와 나무꾼의 즐거움이 점차 인다. …… 꿈에서 날아가도 아득함을 느낀다. …… 맑은 기운이 갑자기 꽃의 요괴를 쓸어버렸다.

墨(平聲)暈淨洗鉛華 …… 時到素壁簷牙. (張炎)

흑모란이 아름다운 여인처럼 깨끗하다. …… 때때로 흰 벽과 처마 장식물에 이른다.

無限古色蒼寒 …… 塵事竟不相關. (張炎)

끝없이 고색이 창연하다. …… 세속의 일은 끝내 상관하지 않는다.

春事正滿東籬 …… 聊伴老圃斜暉. (張炎)

봄빛이 동쪽 울타리에 가득하다. …… 잠시 노련한 채소재배농과 석양을 동반한다.

—「신안과장루(新雁過妝樓)」

※ 주의 : 이 형식은 어쩌다 '평평측측평평'과 통용될 수 있다. 예를 들면 吳文英의 "渾疑珮玉丁東(그야말로 패옥이 딩동 거리는 것 같다)", 陳允平의 "微茫水滿煙汀(물 가득한 안개 낀 물가가 어슴푸레하다)", 張炎의 "秋風冉冉吹衣(가을바람이 한들한들 옷에 불어온다)" 등이 있다.

人靜夜久憑闌. (周邦彦)

고요한 밤에 오랫동안 난간에 기대어 있다.

—「과진루(過秦樓)」

(丑) 측측측측평평.

早是賦得多情. (宋祁)

일찍이 多情을 시로 읊었다.

不是慣却春心. (程垓)

춘심을 물리치는 데 익숙한 것이 아니다.

夜久繡閣藏嬌. (吳文英)

밤 이슥하여 채색 누각에 아름다운 여인을 감추었다.

擾擾馬足車塵. (元好問)

말발굽과 수레바퀴 소리가 요란하다.

且唱一曲漁歌. (劉因)

잠시 뱃노래 한 곡을 불렀다.

浪走紫陌紅塵. (張埜)

서울의 교외 도로를 붉은 먼지 일으키며 마구 달렸다.

細想那日歡娛. (劉基)

그 날의 즐거움을 회상한다.

—「옥루지(屋漏遲)」

※ 주의 : 이 형식은 어쩌다 '측평측측평평'과 통용될 수 있다. 예를 들면 오문영(吳文英)의 "每圓處卽良宵(둥글 때마다 좋은 밤에 처한다)", 주밀(周密)의 "雨牕夢短難憑(비 내리는 창가에 꿈이 짧아 기대서기 어렵다)" 등이 있다.

(寅) 측측평측평평

萬里家在岷峨. (蘇軾)
고향은 만 리 저편의 岷峨에 있다.
上有千仞嵯峨. (蘇軾)
위로 천 길 높이의 우뚝 솟은 봉우리가 있다.
算只君與長江. (蘇軾)
따져보니 그대와 장강뿐이다.
萬里烟浪雲帆. (蘇軾)
만 리 길 안개 낀 물결 위의 하얀 돛단배.
萬里名動京關. (秦觀)[60]
그 이름이 만 리 밖 서울까지 떨쳤다.
畫角聲斷譙門. (秦觀)
望樓의 뿔피리 소리 멈추었다.
敗葉零亂空階. (秦觀)
낙엽이 빈 계단에 뒹군다.
驟雨方過還晴. (秦觀)
소낙비 갓 지나 맑게 개었다.
帝所分落人間. (陳師道)
上帝가 계신 곳에서 분리되어 인간세상으로 떨어졌다.
院落槐午陰晴. (毛滂)
뜰의 홰나무가 한낮에 흐렸다 맑게 개었다.

60) 텍스트에는 '黃庭堅'으로 되어 있는데, 잘못된 것이다.

敗葉飛破淸秋.　　(程令時)
낙엽이 맑은 가을에 끝없이 흩날린다.
上有蒼翠千峰.　　(葛郯)
위로 천 개의 푸른 봉우리가 있다.
又是秋滿平湖.　　(程垓)
다시 평평한 호수에 가을빛이 가득하다.
小小佳處西安.　　(石孝友)
작고 아름다운 곳 西安.
偏惹蝶駭鶯猜.　　(沈廣)
기어코 나비 놀라고 꾀꼬리 의심하게 만들었다.

—「만정방(滿庭芳)」

※ 주의 : 이 형식이 북송에서는 본래 정례였는데, 그 후 점차 '측평측측평평'과 통용되다가 결국 후자로 대치되었다. 앞글을 참고해 보라.

一點明月窺人.　　(蘇軾)
한 점의 밝은 달이 사람을 들여다본다.
翠羽不稱標容.　　(晁補之)
파랑새 깃털 장식이 아름다운 용모에 어울리지 않는다.
杳靄碧落天高.　　(葛郯)
높고 푸른 하늘에 운무가 어렴풋하다.
玉管吹徹伊州.　　(王安中)
옥피리를 부니 伊州에 통한다.
已恨飛鏡歡疏.　　(晏幾道)
이미 밝은 달 아래의 즐거운 일이 드물어 한스럽다.

—「동선가(洞仙歌)」

※ 주의 : 이 형식은 3자두(字豆)와 합쳐서 9자구(字句)를 이루는데, 제3자는 측성자일 수 있다. 다음 글을 참고해 보라. 제2자와 제4자가 모두 측성일 경우에는 제5자가 반드시 평성이어야 한다.

(丁) 평각(平脚), 제4자와 제6자의 평측이 같은 것

(子) (평)측평평측평

誰復商量管絃. (王建)
누구와 다시 음악을 의논할까?
依舊樓前水流. (馮延巳)
여전히 누대 앞으로 물이 흐른다.
醉臥誰家少年. (馮延巳)
취해 누운 자가 어느 댁 젊은이인가?
不道幃屛夜長. (馮延巳)
휘장과 병풍 아래 밤이 길다고 말하지 말라.

—「조소령(調笑令)」

誰信無聊爲伊. (周邦彦)
그녀 때문에 울적한 것을 누가 믿으리?

—「過秦樓」

※ 주의 : 제3자 · 제4자 · 제6자가 모두 평성인 경우에 제5자는 반드시 측성이어야 한다.

42.13 6자구의 의미 절주가 2−4거나 4−2라면 음률의 절주와 서로 배합되어 별다른 특별한 곳이 없다. 그러나 만약 의미 절주가 3−3이라면 6언의 음률 절주와 서로 배합되지 않아 각별히 주의해야 한다. 사보(詞譜)는 후자에 대해서 왕왕 제3자 뒤에 '두(豆)'자 하나를 주(註)로 적어 넣었다. 이제 몇 가지 예를 들어보겠다('−'로 '豆'를 대신한다).

(1) 측(측)측−평평측

遣黃耳−隨君去. (蘇軾)

개로 하여금 그대를 따라가게 한다.
極目送－歸鴻去.　(黃庭堅)
돌아가는 기러기를 눈에서 사라질 때까지 전송한다.
這身世－如何去.　(李之儀)
이 신세를 어떻게 벗어날까?
但目送－芳塵去.　(賀鑄)
살포시 먼지 일으키며 사라지는 모습을 눈으로 전송할 뿐이다.
向醉裏－添姿媚.　(毛滂)
취한 중에 아름다운 자태를 보탠다.
暗凄斷－傷春眼.　(周紫芝)
남몰래 처절하여 새로 나온 버들잎이 슬프다.
送秋水－連天去.　(謝逸)
가을 물을 보내니 하늘에 이어져 간다.
久沒箇－音書去.　(廖行之)
오랫동안 떠돌아 소식이 없다.
向三徑－開桃李.　(趙長卿)
은거하려 집 뜰에 돌아오니 도리화가 피었다.
小院裏－春如許.　(侯寘)
작은 정원 안에 봄빛이 이와 같다.
恰洗盡－黃茅瘴.　(陸游)
마치 가을의 瘴氣를 몽땅 씻어버린 듯하다.

—「청옥안(青玉案)」

(2) (측)(측)측－평평측

夜寂靜－寒聲碎 …… 酒未到－先成淚.　(范仲淹)
고요한 밤에 가을 소리 끊겼다 이어지고 …… 술이 이르기도 전에 눈물이 되고 만다.
惟只愛－梅花發 …… 最嫌把－鉛華拭.　(楊无咎)
다만 사랑하는 건 매화가 피는 것 …… 가장 싫은 건 떨어진 꽃잎을 쓰는 것.

供望眼－朝與(平聲이어야 함)暮 …… 更旎旎－眞香聚.　　(辛棄疾)

아침저녁으로 바라본다. …… 더욱 부드럽게 참된 향기가 모인다.

向客裏－方知道 …… 忍雙鬢－隨花老.　　(程垓)

나그네 속에서 비로소 알았다. …… 어찌 견디리 양 살쩍이 꽃 따라 늙는 것을!

說不盡－無佳思 …… 人催下－千行淚.　　(李淸照)

다 말할 수 없다 나의 슬픈 마음을 …… 그 사람이 재촉한다 끝없이 눈물 흘리도록.

來夜半－天明去.　　(張先)

한밤중에 와서 날이 밝자 떠나갔다.

夜耿耿－如年永.　　(劉基)

밤이 근심스러워 일 년처럼 길다.

—「어가행(御街行)」

自過了－燒燈後.　　(賀鑄)

스스로 지나갔다 등불을 사른 후에.

怎忘(『사율』에서 거성이라고 했음)得－迴廊下.　　(呂渭老)

어찌 잊으리 회랑을 내려갔던 일을.

—「박행(薄倖)」

(3) 평평측－평평측

除非是－眞仙子.　　(柳永)

그야말로 참된 신선이다.

知辜負－秋多少.　　(蘇軾)

버림받았음을 알게 되었으니 이 가을이 얼마나 길까?

紅成陣－飛鴛甃.　　(秦觀)

붉은 꽃 한바탕 비가 되어 우물에 흩날려 떨어진다.

高歌下－靑天半.　　(晁補之)

소리 높여 노래 부르니 푸른 하늘에 든다.

今顚頓－東風裏.　　(晁補之)

이제는 초췌해졌다 봄바람 속에서.

冰壺瑩－眞無價. (李之儀)

얼음같이 하얀 옥병이 참으로 값을 따질 수 없다.

空零落－愁鶯燕. (孔武仲)

공연히 영락하여 꾀꼬리와 제비를 슬프게 한다.

偏勾引－黃昏淚. (周邦彦)

기어코 황혼에 눈물을 불러일으킨다.

先催趁－朱顔老. (葉夢得)

먼저 재촉한다 붉은 얼굴 늙어 가는 것을.

須信道－忘來去. (李綱)

오는 것을 잊었다고 말하는 것을 믿어야 한다.

無從訴－心中喜. (楊无咎)

마음속의 기쁨을 호소할 방법이 없다.

爭妝點－瀟湘好. (侯寘)

소수와 상수가 좋은 것을 어떻게 묘사하나?

無人會－登臨意. (辛棄疾)

높이 올라 바라보는 마음을 알아주는 사람이 없다.

眞儒事－君知否. (辛棄疾)

참된 선비의 일이 무엇인지 그대는 아는가?

知誰伴－風前醉. (韓元吉)

누구와 함께 바람 앞에서 취해야 할지 모르겠다.

風流在－尙堪繼('尙'자는 평측이 맞지 않음). (袁去華)

풍류가 그대로 있어 아직 이을 수 있다.

茶甌外－惟貪睡. (劉克莊)

찻잔 외에는 오직 잠만을 탐한다.

還疑是－相逢晩. (盧祖皐)

아직도 의심한다 상봉이 늦어질 것을.

—「수룡음(水龍吟)」

※ 주의 : 남송 이후에는 점차 평측측—평평측으로 변하였다.

(4) 측측측-측평평

故畫作-遠山長.　　(歐陽修)
짐짓 길게 遠山眉를 그렸다.

—「소충정(訴衷情)」

제43절 사자(詞字)의 평측(三)-7자구

43.1 (7) 7자구

7자구도 5자구와 마찬가지로 율구(律句)와 요구(拗句)의 두 부류로 나눌 수 있다. 율구는 바로 보통 칠언율시의 구이다. 측각(仄脚)의 칠언 율구는 (평)평(측)측평평측이 가장 많이 보이고 (측)측(평)평평측측은 비교적 드물게 보인다. 평각(平脚)의 칠언 율구는 (평)평(측)측측평평이 가장 많이 보이고 (측)측평평측측평은 비교적 적게 보이지만, 5자구의 평평측측평처럼 드물게 보이지는 않는다. 예를 들면 다음과 같다.

(甲) (평)평(측)측평평측

「보살만(菩薩蠻)」 전결(前闋) 제1구, 제2구.
「추노아(醜奴兒)」 전후결(前後闋) 제1구.
「억진아(憶秦娥)」 전후결 제2구 및 후결(後闋) 제1구.
「도원억고인(桃源憶故人)」 전후결 제1구.
「안아미(眼兒媚)」 후결 제1구.
「하성조(賀聖朝)」 전결 제1구.
「석분비(惜分飛)」 전후결 말구(末句).

「우미인(虞美人)」 전후결 제1구.
「일곡주(一斛珠)」 전후결 제2구, 제3구.
「답사행(踏莎行)」 전후결 제3구, 제5구.
「접연화(蝶戀花)」 전후결 말구.
「하전(河傳)」 후결 제1구.
「어가오(漁家傲)」 전후결 제2구, 제5구.
「청옥안(青玉案)」 전후결 제1구.
「천추세(千秋歲)」 전후결 말구.
「풍입송(風入松)」 전후결 제3구.
「어가행(御街行)」 전후결 제1구.
「만강홍(滿江紅)」 전후결 제7구.
「촉영요홍(燭影搖紅)」 전후결 제2구.
「환소난봉(換巢鸞鳳)」 후결 제9구.
「경춘택(慶春澤)」 전후결 제6구 및 후결 제1구.
「계지향(桂枝香)」 전후결 제6구.
「제천락(齊天樂」) 전결 제1구.

(乙) (측)측(평)평평측측

「알금문(謁金門)」 전후결 제3구.
「취화음(醉花陰)」 전후결 제1구.
「낭도사(浪淘沙)」 전후결 제4구.
「남향자(南鄉子)」 전후결 제3구.
「일곡주(一斛珠)」 후결 제1구.
「임강선(臨江仙)」 전후결 제1구.
「접연화(蝶戀花)」 전후결 제1구, 제4구.
「어가오(漁家傲)」 전후결 제1구, 제3구.
「소막차(蘇幕遮)」 전후결 제5구.
「청옥안(青玉案)」 전후결 제3구.
「천선자(天仙子)」 전후결 제1구, 제2구, 제6구.

「이정연(離亭燕)」 전후결 제3구.
「하만자(河滿子)」 전후결 제3구.
「만강홍(滿江紅)」 전후결 제6구 및 후결 제7구.
「염노교(念奴嬌)」 전결 제3구 및 후결 제4구.

(丙) (평)평(측)측측평평

「억왕손(憶王孫)」 제1구.
「소충정(訴衷情)」 전결 제1구.
「호사근(好事近)」 후결 제1구.
「오가기(誤佳期)」 전후결 제3구.
「완랑귀(阮郎歸)」 전후결 제3구 및 전결 제1구.
「화당춘(畫堂春)」 전후결 제3구 및 전결 제1구.
「탄파완계사(攤破浣溪沙)」 전후결 제2구.
「안아미(眼兒媚)」 전결 제1구.
「하성조(賀聖朝)」 전결 제3구 및 후결 제4구.
「남가자(南歌子)」 전후결 제3구.
「낭도사(浪淘沙)」 전후결 제3구.
「우미인(虞美人)」 전후결 제3구.
「작교선(鵲橋仙)」 전후결 제4구.
「답사행(踏莎行)」 전후결 제4구.
「임강선(臨江仙)」 전후결 제3구.
「일전매(一剪梅)」 전후결 제4구.
「천선자(天仙子)」 전후결 제3구.
「풍입송(風入松)」 전후결 제1구.
「어가행(御街行)」 전후결 제3구.
「소상야우(瀟湘夜雨)」 전결 제4구.
「촉영요홍(燭影搖紅)」 전후결 제3구.
「환소난봉(換巢鸞鳳)」 전결 제6구.
「다려(多麗)」 전후결 제9구.

※ 주의 : 몇몇 사조(詞調)는 율시나 절구처럼 (乙)과 (丙)의 두 형식을 이어서 쓴다(반드시 대장인 것은 아니다). 예를 들면 남당 후주의 「억강남(憶江南)」 "還似舊時游上苑, 車如流水馬如龍(다시 옛날처럼 상원에 나들이하였는데, 수레는 흐르는 물 같았고 말은 용 같았다)", 「도련자(擣練子)」 "無奈夜長人不寐, 數聲和月到簾櫳(어찌할 수 없구나 긴긴 밤 사람은 잠 못 이루는데, 다듬이 소리가 달빛 따라 발 드리운 창문에 이른다)", 남당 중주(中主)의 「탄파완계사(攤破浣溪沙)」 "細雨夢回鷄塞遠, 小樓吹徹玉笙寒(이슬비는 내리는데 꿈에서 깨니 계새는 멀고, 작은 누각에서 밤새도록 부니 옥 생황에 한기가 돈다)" 등이 있다.

(丁) (측)측평평측측평

「복산자(卜算子)」 전후결 제3구.
「탄파완계사(攤破浣溪沙)」 전결 제1구.
「남향자(南鄕子)」 전후결 제2구, 제5구.

※ 주의 : 몇몇 사조(詞調)는 (甲)과 (丁)의 두 형식을 이어서 쓴다. 예를 들면 안기도(晏幾道)의 「자고천(鷓鴣天)」 "舞低楊葉樓心月, 歌盡桃花扇影風(누각 위의 달이 버들 아래로 질 때까지 춤추고, 桃花扇 밑의 바람이 다 없어지도록 노래 불렀다)", "今宵剩把銀釭照, 猶恐相逢是夢中(오늘밤 재삼 은 등잔 들어 비춰보아도, 이렇게 만난 것 꿈속일까 두렵다)" 등이 있다. 또한 몇몇 사조의 (丁)식 7언구 제5자는 평측이 통용된다. 예를 들면 「도련자(擣練子)」 제3구, 「장상사(長相思)」 전후결 제3구, 「감자목란화(減字木蘭花)」 전후결 제4구, 「추노아(醜奴兒)」 전후결 제4구, 「자고천(鷓鴣天)」 전결 제1구 및 전후결 말구, 「일전매(一剪梅)」 전후결 제1구 등이 있다.

43.2 칠언의 준율구(準律句)는 측각에 (측)측평평측평측(제3자는 반드시 평성이어야 함)이 있고, 평각에 (측)측평평평측평이 있다. 전자의 경우, 일부 사조에서는 율구 (측)측(평)평평측측과 통용된다. 예를 들면 다음과 같다.

還與韶光共憔悴. (南唐 中主)－風裏落花誰是主. (南唐 中主)

더구나 좋은 시절에 함께 초췌하다.－바람 속에 낙화가 정처 없이 흩날린다.

—「탄파완계사(攤破浣溪沙)」

玉帳鴛鴦噴蘭麝. (李白?)－百草巧求花下鬪. (李白?)

옥빛 휘장의 원앙은 난향과 사향을 뿜는다.－온갖 풀에서 교묘한 것을 찾아 꽃 아래서 다툰다.

—「청평악(淸平樂)」

그러나 대다수의 경우에 (측)측평평측평측은 독용된다. 예를 들면 다음과 같다.

歡喜梅梢上春信 …… 佳景閒過舞衣褪. (晁補之)

매화 가지에 봄소식 올라 기쁘고 …… 아름다운 경치 한가히 지내니 춤옷이 바랜다.

羅襪塵生步迎顧 …… 花底深朱戶何處. (賀鑄)

비단 버선 걸음마다 먼지 일어 돌아보게 되고 …… 꽃 아래 깊숙한 붉은 대문 어느 곳일까?

江月娟娟上高柳 …… 小小微風弄襟袖. (毛滂)

강 위의 달이 높은 버드나무에 올라 아름답고 …… 미풍이 살며시 불어와 옷깃과 소매를 만지작거린다.

年少銜杯可追記 …… 何似歸來醉鄕裏. (毛滂)

젊어서 술잔을 머금던 일 떠올릴 수 있고 …… 어딘들 돌아와 취향에 있는 것만 하겠는가?

小院重簾燕飛礙 …… 不惜羅襟搵眉黛. (晁冲之)

작은 정원 겹겹의 발 때문에 제비 날아들지 못하고 …… 옷깃에 눈썹먹 닦여도 애석하지 않다.

水閣橋南路凝佇 …… 留取笙歌住休去. (晁冲之)

水閣의 다리 남쪽 길을 물끄러미 응시하고 …… 머물러 생황 노래 부르며 떠나가지 마셔요.

絳蠟燒殘**暗催**曉 …… 富貴應須**致身**早. (周紫芝)

붉은 초가 다 타들어가며 새벽을 재촉하고…… 부귀를 이루려면 일찍 벼슬해야 하리.

山北山南**共來**去 …… 飛下彤庭**伴鵷**鷺. (周紫芝)

산의 남북을 함께 오가며…… 황궁에 날아들어 원추새와 백로를 동반한다.

雲共誰來**共誰**去 …… 記取孤飛**水邊**鷺. (周紫芝)

구름은 누구와 함께 왔다가 누구와 함께 가는가? …… 외롭게 날아가는 물가의 백로가 생각난다.

綠徧池塘**夜來**早 …… 數點煙中**水村**小. (葛郯)

풀빛 가득한 못에 밤이 일찍 오고…… 안개 속에 몇 군데 물가 마을 작다.

空羨靑靑**岸邊**草 …… 睡起流鶯**語聲**小. (葛郯)

파릇파릇한 물가의 풀이 공연히 부럽고…… 잠에서 일어난 꾀꼬리 소리 조그맣다.

獨占春光**最多**處 …… 憑仗靑鸞**道情**愫. (周邦彦)

봄빛을 독점한 것이 가장 많은 곳…… 푸른 난새에 의지하여 속마음을 말하련다.

斗柄垂寒**暮天**靜 …… 自嘆多愁**更多**病. (周邦彦)

북두칠성 차갑게 드리운 저녁 하늘 고요하고…… 슬픔 많아 자탄하니 병이 더욱 심하다.

人面依然**似花**好 …… 回首高城**似天**杳. (趙企)

사람 얼굴은 여전히 꽃처럼 아름다운데…… 머리 돌려 높은 성 바라보니 하늘처럼 아득하다.

輕裊腰肢妒**垂**柳 …… 羅袂殘香**忍重**齅. (蔡伸)

하늘하늘한 허리와 사지를 버들가지가 시샘하고…… 비단소매에 남은 향기를 차마 다시 맡을 수 없다.

椎鼓鳴橈**送君**去 …… 聽不能終**淚如**雨. (王庭珪)

북을 치고 노를 두드리며 그대를 보내니…… 들으니 비같이 흐르는 눈물을 그칠 수 없다.

門掩蒼苔**鎖寒**徑 …… 一片飛花**墮紅**影. (康與之)

문은 푸른 이끼를 닫고 찬 길을 가린다. …… 한 조각 흩날리는 꽃잎이 붉은 그림자를 떨어뜨린다.

只恐尊前被花笑 …… 今古銷沈送人老. (曾覿)

다만 술잔 앞에서 꽃이 비웃을까 두렵고 …… 고금이 사라지니 사람을 늙게 한다.

喚得笙歌勸君酒 …… 待與青春鬪長久. (辛棄疾)

그대 불러 생황 노래 부르며 술을 권하고 …… 청춘과 더불어 오래 싸우길 기다린다.

會說忘言始知道 …… 白髮多時故人少. (辛棄疾)

말을 잊어야 도를 아는 것이라고 말하면서 …… 백발이 늘수록 옛 친구 줄어만 간다.

正好春盤細生菜 …… 鳳閣鸞臺看除拜. (陸游)

마침 봄 쟁반에 가늘고 연한 부추를 담기에 좋고 …… 中書省과 門下省에서 관직에 임명하는 것을 본다.

漠漠孤雲未成雨 …… 莫怕功名欠人做. (陸游)

자욱한 외로운 구름은 비를 이루지 못하고 …… 사람이 없어 공명 이루기 어렵다고 겁내지 말라.

雲斷巫陽夢能到 …… 點點繁紅又多少. (韓淲)

무양에 구름 끊겨도 꿈은 도달할 수 있고 …… 점점의 수많은 꽃잎은 또 얼마나 될까?

月榭風亭更霞牖 …… 一斗誰能問千首. (韓淲)

달빛 들고 바람 부는 정자에 노을 비치는 창문 …… 한 말 술에 누가 천 수를 물을 수 있을까?

拈起詩人舊公案 …… 佳處何妨小留款. (黃昇)

시인의 옛 사건을 집어 들고 …… 아름다운 곳에서 잠시 머물며 환대한들 어떠리?

雲海微茫露晴岫 …… 老去生涯殢尊酒. (韓玉)

운해 아득한데 맑은 산봉우리 드러나고 …… 늙어가니 생활이 한 잔 술에 빠진다.

喜鵲橋成渺雲步 …… 回首星津又空渡. (黨懷英)

오작교 이루어지니 구름 위의 보행 아득하고 …… 머리 돌려 바라보니 은하수를 또 헛되이 건넜다.

—「감황은(感皇恩)」

水殿風來暗香滿 …… 時見疏星度河漢. (蘇軾)

물 위 전각에 바람 불어 암향이 가득하고 …… 이따금 은하수를 건너는 별이 보인다.

滿檻煌煌看霜曉 …… 因甚東君意不(平聲)到. (晁補之)

난간 가득히 빛나는 새벽 서리를 본다. …… 봄의 신이 오지 않을 마음을 먹었나보다.

紫紱丹麾彩鸞馭 …… 一枕風輕自無暑. (葛郯)

자주 인끈에 붉은 깃발 달고 채색 난새를 몬다. …… 베개 베고 누우니 바람 가벼워 절로 더위가 물러간다.

八極浮游氣爲馭 …… 碧樹秋來暗消暑. (葛郯)

바람을 몰고 팔방 먼 곳을 떠돌아다니며 …… 푸른 나무에 가을이 오니 어느새 더위가 사라졌다.

鵲起高槐露華透 …… 怎不相尋暫携手. (王安中)

까치가 높은 홰나무에서 날아가니 이슬이 떨어지고 …… 어찌 찾아서 잠시 손을 붙잡지 않는가?

冷蕊疏枝爲誰好 …… 綺思憑花更娟妙. (劉一止)

성긴 가지의 맑은 꽃은 누굴 위해 피었을까? …… 꽃에 기대니 시의 구상이 더욱 아름답고 묘하다.

獨倚胡牀酒初醒 …… 惆悵明妝曉鸞鏡. (劉光祖)

홀로 침상에 기댄 채 술에서 막 깨어나니 …… 새벽에 난경을 보며 단장하니 슬픔이 솟는다.

待足人生甚時足 …… 杳杳歸鴉去鴻逐. (韓淲)

삶이 풍족하기를 기다리지만 그게 언제리오? …… 아득히 까마귀가 기러기 따라 돌아간다.

夢破初聞竹牕響 …… 醉帽衝風自來往. (沈端節)

꿈에서 깨니 대나무 소리 창문에 와 부딪고 …… 모자가 바람을 맞아 취한 듯 왔다 갔다 한다.

宿雨初收好風景 …… 木落淮南見山影. (沈端節)

구질구질 내리던 비가 그쳐 풍경이 좋고 …… 회남에 낙엽 지니 산 그림자 보인다.

唯是停雲想親友 …… 短燭心懸小紅豆. (蔣捷)

구름이 멈추니 친구가 생각나고…… 촛불은 거의 다 탔는데 마음엔 붉은 콩이 달려 있다.[61]

輕擲詩瓢付流水…… 不見當時譜銀字. (張炎)

표주박에 시를 담아 가볍게 던지니 물 따라 흘러가고…… 당시의 銀 글자 악보가 보이지 않는다.

蒼雪紛紛墮晴蘚…… 消得梅花共淸淺. (張炎)

새하얀 눈이 펄펄 이끼 위에 떨어지고…… 매화 시들어 맑은 물과 함께 사라진다.

—「동선가(洞仙歌)」

不管淸寒與攀摘…… 紅萼無言耿相憶. (姜夔)

추위를 무릅쓰고 함께 붙잡아 꺾었다. …… 붉은 매화도 말없이 마음에 담아두고 있다.

得意西湖酒初醒…… 孤鶴長鳴夜方永. (趙以夫)

서호에서 득의하여 술에서 깨어나니…… 긴긴 밤 외로운 학이 소리 높여 운다.

公館靑紅曉雲濕…… 塗粉闈深早催入. (吳文英)

단청 입힌 공관은 새벽 구름에 젖고…… 하얗게 칠한 대궐문 깊어 일찍 들어오길 재촉한다.

閒數河星手堪摘…… 時拊遺蹤暗嗟憶. (陳允平)

한가히 은하의 별을 세니 손으로 딸 것 같고…… 때때로 남은 자취 어루만지니 추억으로 남몰래 탄식한다.

學舞波心舊曾識…… 三十六(平聲)宮土花碧. (張炎)

춤사위 배우려는 마음을 전에 일찍이 알았고…… 서른여섯 궁에 이끼 푸르다.

寂寂行歌古時月…… 花暗閒門掩飛蝶. (張炎)

적막 속에 걸으며 노래 부르니 예전의 달 떠있고…… 꽃 짙은데 한가한 문이 나는 나비를 닫는다.

極目凝思倚江閣…… 閒掃松陰與誰酌. (張炎)

강가 누각에 기대어 멀리 바라보며 생각에 잠기고…… 한가히 소나무 그늘을 쓸고 누구와 대작하나?

—「암향(暗香)」

61) '紅豆'는 사랑 또는 그리움을 상징한다.

暮靄沈沈楚天闊. (柳永)
저녁안개 자욱한 남녘 하늘 아득하다.
送兩程愁作行色. (黃裳)
두 여정을 보내려니 행색이 슬프다.

—「우림령(雨霖鈴)」

43.3 후자((측)측평평평측평)에 관해서 말하면 율구 (측)측평평측측평과 통용되는 것 외에도 다음의 두 가지 사조(「憶王孫」과 「沁園春」)처럼 (측)측평평평측평을 정칙(正則)으로 한다. 이것은 5언의 준율구(準律句)와 조금 다르다. 전자는 고평(孤平)에 대한 요구(拗救)이므로 측평평측평이고, 후자는 고평에 대한 요구가 아닌데도 제3자가 평성이어야 하고 제5자도 평성을 사용한다. 예를 들면 다음과 같다.

柳外樓高空斷魂 …… 杜宇聲聲不(『詞律』에서 平聲이라고 했음)忍聞 …… 雨打梨花深閉門. (秦觀? 李重元?)
(버들 저쪽 높은 누대에서 공연히 혼이 끊기고 …… 두견새 소리 차마 들을 수 없는데 …… 깊숙이 문은 닫혔는데 배꽃에 빗방울 떨어진다.)

—「억왕손(憶王孫)」

當日何曾輕負春 …… 短艇湖中閒采蓴. (陸游)
(당시에 언제 가볍게 봄을 저버렸던가? …… 작은 배 타고 호수에서 한가히 순채를 땄다.)

—「심원춘(沁園春)」

43.4 칠언율시에서는 매 구 제1자와 제3자의 평측은 구애받지 않는다(B식 구는 예외이다). 그러나 사에서는 제1자와 제3자의 평측도 고정되어 있는 7자구가 있다. 예를 들면 다음과 같다.

(甲) 율구(律句)

(子) 평평측측평평측

東君自是人間客. (毛幵)
봄의 신은 본래 인간세상의 객이다.
江南舊事休重省. (李玉)
강남의 옛 일을 다시 돌아보지 마시라.

—「하신랑(賀新郎)」

昭君不慣胡沙遠 …… 還教一片隨波去. (姜夔)
왕소군은 멀리 낯선 오랑캐 사막으로 가고 …… 다시 한 조각 꽃잎이 물결 따라 흘러가게 한다.
依稀倩女離魂處 …… 還驚海上燃犀去. (張炎)
희미하게 천녀의 몸에서 혼이 떠난 곳 …… 또한 바닷가에서 무소뿔에 불을 붙여 비추어보고 놀랐다.

—「소영(疎影)」

輕嚬淺笑嬌無奈. (賀鑄)
가볍게 찡그리고 살짝 웃는 모습 아리땁기 그지없다.
花間隔霧遙相見. (呂渭老)
꽃 사이 안개 건너 멀리 바라보인다.
人間晝永無聊賴. (賀鑄)
할 일은 없고 낮은 긴데 마음을 의탁할 곳이 없다.

—「박행(薄倖)」

多情自古傷離別. (柳永)
정이 깊을수록 이별은 슬프게 마련이다.
飛帆過浙西封域. (黃裳)
돛배가 나는 듯이 절강 서쪽의 강역을 지난다.

—「우림령(雨霖鈴)」

蘭舟同上鴛鴦浦 …… 山容水態依然好. (張翥)

원앙의 포구에서 난주에 함께 오르고 …… 산수의 자태가 여전히 아름답다.

(「모어아」의 제3자는 평측에 구애받지 않는다.)

—「모어아(摸魚兒)」

(丑) 측평평측평평측

斷腸唯有流鶯語 …… 問誰猶有憑闌處. (程垓)

애간장을 끊는 건 오직 꾀꼬리 우는 소리 …… 아직도 난간에 기대 있는 이 누구냐고 묻는다.

—「남포(南浦)」

(寅) 측측평평평측측.

釧閣桃顋香玉溜 …… 碧唾春衫還在否. (陳允平)

천각의 발그레한 뺨에서 향긋한 눈물방울이 떨어지고 …… 파랗게 물든 봄 적삼이 아직 있을까?

淚濕闌干花着露 …… 斷雨殘雲無意緒. (毛滂)

눈물에 젖은 난간 이슬 맺힌 꽃 …… 비 끊기고 구름 거의 사라져 아무 생각 없다.

—「석분비(惜分飛)」

※ 주의 : 『사율』에서 비록 제1자에 평성을 쓸 수 있다고 했지만 결국 측성을 사용하는 것이 정칙(正則)이다.

(卯) 평평평측측평평.

鄰墻桃影伴烟收. (馮艾子)

이웃집 담 복사꽃 그림자가 안개와 함께 걷힌다.

終愁人影隔窗紗. (朱彝尊)

시름에 겨워 사람 그림자가 창문 저쪽에 있다.

—「춘풍요나(春風嫋娜)」

(辰) 측평평측측평평.

亂分春色到人家 …… 暗隨流水到天涯. (秦觀)

봄빛은 현란하게 인가에 들었다. …… 흐르는 물 따라 남몰래 하늘 끝까지 이르는 것을!

—「망해조(望海潮)」

苧蘿村冷起閑愁. (秦觀)

저라촌도 적막해져 슬픔이 인다.

五更殘角月如鉤. (折元禮)

오경에 뿔피리 소리 잦아드는데 달은 갈고리처럼 가늘다.

—「망해조(望海潮)」(又一體)[62]

兩眉餘恨倚黃昏. (魯逸仲)

양 미간에 여한을 지닌 채 황혼에 기댄다.

闌(平聲이어야 함)干空際水波明. (喩綜)

난간 위 하늘에 달빛이 밝다.

—「남포(南浦)」(又一體 : 平韻 102字)

(乙) 준율구(準律句)

(子) 측측평평측평측

隔院蘭馨趁風遠. (馮艾子)

정원 저편의 난향이 바람 따라 멀어진다.

---

62) 詞에는 한 詞牌 아래 여러 종류의 體式이 있어서, 正體 이외의 다른 體式을 가리켜 '又一體'라고 한다.

縱許悠揚度朱戶. (朱彝尊)
마음껏 흩날리며 붉은 대문을 넘어간다.

—「춘풍요나(春風嫋娜)」

(丑) 측측측평측평측

淚眼竟無語凝咽. (柳永)
눈물 맺힌 눈길로 끝내 말없이 목메어 흐느꼈다.
去郎去多少人惜. (黃裳)
떠나가면 얼마나 많은 이가 애석해할까?

※ 주의 : 유영(柳永)의 사는 '淚眼' 두 자를 앞에 붙여 읽어야 한다고 말하는 사람이 있고, 황상(黃裳)의 사에서 '去郎去'는 3자두(字豆)이다.

(寅) 측측평평평측평

笑挽羅衫須少留. (馮艾子)
웃으며 비단 적삼을 당기니 잠시 머물러야 한다.
惹却黃鬚無數花. (朱彝尊)
누런 수술의 무수한 꽃을 끌어당긴다.

—「춘풍요나(春風嫋娜)」

진정한 7언 요구(拗句)는 매우 드물어서 여기서도 두 가지 예만 들어 보겠다.

(子) (측)측(평)평평평측

落盡一番新桃李 …… 況是單棲饒惆悵 …… 走馬揷花當年事 …… 杳隔天涯人千里. (毛幵)
새로 핀 도리화가 다 지니 …… 더구나 홀로 지내니 슬픔만 가득하다. ……

꽃을 꽂고 말 달리던 그때의 일…… 그 사람 아득히 천 리 밖 하늘가에 있다.

芳草王孫知何處…… 月滿西樓憑闌久. (李玉)

덕망 있는 隱者는 어디에 계실까? …… 달빛 가득한 서루 난간에 오래도록 기대 있다.

—「하신랑(賀新郎)」

※ 주의 : 모견(毛幵)은 전후결 제4구와 제7구에 모두 요구(拗句)를 사용하였고, 이옥(李玉)은 전후결 제4구에만 요구를 사용하였고, 고관국(高觀國)은 전체에 율구를 사용하였다. 이로부터 보면 「하신랑(賀新郎)」은 모두 3체(體)가 있다고 해야 할 것이다.

(丑) (평)측평평측평평

天念王昌忒多情. (史達祖)

하늘이 왕창의 남다른 다정함을 염려하신다.

—「환소난봉(換巢鸞鳳)」

43.5 7자구의 의미 절주가 4−3인 경우에는 음률의 절주와 들어맞아 특별히 주의할 만한 것이 없다. 만약 의미 절주가 3−4라면 7언의 음률 절주와 들어맞지 않아서 두 구가 한 구로 합쳐진 것처럼 보인다. 『사율(詞律)』은 후자에 대해서 제3자의 뒤에 '두(豆)'라고 주를 달았다. 이제 약간의 예를 들어보면 다음과 같다('−'로 '豆'를 대신한다).

(甲) 평각에 측각을 덧붙인 것

(1) 측평평−측평평측

背西風−酒旗斜矗. (王安石)

서풍을 등지고−주점 깃발이 비스듬히 솟아 있다.

幻淸虛－廣寒宮闕. (陳允平)
청허하게 변한－달 속의 광한궁.
且開顔－共傾芳液. (李彭老)
잠시 얼굴을 펴고－함께 향긋한 술을 마신다.
望明河－月殘疏柳. (唐藝孫)
밝은 은하수를 바라보니－성긴 버들 사이로 조각달이 걸려 있다.
任年年－褪筐微綠. (練恕可)
해를 거듭할수록－광주리 퇴색하여 초록이 희미하다.
悵東流－幾番潮汐. (唐珏)
슬프다 동쪽으로 흘러가며－몇 번이나 조수가 들고 나갔을까?
倚秋風－乍驚郎目. (張翥)
가을바람에 기대어－갑자기 낭군의 눈에 놀란다.
怕群花－自嫌凡俗. (陳亮)
두렵다 뭇 꽃들이－스스로 범속함을 싫어할까 봐.
一分秋－一分憔悴. (張輯)
가을에 들어－약간 초췌해졌다.
共飄零－幾年霜雪. (張炎)
함께 떠돌면서－몇 년이나 서리와 눈을 맞았던가!

—「계지향(桂枝香)」

漲西湖－半篙新雨. (張翥)
서호가 불어나－비가 막 그치니 상앗대 반쯤 잠겼다.

—「모어아(摸魚兒)」

點丹青－畫成秦女. (晏幾道)
단청을 칠하여－秦女를 그려내었다.
怎禁他－孟婆合(平聲)皂. (蔣捷)
어떻게 그것을 금할 수 있으리－風神 孟婆와 일찍 합작하는 것을!

—「해패령(解珮令)」

(2) 측평평－평평평측

最難忘－遮燈私語. (史達祖)
가장 잊기 어렵다－등불을 가리고 속삭이던 일을.
忍霜紈－飄零何處. (晏幾道)
견딜 수 없다 새하얀 비단부채가－어딘가로 사라진 것을.

—「해패령(解珮令)」

(3) 측평평－(측)평평측

待佳人－新妝初試. (柳永)
기다린다 가인이－새 단장을 처음 시도하는 것을.
笑紛紛－落花飛絮. (蘇軾)
비웃는다 어지러이－꽃 떨어지고 버들 솜 흩날리는 것을.
悵佳期－參差難又. (秦觀)
슬프다 佳期가－어긋나 다시 만나기 어려우니.
賀家湖－千峰凝翠. (晁補之)
하가호 너머－천 봉우리에 푸름이 맺혀 있다.
怪春衣－雪霑瓊綴. (章楶)
이상하게도 봄옷에－눈이 내려 옥 장식을 한 것 같다.
汙殘妝－不勝嬌鳳. (孔平仲)
남은 화장을 더럽히니－아리따운 봉황을 이길 수 없다.
正前村－雪深幽曙. (孔武仲)
바로 앞마을에－어둑한 새벽 눈이 많이 쌓였다.
更冥冥－一簾花雨. (向子諲)
더욱 어두컴컴하게－주렴 가득히 꽃비가 내린다.
下瑤臺－醉魂初醒. (曾覿)
요대에서 내려오니－취한 혼이 막 깨어났다.
到如今－凜然生氣. (辛棄疾)
지금에 이르러－늠름하게 생기가 있다.

—「수룡음(水龍吟)」

露荷翻－千點(平聲이어야 함)珠滴. (劉涇)
이슬 맺힌 연을 흔드니－천 방울의 구슬이 떨어진다.
誤驚回－瑤臺仙跡. (高觀國)
잘못 놀라 돌아왔다－요대 신선의 자취에서.
但溶溶－翠波如縠. (李演)
다만 넘실넘실－푸른 물결이 주름진 비단 같다.
漲江波－一匳梳掠. (陳郁)
강물이 불어나－거울로 삼아 머리를 빗는다.
恨相逢－少於行役. (蔡松年)
한스럽다 상봉이－행역보다 적음이.
甚凄凉－未忺妝束. (張翥)
몹시 처량하여－단장하려 하지 않는다.
怎敵他－晚來風急. (李淸照)
어떻게 그것으로 대적하리－저녁 되어 거세진 바람을!

—「성성만(聲聲慢)」

(4) 측평평－평평측측

更那堪－頻頻顧盼 …… 憑闌干－東風淚眼. (周邦彦)
더욱이 어찌 견디리－그저 얼굴만 보는 것을! …… 난간에 기대어－봄바람에 눈물 고인 눈으로
記當日(平聲)－朱闌共語 …… 悄無人－舟橫野渡. (廖世美)
당시를 생각하면－붉은 난간에서 함께 속삭이며 …… 고요히 아무도 없이－들판 나루에 배만 비껴 있었다.
向雕梁－初成對偶 …… 要消遣(平聲이어야 함)－除非殢酒. (趙長卿)
조각한 들보를 향해－처음으로 짝을 이루었고 …… 소일을 위해－술에 빠졌다.
怪今年－春歸太早 …… 宴親賓－團欒同(仄聲이어야 함)笑. (張鎡)
야속하게도 금년엔－봄이 너무 일찍 돌아갔다. …… 친척과 빈객을 모시고 잔치를 열어－단란하게 함께 담소했다.
傍垂楊－行行緩轡 …… 對尊前－高情暫寄. (趙善扛)

수양버들 옆에서—천천히 말을 몰고 간다. …… 술잔 앞에서—깊은 정회를 잠시 기탁한다.

鏤冰絲—紅紛綠鬧 …… 喜攙先 …… 椒盤竹爆. (方岳)

명주실로 아로새기니—울긋불긋 아우성이다. …… 기뻐 앞 다투며—산초를 담은 소반을 올리고 폭죽을 터뜨린다.

映蘿圖[63)]—星暉海爛 …… 賀朝霖—催班正殿. (吳文英)

강역을 비추니—별이 빛나고 바다가 찬란하다. …… 축하의 알현이 그치지 않아—正殿의 朝列을 재촉한다.

駕飛虯—羅浮路遠 …… 又晴霞—驚飛暮管. (吳文英)

규룡을 몰고 가는—나부의 길이 멀다. …… 또한 맑게 갠 노을이—저녁 피리에 놀라 날아간다.

綵旗翻—宜男舞徧 …… 素娥愁—天長信遠. (吳文英)

채색 기가 펄럭이고—萱草가 도처에서 춤춘다. …… 嫦娥는 슬픔에 잠겼는데—하늘 아득하고 소식은 멀다.

—「촉영요홍(燭影搖紅)」

最驚心—春光晼晩 …… 暫時來—悤悤却去. (毛幵)

가장 마음을 놀라게 한 것은—봄빛이 저무는 것 …… 잠시 왔다가는—총총히 다시 간다.

醉沈沈—庭陰轉午 …… 遍天涯—尋消問息.. (李玉)

흠뻑 취했더니—정원의 그늘이 정오에 가까워졌다. …… 하늘 가 여기저기—소식을 찾아 묻는다.

—「하신랑(賀新郎)」

※ 주의 :『사율』은 모견(毛幵)의 사에서 '春'자 아래 주를 달아 '可仄'이라고 하였지만, 어쨌든 평성을 사용하는 것이 원칙이다.

63) 텍스트에는 '蘿'가 '羅'로 되어 있는데, 誤字이다.

(5) 측평평－(평)평(측)仄

正參差－煙凝紫翠 …… 待蘇堤－歌聲散盡. (張翥)

바로 들쭉날쭉－안개가 자줏빛 푸른빛으로 맺혀 있다. …… 기다린다 蘇堤에서－노래 소리가 다 사라지는 것을.

—「다려(多麗)」

※ 주의 : 『사율』에서는 제4자가 가측(可仄)이고, 제6자가 가평(可平)이라고 하였다.

(6) 측평평－평측평측

但寒煙－衰草凝綠. (王安石)
다만 찬 안개로－시든 풀에 초록이 맺혔다.
灑西風－非雨非雪. (陳允平)
가을바람이 뿌리는 것은－비도 아니고 눈도 아니다.
拚今生－容易消瘦. (唐藝孫)
금세의 생명을 내던지니－쉽게 수척해진다.
但沙痕－空記行跡. (唐珏)
다만 모래자국이－부질없이 행적을 기억하게 한다.
葺湘荷－芳杜爲屋. (張翥)
湘水의 연잎으로 지붕을 잇고－향긋한 팥배나무로 집을 짓는다.
看尊前－雙鬢仍綠. (吳子孝)
술잔 앞에서 보니－양 살쩍이 여전히 검다.
聽商歌－歸興千里. (張輯)
처량한 노래를 들으니－천 리 밖에서 돌아가고픈 마음이 일어난다.

—「계지향(桂枝香)」

(7) 측평평－측측평측

醉芙蓉－一帳春曉. (史達祖)
부용에 취하니－온 장막 안이 봄 새벽이다.

—「환소난봉(換巢鸞鳳)」

(8) 측평평－평측측측

照黃昏－眠又未得. (劉涇)
황혼에 비추니－잠을 또 이룰 수 없다.
怕南樓－吹斷曉笛. (高觀國)
두렵다 남루에서－새벽 피리 소리 끊기는 것이.
約閭峰－多占秀碧. (蔡松年)
閭峰에 언약하니[64]－대부분 높고 푸름을 점하고 있다.
且莫(平聲)辭－花下秉燭. (張翥)
잠시 사양하지 마시게－꽃 아래서 촛불 밝히는 것을.

—「성성만(聲聲慢)」

(乙) 측각에 측각을 덧붙인 것

(1) (측)(측)측－평평평측

又軟語－商量不(平聲)定. (史達祖)
다시 부드러운 말로－의논을 멈추지 않는다.
共斜入－紅樓深處. (吳文英)
함께 비껴 들어갔다－붉은 누각 깊은 곳으로.

—「쌍쌍연(雙雙燕)」

弄笑臉－紅篩碧(平聲)沼. (宋祁)

64) 閭峰은 遼寧省 醫無閭山을 가리킨다.

웃는 얼굴을 희롱한다－붉은 체와 푸른 늪으로.
看誰是－當時風月. (程垓)
보아하니 누구였을까－당시의 기녀가?
勝花影－春燈相亂. (吳文英)
꽃 그림자보다 낫다－봄 등불 어지럽게 켜 있는 것이.
驚醉語－香紅圍繞. (周密)
취한 말에 놀라－향긋한 꽃이 빙 둘러쌌다.
更說甚－風標淸窈. (何夢桂)
더욱 힘주어 말했다－자태가 맑고 아름답다고.
又不與－巢由同調. (元好問)
다시 함께 하지 않는다－巢父와 許由의 동조자로.
又怕聽－啼花鶯曉. (張翥)
다시 듣기가 두렵다－새벽에 꽃 사이에서 꾀꼬리 우는 소리를.
辜負却－花前歡笑. (白樸)
저버리고 오히려－꽃 앞에서 기뻐 웃는다.
恍夜色－明於晴晝. (張埜)
밤빛이 황홀하여－맑은 대낮보다 밝다.

—「옥루지(屋漏遲)」

(2) 측평측－평평평측

聽氈幕－元戎歌吹 …… 嘆芳草－萋萋千里. (姜夔)
모전 천막 안에서 듣는다－大軍이 노래 부르고 피리 부는 것을. …… 아아 방초가－천 리에 걸쳐 우거져 있구나.

—「취루음(翠樓吟)」

早收拾－新愁重織 …… 又依稀－行雲消息. (張埜)
일찍 수습하니－새 슬픔이 거듭 짜인다. …… 다시 어렴풋하다－가는 구름의 소식이.

—「탈금표(奪錦標)」

※ 주의 :「탈금표」 이곳의 제3자는 평측에 구애받지 않는다.

(3) 측측측—평평측측

念自昔—豪華競逐. (王安石)
생각난다 예부터—호화로움을 다투었던 것이.
甚賦得—仙標道骨. (陳允平)
몹시 읊었다—선인과 득도자의 풍도를.
與那日—新詩換得. (李彭老)
그 날을 주어—새 시와 바꾸었다.
漸嫩菊—初篘綠酒.[65] (唐藝孫)
점차 어린 국화로—맛좋은 녹주를 갓 걸러내었다.
叙舊別—芳蒻薦玉.[66] (練恕可)
옛 이별을 적었다—향긋한 풀과 옥빛 짚방석에.
更喜薦—新篘玉液. (唐珏)
다시 기쁘게 바쳤다—새로 거른 맑은 술을.
記舊日—凡葩枉逐. (吳子孝)
생각난다 지난날—뭇 꽃을 헛되이 뒤쫓았던 것이.
料此去—清游未歇. (張炎)
생각하면 여기서 떠나—청아한 유람이 그치지 않았다.
甚兩兩—凌風駕虎. (詹正)
짝을 이루어—바람을 가르며 호랑이를 몬다.
看萬里—跳龍躍虎. (王學文)
바라보니 만 리에—용과 호랑이가 도약한다.

—「계지향(桂枝香)」

更滴滴—頻迴盼睞. (賀鑄)
더욱이 눈물방울 흘리며—자주 되돌아본다.

---

65) 텍스트에는 '篘'가 '蒻'로 되어 있는데, 誤字이다.
66) 텍스트에는 '蒻'가 '篘'로 되어 있는데, 誤字이다.

晝寂寂－梳勻又嬾. (呂渭老)

낮에 적적하여－머리를 빗다가는 이내 싫증이 난다.

—「박행(薄倖)」

誤幾度－回廊夜色. (張元幹)

몇 번이나 그르쳤던가－회랑의 밤빛을?

—「유초청(柳梢青)」

(4) 측측측－평평(평)측

映夾岸－星榆點綴 …… 恁恐把－歡娛容易. (歐陽修)

물가 양쪽을 비추며－뭇 별들이 점철되어 있다. …… 이렇게 잡기가 두렵다－즐거움 쉽게 사라지니.

別淚作－人間曉雨 …… 共一訪－癡牛騃女. (黃庭堅)

이별의 눈물이 흘러－인간 세상에 새벽 비가 내린다. …… 함께 찾아간다－어리석은 견우와 직녀를.

便勝却－人間無數 …… 又豈在－朝朝暮暮. (秦觀)

오히려 낫다－인간세상의 무수한 만남보다. …… 또한 어찌－조석으로 만나야만 하리?

無計學－雙鸞幷駕 …… 怎奈向－月(平聲)明今夜. (李之儀)

배울 방법이 없다－쌍 난새를 함께 모는 것을. …… 어찌 하리－달 밝은 오늘 밤을.

又冷落－一(平聲)時吹醒 …… 更肯被－游絲牽引. (毛滂)

다시 쓸쓸하구나－한 때의 피리 소리에 술에서 깨니 …… 더욱이 어찌 하나－흩날리는 거미줄이 끌어당기니.

忍便擁－雙旌歸去 …… 早晩是－西樓望處. (舒亶)

차마 쌍 깃발 부여잡고 돌아가지 못하겠다. …… 아침저녁으로－서루에서 바라본다.

喜共浥－初筵淸露 …… 爲一洗－朦朧今古. (葛勝仲)

기꺼이 함께 젖는다－첫 연회에서 맑은 이슬에. …… 단번에 씻어낸다－몽롱한 고금을.

—「작교선(鵲橋仙)」

(5) 측측측—(평)평평측

但暗憶—江南江北 …… 又却怨—玉龍哀曲. (姜夔)

다만 남몰래 추억한다—강남과 강북을. …… 다시 원망한다—옥룡 피리가 부는 슬픈 곡을.

緩步出—前村時節 …… 照水底—珊瑚疑活. (張炎)

천천히 걸어 나와—앞마을에 이르렀을 때 …… 물밑을 비추니—산호처럼 살아 있는 듯하였다.

—「소영(疎影)」

奈燕子—不曾飛去. (史達祖)

어찌하나 제비가—일찍이 날아가지 않은 것을.

自剪下—機中輕素. (晏幾道)

스스로 잘라 내렸다—베틀 안의 가벼운 흰 명주를.

—「해패령(解珮令)」

(6) 평측측—(평)평평측

都忘(平聲)却—春風詞筆 …… 千樹壓—西湖寒碧. (姜夔)

모두 잊었다—봄바람에 읊조리던 그 솜씨를. …… 천 그루 나무가 짓눌렀다—서호의 차고 푸른 물을.

分付與—元暉才筆 …… 今古但—雙流一(平聲)碧. (陳允平)

줄 것을 분부했다—원휘에게 문필의 재능을. …… 예나 지금이나—두 물줄기가 한결같이 푸르다.

流水遠—幾回空憶 …… 無數滿—汀洲如昔. (張炎)

흐르는 물 멀어—몇 번이나 헛되이 추억했던가? …… 무수히 가득 찼다—정주에 전처럼.

猶未減－當時行樂 …… 輕誤了－燈前深約. (張炎)

아직 줄어들지 않았다－당시의 행락이. …… 가벼이 그르쳤다－등불 앞에서의 굳은 언약을.

—「암향(暗香)」

都不見－踏青挑菜. (賀鑄)

도무지 보이지 않는다－답청하며 야채를 뜯던 여인이.

携手處－花明月(平聲)滿. (呂渭老)

손 붙잡던 곳은－꽃 환하고 달이 둥글다.

—「박행(薄倖)」

(7) 측측측－평평평측

但燕子－歸來幽寂 …… 奈老去－流光堪惜. (毛幵)

제비만이－적막 속에 돌아왔다. …… 어찌하나 늙어가며－흐르는 세월이 아쉬운 것을.

漸玉枕－騰騰春醒 …… 又只恐－甁沈金井. (李玉)

점차 옥 베개에서－어렴풋이 술이 깬다. …… 또한 다만 두렵다－병이 우물에 빠질까 봐.

—「하신랑(賀新郎)」

(8) 측평측－(측)평평측

酒闌後－欲行難去 …… 對鸞鏡－終朝凝竚. (趙長卿)

술자리가 끝난 후－가려고 해도 갈 수가 없다. …… 난새 거울을 마주하고－동이 트도록 물끄러미 서 있다.

更誰勸－流鶯聲住 …… 却不(平聲)解－帶將愁去. (辛棄疾)

또 누가－꾀꼬리 울음소리를 멈추게 하랴? …… 오히려 모른다－수심을 가지고 갈 줄을.

又都被－杜鵑催儹 …… 奈依舊－夜寒人遠. (程垓)

또한 모두가－두견에게 독촉 받았다. …… 어찌하나 여전히－밤은 차고 사람은 멀리 있으니.

爲花醉－一鞭春色 …… 亂紅碎－一庭風月. (劉過)

꽃에 취하여－봄빛을 채찍질했다. …… 꽃들이 어지럽게 흐드러졌다－온 정원 바람과 달빛 아래.

—「축영대근(祝英臺近)」

(9) (평)(측)측－(평)평(평)측

看楚女－纖腰一(平聲)把 …… 惟只見－舊情衰謝. (周邦彦)

초녀를 보니－가는 허리가 한 손에 잡힐 듯 …… 다만 보인다－옛 정이 시들해진 것이.

幾曾放－好春閑了 …… 都緣是－那時年少. (周邦彦)

일찍이 몇 번이나 놓아두었던가－좋은 봄이 한가히 지나가도록? …… 모두가 그 당시 젊었기 때문이지.

對好景－芳尊滿把 …… 愁萬炬－絳蓮分謝. (方千里)

좋은 경치를 대하고－향긋한 술잔을 가득 쥐었다. …… 슬프다 수많은 횃불 같은－붉은 연꽃이 시들어 떨어지니.

空點點－年華別淚 …… 應剪斷－紅情綠意. (吳文英)

부질없이 방울방울 떨어지는－세월 속 이별의 눈물. …… 끊어버려야 하리－남녀 간의 정을.

愛雪柳－蛾兒笑把 …… 東風裏－萬紅初謝. (陳允平)

雪柳와 蛾兒를 좋아하여 웃으며 잡았다.[67] …… 봄바람 속에－온갖 꽃들이 지기 시작했다.

—「해어화(解語花)」

※ 주의 :『사율』에서는 제6자가 가측(可仄)이라고 말하지 않았다.

曾記得－少陵舊語. (晏幾道)

67) '雪柳'와 '蛾兒'는 대보름 밤에 여성들이 머리에 꽂던 장식물이다.

일찍이 기억한다—소릉의 옛 말을.

笑粉蝶—游蜂未覺. (張先)

비웃는다 하얀 나비를—나다니는 벌을 아직 깨닫지 못하니.

無非是—奇容艶色. (柳永)

기이하고 아름다운 용모가 아닌 것이 없다.

愁目斷—孤帆明滅. (蘇軾)

슬픔 속에 시야에서 사라진다—외로운 돛배가 명멸하다가.

雪又滿—晚來風急. (周紫芝)

눈이 다시 가득하다—저녁에 바람 거세더니.

—「만강홍(滿江紅)」

(10) (평)(측)측—(평)평평측

看灑落—仙人風表 …… 好贊助—淸時廊廟. (高觀國)

바라본다 거리낌없는—선인의 풍도를 …… 돕기에 좋다—청명한 시절의 조정이.

怕煩惱—詩邊心緖 …… 願歲歲—春風相遇. (高觀國)

시 언저리에서 마음의 번뇌가 두렵다. …… 원컨대 해마다—봄바람을 만나기를.

做弄出—輕風纖軟 …… 便放慢—春衫鍼線. (史達祖)

만들어낸다—가벼운 바람을 부드럽게. …… 천천히 놓아두었다—봄 적삼 바느질을.

想占斷—東風來處 …… 怎忍俊—天街酥雨. (史達祖)

모두 차지하고 싶다—봄바람이 오는 곳을. …… 어찌 차마 빼어날까—하늘거리 매끄러운 빗속에서.

照花影——(平聲)天春聚 …… 念嬌俊—知人無據. (史達祖)

꽃 그림자 비추니—온 하늘에 봄이 모였다. …… 아름답고 빼어난 사람을 생각하니—사람은 의거할 수 없음을 알겠다.

誰驚起—曉來梳掠 …… 記半面—淺窺珠箔. (張翥)

누가 놀라 일어나서—새벽에 머리를 빗을까? …… 생각난다 반쪽 얼굴로—살짝 주렴 안을 엿보았던 일이.

—「동풍제일지(東風第一枝)」

※ 주의 : 제4자는 본래 평성을 써야 하는데, 장저(張翥)가 측성으로 바꾸어 썼다.

(11) 평측측－측평측측

香夢醒－幾花暗吐. (高觀國)
단꿈에서 깨어나니－몇 송이 꽃을 몰래 토했을까?
青未了－柳回白眼. (史達祖)
푸름이 끝나지 않았는데－새 버들잎에 흰 눈이 돌아왔다.
今夜覓－夢池秀句. (史達祖)
오늘밤 찾는다－꿈에서 얻은 "池塘生春草"같은 빼어난 시구를.
雲淡淡－粉痕漸薄. (張翥)
구름 담담하고－분자국은 점차 옅어진다.

―「동풍제일지(東風第一枝)」

※ 주의 : 이 예들은 후결(後関)의 수구(首句)여서, (10)과 다르다.

吹盡也－幾時見得. (姜夔)
바람에 다 떨어졌으니－언제나 그 자태 다시 볼까?
催去也－再調玉鼎. (趙以夫)
갈 것을 재촉한다－다시 國運을 조절하러.
湖上柳－兩堤翠匝. (吳文英)
호숫가 버들이－양쪽 둑을 초록으로 둘렀다.
蓑共笠－小舟泛得. (陳允平)
도롱이 걸치고 삿갓 쓰고－작은 배를 띄웠다.
烟浪裏－臥橫紫笛. (張炎)
안개 물결 속에서－누운 채 자줏빛 피리를 비껴 분다.
堤上柳－此時共折. (張炎)
제방 위의 버들가지를－이때에 함께 꺾는다.
歸未得－幾曾忘(去聲)却. (張炎)

아직 돌아가지 못한 것을—일찍이 언젠들 잊었으리?

—「암향(暗香)」

(12) 평측측—측평평측

楊柳岸—曉風殘月. (柳永)
버들 늘어선 물가에—새벽바람 불고 조각달 걸렸으리.
新穀破—雪堆香粒. (黃裳)
새 곡식을 탈곡하니—향긋한 낟알이 눈처럼 쌓인다.

—「우림령(雨霖鈴)」

(13) 측측측—측평평측

謾幾度—淚痕相照. (史達祖)
몇 번이나 헛되이—눈물자국을 비추었던가.

—「환소난봉(換巢鸞鳳)」

(14) 측(평)측—(측)평(평)측

未彈了—昭君遺怨 …… 競嘆賞—檀槽倚困. (晁補之)
아직 다 연주하지 않았다—왕소군이 남긴 원한을. …… 다투어 칭찬한다—노곤히 기대어 타는 비파소리를.
自湖上—愛梅仙遠 …… 見一片—水天無際. (張翥)
호숫가에서—멀리 있는 梅仙이 사랑스럽다. …… 바라보니 한 조각—물과 하늘에 끝이 없다.
畫堂迥—玉簪瓊珮 …… 忍分散—彩雲歸後. (聶冠卿)
채색 집은 멀다—옥비녀와 패옥 찬 그녀의. …… 어찌 차마 흩어지랴—채운이 돌아간 후.

—「다려(多麗)」

※ 주의 : 제4자와 제6자는 평측에 구애받지 않긴 하지만 두 글자가 다 측성이어서는 안 된다. 앞의 (9)와 같다.

(丙) 측각에 평각을 덧붙인 것

(1) 평(평)측－(측)측평평

空回首－彈鋏悲歌 …… 應爛汝－腰下長柯. (蘇軾)

공연히 돌이켜본다－칼자루 두들기며 슬픈 노래 부르던 일을. …… 네 허리 밑의 도끼자루가 응당 썩을 것이다.

悠悠過－烟渚沙汀 …… 塵勞事－有耳誰聽. (秦觀)

유유히 지난다－안개 서린 모래섬을. …… 세속의 번거로운 일－귀가 있다해도 누가 들으리?

空自許－激烈寒謳 …… 丹楓外－江色凝秋. (晁補之)

부질없이 자부하였다－격렬하고 쓸쓸한 노래를. …… 단풍 너머로－강 빛엔 가을이 맺혀 있다.

東籬下－黃菊闌珊 …… 留不住－當日朱顏. (舒亶)

동쪽 울타리 밑에－노란 국화가 시들었다.－머물게 할 수 없다－당시의 붉은 얼굴을.

星橋外－香靄霏霏 …… 嫦娥怨－底事來遲. (趙長卿)

은하수 다리 너머－구름 향기롭다. …… 항아는 원망한다－무슨 일로 오는 것이 늦을까?

依舊是－萍滿春池 …… 空腸斷－怎得春知. (辛棄疾)

여전히－봄 못에 부평초가 가득하다. …… 공연히 애가 끊기니－어떻게 봄이 알까?

—「만정방(滿庭芳)」

風細細－雲日斑斑 …… 淸世裏－曾共人閑. (晁補之)

바람 부드럽고－구름 뒤의 태양이 선명하다. …… 맑은 세상에서－일찍이 사람들 함께 한가했다.

秋較淺－不似情深 …… 人間事－獨此難禁. (吳元可)

가을은 얄팍하여－정이 깊은 것 같지 않다. …… 인간사에서－유독 이것은 금하기 어렵다.

香細細－粉瘦瓊閑 …… 花似我－蓬鬢霜斑. (侯寘)

향기 미세한데－분 바른 얼굴 수척하고 옥 같은 자태 한아하다. …… 꽃도 나처럼 흩뜨려진 머리 희끗희끗하다.

多少事－欲說還休 …… 應念我－終日凝眸. (李淸照)

수많은 옛일을－말하려다 그만둔다. …… 응당 알겠지－내가 왜 종일 먼 곳을 물끄러미 바라보는지.

剛剛踢－誤掛花間 …… 春去也－欲轉何官. (趙文)

방금 찼더니－꽃 사이에 잘못 걸렸다. …… 봄이 가니－무슨 관직으로 바꾸어야 하나?

—「봉황대상억취소(鳳凰臺上憶吹簫)」

(2) 평측측－측측평평

空見說－鬢怯瓊梳. (周邦彦)

헛되이 들었다－옥 빗으로 머리 빗는 그녀의 마음 조마조마하다고

—「과진루(過秦樓)」

※ 주의 : 이 구는 11자구로 볼 수도 있다. 왜냐하면 다음의 "容銷金鏡" 4자를 앞에 붙여서 읽을 수도 있기 때문이다.

(3) 평측측－평측측평

君聽取－鶯囀綠窗. (蔣捷)

그대 들으시게－푸른 창가에서 꾀꼬리 우는 소리를.

天意教(仄聲이어야 함)－人月更圓. (吳禮之)

하늘의 뜻이－사람과 달을 더욱 둥글게 하였다.

—「희천앵(喜遷鶯)」

(4) 측평측－측측평평

萬千事－欲說還休. (馮艾子)
수많은 일을－말하려다 그만둔다.

—「춘풍요나(春風嫋娜)」

(5) (측)측측－(측)측평평

但怪得－竹外疏花. (姜夔)
다만 이상하게도－대숲 너머 몇 그루 매화가.
向歲晩－竹翠松蒼. (趙以夫)
한 해가 저물어가도－대와 소나무는 여전히 푸르다.
盡換却－吳水吳烟. (吳文英)
모두 바뀌었다－오 땅의 물과 안개로.
烟溦闊－雲遠波平. (陳允平)
안개 낀 물가 드넓은데－구름 아득하고 물결 잔잔하다.

—「암향(暗香)」

(丁) 평각에 평각을 덧붙인 것

(1) 측평平－(측)측평평

有邦人－萬口同聲 …… 看封留－亘古功名. (趙長卿)

나라 사람들이－모두 이구동성이다. …… 공을 이루고 물러남을 보니－예로부터의 참된 공명이로다.

把銅壺－緩泛金杯[68] …… 看流芳－繼踵韋平. (張元幹)

구리 단지에－천천히 금 술잔을 띄웠다. …… 널리 퍼진 명성을 보니－韋賢・韋玄成 부자와 平當・平晏 부자를 이었도다.

捲珠簾－盡日笙歌 …… 喜皇都－舊日風光. (康與之)

68) 텍스트에는 '緩'이 '暖'으로 되어 있는데, 誤字이다.

주렴을 걷으니－종일토록 생황 노래. …… 기쁘다 황도에－옛날의 풍광이 보이니.

又誰知－天上黃姑 …… 最難禁－扇底橫枝. (侯寘)

또한 누가 알까－하늘의 견우성을? …… 가장 금하기 어렵다－부채 밑의 가로놓인 가지를.

倚東風－一笑嫣然 …… 但傷心－冷落黃昏. (辛棄疾)

봄바람에 의지해－방긋 웃는다. …… 다만 마음 상하는 건－쓸쓸한 황혼이다.

自簫聲－吹落雲東 …… 對南溪－桃萼翻紅. (史達祖)

퉁소 소리로부터－바람 불어 떨어지고 구름은 동쪽으로 간다. …… 남쪽 계곡을 마주하고－복사꽃이 붉게 흩날린다.

—「서학선(瑞鶴仙)」

甚荒溝－一片淒涼 …… 記陰陰－綠遍江南. (張炎)

몹시 황량한 도랑에－한 조각 처량한 분위기 …… 생각난다 그늘 짙게－곳곳이 푸르렀던 강남이.

漸驚他－秋老梧桐 …… 一聲聲－滴在疏篷. (張翥)

점차 그를 놀라게 한다－가을에 늙는 오동이 …… 한 마디 한 마디－성긴 뜸에 떨어진다.

—「기라향(綺羅香)」

嘆飄零－亭上黃昏 …… 最愁人－啼鳥晴明. (吳文英)

영락을 한탄한다－황혼에 정자에서. …… 가장 슬프게 하는 건－맑게 갠 날의 새 울음소리.

未歸來－應戀花洲 …… 杏園詩－應待先題. (吳文英)

돌아가기도 전에－화주를 그리워하리. …… 행원의 시를－먼저 짓기 기다리리.

好傷情－春也難留 …… 莫思量－楊柳灣西. (蔣捷)

마음을 다치기 쉬워－봄을 머물게 하기 어렵다. …… 생각을 말아야지－버드나무 늘어선 물굽이 서쪽을.

更悽然－萬綠西泠[69] …… 莫開簾－怕見飛花. (張炎)

---

69) 텍스트에는 '泠'이 '冷'으로 되어 있는데, 誤字이다. 西泠은 西湖의 다리 이름이다.

더욱 처량하다－녹음 우거진 西泠橋…… 주렴을 열지 말라－흩날리는 꽃 보기가 두렵구나.

夜沈沈－不信歸魂…… 更關情－秋水人家. (張炎)

깊은 밤－혼이 돌아온 것을 믿지 않는다. …… 더욱 마음을 움직인다－가을 물가의 인가가.

儘蕭閑－浴硏臨池…… 照窗明－小字珠璣. (李彭老)

참으로 조용하다－벼루를 씻으러 못에 갔더니…… 밝은 창에 비추어본다－구슬에 쓴 작은 글자를.

—「고양대(高陽臺)」

(2) 측(평)평－(측)측평평

寶輿還－花滿鈞臺[70]…… 共乘歡－怎忍歸來. (宋 徽宗)

화려한 수레가 돌아왔다－꽃 가득한 鈞臺에서. …… 함께 한창 즐거우니－어찌 차마 돌아가랴?

笑等閑－桃李芳菲…… 殢東君－只索饒伊. (宋 徽宗)

웃으며 소홀히 한다－도리화를. …… 春神에 매달려－다만 풍성함을 찾는다.

有許多－瀟灑淸奇…… 儘忙時－也不相離. (李彌遠)

허다하다－말쑥하고 기이한 것이. …… 바쁠 때에도－서로 떨어지지 않는다.

占冷妝－不爲人姸…… 對翠禽－依約神仙. (吳潛)

단장에 무관심하니－남을 위해 예쁘게 차리고 싶지 않다. …… 파랑새를 대하니－어렴풋이 신선 같다.

趁西風－不響雲尖…… 映楓林－鉤玉纖纖. (吳文英)

가을바람을 뒤쫓아－구름 끝에 울리지 않는다. …… 풍림에 비치니－고리 옥이 섬세하다.

染征衫－點點紅滋…… 散春紅－點破梅枝. (石孝友)

여행 적삼을 물들이며－점점이 붉은 빛이 번져 간다. …… 봄의 붉은 빛을 흩뜨리며－가지에서 매화가 점점이 꽃망울을 터뜨린다.

—「성성만(聲聲慢)」(平聲韻)

70) 텍스트에는 '鈞'이 '鈞'로 되어 있는데, 誤字이다.

(3) 측평평－측측평평

到歸時－定有殘英. (周邦彦)
돌아갔을 때－분명 남아 있는 꽃이 있으리라.
再相逢－棄解雕鞍. (方千里)
다시 만나－아로새긴 안장을 풀어버렸다.
踏青歸－醉宿蘭舟. (陳允平)
답청 시절에－취하여 목란 배에 묵었다.
最難禁－向晚凄凉. (王沂孫)
가장 금하기 어려운 건－저물녘의 처량함이다.
傍新晴－隔柳呼船. (張炎)
날이 갤 무렵－버드나무 뒤에서 배를 불렀다.
倚何時－再覓珍叢. (蕭允之)
언제나－진귀한 떨기를 다시 찾을까?
望瑤階－窣地雙鴛. (無名氏)
옥섬돌에서 바라본다－갑자기 나타난 쌍 원앙을.

—「쇄창한(鎖窗寒)」

恨人間－會少離多 …… 聽窗前－淚雨浪浪. (張埜)
한스럽다 인간 세상에－만남은 적고 이별이 많은 것을. …… 창 앞에서 듣는다－눈물이 비처럼 흐르는 소리를.

—「탈금표(奪錦標)」

(4) 측평평－(평)측측평

聽行歌－猶在禁街. (宋 徽宗)
들린다 걸으며 부르는 노래가－아직 경성의 가도에 있구나.
算百(平聲)花－猶自未知. (宋 徽宗)
생각하면 온갖 꽃은－오히려 자신을 아직 모른다.
怨王孫－猶自未歸. (趙長卿)

원망스럽다 왕손이－아직 스스로 돌아가지 않았으니.
到成陰－終待共游. (趙長卿)
녹음이 우거지면－함께 나들이하기를 끝내 기다린다.
膽瓶兒－枕畔數枝. (李彌遠)
목이 긴 화병에－몇 가지 꽂아 베개 맡에 놓았다.
願年年－人似舊游. (辛棄疾)
원컨대 해마다－예전처럼 나들이할 수 있기를!
怕征人－淚落塞邊. (吳文英)
두렵다 멀리 떠난 사람－변새에서 눈물 흘릴까 봐.
帶黃花－須插滿頭. (周密)
노란 국화를 가져와－머리 가득 꽂아야 하리.
望幷州－却是故鄉. (張炎)
병주를 바라보니－오히려 고향 같다.
甚閑人－猶自未閑. (張炎)
어찌하여 한가한 사람이－오히려 한가하지 않을까?
怕東風－猶在杏花. (尹濟翁)
두렵다 봄바람이－여전히 살구꽃에 불까 봐.
聽江頭－腸斷數聲. (張翥)
듣는다 강가에서－단장의 몇 마디 소리를.

—「성성만(聲聲慢)」(平聲韻)

(5) 측평평－평측측평

想閒窗－鍼線倦拈. (楊无咎)
한가한 창을 생각하면－바느질하기가 내키지 않는다.
待何時－重睹太平. (張先)
어느 때를 기다려－태평성대를 다시 볼까?
想東園－桃李自春. (周邦彦)
동쪽 동산을 생각하니－도리화가 절로 봄이다.
算章臺－楊柳尙存. (方千里)

생각해보면 장대에－양류가 아직 그대로 있다.
問如今－山館水村. (王沂孫)
지금 어떤가 하고 묻는다－산관과 수촌이.
那知人－彈折素絃. (張炎)
누군지 어찌 아나－거문고 타는 사람이?
想竹間－高閣半間. (張炎)
생각하니 대숲 사이로－높은 누각이 반 칸이다.
似無情－重霧又垂. (無名氏)
무정한 것 같다－겹겹의 안개가 다시 드리우니.

—「쇄창한(鎖窓寒)」

※ 주의 : 이것은 「쇄창한」 후결 제7구인데, 어쩌다 전결 제6구의 평측과 상통하여 뒤쪽 4자가 측평측평으로 변하기도 한다. 예를 들면 오문영(吳文英)의 "比來時－瘦肌更消(근래에 들어－파리한 몸이 더욱 야위었다)"와 소윤지(蕭允之)의 "斜(仄聲이어야 함)陽又西(석양이 다시 西山에 기울었다)" 등이 있다. 다음의 (6)을 참고하라.

(6) 측평평－측평측평

灑空階－夜('更'으로 된 경우도 있는데, 잘못임)闌未休. (周邦彦)
텅 빈 계단에 뿌려지는 것이－밤이 이슥한데도 그치지 않는다.
奈春光－困人正濃. (方千里)
어찌하나 봄빛이－괴로운 사람을 짙게 비추고 있으니.
傍鞦韆－紅(仄聲이어야 함)雲半濕(平聲). (陳允平)
그네 옆이－붉은 구름에 반쯤 젖었다.
看梅階－雪痕乍鋪. (王沂孫)
매화 섬돌을 보니－눈 자국이 갑자기 뒤덮었다.
想曲(平聲)江－水邊麗人. (張先)
생각난다 곡강의－물가에 있던 고운 사람이.
渺征槎－去乘閬風. (吳文英)

아득히 옛목으로－높은 바람을 타고 갔다.

想如今－醉魂未醒. (張炎)

생각하면 지금－취한 혼이 아직 깨어나지 않았다.

愛空紋－巧匀曲波. (無名氏)

좋아한다 하늘의 무늬가－교묘하고 고르게 굽이친 것을.

怕依然－舊時燕歸. (張炎)

두렵다 여전히－예전의 제비가 돌아온 것이.

—「쇄창한(鎖窓寒)」

※ 주의 : 이것은 「쇄창한」 전결 제6구인데, 어쩌다 후결 제7구의 평측과 상통하여 뒤쪽 4자가 평측측평으로 변하기도 한다. 예를 들면 양무구(楊无咎)의 "憶前回－庭樹未春(석양이 다시 西山에 기울었다)"과 소윤지(蕭允之)의 "對東風－回首舊游(봄바람을 대하고－머리 돌려 지난 나들이를 생각한다)" 등이 있다.

(7) 측측평－(측)측평평

想佩環－月夜歸來 …… 等恁時－重覓幽香. (姜夔)

아마도 패옥 차고－달밤에 돌아왔으리. …… 이때에 이르러－그윽한 향기를 다시 찾는다.

看夜深－竹外橫斜 …… 做弄得(平聲)－酒醒天寒. (張炎)

바라본다 깊은 밤－대숲 옆에 비스듬히 서 있는 모습을 …… 환영은 사라졌다－술은 깨고 날은 추운데.

—「소영(疎影)」

(8) 평측평－평측평평

簫鼓喧－人影參差 …… 淸漏移－飛蓋歸來. (周邦彦)

퉁소와 북소리 시끄럽고－사람 그림자 들쭉날쭉 오고간다. …… 밤이 깊어－수레를 나는 듯이 몰아 돌아온다.

芳意闌－可(平聲이어야 함)惜香心 …… 驚夢回－懶(平聲이어야 함)說相思.

(周邦彦)

봄기운 지나가—꽃다운 마음이 아쉽다. …… 꿈에서 깨어나니—그리움을 말하고 싶지 않다.

花霧濃—燈火熒煌 …… 更漏殘—驚聽西樓. (方千里)

꽃 안개 짙고—등불 환하게 빛난다. …… 얼마 안 남은 물시계 소리를—서루에서 놀라 듣는다.

花鬢愁—釵股籠寒 …… 沈醉歸—殘角霜天. (陳允平)

꽃술은 슬프고—가지의 가장귀는 추위에 덮였다. …… 흠뻑 취해 돌아가니—서리 빛 하늘에 뿔피리 소리 여운진다.

—「해어화(解語花)」

(9) 측(평)평—평측평평

記畫堂—風月逢迎. (賀鑄)

생각난다 채색한 집에서—바람과 달을 맞이했던 일이.

記年時—偸擲春心. (呂渭老)

생각난다 그 시절—몰래 춘정을 전했던 일이.

—「박행(薄倖)」

(戊) 평각 또는 측각에 측각을 덧붙인 것

(1) 측(평)(평)—평(평)측측

過短亭—何用素約. (周邦彦)

短亭에 가는 건—평소의 약속이 무슨 필요 있으랴?

念當年—悲傷宋玉. (趙長卿)

생각하면 그 당시에—송옥의 처지를 슬퍼하였다.

擁南斗—光中一醉. (趙長卿)

남두성을 안고—빛 속에서 크게 취하였다.

怕韶光—容易過却. (張元幹)

두렵다 봄빛이－쉽사리 지나갈 것이.

見銀燭－星毬有爛. (康與之)

바라보니 은촛대 위로－은하수가 환히 빛난다.

索新詞－猶自怨別. (康與之)

새 사를 찾으려니－오히려 이별이 원망스럽다.

認殘梅－吹散晝角. (曾覿)

남은 매화를 확인하였는데－뿔피리 불어 흩어진다.

更曉來－雲陰雨重. (楊无咎)

더욱이 날이 밝아오며－구름 짙고 비 거세졌다.

更何堪－臨岐送客. (侯寘)

더욱이 어찌 견디나－갈림길에서 나그네 전송하는 것을.

嘆何時－重見桂菊. (侯寘)

아아 언제나－다시 계수나무와 국화를 볼 수 있을까?

更重重－龍綃襯著. (辛棄疾)

다시 겹겹이－용초로 받쳐 입었다.

正遐想－幽人泉(仄聲이어야 함)石. (辛棄疾)

마침 멀리 생각한다－은둔자의 샘과 바위를.

尙巖花－嬌黃半吐. (袁去華)

여전히 바위 꽃이－어여쁜 노란 빛을 반쯤 토하고 있다.

種桃花－親煩素手. (趙彥端)

복사꽃을 심으려고－직접 하얀 손을 번거롭게 했다.

甚偏與－芒鞵相(仄聲이어야 함)稱. (高觀國)

몹시도－짚신과 잘 어울린다.

便不念－芳盟未穩. (史達祖)

생각지 않는다－가약이 아직 확고하지 않다고.

恨別來－辜負厚約. (方千里)

한스럽게도 이별 후－굳은 언약을 저버렸다.

暮砧催－銀屛剪尺. (吳文英)

저녁 다듬이 소리가 재촉한다－은빛 병풍 아래의 재단을.

似追昔－芳銷艶滅. (蔣捷)

지난날을 추억하니－예쁜 꽃들은 모두 사라진 것 같다.

尙隱約－當時院宇. (張炎)
아직 어렴풋하다－당시의 뜰과 집이.

—「서학선(瑞鶴仙)」

(2) 측평평(또는 (측)(측)측)－(평)평(평)측

剪紅蓮－滿城開徧 …… 問歸期－相思望斷. (歐陽修)
잘라낸다 붉은 연꽃을－온 성에 두루 피었다. …… 돌아올 때를 물으니－그리움에 시선이 끊긴다.
照文星－老人星聚 …… 雁不來－啼鴉無數. (黃庭堅)
文星을 비추니－노인성이 모인다. …… 기러기는 오지 않고－울어대는 까마귀만 무수하다.
儘湖南－山明水秀 …… 綠成陰－靑梅如豆. (黃庭堅)
호남을 다 둘러보아도－산수가 수려하다. …… 녹음이 우거지니－푸른 매실이 콩과 같다.
堪一飮－霜毛却翠 …… 倒尊空－燭堆紅淚. (晁補之)
한잔 술을 마시니－센 머리가 다시 검어진다. …… 술잔을 비우니－촛불에 붉은 눈물이 쌓인다.
過西風－飛鴻去後 …… 看一曲－尊前舞袖. (晁補之)
가을바람이 지나간다－기러기 날아간 후에. …… 바라본다 곡조에 맞추어－술잔 앞에서 춤추는 소매를.
悄無箇－眼中翹秀 …… 把相思－翻成紅豆. (李之儀)
근심스럽게도 없구나－눈에 드는 걸출한 인재가. …… 그리움을 붙잡아－애정으로 만들었다.
更忍把－一杯重勸 …… 應醉戀－曲江池館. (李元膺)
더욱 어찌 참을까－술 한 잔 다시 권하는 것을. …… 사랑하는 이에 취하리－곡강 못의 객사에서.
拊輕榔－游魚驚避 …… 泛一棹－夷猶未已. (周邦彦)
가볍게 막대기를 치니－돌아다니던 물고기들이 놀라 피하고 …… 배를 띄워 노를 저으니－여유로움이 그치지 않는다.

是當年－仙翁手植 …… 更愁入－山陽夜笛. (姜夔)

그 해였지－仙人이 손수 심은 것이. …… 더욱 슬픔에 들었다－산양에서의 밤 피리 소리에.

好一箇－無聊底我 …… 落梅村－籃輿夜過. (陸游)

좋다 한 사람의－무료한 나에게는. …… 매화 떨어지는 마을에－대 가마가 밤에 지나간다.

又還傍－綠楊輕避 …… 問此恨－何時是已. (方千里)

다시 곁으로 돌아오니－푸른 버들이 가볍게 피한다. …… 묻는다 이 한이－언제 끝나느냐고.

雨初晴－嬌雲弄暖 …… 想怕晚－貪春未慣. (石孝友)

비가 그치고 개니－아름다운 구름이 따뜻함을 희롱한다. …… 생각난다 늦는 것이 겁나－봄을 탐했지만 익숙하지 못했다.

—「맥산계(驀山溪)」

(3) 측(평)(측)－(측)평평측

似花繞－斜陽芳樹 …… 盡化作－斷霞千縷. (張炎)

꽃들이 에두른 것 같다－석양의 향긋한 나무들을. …… 모두 변화했다－노을이 조각나 천 가닥 실로.

藕花外－嫩涼消暑 …… 又怎禁－夜深風雨. (張翥)

연꽃 너머로－약한 서늘함이 더위를 쫓아낸다. …… 또한 어찌 금할까－깊은 밤의 비바람을?

—「기라향(綺羅香)」

(ㄹ) 평각 또는 측각에 평각을 덧붙인 것

(1) 측측평－평측평평

意轉新－無奈吟魂 …… 要等得－明日新晴. (高觀國)

뜻이 새로워져－시 읊는 혼을 어쩔 수 없다. …… 기다려야 한다－내일 새로 개기를.

似妙句－何遜揚州 …… 羨韻高－只有松筠. (高觀國)

妙句 같다－하손이 양주에서 지은. …… 부럽다 운치가 높은 것을－오직 소나무와 대나무가 있다.

料故園－不(平聲)捲重簾 …… 怕鳳韡[71]－挑菜歸來. (史達祖)

생각하면 옛 동산에서－겹겹의 주렴을 걷지 않았다. …… 두렵구나 가죽신 신고－挑菜節[72]에 돌아올 것이.

暗惹起－一(平聲)掬相思 …… 待過了－一(平聲)月燈期. (史達祖)

슬며시 솟구친다－한 움큼의 그리움이 …… 기다리다 지나갔다－일월의 꽃등 시기가.

看翠光－金縷相交 …… 想袖寒－珠絡藏香. (史達祖)

바라보니 푸른빛이－금실과 서로 교차한다. …… 생각하면 찬 소매에－주옥 매달고 향 감추었다.

是月斜－窗外么禽 …… 甚時(仄聲이어야 함)得－重寫鸞箋. (張翥)

달은 기울었는데－창 밖에 작은 새 운다. …… 언제나－난새 편지지에 다시 쓸 수 있을까?

喜鳳釵－鑱卸珠幡 …… 好趁閑－共(平聲이어야 함)整吟韉. (趙崇霄)

기꺼이 봉황 비녀로－주옥 깃발을 떼어냈다. …… 즐겨 한가함을 틈타－함께 시인의 언치를 손질했다.

—「동풍제일지(東風第一枝)」

43.6 이와 같은 상삼하사(上三下四)의 7자구도 14자를 사용하여 대장(對仗)을 만들 수 있다. 예를 들면 다음과 같다.

(1) 측평평－(평)평(측)측; (평)(평)측－(측)측평평

館娃歸－吳臺游鹿; 銅仙去－漢苑飛螢. (張翥)

館娃宮에 돌아오니－吳臺에 사슴이 뛰놀고; 金銅仙人이 가니－한나라 궁원

71) 텍스트에는 '鳳'이 '風'으로 되어 있는데, 誤字이다.

72) 唐宋 이래 음력 2월 2일을 挑菜節이라고 하였다.

에 반딧불이 난다.

藕花深－雨涼翡翠; 菰蒲軟－風弄蜻蜓. (張翥)

연꽃 깊숙한데－비취 잎에 빗방울 차갑고; 줄풀 연한데－바람이 잠자리를 희롱한다.

—「다려(多麗)」

(2) 평측측－평평측측; 평측측－평측평평

香漸遠－長煙裊穟; 光不定－寒影搖紅. (趙長卿)

향은 점차 멀어지고－이삭에서 연기가 모락모락 피어오른다.; 빛이 일정치 않은데－붉은 꽃의 찬 그림자 흔들거린다.

開正好－銀花照夜; 堆不盡－金粟凝空. (趙長卿)

마침 활짝 피어－은빛 꽃이 밤을 비추고; 끝없이 쌓여서－황금 낟알이 공중에 맺혀 있다.

—「소상야우(瀟湘夜雨)」

43.7 상삼하사(上三下四)의 7자구는 원칙적으로 제3자에서 작은 멈춤이 있어야 한다. 그들의 음률 절주 또한 3자구와 4자구의 음률 절주이다. 보통 7자구의 절주점이 제2·제4·제6·제7자에 있는 데 비해, 상삼하사의 7자구는 절주점이 제3·제5·제7자에 있기 때문에 제1·제2·제4·제6자의 평측은 비교적 관대하고 제3·제5·제7자의 평측이 비교적 엄격하다.

43.8 상삼하사(上三下四)는 그저 설명에 편리한 방법일 뿐이다. 엄격히 말해서 어떤 것들은 의미 절주가 상일하륙(上一下六)이다. 이를테면 앞에서 든 여러 예 중에서 몇몇은 상일하륙으로 보는 것이 오히려 좀더 타당하게 보인다.

怕－群花自嫌凡俗. (陳亮)

두렵다－뭇 꽃들이 스스로 범속함을 싫어할까 봐.

正－前村雪深幽曙. (孔武仲)
바로－앞마을에 어둑한 새벽 눈이 많이 쌓였다.
恨－相逢少於行役. (蔡松年)
한스럽다－상봉이 행역보다 적음이.
但－溶溶翠波如縠. (李演)
다만－넘실넘실 푸른 물결이 주름진 비단 같다.
記－當日朱闌共語. (廖世美)
생각하면－그 당시 붉은 난간에서 함께 속삭였다.
更－那堪頻頻顧盼. (周邦彦)
더욱이－그저 얼굴만 보는 것을 어찌 견디리!
怪－今年春歸太早. (張鎡)
야속하게도－금년엔 봄이 너무 일찍 돌아갔다.
又－晴霞驚飛暮管. (吳文英)
또한 － 맑게 갠 노을이 저녁 피리에 놀라 날아간다.
待－蘇堤歌聲散盡. (張翥)
기다린다－蘇堤에서 노래 소리가 다 사라지는 것을.
但－寒煙衰草凝綠. (王安石)
다만－찬 안개로 시든 풀에 초록이 맺혔다.
看－尊前雙鬢仍綠. (吳子孝)
바라보니－술잔 앞의 양 살쩍이 여전히 검다.
但－沙痕空記行跡. (唐珏)
다만－모래자국이 부질없이 행적을 기억하게 한다.
怕－南樓吹斷曉笛. (高觀國)
두렵다－남루에서 새벽 피리 소리 끊기는 것이.
且－莫辭花下秉燭. (張翥)
잠시－사양하지 마시게 꽃 아래서 촛불 밝히는 것을.
看－誰是當時風月. (程垓)
보아하니－누가 당시의 기녀였을까?
又－不與巢由同調. (元好問)
다시－巢父와 許由의 동조자로 함께 하지 않는다.
聽－氈幕元戎歌吹. (姜夔)

듣는다—모전 천막 안에서 大軍이 노래 부르고 피리 부는 것을.

漸—嫩菊初篘綠酒.[73] (唐藝孫)

점차—어린 국화로 맛좋은 녹주를 갓 걸러내었다.

忍—便擁雙旌歸去. (舒亶)

차마—쌍 깃발 부여잡고 돌아가지 못하겠다.

更—滴滴頻迴盼睐. (賀鑄)

더욱이—눈물방울 흘리며 자주 되돌아본다.

喜—共浥初筵淸露. (葛勝仲)

기꺼이—첫 연회에서 맑은 이슬에 함께 젖는다.

但—燕子歸來幽寂. (毛幵)

다만—제비만이 적막 속에 돌아왔다.

看—楚女纖腰一把. (周邦彦)

바라보니—초녀의 가는 허리가 한 손에 잡힐 듯하다.

漸—玉枕騰騰春醒. (李玉)

점차—옥 베개에서 어렴풋이 술이 깬다.

笑—粉蝶游蜂未覺. (張先)

비웃는다—하얀 나비가 나다니는 벌을 아직 깨닫지 못하니.

奈—依舊夜寒人遠. (程垓)

어찌하나—여전히 밤은 차고 사람은 멀리 있으니.

願—歲歲春風相遇. (高觀國)

원컨대—해마다 봄바람을 만나기를.

空—點點年華別淚. (吳文英)

부질없이—방울방울 떨어지는 세월 속 이별의 눈물.

記—半面淺窺珠箔. (張翥)

생각난다—반쪽 얼굴로 살짝 주렴 안을 엿보았던 일이.

謾—幾度淚痕相照. (史達祖)

헛되이—몇 번이나 눈물자국 비추었던가.

見—一片水天無際. (張翥)

바라보니—한 조각 물과 하늘에 끝이 없다.

---

73) 텍스트에는 '篘'가 '蒭'로 되어 있는데, 誤字이다.

但－傷心冷落黃昏. (辛棄疾)
다만－마음 상하는 건 쓸쓸한 황혼이다.
恨－人間會少離多. (張埜)
한스럽다－인간 세상에 만남은 적고 이별이 많은 것을.
甚－閑人猶自未閑. (張炎)
어찌하여－한가한 사람이 오히려 한가하지 않을까?
想－東園桃李自春. (周邦彦)
생각하니－동쪽 동산에 도리화가 절로 봄이다.
奈－春光困人正濃. (方千里)
어찌하나－봄빛이 괴로운 사람을 짙게 비추고 있으니.
嘆－何時重見桂菊. (侯寘)
아아－언제나 다시 계수나무와 국화를 볼 수 있을까?
更－曉來雲陰雨重. (楊无咎)
더욱이－날이 밝아오며 구름 짙고 비 거세졌다.
怕－韶光容易過却. (張元幹)
두렵다－봄빛이 쉽사리 지나갈 것이.
正－遐想幽人泉石. (辛棄疾)
마침－은둔자의 샘과 바위를 멀리 생각한다.
記－畫堂風月逢迎. (賀鑄)
생각난다－채색한 집에서 바람과 달을 맞이했던 일이.
甚－偏與芒鞵相稱. (高觀國)
몹시도－짚신과 잘 어울린다.
問－此恨何時是已. (方千里)
묻는다－이 한이 언제 끝나느냐고
尙－巖花嬌黃半吐. (袁去華)
여전히－바위 꽃이 어여쁜 노란 빛을 반쯤 토하고 있다.
想－怕晩貪春未慣. (石孝友)
생각난다－늦는 것이 겁나 봄을 탐했지만 익숙하지 못했다.
尙－隱約當時院宇. (張炎)
아직－당시의 뜰과 집이 어렴풋하다.
看－翠光金縷相交. (史達祖)

바라보니—푸른빛이 금실과 서로 교차한다.
儘—湖南山明水秀. (黃庭堅)
다 둘러보아도—호남의 산수가 수려하다.

그러나 상일하륙(上一下六)으로 변한 후에도 음률의 절주는 바뀌지 않는데, 왜냐하면 절주점이 여전히 제3 · 제5 · 제7자(즉 6언의 제2 · 제4 · 제6자)에 있기 때문이다.

제44절 사자(詞字)의 평측(四)—8자구 내지 11자구

44.1 (8) 8자구

8자 이상의 구는 왕왕 두 구가 합쳐져서 이루어진 것으로 볼 수 있다. 이를테면 상삼하오(上三下五)가 8자구가 되고, 상삼하륙(上三下六)이 9자구가 되고, 상삼하칠(上三下七)이 10자구가 되고, 상사하칠(上四下七)이 11자구가 되는 등등이다. 어쩌다 앞쪽에 한두 글자가 덧붙어 약한 멈춤을 이루는 경우도 있는데, 이를테면 상이하륙(上二下六)이 8자구가 되는 등이다. 이제8자구부터 예를 들어본다.

(甲) 상삼하오(上三下五)

(1) 측평평—(측)측평평측

更那堪—冷落淸秋節. (柳永)
더욱이 어이 견디나—쓸쓸한 이 가을을!

到秋深－且艤荷花澤. (黃裳)
깊은 가을에－잠시 연꽃 못에 배를 댔다.

—「우림령(雨霖鈴)」

掩深宮－團扇無情緒. (晏幾道)
깊숙한 궁에 갇혀－미인은 의욕이 없다.

—「해패령(解珮令)」

※ 주의 : 『백향사보(白香詞譜)』에 실린 주이준(朱彝尊)의 「해패령(解珮令)」 "把平生涕淚都飄盡(평생의 눈물을 모두 다 바람에 날려 보냈다)"은 상일하칠(上一下七)이다. 상일하칠(上一下七)과 상삼하오(上三下五)가 상통하는 것은 상일하륙(上一下六)과 상삼하사(上三下四)가 상통하는 것과 마찬가지이다.

儘無聊－有夢寒猶力 …… 念無憑－寄語長相憶. (毛幵)
줄곧 무료하여－꿈에 들었으나 추위가 오히려 맹위를 떨친다. …… 생각하면 그리움의 말을 전할 방법이 없다.
倚高情－預得春風寵 …… 算群花－正作江山夢. (高觀國)
고아한 정회에 의지하여－봄바람의 총애를 미리 얻었다. …… 생각하니 여러 꽃들이－강산의 꿈을 일으킨다.
鎮無聊－殢酒懨懨病 …… 枉教人－立盡梧桐影. (李玉)
무료함을 달래려고－흠뻑 술에 빠져 병이 들었다. …… 소용없이 사람을－오동 그림자에 한없이 서 있게 했다.

—「하신랑(賀新郎)」

(2) 측(측)평－측측측평평

與人間－世味不相投 …… 問先生－何處更高歌. (晏幾道)
세속과 더불어－공명을 이룰 마음이 없다. …… 선생에게 묻는다－더욱 소리 높여 노래 부를 곳이 어디인지.
記畫橋－深處水邊亭 …… 但只愁－錦繡鬪妝時. (張先)

생각난다 채색 다리 건너－깊숙한 곳 물가의 정자가. …… 다만 그저 슬픈 건－수놓은 비단옷 입고 화장을 다툴 때이다.

自別來－幽怨與閒愁 …… 便不成－長遣似如今. (柳永)

이별하고부터－마음속 원망과 하릴없는 슬픔이 …… 이룰 수 없다－언제나 지금처럼 보내는 것을.

對此間－風物豈無情 …… 願使君－還賦謫仙詩. (蘇軾)

이 사이에 있으면－풍물인들 어찌 정이 없으리? …… 원컨대 사또는－그래도 謫仙 李白의 시를 지으소서.

問此中－何處芰荷深 …… 便楚鄉－風景勝吾鄉. (晁補之)

이 가운데 묻나니－어디에 마름과 연이 많은가? …… 바로 초향은－풍경이 우리 마을보다 낫다.

向小窗－時把綵箋看 …… 聽掀簾－疑是故人來. (趙師俠)

작은 창으로 가－때마침 채색 편지지를 본다. …… 주렴을 치켜들고 들으니－옛 친구가 오는 듯하다.

試側身－回首望京華 …… 倩春纖[74]－縷鱠搗香虀. (張孝祥)

시험삼아 몸을 기울이고－머리 돌려 서울을 바라본다. …… 여인의 예쁜 손가락으로－가늘게 썬 회를 향긋한 부추를 넣어 찧는다.

算鬢邊－能得幾春風 …… 念老來－於此興無窮. (陳三聘)

헤아려보면 살쩍 가에－몇 번이나 봄바람을 맞을 수 있을까? …… 생각하면 늙어가며－이 감흥이 무궁하다.

—「만강홍(滿江紅)」

※ 주의 : 이 여덟 자는 왕왕 다음의 세 글자와 이어져서 11자구를 이룬다. 예를 들면 장선(張先)의 "記畫橋－深處水邊亭－曾偸約 …… 但只愁－錦繡鬪妝時－東風惡(생각난다 채색 다리 건너－깊숙한 곳 물가의 정자에서－일찍이 언약을 훔쳤다. …… 다만 그저 슬픈 건－수놓은 비단옷 입고 화장을 다툴 때－봄바람 거센 것이다)" 등이 있다. 그러나 일반인들은 그저 8자구로 보므로 우선은 일반의 견해에 따른다.

74) 텍스트에는 '倩'이 '借'로 되어 있는데, 誤字이다.

(3) 측평측－평평평측평(제6자는 가끔 측성을 사용한다)

怕流作－題作腸斷紅. (吳文英)
두려운 건 떠돌며－단장의 시를 짓는 것이다.
聽一(平聲)曲－淸歌雙霧鬟. (吳文英)
듣는다 한 곡조－쌍 쪽머리 짓고 부르는 맑은 노래를.
又爭奈－西風吹恨醒. (陳允平)
또 어찌하나－한 많은 몸에 가을바람 불어와 깼으니.
又知在－烟波第幾橋. (張炎)
또한 알겠다－몇 번째 다리에 안개 어린 물결 이는지.
且休把－江頭千樹誇. (張炎)
잠시 그만두어야지－강가 수많은 나무를 자랑하는 것을.
更好(平聲이어야 함)(?)－秋屛宜晩看. (張炎)
?－가을 병풍은 의당 저녁에 보아야 한다.
想鶴(平聲)怨－山空人未歸. (張炎)
생각하면 학이 원망하리라－산은 비었는데 사람이 돌아오지 않으니.

—「신안과장루(新雁過妝樓)」

※ 주의 : 『사율』이 상삼하오(上三下五)로 본 것은 기실 모두 상일하칠(上一下七)로 볼 수 있다.

(4) 측측측－평평평측평

又豈料－如今餘此身. (陸游)
또한 어찌 상상이나 했으랴－지금 이 몸만 남아 있을 줄을!

—「심원춘(沁園春)」

(5) 측측측－평평측평평

但屈指－西風幾時來. (蘇軾)

다만 손꼽아 본다－가을바람이 언제 불어올지.

也何必－牛山苦霑衣.　　(晁補之)

어찌 반드시－우산에서 슬피 울어 옷을 적셔야 하리?

怨早促－分飛霎時休.　　(王安中)

원망스럽게도 일찍 재촉하여－나누어 날아가다 삽시간에 그만두었다.

更細把－繁英祝姮娥.　　(趙長卿)

다시 세심히－무성한 꽃을 잡고 항아에게 기원한다.

嘆客裏－經春又三年.　　(劉一止)

안타깝게도 나그네 되어－봄을 지난 지 다시 삼 년이 되었다.

且應記－臨流憑闌干.　　(劉光祖)

또한 응당 기억하리－시냇가 난간에 기대서 있던 일을.

待石鼎－煎茶洗餘醺.　　(沈端節)

돌솥을 기다려－차를 끓여서 남은 취기를 씻어낸다.

但目送－孤鴻傍危闌.　　(沈端節)

다만 눈으로 전송한다－높은 난간 옆을 지나는 외로운 기러기를.

想南浦－潮生畫橈歸.　　(康與之)

생각하면 남포에서－조수 이는데 채색 배 타고 돌아왔지.

待與子－相期采黃花.　　(蔣捷)

기다린다 그대와－노란 국화를 따겠다고 한 기약을.

更長嘯－餘聲振林谿.　　(趙君擧)

더욱 길게 읊조리니－餘聲이 숲과 계곡에 울린다.

問楊(仄聲이어야 함)柳－梢頭幾枝青.　　(姚雲文)

묻는다 버들이－나무 끝에 몇 가지나 푸르냐고.

待羅(仄聲이어야 함)袖－明朝酒消痕.　　(周用)

기다린다 비단 소매에－내일 아침 술 자국이 사라지기를

又豈識－情懷苦難禁.　　(李元膺)

또한 어찌 알랴－쓰라린 마음 금하기 어려움을?

但莫使－情隨歲華遷.　　(晏幾道)

다만 마음이 세월 따라 변하게 하지 말라.

又莫是－東風逐君來.　　(晏幾道)

다시 봄바람이 그대를 쫓아오지 않는다.

又只恐－伊家忒疏狂.　　(李邴)
또한 다만 두려운 건－그 사람이 미치광이로 변하는 것이다.
怕夜半－羅浮有時還.　　(辛棄疾)
한밤중에 매화 선녀가 돌아왔는가 보다.
總不道－江頭鎖淸愁.　　(蔣捷)
끝내 말하지 않는다－강가에 처량한 마음을 묻어두고서.
是曾約－梅花帶春來.　　(段弘章)
일찍이 약속했네－매화가 봄을 데리고 온다고.
我只是－相思特特(平聲)來.　　(蔡伸)
나는 다만－그리움이 쉴 새 없이 찾아온다.
看天闊－秋高露華淸.　　(趙長卿)
바라보니 하늘 드넓은데－가을 하늘 높고 이슬 맑다.
料別館－西湖最情濃.　　(吳文英)
별관을 생각해보면－서호가 가장 정이 짙다.
縱百卉－千花已離披.　　(呂直夫)
비록 온갖 화훼가 이미 시들었지만.
早占取－韶光共追游.　　(李元膺)
일찍이 차지하였네－봄빛에 함께 뒤좇으며 노는 것을.
便添起－寒潮捲長江.　　(謝懋)
더욱더 찬 조수가 일어나 장강 물을 말아 올린다.

—「동선가(洞仙歌)」

(6) 측(측)평－(평)측측평평

更老仙－添與筆端春.　　(吳文英)
더욱이 노 신선이－붓끝의 봄을 보태 주었다.
終不如－歸去在苕川.　　(葛郯)
끝내 못하다－돌아가 초천에 있는 것보다.
任角聲－吹落小梅花.　　(葛郯)
내버려둔다 뿔피리 소리－불어서 작은 매화 떨어지도록.

待雪天－月夜我還來.　　(韓淲)
눈 내리는 날을 기다려－달밤에 나는 돌아오련다.
夢沈沈－知道不歸來.　　(張炎)
꿈이 깊어－돌아올 줄 모른다.
望蓬萊－知隔幾重雲.　　(張炎)
봉래를 바라보니－겹겹의 구름 너머에 있음을 알겠다.
便關防－不放貴游來.　　(汪元量)
막아 지키며－귀인들이 돌아보지 못하게 한다.

—「동선가(洞仙歌)」(又一體)

※ 주의 :『사율』에 실린「동선가」는 모두 10체(體)인데, 그 중의 3체는 100자 이상의 장조(長調)여서 체제가 크게 다르고, 그 나머지 7체는 모두 똑같은 곳에 8자구가 있다. 제1체가 한 파인데 측(측)평－(평)측측평평이고, 제2체부터 제7체까지가 함께 한 파인데 측(측)측－평평측평평을 사용한다. 이 두 파는 절대로 서로 섞이지 않는다. 예를 들어 제3자에 평성을 사용하면 제5자는 반드시 측성이다. 만약 제3자에 측성을 사용하면 제5자는 반드시 평성이다. 다만 오문영(吳文英)처럼 한 사람이 두 체를 지을 수는 있다. 이 체는 앞의 (2)와 대체로 같다.

(乙) 상사하사(上四下四)

(1) (평)평(평)측－측평평측

歸來還又－歲華催晚.　　(張翥)
돌아왔더니 다시－세월이 노년을 재촉한다.

—「맥상화(陌上花)」

(2) 측평측평－평평측평

定知我今－無魂可銷.　　(史達祖)
정녕 알겠다 내가 지금－나갈 수 있는 넋이 없음을.

—「환소난봉(換巢鸞鳳)」

(丙) 상일하칠(上一下七)

(1) 측-(측)평(평)측평평측

問-牧童遙指孤村道. (宋祁)

물으니-목동이 멀리 외로운 마을의 길을 가리킨다.

—「금전도(錦纏道)」

奈-玉壺難叩鴛鴦語. (賀鑄)

어쩌나-술병으로는 원앙의 말을 묻기 어려우니.

更-綺窗臨水新涼入. (毛滂)

더욱이-창문이 물가에 있어서 새로 서늘한 기운이 들어온다.

憶-去年舟渡淮南岸. (謝逸)

생각난다-지난해 회남의 물가를 배로 건넜던 일이.

恨-密雲不下陽臺雨 …… 但-長江無語東流去. (向子諲)

한스럽게도-빽빽한 구름이 陽臺에 비가 되어 내리지 않는다. …… 다만-장강은 말없이 동쪽으로 흘러간다.

—「칠낭자(七娘子)」

(2) 측-(측)평(평)측측평평

望-水晶簾外竹枝寒. (李白?)

바라보니-수정 주렴 밖으로 대가지가 차갑다.

縱-青天白日繫長繩. (程垓)

비록-푸른 하늘에 흰 태양이 긴 밧줄에 묶여 있다고 해도

送-舊巢歸燕拂高簾. (晏殊)

전송한다-옛 둥지에 돌아온 제비가 높은 주렴 스치고 가는 것을.

況-蘭堂逢著壽筵開. (晏殊)

하물며-난당에서 壽宴이 열리는 것을 만났음에랴.

—「연리지(連理枝)」

(丁) 상이하륙(上二下六)

(1) 평측—평평측측평측

應是—良辰好景虛設.　　(柳永)
호시절 좋은 경치 무슨 소용이랴?

—「우림령(雨霖鈴)」

※ 주의 : 상사하사(上四下四)의 구도 왕왕 상이하륙(上二下六)으로 볼 수 있다. 참고로 앞의 (乙)에 인용한 「맥상화(陌上花)」와 「환소난봉(換巢鸞鳳)」의 예를 보라.

44.2 (9) 9자구

9자구는 다수가 상삼하륙(上三下六)이고, 그 다음이 상오하사(上五下四)와 상륙하삼(上六下三)인데, 이밖에도 상사하오(上四下五) 등이 있다. 이제 이 각각에 대해 예를 들어 본다.

(甲) 상삼하륙(上三下六)

(1) 평평측—(측)측측평평측

纖雲散—耿耿素娥欲(平聲이어야 함)下 …… 相逢處—自有暗香隨馬. (周邦彦)
엷은 구름 흩어지고—빛나는 선녀가 강림하려 한다. …… 만나는 곳에선—절로 암향이 말을 따른다.
渾無奈——掬醉鄕懷抱 …… 藍橋路—深掩半庭斜照.　　(周邦彦)
도무지 어쩔 수 없다—한 움큼 취향에서의 회포를. …… 남교 길에서—깊이 가려진 정원에 반쯤 석양이 비쳐든다.
天風動—冉冉珮環高下 …… 歸來路—緩逐杏韉嬌馬.　　(方千里)

하늘 바람 움직여－옥고리가 위 아래로 한들거린다. …… 돌아오는 길에－천천히 향긋한 언치의 예쁜 말을 뒤쫓았다.

凌波步－暗阻傍墻挑薺 …… 征帆去－似與東(仄聲이어야 함)風相避. (吳文英)

사뿐한 걸음으로－몰래 담 옆에서 냉이 캐는 것을 방해한다. …… 돛배가 떠나가니－마치 동풍과 서로 피하는 것 같다.

星河際－縹緲繡簾高下 …… 香塵過－禁陌寶(?)驕馬. (陳允平)

은하수 끝에－수놓은 주렴이 가물가물 높이 드리웠다. …… 향긋한 먼지 지나가니－?

—「해어화(解語花)」

東風外－吹盡亂紅飛絮 …… 傷春恨－都付斷雲殘雨. (程垓)

봄바람이 밖에서－불어와 붉은 꽃과 버들 솜을 다 흩날렸다. …… 가슴 아픈 봄의 한을－모두 斷雲과 殘雨에 부쳤다.

—「남포(南浦)」

(2) 측(평)(평)－(평)측(평)평평측(앞 3자는 평측측이 되기도 한다)

浪淘盡－千古風流人物. (蘇軾)

거센 물결이－그 옛날의 영웅호걸들을 다 휩쓸어갔다.

正金波－翻動玉壺新綠. (周紫芝)

마침 황금물결에－명월과 신록이 일렁인다.

看西來－新擁石城雙旆. (周紫芝)

서쪽을 바라보니－석성의 쌍 기를 새로 들었다.

霽霞明－高擁一輪寒玉. (呂渭老)

날이 개어 밝은 노을이－높이 둥글고 하얀 달을 안고 있다.

洗千巖－濃翠層巒森列. (蔡伸)

온갖 바위를 씻으니－짙푸른 층층의 산들이 빽빽이 늘어서 있다.

映秋山－隱隱秋眉橫綠. (李邴)

가을 산을 비추니－하얗고 푸른 기운이 은은하다.

見早梅－吐玉裁瓊妝白. (趙長卿)

일찍 핀 매화를 보니－옥빛을 토하고 재단하여 하얗게 단장했다.

逢上巳－生怕花飛紅雨. (張元幹)
上巳節을 맞으니－꽃잎 흩날려 붉은 비가 내리는 것 같다.
問經年－何處收香藏白. (朱敦儒)
묻나니 한 해 동안－어디에 향기와 하얀 꽃을 감추어 두었을까?
正黃昏－供斷一窗愁絶. (程垓)
황혼 무렵－창문 가득히 슬픔에 넋이 나가게 한다.
問群芳－誰是眞香純白. (朱熹)
여러 꽃에게 묻나니－어떤 꽃이 순수한 향과 흰 빛을 지녔는가?
弄清光－常共山青水(平聲이어야 함)綠. (趙彦端)
맑은 빛을 희롱하며－언제나 푸른 산수와 함께 한다.
壓孤城－臨瞰幷呑空闊. (毛幵)
외로운 성을 밑에 두고－내려다보니 아울러 광활한 시야를 삼키고 있다.
風(仄聲이어야 함)露洗－寥廓珠宮瓊闕. (毛幵)
바람과 이슬이 씻어냈다－쓸쓸한 성곽의 주옥 궁궐을.
望東南－千里湖山佳色. (毛幵)
동남쪽을 바라보니－천리에 걸쳐 호수와 산이 아름답다.
正日長－嬌困不煩匀掃. (沈端節)
날이 길어－나른하지만 고루 쓰는 것을 귀찮아하지 않는다.
淡秋容－橫寫鮫綃十幅. (沈端節)
맑은 가을 풍경을－열 폭 교초에 가로 그렸다.
徑松存－髣髴斜川深意. (張炎)
길가 소나무 그대로 있어－비스듬히 흐르는 개울에 깊은 뜻이 있는 듯하다.
笑當年－底事中分南北. (張炎)
당시를 비웃으니－무슨 일로 도중에 남북으로 갈라졌는가?
透陽春－挺挺林間英物. (張炎)
봄볕을 뚫고－곧바로 숲 사이의 걸출한 인물에게 간다.
更消得－風雨幾番零落. (何夢桂)
더욱 어찌 견디랴－몇 번의 비바람에 시들었으니.
亂隨風－飛墮楊花籬落. (何夢桂)
어지러이 바람 따라－버들 솜이 흩날려 울타리에 떨어진다.

—「염노교(念奴嬌)」

※ 주의 : 이 형식은 상오하사(上五下四)가 되기도 한다. 다음 글을 보라.

(3) 측측평－평평평측평측

向晩來－春酲一(平聲)枕無緖.　　(程垓)
저녁 무렵－봄의 숙취에 베개 베고 정신없이 잤다.

—「남포(南浦)」

凍雲垂－繽紛飛雪初落.　(曾覿)
겨울 구름이 드리우더니－어지러이 눈발이 흩날리기 시작한다.

—「서학선(瑞鶴仙)」

※ 주의 : 「서학선」에는 이 형식이 드물게 보인다.

(4) 측평평－측측측평평측

倚紅闌－故與蝶圍蜂繞.　(馮艾子)
붉은 난간에 기대서니－여전히 벌과 나비가 에워싼다.

—「춘풍요나(春風嫋娜)」

(5) 평(측)측－(측)측(평)평(측)측

人未寢－攲枕釵橫鬢亂.　(蘇軾)
잠을 이루지 못해－베개에 기대니 비녀 풀리고 머리 헝클어진다.
瀟灑意－陶令詩中能道.　(晁補之)
소탈하고 대범한 뜻을－도연명의 시에서 말할 수 있다.
微雲淡－點破瑤階白露.　(葛郯)
작은 구름 옅고－옥섬돌엔 흰 이슬이 맺혔다.
應似畫－小景生綃一幅.　(韓淲)
생초 한 폭에 작은 경치를 그려 넣은 그림 같다.

仍更是－骨體清英雅秀.　(晏幾道)
여전히 더욱－골격과 체구가 맑고 수려하다.
須著我－醉臥石樓風雨.　(辛棄疾)
나에게 들이닥치리－석루에 취해 누웠으니 비바람이.
知誰見－愁與飛紅流處.　(段弘章)
누가 보았을까－슬픔이 흩날리는 꽃잎과 함께 흘러가는 것을.
仍共賞－蜀錦堆紅炫晝.　(京鏜)
거듭 함께 감상한다－붉게 쌓여 낮에도 빛나는 촉의 비단을.
成箇甚－只道人間小草.　(元好問)
무엇을 이루었는가 했더니－다만 인간세상의 작은 풀을 말한다.

—「동선가(洞仙歌)」

行路永－客去車塵漠漠.　(周邦彦)
갈 길은 아득한데－나그네 떠나가는 수레 먼지 자욱하다.
山櫻晩－一樹高紅爭熟.　(毛幵)
산 앵두 늦게 피었는데－한 나무 높이 붉은 앵두가 익기를 다툰다.

—「서학선(瑞鶴仙)」

※ 주의 : 「서학선」에 이 형식은 드물게 보인다.

(6) 평(평)측－평(평)측측평평

風簷近－渾疑珮玉丁東.　(吳文英)
바람 부는 처마에 다가가니－그야말로 패옥이 딩동 거리는 것 같다.
金樞動－冰宮桂樹年年.　(吳文英)
서쪽의 달이 지는 곳에서 움직인다－월궁의 계수나무가 해마다.
初過雨－微茫水滿烟汀.　(陳允平)
비가 지나가고 나니－아득히 안개 낀 물가에 물이 가득하다.
千日酒－樂(平聲)意稍稍漁樵.　(張炎)
천 일 동안 술을 마시니－즐거움이 점점 은둔생활에 있다.

先得月－玉(平聲)樓宛若籠紗.　　　(張炎)
먼저 달빛을 받으니－옥루는 완연히 깁에 덮인 것 같다.
青未了－凌虛試(?)憑闌.　(張炎)
푸른빛이 아직 다하지 않았다－?
深院悄－淸事正滿東籬.　(張炎)
깊은 정원 고요한데－청아한 것이 동쪽 울타리에 가득하다.
人正遠－魚雁待拂吟箋.　(張炎)
그 사람 멀리 있어－물고기와 기러기가 詩箋 펴기를 기다린다.
—「신안과장루(新雁過妝樓)」

※ 주의 : 이 형식은 상삼(上三)과 하륙(下六) 사이의 연계가 매우 느슨해서 두 구와 거의 차별이 없다.

(7) 측평평－측측평측평평

繡簾開－一點明月窺人.　(蘇軾)
수놓은 발을 걷으니－한 점 밝은 달이 사람을 들여다본다.
起徘徊－時有香氣吹來.　(劉光祖)
일어나 배회하니－때마침 향기가 불어온다.
最無端－小院寂歷春空.　(張炎)
아무 까닭 없이－봄에 작은 정원이 고요하고 텅 비었다.
自當年－詩酒客裏相逢.　(張炎)
그 해 이래로－詩酒客 속에서 서로 만났다.
問古今－底事留此空光.　(趙君擧)
묻나니 고금에－무엇이 이 햇빛에 머무는가?
記當時－已恨飛鏡歡疏.　(晏幾道)
당시를 생각하면－달빛 아래의 즐거움이 점차 드물어 한스러웠다.
細腰肢－自有入格風流.　(晏幾道)
가느다란 허리와 사지가－절로 격조가 있어 풍류스럽다.
望孤村－三兩茅屋疏籬.　(無名氏)

외로운 마을을 바라보니－서너 초가가 성긴 울타리를 두르고 있다.

—「동선가(洞仙歌)」

※ 주의 : 이 형식은 상오하사(上五下四)가 되기도 한다. 다음 글을 보라.

(乙) 상사하오(上四下五)

(1) 측평평측－평평측평측

夜寒霜月－飛來伴孤旅 …… 淚珠都作－秋宵枕前雨. (周邦彦)

차가운 밤 하얀 달이－날아와 외로운 나그네를 동반하고 …… 눈물방울이 모두 변했다－가을 밤 베개 앞의 비로.

又還撩撥－春心倍悽黯 …… 可堪風雨－無情暗亭檻. (周邦彦)

또한 다시 유혹하여－춘심은 배로 서글프다. …… 견딜 수 없다 비바람을－무정하게도 정자 난간을 어둡게 한다.

自憐春晚－漂流尙羈旅 …… 舊歡如昨－匆匆楚臺雨. (方千里)

스스로 늦은 봄을 아끼는데－떠돌아 아직도 타향에 얽매여 있다. …… 지난 즐거움이 어제 같건만－楚臺의 비처럼 총총히 가버렸다.

倦蜂剛著－梨花惹游蕩 …… 會稀投得－輕分頓惆悵. (吳文英)

지친 벌이 막 배꽃에 내려 앉아 한가롭게 노닌다. …… 모여서 의기투합하기 어려워－가볍게 헤어지니 갑자기 슬프다.

謝他終日－亭前伴羈旅 …… 如(仄聲이어야 함)今憔悴－黃花慣風雨. (陳允平)

그에게 종일 감사했다－정자 앞에서 타향에 얽매여 있는 이를 동반하여. …… 지금은 초췌해져－비바람에 내맡긴 국화처럼 되었다.

—「해접섭(解蹀躞)」

※ 주의 : 이 형식의 9자는 왕왕 쉼 없이 단숨에 내려가서 분할을 허용치 않는다. 또한 여러 구가 상사하오(上四下五)라기보다는 오히려 상이하칠(上二下七)이다. 이를테면 위에서 예로 든 '夜寒'구, '淚珠'구, '又還'구, '可堪'구, '自憐'구, '謝他'구, '如今'구 등이 이에 해당된다.

(丙) 상오하사(上五下四)(실제로는 1－4－4이다)

(1) 측－측측평평－(평)평평측

正－絳闕春回－新正方半. (康與之)
바로－붉은 대궐에 봄이 돌아와－신정이 한창이다.
動－院落淸秋－新涼如水. (趙長卿)
뜰에 맑은 가을이 들어와－새로 서늘하기가 물과 같다.
敎－小玉添香－被翻宮襭. (康與之)
소옥에게 향을 덧보태려고－날염한 천을 뒤집었다.
正－護月雲輕－嫩冰猶薄. (辛棄疾)
마침－달을 가린 구름 엷고－살얼음 아직 풀리지 않았다.
愛－露節霜根－從來孤勁.[75] (高觀國)
사랑한다－서리를 견디는 대나무 뿌리가－늘 고고하고 굳센 것을.
過－杜若芳洲－楚衣香潤. (史達祖)
두약 피어난 모래섬을 지나니－꼭 끼는 楚衣가 향기롭고 윤기 난다.
更－暮草萋萋－疏烟漠(平聲이어야 함)漠. (方千里)
더욱－저녁 풀 무성하고－옅은 안개 자욱하다.
記－旋草新詞－江頭新雁. (吳文英)
생각난다－선초의 새 사와－강가의 새 기러기가.
漸－碎鼓零鐘－街喧初息.. (蔣捷)
점차－북과 종소리 잦아들어－시끄럽던 거리가 조용해졌다.
愛－樹色參差－湖光(平聲이어야 함)渺漠. (陳允平)
좋아한다－나무 색 들쭉날쭉하고－호수 빛 아득한 것을.

—「서학선(瑞鶴仙)」

※ 주의 : 이것은 前闋 제2구로서, 다음의 (2)식과 互用된다.

---

75) 텍스트에는 '來'가 '他'로 되어 있는데, 誤字이다.

(2) 측-(측)평(평)측-(측)평(평)측

湛--溪晴綠-四郊寒色. (侯寘)
즐긴다-맑은 날의 푸른 시냇물과-찬 빛의 사방 교외를.
對-燕寢香潤-棠陰寒薄. (張元幹)
마주한다-향긋하고 윤택한 침실과-옅은 팥배나무 그늘을.[76]
放-倡條冶葉-恣情丹綠.[77] (侯寘)
하늘하늘한 가지와 잎을 내놓고-마음껏 울긋불긋함을 자랑한다.
問-畫堂樂事-燕鴻難偶. (趙彦端)
화당에서의 즐거웠던 일을 물어보려 해도-북쪽 기러기를 만나기 어렵다.
悵-悲秋人老-渾無佳興. (王千秋)
쓰라리게도-슬픈 가을에 사람은 늙고-흥겨움이 도무지 없다.
爲-助妝酒暖-臉霞輕膩. (史達祖)
따뜻한 술로 붉은 화장 도왔는지-노을 빛 얼굴이 가볍게 매끄럽다.
漸-酒闌燭暗-猶分香澤. (吳文英)
점차-술 거나해지고 촛불 어두워져-향기를 나누었다.
正-漏雲篩雨-斜捎窗隙. (吳文英)
마침-구름이 새서 후드득 떨어지는 비가-비스듬히 창틈을 때린다.

—「서학선(瑞鶴仙)」

(3) 측-평평(평)측-(평)평평측

溢-花衢歌市-芙蓉開徧 …… 鬧-蛾兒滿路-成團打(平聲이어야 함)塊. (康與之)

넘쳐난다-꽃 거리 노래 저자에-부용이 두루 피었다. …… 대보름 장식을 단 여인들이 거리를 가득 메워-무리를 이루었다.

聽-幾(平聲이어야 함)聲歸雁--簾微月 …… 悵-姑蘇臺上-征帆何許. (康與之)

76) '棠陰'은 惠政 또는 관리의 자비로운 행정을 비유하는 말이다.
77) 텍스트에는 '放'이 '故'로 되어 있는데, 誤字이다.

듣는다—돌아가는 기러기의 몇 마디 소리를—주렴 안에 조각달 비쳐드는데. …… 슬프다—고소대 위에서 바라보니—떠나는 배 어디로 가는가?

正—美(平聲이어야 함)人翻曲—陽春輕麗 …… 定—丹書飛下—彤墀歸去. (趙長卿)

마침—미인이 곡을 연주하는데—봄빛은 경쾌하고 아름답다. …… 정녕—붉은 글씨의 조서가 날아들어—조정으로 돌아가게 되었다.

似—東鄰北(平聲)里—都無貞淑 …… 縱—青門瓜美—江陵橘老(平聲이어야 함). (侯寘)

東鄰과 北里의 아가씨들처럼—도무지 정숙함이 없다. …… 비록—청문의 오이가 달고—강릉의 귤이 잘 익었다고 해도

映—濃愁淺黛—遙山眉嫵 …… 縱—收香藏鏡—他年重到. (袁去華)

슬픔에 찬 옅은 눈썹먹을 비추니—먼 산의 곡선을 한 눈썹이 아름답다. …… 비록—향을 거두고 거울을 감추어—다른 해에 다시 온다고 해도

指—鴛鴦沙上—暗藏春恨 …… 奈—春風多事—吹花搖柳. (史達祖)

원앙의 모래섬을 가리키며—몰래 春恨을 감춘다. …… 어찌하나—봄바람이 객기를 부려—꽃을 불고 버들을 흔드니.

厭—重來冷淡—粉題重洗 …… 被—高樓橫管—一聲驚斷. (史達祖)

다시 와도 냉담한 것이 싫어—흰 뺨을 거듭 씻는다. …… 높은 누대에서의 「梅花落」 피리소리에 놀라 깬다.

—「서학선(瑞鶴仙)」

※ 주의 : 이것은 전결 제4구와 후결 제8구이다.

(4) 측—(평)평(평)측—(평)평평측

見—長空萬里—雲無留迹. (蘇軾)

바라보니—만 리 끝없는 하늘에—구름은 자취도 없다.

被—鮫人水府—織成綃縠. (葛郯)

鮫人이 깊은 물 속에서—비단을 짰다.

聽—一聲啼鳥—幽齋岑寂. (周邦彦)

새 우는 소리 한 마디 들리니－그윽한 집이 적막하다.

正－花光奪目－動人春色.　　(沈瀛)

바로－꽃 빛이 눈부시고－봄빛에 사람 마음 움직인다.

映－湖光如練－山光如染.　　(趙師俠)

비치는－호수 빛은 비단 같고－산 빛은 푸르게 물들인 듯하다.

算－乾坤許大－着身無處.　　(劉過)

헤아려보니－천지는 광대한데－몸 둘 곳이 없구나.

記－金湯形勝－蓬瀛佳麗.　　(趙鼎臣)

생각난다－형세가 빼어난 金城湯池와－아름다운 蓬萊 瀛洲가.

漸－霞收餘綺－波澄微綠.　　(韓駒)

점차－노을이 남은 비단을 거두어들이고－물결은 맑아서 옅은 초록을 띠고 있다.

正－海棠臨水－嫣然幽獨.　　(曾紆)

바로－물가의 해당화가－적막 속에 외로이 예쁘게 피어 있다.

正－露荷擎翠－風槐搖綠.　　(張元幹)

마침－이슬 맺힌 연은 비취빛 잎을 들고－바람 속의 홰나무는 초록 잎을 살랑인다.

奈－一番好景－一番悲戚.　　(朱敦儒)

어찌하나－좋은 경치를 대할 때마다－슬픔이 이는 것을.

問－淩風一笑－翩然何許.　　(曾惇)

묻는다－바람을 타고 웃으며－경쾌하게 어디로 가는가?

—「염노교(念奴嬌)」

※ 주의 : 이것은 「염노교」 전결 제2구인데, 앞의 (甲)(2)에서 든 소식(蘇軾)의 "浪淘盡－千古風流人物"처럼 상삼하륙(上三下六)이 될 수도 있다.

(5) 측－(평)평(측)측－(측)측평평

喚－金錢翠羽－不稱標容.　　(晁補之)

누런 잎과 푸른 잎을 불러－아름다운 얼굴이라 칭하지 않는다.

看－朝餐沆瀣－暮飮醍醐.　　(葛郯)
바라본다－아침에는 맑은 이슬을 먹고－저녁에는 제호를 마시는 것을.[78]
聽－曲樓玉管－吹徹伊州.　　(王安中)
듣는다－굽은 난간의 누대에서 부는 옥피리 소리가 伊州에까지 통하는 것을.
對－斜橋孤驛－流水濺濺.　　(劉一止)
대한다－외로운 역 비스듬한 다리 밑으로－세차게 흐르는 물을.
問－臨流情味－倚徧斜暉.　　(韓淲)
묻는다－석양 아래 물가에 기대 선 정취를.
正－干戈者定－禾黍豊登.　　(沈端節)
마침－전쟁이 평정되고－곡식이 풍년이다.
念－舊巢燕子－飛傍誰家.　　(汪元量)
생각하면－옛 둥지의 제비가－어느 집 곁으로 날아갔는가?
向－楚宮一夢－多少悲涼.　　(李元膺)
楚宮의 꿈을 생각하니－얼마나 서글픈가?
恨－春風將了－染額人歸.　　(吳文英)
한스럽게도－봄바람은 끝나 가는데－額黃을 한 여인은 돌아갔다.
自－長亭人去－烟草凄迷.　　(李邴)
長亭에서 사람이 떠나간 후－안개 낀 풀밭이 쓸쓸하다.
悵－空山歲晩－窈窕誰來.　　(辛棄疾)
슬프다－텅 빈 산에 한 해가 저무니－이 幽深한 곳에 누가 오리?
自－鵝黃千縷－數到飛緜.　　(蔣捷)
새로 나온 수많은 버들가지들이－빈번히 흩날리는 버들 솜에 닿는다.
對－翠蛟盤雨－白鳳迎風.　　(段弘章)
대한다－푸른 교룡이 비를 쏟아 붓고－흰 봉황이 바람 맞는 것을.

—「동선가(洞仙歌)」

※ 주의 : 이것은 「洞仙歌」 前闋 제4구인데, 앞의 (甲)(7)에서 인용한 蘇軾의 “繡簾開－一點明月窺人”처럼 上三下六이 될 수도 있다.

78) ‘醍醐’는 우유에서 정제한 최상의 음료를 가리킨다.

(丁) 상륙하삼(上六下三)

(1) (측)측(측)평평측−측평평

依舊竹聲新月−似當年 …… 滿鬢淸霜殘雪−思(去聲)難任. (南唐 後主)

예전처럼 대나무 소리 위로 조각달 떠올라−그 시절 같다. …… 머리 가득 서리와 눈이 내렸어도−그리움을 가눌 수 없다.

故國不堪回首−月明中 …… 恰似一江春水−向東流. (南唐 後主)

고향을 차마 돌아볼 수 없구나−밝은 달빛 아래선. …… 마치 온 강의 봄물이 동쪽으로 흐르는 것 같다.

薄晩春寒無奈−落花風 …… 誰佩同心雙結−倚闌干. (馮延巳)

저녁 무렵 봄추위에 어쩔 수 없다−바람 불어 꽃 떨어지는 것을. …… 누가 쌍쌍의 同心結을 띠고−난간에 기대었는가?

誰信東風吹散−彩雲飛 …… 塵掩玉箏絃柱−畫堂空. (馮延巳)

누가 믿으리 봄바람이 불어와 채색 구름 흩어버린 것을? …… 玉箏의 줄과 기러기발을 먼지가 뒤덮고−채색 집은 텅 비었다.

門外鴨頭春水−木蘭船 …… 應恨不題紅葉−寄相思. (晏幾道)

문밖에는 오리 머리처럼 푸른 봄물 위의−목란 배. …… 홍엽에 시를 써서 그리움을 부칠 수 없어 한스러우리.

更件東溪流水−過秦樓 …… 暗恨玉顔光景−與花同. (晏幾道)

다시 동쪽으로 흐르는 시냇물 따라−秦樓를 지난다. …… 남몰래 원망한다 미인의 처지가−꽃과 같은 것을.

長向月圓時候−望人歸 …… 猶有兩行閒淚−寶箏前. (晏幾道)

언제나 달 둥글 때면−그 사람의 귀환을 고대한다. …… 여전히 두 줄기 눈물이 흘러내린다−보쟁 앞에서.

一夜滿枝新綠−替殘紅 …… 醉後滿身花影−倩人扶. (晏幾道)

밤새 가지가 온통 신록으로 바뀌었다−남아 있던 붉은 꽃은 사라지고 …… 취한 후 몸이 온통 꽃 그림자로 덮이게 하여−부축 받으며 돌아가련다.

又似陌頭風細−惱人時 …… 只有杏梁雙燕−每來歸. (晏幾道)

또한 길가의 잔잔한 바람이 사람을 괴롭히는 것 같다. …… 다만 들보 위 쌍쌍의 제비만이—매 번 돌아온다.

惟有雁邊斜月—照關山 …… 說與小雲新恨—也低眉. (晏幾道)

오직 기러기 옆의 기운 달만이—산하를 비춘다. …… 小雲에게 새로운 한을 말하자—또한 눈썹을 낮게 드리운다.

還是碧雲千里—錦書遲 …… 今夜落梅聲裏—怨關山. (晏幾道)

여전히 천리 길 흰 구름 자욱하여—비단 편지 더디다. …… 오늘밤 「梅花落」 곡조 들으며—산하를 원망한다.

愁見曲中雙淚—落香襟[79] …… 長是好風明月—暗知心. (晏幾道)

슬픔 속에 바라보니 곡 중의 두 줄기 눈물이—옷깃에 떨어진다. …… 언제나 좋은 바람 밝은 달이—남몰래 마음을 알아준다.

眼力不知人遠—上江橋 …… 正是節趨歸路—近沙堤. (張先)

내 시력으론 사람이 멀리 강 다리에 오른 것을 알 수 없다. …… 바로 모래둑 가까이의 귀로에 마음이 간다.

一曲石城清響—入高雲 …… 月照玉樓依舊—似當時. (張先)

한 곡조 돌 성에서의 맑은 음향이—높은 구름에 들고 …… 달이 여전히 옥루를 비추어—당시와 같다.

俗耳只知繁手—不須彈 …… 應有開元遺老—淚縱横. (蘇軾)

속된 귀는 복잡다단한 연주법만을 좋아하니—연주할 것 없다. …… 응당 개원 시대의 遺老들이—눈물을 종횡으로 흘리리라.

便使尊前醉(平聲이어야 함)倒—且徘徊 …… 惟有一江明月—碧琉璃. (蘇軾)

술잔 앞에서 취해 쓰러지고 배회하게 하련다. …… 오직 푸른 유리 같은 강물 위로 밝은 달이 있을 뿐이다.

只載一船離恨—向西州 …… 醞造一場煩惱—向人來. (蘇軾)

배 가득히 오직 이별의 한을 싣고—서주로 향한다. …… 한 바탕 번뇌를 빚어내어—사람을 향해 온다.

惟有游絲千丈—裊晴空 …… 我亦多情無奈—酒闌時. (蘇軾)

오직 기다란 거미줄만이—맑은 하늘에 하늘거린다. …… 나 또한 다정하여 어쩔 수 없구나—술이 거나해지는 것을.

簾外瀟瀟微雨—做輕寒 …… 獨自行來行去—好思量. (蘇軾)

79) 텍스트에는 '香襟'이 '千金'으로 되어 있는데, 誤字이다.

주렴 밖에서 부슬부슬 가랑비 내려－으스스하구나. …… 홀로 이리저리 배회하니－생각이 많다.

且願花枝長在－莫離披 …… 對月逢花不(平聲)飮－待何時. (蘇軾)

꽃가지 항상 있어 떨어지지 않기를 빈다. …… 달을 마주하고 꽃을 만났는데도 마시지 않고－언제까지 기다리려는가?

莫笑醯鷄歌舞－甕中天 …… 慚愧詩翁淸些－與招魂. (黃庭堅)

눈에놀이의 가무를 비웃지 말라－단지 속의 하늘이라고. …… 부끄럽다 시옹의 시가 맑아－더불어 혼을 부르는데.

不道曉來開徧－向南枝 …… 去國十年老(平聲이어야 함)盡－少年心. (黃庭堅)

어느 틈에 아침 되니 남쪽 가지에 다 피었다. …… 고향 떠난 지 십 년에 소년의 마음이 다 사라졌다.

只有柳花無數－送歸舟 …… 爭奈無情江水－不西流. (秦觀)

무수한 버들 솜만이－가는 배를 전송한다. …… 어찌하나 무정한 강물이－서쪽으로 흘러가지 않으니.

可惜一枝如畫－爲誰開 …… 祇怕酒醒時候－斷人腸. (秦觀)

안타깝게도 한 가지 그림 같은데－누굴 위해 피었을까? …… 다만 두려운 건 술이 깼을 때－사람의 애간장을 끊는 것이다.

知爲阿誰凝恨－背西風 …… 柳外一雙飛去－却回頭. (秦觀)

모르겠다 누구 때문에 한이 맺혀－서풍을 등지고 있는지. …… 버드나무 밖으로 한 쌍이 날아가다－다시 머리 돌려 바라본다.

—「우미인(虞美人)」

※ 주의 : 이것은 「우미인(虞美人)」 전후결 말구이다. 오대(五代) 때에는 모문석(毛文錫)의 "蛛絲結網露珠多, 滴圓荷 …… 相思空有夢相尋, 意難任(거미줄이 그물이 되어 이슬을 많이 머금고, 둥근 연잎에 떨어진다. …… 그리움은 부질없이 꿈속에서 찾아 헤매－마음을 가누기 어렵다)"처럼 본래 상칠하삼(上七下三)의 두 구절이었다. 남당 후주와 풍연사(馮延巳)가 9자구로 바꾸고부터 송인들은 대부분 신식에 따랐지만 풍연사에게는 구식에 따른 사도 3수가 있다.

無奈朝來寒雨－晚來風 …… 自是人生長恨－水長東. (南唐 後主)

어쩔 수 없구나 아침에 찬 비 내리고－저녁에 바람 부는 것을. …… 본래 인생에는 한이 끝이 없고—물은 끝없이 동쪽으로 흘러간다.

寂寞梧桐深院—鎖淸秋 …… 別是一般滋味—在心頭. (南唐 後主)

적막하고 깊은 오동나무 뜰이—싸늘한 가을을 가두었다. …… 따로 형언할 수 없는 맛이—가슴속에 있다.

欹枕殘妝一(平聲)朵—臥枝花 …… 翠閣銀屛回首—已天涯. (馮延巳)

화장기 남은 채로 베개에 기댄 모습은 한 송이—가지에 누운 꽃. …… 취각의 은빛 병풍 아래서 머리 돌려 바라보니—이미 하늘 끝에 있다.

細草平沙蕃馬—小屛風 …… 暮雨輕烟夢(平聲이어야 함)斷—隔簾櫳. (馮延巳)

가는 풀 평평한 모래밭에 수많은 말이 있는—작은 병풍. …… 저녁 비 가벼운 안개 속에 꿈이 깨었다—주렴과 창문 너머로.

—「상견환(相見歡)」(烏夜啼)

深院晩堂人靜—理銀箏 …… 楊柳杏花時節—幾多情. (毛熙震)

깊은 정원 저물녘 집에는 사람 고요한데—은쟁을 탄다. …… 버드나무와 살구꽃의 시절은—얼마나 다정한가!

窈窕一枝芳柳—入腰身 …… 祗爲傾城著(平聲)處—覺生春. (孫光憲)

아리땁고 향긋한 버들가지는—몸매에 들고 …… 다만 온 성에 들러붙어—봄을 깨닫게 한다.

愛道畫眉深淺—入時無 …… 笑問雙鴛鴦字—怎生書. (歐陽修)

사랑스럽게 말한다 눈썹 화장이—유행에 어울려요? …… 웃으며 묻는다 쌍원앙 글자를—어떻게 쓰나요?

不羨竹西歌吹—古揚州 …… 聲繞碧山飛去—晩雲留. (蘇軾)

부럽지 않다 竹西路에서 부르는—옛 양주 노래가. …… 노래 소리가 푸른 산을 맴돌다 날아올라—저녁 구름에 머문다.

細草軟溪沙路—馬蹄輕 …… 只有多情流水—伴人行. (蘇軾)

개울가 부드러운 풀밭 길에—말발굽도 경쾌하다. …… 흐르는 물만이 다정하게—나그네를 따라간다.

正是一年春好—近淸明 …… 此樂無聲無味—最難名. (蘇軾)

정말 일 년 중에 봄이 좋구나—청명이 가까우니. …… 이 즐거움은 소리도 맛도 없어서—가장 이름 붙이기 어렵다.

住在潮頭來處—渺天涯 …… 寫取餘聲歸向—水仙誇. (蘇軾)

조수가 밀려오는 곳에 사니—아득히 하늘가로다. …… 餘響을 베껴 가지고 돌아가—수선에게 자랑해야지.

我也逢場作(平聲)戲—莫相疑 …… 不見老婆三五—少年時. (蘇軾)

나야 어쩌다 시속 따라 떠들썩하게 놀아도—의심할 사람이 없다. …… 열다섯 젊을 때의 노파는 보이지 않는다.

北客明朝歸去—雁南翔 …… 惟有落花芳草—斷人腸. (蘇軾)

북쪽의 나그네는 내일 아침 돌아간다—기러기 남쪽으로 비상하는데. …… 오로지 낙화와 방초가—사람의 애간장을 끊는다.

門外月華如水—彩舟橫 …… 回首水雲何處—覓孤城. (蘇軾)

문밖에는 달빛이 물과 같은데—채색 배 비껴 있다. …… 머리 돌려 바라보니 물과 구름 어디서—외로운 성을 찾고 있나?

閒駕綵鸞歸去—趁新年 …… 莫忘(去聲)故人憔悴—老江邊. (蘇軾)

한가히 난새를 몰고 돌아가련다—새해를 틈타. …… 잊지 말게 옛 친구가 초췌하여—강변에서 늙어 가는 것을.

只恐暗中迷路—認餘香 …… 何物與儂歸去—有殘妝. (蘇軾)

다만 어둠 속에서 길을 잃을까 두려웠는데—여향을 알아보겠다. …… 무엇이 나와 함께 돌아갈까—남은 화장이 있다.

一朵彩雲何事—下巫峰 …… 怕被楊花勾引—嫁東風. (蘇軾)

한 조각 채운이 무슨 일로—무봉에서 내려올까? …… 두렵다 버들 솜에 유혹되어—봄바람에게 시집갈까 봐.

行盡江南南岸—此淹留 …… 憑杖挽回潘鬢[80)]—莫教秋. (蘇軾)

강남의 남안을 다 돌아다니다—여기에 머물러 있다. …… 지팡이에 의지하여 젊은 나이에 센 머리를 만회하려니—가을이라 하지 말라.

無奈一帆烟雨—畫船輕 …… 今夜月明江上—酒初醒. (黃庭堅)

돛에 부딪는 안개비를 어쩔 수 없는데—채색 배 가볍다. …… 오늘밤 달 밝은 강가에서—술이 막 깼다.

坐想羅浮山下—羽衣輕 …… 應夢池塘春草—若爲情. (黃庭堅)

나부산 아래를 생각하니—날개옷이 가볍다. …… 연못의 봄풀을 꿈꿀 테니—정인 듯하다.

---

80) 텍스트에는 '杖'이 '仗'으로 되어 있는데, 誤字이다.

已被鄰鷄催起－怕天明 …… 天外一鉤殘月－帶三星. (秦觀)

이웃집 닭이 일어나라고 재촉하니－날이 밝았나 보다. …… 하늘 저 멀리 조각달이－세 별을 띠고 있다.[81]

天外不知音耗－百般猜 …… 只恐又抛人去－幾時來. (秦觀)

하늘 밖의 소식 몰라－온갖 걱정만 쌓인다. …… 다만 다시 사람을 버리고 가실까 걱정인데－언제나 오시려나?

獨倚玉闌無語－點檀脣 …… 又是一鉤新月－照黃昏. (秦觀)

홀로 옥난간에 기대어 말없이－붉은 입술 바른다. …… 다시 초승달 떠올라－황혼에 비춘다.

樓上一天春思－浩無涯 …… 薄倖只知遊蕩－不思家. (秦觀)

누대 위에서 하루 종일 봄 생각이－끝없이 펼쳐진다. …… 무정한 사람 그저 돌아다닐 줄만 알고－집 생각은 않는구나.

—「남가자(南歌子)」

44.3 상륙하삼(上六下三)은 사 중에서 가장 오래된 9자 구식이다. 「상견환(相見歡)」·「남가자(南歌子)」와 「우미인(虞美人)」은 모두 오대(五代)에 생겨났기 때문에 이 종류의 9자구는 분명 시 중의 율구에서 변한 것이다(최초의 詞句는 詩句와 가장 가깝다. 제36절을 보라). 이 구들은 일반인들에 의해 상륙하삼(上六下三)으로 간주되지만 실제에 있어서는 상사하오(上四下五)로 보아야 할 것들도 있다.

薄晚春寒－無奈落花風. (馮延巳)

저녁 무렵 봄추위에－바람 불어 꽃 떨어지는 것을 어쩔 수 없다.

我亦多情－無奈酒闌時. (蘇軾)

나 또한 다정하여－술이 거나해지는 것을 어쩔 수 없다.

對月逢花－不飮待何時. (蘇軾)

달을 마주하고 꽃을 만났는데도－마시지 않고 언제까지 기다리려는가?

去國十年－老盡少年心. (黃庭堅)

81) 이 말은 '心'자를 형상화한 것이다.

고향 떠난 지 십 년에—소년의 마음이 다 사라졌다.
欹枕殘妝——朵臥枝花. (馮延巳)
화장기 남은 채로 베개에 기댄 모습은—한 송이 가지에 누운 꽃이다.
翠閣銀屛—回首已天涯. (馮延巳)
취각의 은빛 병풍 아래서—머리 돌려 바라보니 이미 하늘 끝에 있다.
寫取餘聲—歸向水仙誇. (蘇軾)
餘響을 베껴가지고—돌아가 수선에게 자랑해야지.
回首水雲—何處覓孤城. (蘇軾)
머리 돌려 바라보니 물과 구름—어디서 외로운 성을 찾고 있나?
一朵彩雲—何事下巫峰. (蘇軾)
한 조각 채운이—무슨 일로 무봉에서 내려올까?

더욱이 상이하칠(上二下七)로 볼 수 있는 것들도 많다.

恰似——江春水向東流. (南唐 後主)
마치—온 강의 봄물이 동쪽으로 흐르는 것 같다.
誰信—東風吹散彩雲飛. (馮延巳)
누가 믿으리—봄바람이 불어와 채색 구름 흩어버린 것을?
門外—鴨頭春水木蘭船. (晏幾道)
문밖에는—오리 머리처럼 푸른 봄물 위의 목란 배.
應恨—不題紅葉寄相思. (晏幾道)
한스러우리—홍엽에 시를 써서 그리움을 부칠 수 없으니.
暗恨—玉顏光景與花同. (晏幾道)
남몰래 원망한다—미인의 처지가 꽃과 같은 것을.
又似—陌頭風細惱人時. (晏幾道)
또한 길가의 잔잔한 바람이 사람을 괴롭히는 것 같다.
愁見—曲中雙淚落香襟.[82] (晏幾道)
슬픔 속에 바라보니—곡 중의 두 줄기 눈물이 옷깃에 떨어진다.
莫笑—醯鷄歌舞—甕中天. (黃庭堅)

82) 텍스트에는 '香襟'이 '千金'으로 되어 있는데, 誤字이다.

비웃지 말라—눈에놀이의 가무가 단지 속의 하늘이라고

爭奈—無情江水不西流. (秦觀)

어찌하나—무정한 강물이 서쪽으로 흘러가지 않으니.

祗怕—酒醒時候斷人腸. (秦觀)

다만 두려운 건—술이 깼을 때 사람의 애간장을 끊는 것이다.

不道—曉來開徧向南枝. (黃庭堅)

어느 틈에—아침 되니 남쪽 가지에 다 피었다.

愛道—畫眉深淺入時無. (歐陽修)

사랑스럽게 말한다—눈썹 화장이 유행에 어울려요?

笑問—雙鴛鴦字怎生書. (歐陽修)

웃으며 묻는다—쌍 원앙 글자를 어떻게 쓰나요?

不羨—竹西歌吹古揚州. (蘇軾)

부럽지 않다—竹西路에서 부르는 옛 양주 노래가.

莫忘—故人憔悴老江邊. (蘇軾)

잊지 말게—옛 친구가 초췌하여 강변에서 늙어가는 것을.

樓上——天春思浩無涯. (秦觀)

누대 위에서—하루 종일 봄 생각이 끝없이 펼쳐진다.

薄倖—只知遊蕩不思家. (秦觀)

무정한 사람—그저 돌아다닐 줄만 알고 집 생각은 않는구나.

이것은 더욱 분명히 7언 시구의 연장이다(頂節 앞에 다시 한 절을 덧붙인 것). 『사율(詞律)』은 「우미인(虞美人)」의 9자구가 휴지 없이 단숨에 이어진다고 보았고(제6자에서 잠시 멈추지 않음), 「상견환(相見歡)」과 「남가자(南歌子)」의 9자구는 두 구로 딱 잘라 나누어 놓아(제6자 아래 '句'라고 주를 달았음), 하나는 너무 긴박하고 하나는 너무 느슨하여 둘 다 마땅치 않다. 그러나 일반인들이 상륙하삼(上六下三)으로 간주하는 것도 물론 음률상의 이유가 있다(그들 자신은 이를 의식하지 않았을지도 모른다). 이러한 9자구는 제5자에 반드시 평성을 사용해야 한다. 사의 6자구는 제5자에 평성을 사용하는 것이 가장 많이 보인다(대다수의 6자구는 (측)측측평평측이거나 (측)측평평평측이다). 따라서 상륙하삼(上六下三)의 9자구에서도 제5자에 평성을 사용해야 읽을 때 소리가 잘 울리게 된다. 이를 「우미인(虞美人)」과 「남가자(南歌子)」를 가지고 논해보자. 『역대시여(歷代詩餘)』에는 「우미인」(9자구가 있는 것) 127수가 실려 있는데, 매 수에 두 개의 9자구가 있으니 총 254구가 된다. 그 중 제5자에 평성을 사용한 것이 197구이고, 입성을 사용한 것이 35구이고(입성은 평성이 될 수 있다), 상성이나 거성을 사용한 것은 겨우 22구이다. 「남가자」는 124수가 실려 있는데 매 수에 두 개의 9자구가 있으니 총 248구가 된다. 그 중 제5자에 평성을 사용한 것이 201구이고, 입성을 사용한 것이 22구이고(입성은 평성이 될 수 있다), 상성이나 거성을 사용한 것은 겨우 25구이다. 이로부터 볼 때 평성을 사용한 것이 절대다수를 차지하였고, 어쩌다 평성을 사용하지 않은 것도 있는데, 이에 대해 우리는 "성률을 따지지 않았거나" 잠시 적당한 글자를 찾지 못한 것으로 인정할 수밖에 없다. 이외에도 전사(轉寫)의 잘못이 있다. 예를 들어 『사율(詞律)』과 『백향사보(白香詞譜)』에 실린 구양수(歐陽修) 「남가자(南歌子)」 "笑問鴛鴦兩字怎生書"를 『역대시여(歷代詩餘)』에서는 "笑問雙鴛鴦字怎生書"로 하였는데, 『역대시여』를 표준으로 해야 할 것이다. 『사율』이 「상견환(相見歡)」 전후결 말구(末句) 제5자 밑에 '가측(可仄)'이라고 주를 달지 않은 것은 옳다. 『사율』이 「우미인(虞美人)」의 경우 장첩(蔣捷)의 한 수를 인용하여 전결의 말구 "幾度和雲飛去覓歸舟(몇 번이나 구름과 함께 날아가 돌아오는 배를 찾았던가)"의 '飛'자 밑에 '가측(可仄)'이라고 주를 달고 후결 말구 "纔卷珠簾却又晚風寒(주렴을 걷어 올렸더니 저녁에 다시 바람 차갑다)"의 '却'자 밑에 '가평(可平)'이라고 주를 달은 것은 옳지 않다. '飛'자를 써넣은 곳에는 측성을 사용할 수 없고, '却'자를 써넣은 곳에는 입성을 평성으로 사용할 수 있을 뿐이다. 또한 「남가자」의 경우 구양수의 한 수를 인용하여 전결 말구 "愛道畫眉深淺入時無"의 '深'자 밑에 '가측(可仄)'이라고 주를 달은 것도 옳지 않다. 더욱이 후결 말구 "笑問鴛鴦兩字怎生書"의 '兩'자 밑에 '가평(可平)'이라고 주를 달아 밝히지 않은 것은 잘못 중의 잘못이다. 『사율』이 다른 곳에서는 결코 예외로써 정례(正例)를 해치지 않았는데, 이곳에서는 오히려 큰 잘못을 범하여 바로잡지 않을 수 없다.

44.4 (10) 10자구

10자구는 제법 드물게 보인다. 우리가 주의를 기울인 바에 의하면 「모어아(摸魚兒)」 사만이 전결 제6구와 후결 제7구가 10자이다. 그 형식은 (측)측측-평평(측)측평평측으로 상삼하칠(上三下七)이다. 예를 들어 장저(張翥)의 「모어아」 전결 제6구는 "度一縷-歌雲不礙桃花扇(한 가닥 감동적인 노래 소리가 도화선에 막히지 않고 건너간다)"이고, 후결 제7구는 "歌舞地-青蕪滿目成秋苑(가무하던 곳이-푸른 잡초가 눈에 가득하여 가을 동산을 이루고 있다)"이다. 『백향사보(白香詞譜)』가 '雲'자 밑에 짧은 휴지를 표시하여 전결의 10자구를 상오하오(上五下五)로 만든 것은 의미절주를 가지고 볼 때 물론 잘된 것이다. 음률절주를 가지고 본다면 『사율』을 표준으로 해야 한다. 전후 두 결의 10자구는 평행의 두 구로서(전결의 10자구는 본래 제7구였는데, 처음 두 구가 한 구로 합쳐지는 바람에 제6구로 변하였다), 그 형식은 들쭉날쭉한 것이 아닐 것이다.

44.5 사람에 따라서는 「탄파완계사(攤破浣溪沙)」 전후결의 마지막 두 구를 한 구로 보아 평측측평평측측(또는 평측평평측평측)-측평평의 상칠하삼(上七下三)으로 만들기도 하였다. 예를 들면 다음과 같다.

> 風裏落花誰是主-思悠悠 …… 回首淥波三楚暮-接天流. (南唐 中主)
> 바람에 흩날리는 낙화는 누가 주인인가-그리움 아득하다. …… 머리 돌려 바라보니 삼초의 저녁에 맑은 물결이-하늘에 이어져 흐른다.
> 還與韶光共憔悴-不堪看 …… 多少淚珠無限恨-倚闌干. (南唐 中主)
> 더욱이 봄빛과 함께 초췌해지니-차마 바라볼 수 없다. …… 끝없는 한에 난

간에 기대어 얼마나 많은 눈물 흘렸을까?

—「탄파완계사(攤破浣溪沙)」

※ 주의 : 제5자부터 제7자까지를 '측평측'으로 쓰면 제3자는 반드시 평성이다. 이를테면 "還與韶光共憔悴"에서 '韶'자를 써넣은 곳에 측성을 사용할 수 없다.

한 구로 보든 두 구로 보든 모두 주지(主旨)와는 상관이 없고, 긴요한 것은 그것의 절주와 평측이다.

44.6 (11) 11자구

이것은 사구(詞句) 중에서 가장 긴 종류에 속한다. 우리가 주의를 기울인 바에 의하면 「수조가두(水調歌頭)」에서만 11자구를 사용한다. 이에는 두 가지 형식이 있는데, 하나는 상륙하오(上六下五)이고, 또 하나는 상사하칠(上四下七)이다. 예를 들면 다음과 같다.

(1) (측)평(평)측평측-평측측평평

不知天上宮闕-今夕是何年. (蘇軾)
모르겠구나 하늘 위 궁궐이-오늘밤으로 어느 해인지.
中年親友難別-絲竹緩離愁 …… 故鄕歸去千里-佳處輒遲留. (蘇軾)
중년에는 친구와 헤어지기 어려운데-이별의 슬픔을 악기가 덜어준다. …… 천리 길 고향으로 돌아가면-좋은 자리 있을 때마다 느긋하게 머무르리.
六朝文物何在-回首更凄然 …… 莫愁艇子何處-烟樹杳無邊. (周紫芝)
육조의 문물은 어디에 있는가-머리 돌려 바라보니 더욱 처량하다. …… 막수의 배는 어디에 있는가-안개 낀 숲 아득하여 끝이 없다.
倚空千嶂橫起-銀闕正當中 …… 遙知玉斧初斲-重到廣寒宮. (葉夢得)
하늘에 기대어 수많은 산이 가로 솟아 있고-은빛 궁궐이 바로 그 가운데 있다. …… 멀리서 알겠다 옥도끼로 막 깎아내고－다시 광한궁에 이른 것을.

平田坡岸迴曲－一目望難窮 …… 雲林城市層列－知有幾重重. (趙師俠)

평평한 밭과 비탈 언덕이 휘돌아 굽어 있어－한 눈에 다 바라볼 수 없구나. …… 구름 덮인 숲과 도시가 층층이 벌려 있어－몇 겹이나 되는지 모르겠다.

奈何酒薄愁重－越醉越愁多. (趙長卿)

어찌하나 술은 묽고 근심은 깊어서－취할수록 근심이 많아지니.

暮天空闊無際－層巘綠蛾浮 …… 甘棠空有餘蔭－誰解挽公留. (侯寘)

저녁 하늘 끝없이 드넓은데－층층 봉우리에 초록 나방이 떠다닌다. …… 팥배나무 비어 남은 그늘 있는데－누가 공을 만류할 줄 알려나?

淵明漫笑重九－胸次正崔嵬. (辛棄疾)

도연명은 중양절을 마음대로 비웃었으니－흉금이 바로 높고 컸다.

有時來照清淺－鬢雪似潘安 …… 旁人笑我癡計－管鑰費防閑. (劉克莊)

때때로 다가와 맑고 얕은 물을 비추니－눈 내린 듯 하얀 머리가 潘岳 같다. …… 옆 사람이 나의 어리석은 계책을 비웃으니－관건은 방비와 저지에 쓰는 것이다.

古今多少遺恨－俯仰已塵埃 …… 試問先生歸否－茅屋欲生苔. (方岳)

고금에 남긴 한이 얼마나 많을까－순식간에 이미 진애가 되었다. …… 물어본다 선생이 돌아오셨는지－초가에는 이끼가 나려 한다.

一筇拄上高絶－便覺眼前寬 …… 少年正爾行樂－誰復顧華顚. (馮取洽)

대지팡이에 의지하여 높은 꼭대기에 오르니－눈앞이 탁 트임을 느낀다. …… 젊을 때 이렇게 다니며 즐겨야지－누가 다시 백발의 늙은이를 돌아볼까?

西山光翠依舊－影落酒杯中 …… 孫郎前日豪飲－頤指五都雄. (王以寧)

서산은 여전히 푸르게 빛나며－술잔 속에 그림자를 드리운다. …… 손랑은 지난날 호쾌하게 술 마시며－턱으로 五都의 영웅들을 가리켰다.

十年長短亭裏－落日冷邊笳 …… 安期玉舃何處－袖有棗如瓜. (王庭筠)

십 년의 長亭과 短亭－변방의 갈잎 피리에 지는 해 차갑다. …… 安期生의 옥 신발은 어디에 있는가－소매에는 오이만한 대추가 있다.

群心思荅神貺－吉日復良辰 …… 一年好處須記－此樂最難忘. (段克己)

여러 마음은 신이 내리는 마땅함을 생각하니－길일이면서 또한 좋은 때이다. …… 일 년의 좋은 곳을 기억해야 하니－이 즐거움을 가장 잊기 어렵다.

—「수조가두(水調歌頭)」

※ 주의 : 어쩌다 예외도 있다. 예를 들면 채신(蔡伸)의 "征裘淚痕浥徧－眸子怯酸風(여행 갖옷에 눈물 자국이 여기저기 배어－눈동자는 쓰라린 바람을 겁낸다)", 섭몽득(葉夢得)의 "堤外柳烟深淺－碧瓦起朱樓 …… 登臨漫懷風景－佳處每難酬(제방 밖으로 버들 안개 짙고 옅고－푸른 기와가 붉은 누각에 솟아 있다. …… 높이 올라 풍경을 가득 품으니－아름다운 곳은 늘 시로 보상하기 어렵다)", "悠然政須兩字－長笑退之詩('政須' 두 글자에 여유가 있어－韓愈의 시를 크게 비웃는다)" 등이 있다. 그러나 이와 같은 예외는 백 개 중의 하나 둘에 불과하다.

(2) 측평(평)측－(평)(측)(평)측측평평

不應有恨－何事偏向別時圓. (蘇軾)

나에게 원한이 있을 리 없건만－어찌하여 구태여 이별해 있을 때 둥글단 말인가?

故人千里－西望雙劍黯迴眸 …… 參橫月落－耿耿河漢近人流. (曾覿)

옛 친구 천 리 밖에 있어－서쪽으로 쌍검을 바라보며 슬피 눈동자를 굴린다. …… 參星 기울어져 달은 지고－빛나는 은하수가 사람 가까이 흐른다.

漢家組練－十萬列艦聳層樓 …… 倦游欲去－江上手種橘千頭. (辛棄疾)

한나라 군사는－십만 늘어선 병선이 우뚝 선 누각 같았다. …… 宦游에 지쳐서 강호에 돌아가 손수 천 그루 귤나무를 심으리라.

滄江翠壁－佳處突兀起紅樓 …… 山高月小－霜降凜凜不能留. (張孝祥)

창강의 푸른 벽－아름다운 곳에 우뚝 홍루가 솟아 있다. …… 산이 높아 달이 작고－서리가 차게 내려 머물 수 없다.

賞心亭上－喚客追憶去年游 …… 去年明月－依舊還照我登樓. (張孝祥)

상심정 위에서－객을 불러 작년의 나들이를 추억한다. …… 작년의 밝은 달이－여전히 다시 누각에 오르는 나를 비춘다.

試尋高處－携手躡屐上崔嵬 …… 仙人跨海－休問隨處是蓬萊. (韓元吉)

높은 곳을 찾아－손 붙잡고 나막신 신고 높이 오른다. …… 신선이 바다를 건너－가는 곳마다 봉래냐고 묻지 말라.

携壺結客－何處空翠渺烟霏 …… 人生如寄－何事辛苦怨斜暉. (朱熹)

빈객과 사귀어 술병을 들고 가니－어느 곳이 푸르러 안개 비 아득할까? …… 인생은 더부살이 같은 것인데－어찌하여 고생하며 석양을 원망할까?

賞心千里－明鏡入座玉光寒 …… 層梯影轉－亭午信手展緗編. (吳文英)

마음을 즐겁게 하는 천 리－명경을 앞에 놓고 자리에 드니 옥빛이 차다. …… 층층 사다리 그림자가 정오에 돌아들어 손 가는 대로 책을 펼친다.

臺城游冶－襞牋能賦屬宮娃 …… 舊時王謝－堂前雙燕過誰家. (賀鑄)

대성에서 노닐며－주름 전지에 시를 써서 궁녀에게 맡길 수 있다. …… 옛날 왕씨와 사씨－댁 앞 쌍쌍의 제비는 누구네 집으로 갔을까?

誰吹尺八－寥亮嚼徵更含宮 …… 青蒻黃帽－此樂誰肯換千鍾. (葛勝仲)

누가 피리를 부는가－맑게 울려 徵音을 내다가 다시 宮聲을 낸다. …… 푸른 가죽신과 누런 모자－이 즐거움을 누가 후한 봉록과 바꾸려 하겠는가?

餐霞吸露－何事佳處輒遲留 …… 森羅萬象－與渠詩裏一時收. (葛郯)

노을을 먹고 이슬을 마시니－어찌하여 아름다운 곳에 잠시 머물기를 게을리 하랴? …… 삼라만상이 그의 시 안에 일시에 거두어져 들어갔다.

翠光千頃－爲誰來去爲誰留 …… 跳珠翻沫－轟雷掣電幾時收. (葛郯)

푸른 빛 천 이랑－누굴 위해 오가며 누굴 위해 머무는가? …… 물방울을 튕기며－우르릉거리는 우레와 번개가 언제 그칠까?

醉魂何在－應騎箕尾列青天 …… 黃粱未熟－經游都在夢魂間. (呂渭老)

취한 혼은 어디에 있을까－응당 키 꼬리를 타고 푸른 하늘을 돌아다니리. …… 누런 기장이 아직 익지 않았으니－돌아다니는 것이 모두 꿈속에 있으리.

—「수조가두(水調歌頭)」

44.7 상사하칠(上四下七)의 구식은 남송에 이르러 비로소 성행하였다. 몇몇 사에서는 전결에 상륙하오(上六下五)를 쓰고, 후결에 상사하칠(上四下七)을 썼다. 예를 들면 소식(蘇軾)의 "不知天上宮闕－今夕是何年 …… 不應有恨－何事偏向別時圓"과 신기질(辛棄疾)의 "淵明漫笑重九－胸次正崔嵬 …… 此心高處－東望雲氣見蓬萊" 등이 있다. 또한 전결에 상사하칠(上四下七)을 쓰고, 후결에 상륙하오(上六下五)를 쓴 것도 있다. 예를 들면 주희(朱熹)의 "歸來故里－愁思悵望渺難平 …… 與君吟風弄月－端不

負平生(고향에 돌아와—근심스런 생각에 슬피 바라보지만 아득하여 가라앉기 어렵다. …… 그대와 음풍농월하며—진실로 평생을 저버리지 않겠다)” 등이 있다. 『사율』은 제6자 밑에 ‘가평(可平)’이라고 주를 달았지만 상륙하오(上六下五) 식의 제6자는 결코 평성이 될 수 없고, 상사하칠(上四下七) 식만이 평성이 될 수 있다. 즉 상사하칠(上四下七) 식을 가지고 논하면 제6자에 평성을 사용한 것도 남송(南宋)에 이르러 비로소 성행하였고, 북송(北宋)에서는 하주(賀鑄)·여위노(呂渭老) 등의 소수만이 그와 같이 했을 뿐이다.

44.8 구(句)와 두(豆)의 구별은 확정하기 매우 어렵다. “不知天上宮闕今夕是何年”처럼 몇몇 단숨에 내닫는 것들은 근본적으로 ‘두(豆)’가 있다고 간주해서는 안 된다. 몇몇은 “不應有恨, 何事偏向別時圓”처럼 ‘두(豆)’로 간주할 수 있을 뿐만 아니라 ‘구(句)’로 간주할 수도 있다(예전의 이른바 ‘句’). 그렇다면 후자 같은 것을 어째서 아예 두 구로 간주하지 않는 것일까? 우리가 두 구로 간주할 수 없는 이유는 다음과 같다.

(1) 동일인의 동일한 사조(詞調)가 어떤 때는 두 구로 나뉘고, 어떤 때는 단숨에 내닫는다. 예를 들어 신기질(辛棄疾) 「수조가두(水調歌頭)」의 “別離亦復何恨? 此別恨匆匆!(이별에 다시 무슨 한이 있으랴만, 이 이별은 한스럽게도 너무나 황급하구나!)”은 본래 두 구로 나눌 수 있지만, 다른 한 수의 동일한 곳에서는 오히려 “等閑更把萬斛瓊粉蓋玻瓈(한가히 다시 만 곡의 옥가루로 유리를 덮는다)”로 단숨에 내닫는다. 이로부터 볼 때 단숨에 내닫는 것이 원칙이고, 중간에 ‘두(豆)’가 있는 것은 임시방편으로 칠 수밖에 없다. 8자구·9자구·10자구 등은 이렇게 볼 수 있는 경우가 많다.

(2) 동일인의 동일한 사조가 어떤 때는 상륙하오(上六下五)이고, 어떤 때는 상사하칠(上四下七)이다. 예를 들어 주희(朱熹) 「수조가두(水調歌頭)」의 “與君吟風弄月—端不負平生”은 상륙하오(上六下五)이지만, 다른 한 수의 동일한 곳에서는 오히려 “人生如寄—何事辛苦怨斜暉”로 상사하칠(上四下七)로 바뀌었다. 이로부터 볼 때 11자구는 필경 원칙적으로 단숨에 내닫는 것이기 때문에 경우에 따라서 부득이 구 중에 ‘두(豆)’를 두어 상륙

하오(上六下五) 또는 상사하칠(上四下七)로 해도 되도록 융통성을 부여했을 것이다. 9자구에도 똑같은 경우가 있으니, 앞글을 참고해 보라.

제45절 사의 대장과 어법상의 특징

45.1 이제 우리는 대장(對仗)에 대해 이야기하고자 한다. 사의 대장은 율시의 대장과 다른 점이 있다. (1) 사는 장단구(長短句)라서 대장의 사용이 마땅치 않은 곳이 많기 때문에 이어져 있는 두 구의 글자수가 같을 때라야 대장이 가능하다. (2) 율시의 대장은 정해진 위치가 있지만, 사의 대장은 정해진 위치가 없다. (3) 율시의 대장은 원칙적으로 평측상대(平仄相對)이지만 사는 이에 구애받지 않는다. 이제 이 순서에 따라 서술해보겠다.

45.2 (1) 이어져 있는 두 구의 글자수가 같으면 대장을 이룰 가능성이 있다. 대장을 사용하는 것이 보통인 곳의 예를 들면 다음과 같다.

花露重, 草烟低. (歐陽修)
꽃의 이슬방울 무겁고, 풀에 낀 안개 나지막하다.
—「완랑귀(阮郎歸)」 후결(後闋) 제1, 2구

細雨夢回鷄塞遠, 小樓吹徹玉笙寒. (南唐 中主)
이슬비 내리는 속에 꿈 깨어나니 계새는 멀기만 하고, 작은 누각에서 밤새도록 부니 옥 생황에 한기가 돈다.
—「탄파완계사(攤破浣溪沙)」 후결 제1, 2구

寶髻鬆鬆挽就, 鉛華淡淡妝成.　　(司馬光)
아름다운 쪽머리 가볍게 당겨 만들고, 하얀 분 옅게 발라 화장을 마쳤다.
相見爭如不見, 有情還似無情.
만나는 것이 어찌 못 보는 것과 같으랴, 정 있는 것이 오히려 무정한 것과 같다.
—「서강월(西江月)」 전후결 제1, 2구

日薄花房綻, 風和麥浪輕.　　(蘇軾)
해가 가까워 꽃망울 터지고, 바람 온화하여 보리 물결 가볍다.
已改煎茶火, 猶調入粥餳.
이미 차 달이는 불을 갈았고, 다시 죽에 넣을 엿을 조리했다.
—「남가자(南歌子)」 전후결 제1, 2구

無語殘妝淡薄, 含羞嚲袂輕盈.　　(毛熙震)
말없는 얼굴 화장 흔적 담박하고, 수줍음 머금고 늘어진 소매 경쾌하다.
笑靨嫩疑花坼, 愁眉翠斂山橫.
웃으니 보조개 상큼하여 꽃이 벌어진 것 같고, 슬픔에 잠기니 눈썹 푸르러 산이 옆으로 수렴한 것 같다.
—「하만자(河滿子)」 전후결 제1, 2구

碧海無波, 瑤臺有路.　　(晏殊)
푸른 바다에 물결 없고, 신선의 누대로 가는 길이 있다.
綺席凝塵, 香閨掩霧.
비단 자리에 먼지 맺혀 있고, 향긋한 규방은 안개에 가려 있다.
—「답사행(踏莎行)」 전후결 제1, 2구

香冷金猊, 被翻紅浪.　　(李清照)
향은 금사자 향로에서 식었고, 이불은 붉은 물결처럼 펼쳐졌다.
—「봉황대상억취소(鳳凰臺上憶吹簫)」[83] 전결 제1, 2구

83) 텍스트에는 '簫'가 '蕭'로 되어 있는데, 誤字이다.

行歌趁月, 喚酒延秋. (周邦彦)
달빛 따라 다니며 노래 부르고, 술을 불러 가을을 맞는다.
—「해어화(解語花)」 전결 제1, 2구

燒色回青, 冰痕綻白. (高觀國)
불에 타 검어진 곳에 초록이 돌아오고, 얼음자국에 흰빛이 드러난다.
縱寒不壓葭塵, 應時已鞭黛土.
추위에도 갈대 먼지에 묻히지 않고, 시절에 응해 이미 검은 흙을 채찍질한다.
—「동풍제일지(東風第一枝)」 전결 제1, 2구 및 제4, 5구

宮粉彫痕, 仙雲墮影. (吳文英)
장식용 분말로 자국을 도식하고, 신선의 구름이 그림자를 드리운다.
—「고양대(高陽臺)」 전결 제1, 2구

角黍包金, 香蒲泛玉. (周邦彦)
粽子는 황금빛 댓잎으로 싸여 있고, 부들은 옥빛을 띠고 있다.
慢轉鶯喉, 輕敲象板.
꾀꼬리 목소리 느릿하게 굴러가고, 상아 판을 가볍게 두드린다.
—「제천락(齊天樂)」 전결 제3, 4구 및 후결 제4, 5구

45.3 이로부터 볼 때 대장은 대개 전결의 첫 두 구 또는 후결의 첫 두 구에 놓이는데(蝦鬚格이라 칭함), 이것은 수사상의 이유 외에도 사조(詞調)의 모방과 관계가 있을 것이다. 수많은 새 사조는 완전한 창작이 아니라 기존의 사를 탈태(奪胎)하여 만든 것이기 때문에 대장의 위치도 왕왕 기존의 것을 그대로 따랐다.

45.4 그러나 이어져 있는 두 구의 글자수가 같지 않을 때에도 대장을 사용할 수 있는 경우가 있는데, 그것은 바로 상오하사(上五下四)의 두 구이다. 상구(上句)에 다섯 자가 있다고는 하지만 실제로는 4자구 앞에 1자두(字豆)를 덧붙인 것이므로 대장을 사용해도 무방한 것이다. 예를 들

면 다음과 같다.

奈新燕傳情, 舊鶯饒舌. (程垓)
어찌하나 새로 온 제비 정을 전하고, 예전의 꾀꼬리 말이 많으니.
記掩扇傳歌, 剪燈留語. (吳文英)
생각난다 부채로 가리고 노래를 전하고, 등불 심지를 잘라가며 말을 남긴 것이.
—「옥루지(玉漏遲)」 후결 제2, 3구

漸酒空金榼, 花困蓬瀛. (秦觀)
어느덧 술은 금잔에 비고, 꽃은 蓬萊와 瀛州에서 시들었다.
且莫思身外, 長近尊前. (周邦彦)
우선 공명의 일은 생각하지 말고, 늘 술잔을 가까이 하자.
命玳簪促席, 雲鬟分行. (晁端禮)
명한다 대모 비녀의 여인은 자리를 가까이 하고, 구름 모양 머리의 여인은 떨어지도록.
問橫空皎月, 匝地寒霙. (葛立方)
묻는다 하늘을 가로질러 밝은 달 빛나고, 땅을 두르며 찬 진눈깨비 내리는지.
有新翻楊柳, 細抹絲簧. (汪莘)
버들가지가 새로 날리며, 관현악기를 가볍게 스친다.
但身爲利鎖, 心被名牽. (吳潛)
다만 몸은 이익에 갇혀 있고, 마음은 명예에 매여 있다.
—「만정방(滿庭芳)」 후결 제4, 5구

愛簫聲縹緲, 簾影玲瓏. (馬洪)
좋아한다 퉁소 소리 나직이 이어지고, 주렴 그림자 영롱한 것을.
—「봉황대상억취소(鳳凰臺上憶吹簫)」 전결 제4, 5구

奈堪同玉手, 難插雲鬟. (趙文)
어찌하나 옥수와 함께 함을 견딜 수 없고, 구름 같은 쪽머리에 꽂기 어려우니.
慣倚歌花月, 按舞娉婷. (張翥)

익숙해졌다 악기에 맞추어 꽃과 달을 노래하고, 음악에 맞추어 예쁘게 춤추는 것이.

想淸江泛鷁, 紫陌游驄. (馬洪)

생각한다 맑은 강에 배 띄우고, 자색 길에서 청총마 몰고 가던 것을.

—「봉황대상억취소」 후결 제5, 6구

想月濕斷磯, 雲弄疏影. (趙以夫)

생각난다 달빛이 끊어진 물가를 적시고, 구름이 성긴 그림자 희롱하던 것이.

正雁水夜淸, 臥虹平帖. (吳文英)

바로 기러기 날아가는 물이 밤에 맑고, 누운 무지개가 안정되게 자리 잡았다.

悵雁渚渡閑, 鷺汀沙積. (陳允平)

슬프다 기러기 물가에 나루 한가하고, 백로 물가에 모래 쌓여 있다.

—「암향(暗香)」 후결 제3, 4구

正烟橫嶺曲, 月浸溪灣. (吳潛)

마침 안개가 고개 굽이를 가로지르고, 달빛이 시내 굽이에 스며든다.

幾傳杯弔甫, 把酒招潛. (吳文英)

몇 번이나 잔을 전해 杜甫를 애도하고, 술잔을 들어 陶潛을 불렀던가?

正風吟莎井, 月碎苔陰. (吳文英)

마침 바람이 사초 우물에서 윙윙거리고, 달빛이 이끼 그늘에서 부서진다.

想蓴邊呼櫂, 橘後思書. (王沂孫)

생각하니 순채 옆에서 배를 불렀고, 귤 뒤에서 편지를 그리워했다.

任露濡輕袖, 月轉空梁. (史可堂)

내버려둔다 이슬이 가벼운 소매를 적시고, 달이 텅 빈 들보를 돌아들도록.

—「성성만(聲聲慢)」(平韻) 후결 제2, 3구

悵玉笥埋雲, 錦袍歸水. (張炎)

슬프다 옥 상자가 구름에 묻히고, 비단 도포가 물로 돌아갔으니.

待移燈剪韭, 試香溫鼎. (張炎)

기다린다 등을 옮겨가며 부추를 자르고, 맛을 보려고 솥을 데우기를.

—「쇄창한(鎖窗寒)」 후결 제3, 4구

正愁橫斷塢, 夢繞溪橋. (史達祖)
바로 슬픔이 끊어진 둑을 가로지르고, 꿈이 시내 다리를 두른다.
—「환소난봉(換巢鸞鳳)」 전결 제2, 3구

問誰調玉髓, 暗補香瘢. (吳文英)
묻는다 누가 玉膏를 조제하여, 남몰래 흉터를 고쳐줄지를.
正十分皓月, 一半春光. (吳文英)
마침 충분히 밝은 달과, 한창의 봄빛이로다.
但苔深韋曲, 草暗斜川. (張炎)
다만 達官貴人들이 살던 韋曲에 이끼만 무성하고, 아름다웠던 斜川도 잡초에 묻혔다.
任船依斷石, 袖裏寒雲. (張炎)
맡겨둔다 배가 끊어진 바위에 의지하고, 소매가 찬 구름 속에 들도록.
漸潮痕雨漬, 面色風皺. (王億之)
점차 조수가 남긴 흔적이 비에 잠기고, 얼굴은 바람에 주름진다.
旋安排玉勒, 整頓雕輪. (僧晦)
즉각 옥 재갈을 안배하고, 조각한 수레를 정돈했다.
對一川平野, 一片閑雲. (張翥)
마주한다 온 평평한 들판과, 한 조각 한가한 구름을.
—「고양대(高陽臺)」 후결 제2, 3구

正梅雪初消, 柳絲新染. (楊炎)
마침 매화에 맺힌 눈이 갓 녹고, 버들가지가 새로 신록의 물이 들었다.
更暮草萋萋, 疏烟漠漠. (方千里)
더욱이 저녁 풀이 우거지고, 옅은 안개 자욱하다.
漸翠減凉痕, 腥浮寒血. (蔣捷)
점차 싸늘한 자국에 푸른 빛 사라지고, 식은 피가 비린내 풍긴다.
愛樹色參差, 湖光渺漠. (陳允平)
좋아한다 나무 색깔 들쭉날쭉하고, 호수 빛 아득한 것을.
正漏約瓊籤, 笙調玉琯. (陳允平)
바로 물시계는 옥 댓개비를 기약하고, 생황은 옥피리와 어울린다.

—「서학선(瑞鶴仙)」 제2, 3구

嘆重拂羅裀, 頓疏花簟. (周邦彦)
탄식하며 다시 비단 요를 펼치고, 바로 꽃방석을 거두어들인다.
更釵裊朱符, 臂纒紅縷. (周邦彦)
더욱이 비녀에는 붉은 부신이 하늘거리고, 팔에는 붉은 실이 감겨 있다.
記雲彈瑤山, 粉融珍簟. (楊无咎)
생각난다 구름이 옥산에 늘어지고, 분이 대자리에 묻었던 일이.
正玉管吹凉, 翠觴留醉. (高觀國)
바로 옥피리가 서늘해지도록 불고, 비취 술잔에 취하도록 머물렀다.
望舟尾拖凉, 渡頭籠暝. (史達祖)
바라본다 船尾가 서늘한 기운을 이끌고, 나루에 어둠이 덮이는 것을.
想橘友荒凉, 木奴嗟怨. (史達祖)
생각하니 귤 벗은 황량하고, 나무 노예는 원망하겠지.[84]
過柳影閑波, 水花平渚. (史達祖)
지나간다 버들 그림자 한가로운 물결과, 물보라 평평한 물가를.
看風動疏簾, 浪鋪湘簟. (方千里)
바라본다 바람이 성긴 발을 움직이고, 물결이 湘水의 대자리를 펼치는 것을.
便閶闔輕排, 虹河平溯. (吳文英)
하늘 문을 가볍게 밀치고, 무지개 강을 잔잔히 거슬러 오른다.
漸塵撲冰紈, 浪收雲簟. (陳允平)
점점 얼음 같이 흰 비단을 먼지가 치고, 구름 같은 대자리를 물결이 거두어들인다.

—「제천락(齊天樂)」 전결 제7, 8구

想月好風淸, 酒登琴薦. (楊无咎)
생각난다 달 좋고 바람 맑아, 술과 거문고를 바쳤던 일이.
嘆壁月空簷, 楚雲飛觀. (高觀國)
탄식한다 벼랑 위의 달이 처마에 비고, 초 땅의 구름이 누각 위를 날아가는

84) '橘友(귤 벗)'는 당귤을 가리키고, '木奴(나무 노예)'는 감귤을 가리킨다.

것을.

對風鵲殘枝, 露蛩荒井.　(史達祖)

마주한다 남아 있는 가지의 바람 맞는 까치와, 황량한 우물의 이슬 맞은 귀뚜라미를.

但翠黛愁橫, 紅鉛淚洗.　(洪瑹)

다만 푸른 눈썹에는 슬픔이 가로 걸리고, 붉은 연지를 눈물이 씻는다.

但閑覓孤歡, 强寬秋興.　(吳文英)

다만 한가히 혼자만의 기쁨을 찾고, 억지로 가을 흥취를 넓힌다.

有眠月閑僧, 醉香游子.　(陳允平)

달빛 아래 중은 한가히 잠들었고, 나그네는 향기에 취하였다.

嘆籬菊初開, 澗蓴堪薦.　(陳允平)

탄식 속에 울타리 밑의 국화가 갓 피었고, 계곡의 순채는 바칠 만하게 되었다.

看半硯薔薇, 滿鞍楊柳.　(文天祥)

바라본다 벼루 반의 장미와, 안장 가득한 버들을.

怕鶴怨山空, 雁歸書少.　(周密)

두렵다 산이 비었다고 학이 원망하고, 기러기 돌아오는데 편지 없을까 봐.

縱鳴壁猶蛩, 過樓初雁.　(王沂孫)

비록 귀뚜라미가 벽에서 울고, 기러기가 누대를 지나간다고 해도.

看飄忽風雲, 晦明朝夕.　(張炎)

바라본다 바람과 구름이 가볍게 흐르고, 아침저녁으로 어둡고 밝아지는 것을.

―「제천락(齊天樂)」 후결 제8, 9구

45.5 이와 같이 일자두(一字豆)를 지닌 대장(對仗)은 매 결(闋)의 첫 두 구에는 있을 수 없다. 이들은 대개 제2, 3구에 있다. 또한 이와 같은 대장은 작가의 임의에 따르는 것이지, 필수적인 것이 아니다.

45.6 (2) 사의 대장은 율시처럼 단단한 규정이 아니다. 따라서 이어져 있는 두 구의 글자 수가 같아도 반드시 대장을 사용해야 하는 것은 아니다. 다음의 예에서 볼 수 있듯이 몇몇 사인이 대장을 사용한 곳에 다른 몇몇 사인은 대장을 사용하지 않았다(○로 표시한 것은 대장을 사용한

것이고, ◇로 표시한 것은 대장을 사용하지 않은 것이다).

○ 思往事, 惜流光. (歐陽修)
지난 일이 그립고, 세월이 아쉽다.
◇ 還更毒, 又何妨. (趙長卿)
다시 더욱 심하다고 해도, 또한 무엇을 거리끼랴?

—「소충정(訴衷情)」

○ 寶篆烟銷龍鳳, 畫屏雲鎖瀟湘. (黃庭堅)
보전 향로에는 용봉향이 타며 연기가 피어오르고, 그림 병풍에는 구름 속에 瀟湘이 잠겨 있다.
◇ 柳外畫樓獨上, 憑闌手撚花枝. (徐俯)
버들 저쪽 채색 누대에 홀로 오르고, 난간에 기대어 손으로 꽃가지를 비튼다.

—「화당춘(畫堂春)」

○ 碧雲天, 黃葉地 …… 黯鄉魂, 追旅思. (范仲淹)
푸른 구름 자욱한 하늘, 누런 잎 수북한 땅 …… 고향의 혼 암담한데, 나그네 그리움 좇는다.
◇ 老相邀, 山作伴 …… 似驚鴻, 吹又散. (周紫芝)
늙어서 서로 맞이하고, 산을 동반한다. …… 놀란 기러기 같고, 부니 다시 흩어진다.
○ 恨殺河東獅子, 驚回海底鷗兒 …… 柳岸猶携素手, 蘭房早掩朱扉. (蔣捷)
하동의 사자를 죽인 것이 원망스럽고, 해저의 갈매기가 놀라 돌아왔다. …… 버들 물가에서 여전히 흰 손을 잡았고, 규방은 일찍이 붉은 사립문을 닫았다.
◇ 沒處與人消遣, 倚闌情寄斜陽 …… 喚取客帆聊住, 將予同下瀟湘. (侯寘)
다른 이와 더불어 소일할 곳 없고, 난간에 기대어 석양에 정을 부친다. …… 나그네 배를 불러 잠시 멈추게 하고, 나와 함께 瀟湘으로 내려가자꾸나.

—「소막차(蘇幕遮)」

○ 掛輕帆, 飛急槳. (蘇軾)
가벼운 돛을 걸고, 급히 노 저어 날아간다.

◇ 記臨岐, 銷黯處. (趙長卿)
기억한다 기로에 임하여, 암담한 나머지 넋이 나갔었지.

—「축영대근(祝英臺近)」

○ 江流淸淺外, 山色有無中. (趙師俠)
강물은 맑고 얕게 흘러가고, 산 빛은 어슴푸레하다.
◇ 離愁晩如織, 托酒與消磨. (趙長卿)
이별의 슬픔이 늦게 베를 짠 듯 빽빽하여, 술에 의탁하여 함께 없애본다.

—「수조가두(水調歌頭)」

○ 有東南佳氣, 西北神州. (辛棄疾)
남동쪽에는 佳氣가 있고, 북서쪽에는 神州가 있다.
◇ 嘆周郎老去, 鬢改花羞. (周密)
한탄스럽게도 주랑이 늙어가, 살쩍이 하얘져 꽃에 부끄럽다.

—「성성만(聲聲慢)」

○ 永晝端居, 寸陰虛度. (蘇軾)
언제까지나 한가로이 지내고, 시간을 헛되이 보낸다.
◇ 淸淨無爲, 坐忘遺照.[85] (蘇軾)
맑고 깨끗하여 작위함이 없고, 物我兩忘하여 道와 합일되는 경지에 든다.

—「수룡음(水龍吟)」

이와 같이 자유로운 경우는 일자두(一字豆)를 지닌 구에서 더욱 심하다. 일자두를 지닌 구는 대장을 사용하지 않는 것이 원칙이지만 사인들이 임의로 운용할 수는 있다.

45.7 (3) 가장 중요한 것은 평측상대(平仄相對)를 지켜야 한다고 제한하지 않는 것이다. 율시의 대장에서는 이른바 "一三五不論, 二四六分明"이라고 하여 제2, 제4 및 제6자는 반드시 평대측(平對仄), 측대평(仄對

85) 텍스트에는 '遺'가 '遣'으로 되어 있는데, 誤字이다.

平)이어야 하지만(特拗는 예외), 사의 대장은 그렇지 않아서 보통은 제2, 제4자가 반드시 평측상대일 필요가 없으며, 심지어 대장의 구각(句脚)도 모두 측성이거나 모두 평성일 수 있다. 다음 예를 보자.

情高意眞, 眉長鬢青. (劉過)
감정은 고상하고 뜻은 참되며, 눈썹은 길고 살쩍은 검다.
—「취태평(醉太平)」

纖雲弄巧, 飛星傳恨. (秦觀)
섬세한 구름 교묘한 무늬를 짜내고, 나르는 유성은 한을 전한다.
—「작교선(鵲橋仙)」

一川烟草, 滿城風絮. (賀鑄)
온 들판의 안개 낀 풀, 성 가득히 바람에 흩날리는 버들 솜.
—「청옥안(青玉案)」

花影亂, 鶯聲碎. (秦觀)
꽃 그림자 어지럽고, 꾀꼬리 소리 요란하다.
齊歌雲繞扇, 趙舞風回帶. (黃庭堅)
제가를 부르니 구름이 부채를 감돌고, 조무를 추니 바람이 허리띠에 돌아온다.
—「천추세(千秋歲)」

香漸遠, 長烟裊穟; 光不定, 寒影搖紅. (趙長卿)
향이 점차 멀어지며, 끝없는 안개가 이삭 위에 하늘거리고; 빛이 일정치 않아, 찬 그림자가 붉음을 흔든다.
—「소상야우(瀟湘夜雨)」

書底青瞳如月樣, 鏡中黑鬢無霜處. (晏幾道)
책 밑의 검은 눈동자 달 모양 같고, 거울 속의 검은 머리 서리 내린 곳 없다.
風入戶, 香穿箔; 花似舊, 人非昨. (侯寘)

바람이 창문에 들고, 향기가 발을 뚫고 들어온다; 꽃은 예전과 같은데, 사람은 예전의 그 사람이 아니다.

—「만강홍(滿江紅)」

晴絲罩日, 綠陰吹霧. (吳文英)

떠도는 거미줄이 해를 가리고, 녹음이 안개를 불어낸다.

—「옥루지(玉漏遲)」

庾公閣, 子猷舫. (葛勝仲)

庾信 공의 누각, 王徽之의 방주.

—「수조가두(水調歌頭)」

翠被餘香, 錦瑟淸塵. (張翥)

푸른 이불에 남아 있는 향기, 금슬에 내려앉은 맑은 먼지.

—「고양대(高陽臺)」

翠橙絲霧, 玉葱浣雪. (李彭老)

푸른 등자나무에 안개 미세하고, 옥 빛 파에 눈이 묻어 있다.

—「계지향(桂枝香)」

龍鬚半剪, 鳳膺微漲. (蘇軾)

용의 수염이 반쯤 잘라졌고, 봉황의 가슴이 조금 불었다.

—「수룡음(水龍吟)」

花市又移星漢, 蓮炬重光人海 …… 巷陌笑聲不斷, 襟袖餘香猶在. (吳禮之)

번화한 시가에 다시 은하수 옮겨가고, 연꽃 촛불 거듭 빛나니 인산인해로다. …… 거리와 골목에 웃음소리 끊이지 않고, 옷깃과 소매에 남은 향기 그대로 있다.

—「희천앵(喜遷鶯)」

正船艤, 流水孤村; 似花繞, 斜陽芳樹. (張炎)

흐르는 물과 외로운 마을 사이에 배를 대고, 석양에 아름다운 나무가 꽃에 둘러싸인 것 같다.

—「기라향(綺羅香)」

海棠零亂, 梨花淡濘. (趙師俠)
해당화 흐드러지고, 배꽃 담백하다.

—「영우악(永遇樂)」

秦峰蒼翠, 耶溪瀟灑. (秦觀)
秦峰은 푸르고, 耶溪는 맑고 깨끗하다.

—「망해조(望海潮)」

念纍纍枯塚, 茫茫夢境 …… 幸眼明身健, 茶甘飯軟. (陸游)
생각하면 마른 무덤 첩첩 쌓여 있고, 夢境은 아득하다. …… 다행히 눈 밝고 신체 건강하며, 차 달고 밥 맛있다.

—「심원춘(沁園春)」

45.8 또한 더욱 특별한 현상이 있는데, 바로 운각(韻脚)과 운각의 대(對)이다. 율시에서는 수련(首聯)을 제외하면 운각은 절대로 운각과 대를 이루지 않는다. 왜냐하면 시에서 운각은 구의 종점이므로 대장에 적합하지 않기 때문이다. 그러나 사에서는 운각이 반드시 구의 종점을 표시하지는 않기 때문에 오히려 대장이 가능해졌다. 다음의 예를 살펴보자.

芙蓉繡裀, 江山畫屛. (戴復古)
부용을 수놓은 요, 강산이 그려진 병풍.

—「취태평(醉太平)」(平韻)

態濃意遠, 眉顰笑淺. (辛棄疾)
자태 짙고 마음 멀어, 눈썹 찌푸리고 미소 약하다.

—「취태평」(仄韻)

春到三**分**, 秋到三**分**.　　　(吳文英)

봄도 삼분만큼 왔고, 가을도 삼분만큼 왔다.

—「일전매(一剪梅)」

剪不**斷**, 理還**亂**.　　　(南唐 後主)

자르려 해도 끊어지지 않고, 빗을수록 더욱 헝클어진다.

—「상견환(相見歡)」

衣未**解**, 心先**快** …… 山一**帶**, 水一**派**.　　　(沈會宗)

옷을 벗기도 전에, 마음이 먼저 상쾌해진다. …… 산 일대, 물 한 줄기.

—「천선자(天仙子)」

鬪鴨闌干獨**倚**, 碧玉搔頭斜**墜**.　　　(馮延巳)

난간에 홀로 기대어 오리 희롱할 제, 머리에 꽂은 옥비녀 기울어 떨어질 듯.

—「알금문(謁金門)」

雲際客帆高**掛**, 烟外酒旗低**亞**.　　　(張昇)

구름 끝의 객선은 돛을 높이 걸고, 안개 저쪽의 술집 깃발은 낮게 드리웠다.

—「이정연(離亭燕)」

堂皐**遠**, 江橋**晚** …… 旗影**轉**, 鼙聲**斷**.　　　(張先)

집 뒤 언덕은 멀고, 강의 다리는 황혼에 들었다. …… 깃발 그림자 돌아들고, 북소리 끊어졌다.

—「천선자(天仙子)」

鶯嘴啄花紅**溜**, 燕尾剪波綠**皺**.　　　(秦觀)

꾀꼬리가 부리로 꽃을 쪼니 붉은 기운이 흐르고, 제비가 꼬리로 물결을 자르니 푸른 물이 주름진다.

—「여몽령(如夢令)」

密意無人**寄**, 幽恨憑誰**洗**.　　　(謝逸)

친밀한 마음을 부쳐오는 사람 없으니, 깊은 한을 누구에 의지하여 씻나?

—「천추세(千秋歲)」

不恨殘花韡, 不恨殘春破. (程垓)

시든 꽃이 휘늘어진 것 한탄하지 않고, 봄이 끝나가는 것 원망하지 않는다.

—「연리지(連理枝)」

江上舟搖, 樓上帘招 …… 風又飄飄, 雨又瀟瀟 …… 銀字笙調,[86] 心字香燒 …… 紅了櫻桃, 綠了芭蕉. (蔣捷)

강 위의 배 흔들리고, 주막 위의 깃발이 부른다. …… 바람이 다시 산들 불어오고, 비가 다시 부슬부슬 내린다. …… 銀 글자를 써넣은 생황을 불고, 心字 모양의 향을 사른다. …… 앵두 빨갛게 익었고, 파초 잎 파랗게 되었다.

—「일전매(一剪梅)」

天黯澹, 催殘日; 波浩渺, 添寒力. (周紫芝)

하늘 암담하여, 석양을 재촉하고, 물결 넓고 아득하여, 찬 기운을 더한다.

—「만강홍(滿江紅)」

香夢醒, 幾花暗吐; 綠睡醒, 幾枝偸舞. (高觀國)

향기의 꿈에서 깨어나니, 어느새 꽃 몇 송이 피어났고; 푸른 잎의 꿈에서 깨어나니, 어느새 가지들이 춤추고 있다.

青未了, 柳回白眼; 紅欲斷, 杏開素面. (史達祖)

푸름이 끝나지 않았는데, 버들에는 白眼이 돌아왔고; 붉음이 끊어지려는 듯, 살구는 하얀 얼굴을 드러냈다.

—「동풍제일지(東風第一枝)」

只少箇, 綠珠橫玉笛; 更少箇, 雪兒彈錦瑟. (劉克莊)

다만 녹주의 옥피리 부는 것이 빠졌고, 더욱이 설아의 금슬 연주가 빠졌다.

—「최고루(最高樓)」

---

86) 텍스트에는 '笙調'가 '箏箏'으로 되어 있는데, 誤字이다.

春晴也好, 春陰也好 …… 梅花風悄, 杏花風小. (蔣捷)

봄은 맑아도 좋고, 흐려도 좋구나. …… 매화 바람 고요하고, 살구꽃 바람 잔잔하다.

人行花塢, 衣霑香霧 …… 相思一度, 濃愁一度. (史達祖)

꽃 만발한 둑을 걸으니, 향긋한 안개에 옷이 젖는다. …… 그리움이 솟구칠 때마다, 짙은 슬픔이 엄습한다.

—「해패령(解佩令)」

45.9 이와 같은 동성상대(同聲相對)[87]는 두 종류로 세분할 수 있다. 하나는 동자상대(同字相對)이고, 다른 하나는 이자상대(異字相對)이다. 동자상대는 다시 두 종류로 세분할 수 있다.

(1) "紅了櫻桃, 綠了芭蕉"처럼 같은 글자가 운각(韻脚)에 있지 않은 것.

(2) "春到三分, 秋到三分"처럼 같은 글자가 운각에 있는 것(또는 운각에 있지 않은 것을 동시에 지니고 있는 것).

몇몇 사조(詞調)는「일전매(一剪梅)」처럼 동자상대가 보통이고, 몇몇 사조는「동풍제일지(東風第一枝)」와「해패령(解佩令)」처럼 동자(同字)이건 이자(異字)이건 구애받지 않는다. 그러나 일반적인 상황을 살펴보면 이자상대(異字相對)가 역시 대다수를 차지하고 있다.

* * *

45.10 동자상대(同字相對)로부터 우리는 동자협운(同字叶韻)을 연상할 수 있다. 이것은 시에서의 동자이의(同字異義) 협운(叶韻)과 다르다(제22절과 제35절을 참조할 것). 사에서의 동자협운은 동자(同字)일 뿐만 아니라 동의(同義)이다. 시에서의 동자협운은 두 개의 운각이 어쩌다 같은 것일 뿐

87) 同聲相對는 平聲이 平聲과 대를 이루고, 仄聲이 仄聲과 대를 이루는 것을 가리킨다.

이지만, 사에서의 동자협운은 전편(全篇)의 처음부터 끝까지 동일한 운각을 사용한다. 이와 같은 체재를 '복당독목교체(福唐獨木橋體)'88)라고 한다. 다음 예를 보자.

黃花深巷, 紅葉低窗, 淒涼一片秋聲.
豆雨聲來, 中間夾帶風聲.
疏疏二十五點, 麗譙門, 不鎖更聲.
故人遠, 問誰搖玉珮, 簷底鈴聲.

彩角聲吹月墜, 漸連營馬動, 四起笳聲.
閃爍鄰燈, 燈前尙有砧聲.
知他訴愁到曉, 碎噥噥, 多少蛩聲.
訴未了, 把一半分與雁聲.

노란 국화 핀 깊은 골목, 붉은 단풍잎 떨어진 창 아래, 처량한 가을 소리.
콩 꽃 필 때 비 내려, 빗소리 속에 바람 소리 끼어 있다.
긴긴 밤이 다 지나가도록, 更鼓樓는, 시각 알리는 소리를 가두지 못한다.
옛 친구 멀리 있어, 묻는다 누가 玉珮를 흔들어,
처마 밑에서 방울 소리내느냐고.

뿔피리 소리 속에 달은 지고, 점차 병영의 말 움직이고,
사방에서 호드기 소리 인다.
깜박이는 이웃의 등불, 등불 앞에는 아직도 다듬이 소리 들린다.
날 새도록 슬픔을 호소하느라, 귀뚤귀뚤, 귀뚜라미 소리 그칠 줄 모른다.
호소가 끝나지 않았는지, 그 반을 기러기 소리에 나누어준다.

— 장첩(蔣捷), 「성성만(聲聲慢)」

45.11 이외에도 유극장(劉克莊)의 「전조이랑신(轉調二郎神)」 5수는 모

88) '福唐'의 뜻은 아직 알 수 없고, '獨木橋'는 외나무다리이다.

두 전편에 '省'자를 운각으로 사용하였고, 석효우(石孝友)의 「석노교(惜奴嬌)」는 전편에 '你'자를 운각으로 사용하였고, 신기질(辛棄疾)의 「유초청(柳梢青)」은 전편에 '難'자를 운각으로 사용하여 모두 이 부류에 속한다. 그러나 만약 전편에 걸쳐 하나의 허자(虛字)로 운을 끝맺는다면 허자 앞의 글자도 압운해야 한다. 『시경(詩經)』과 『초사(楚辭)』 모두 이 방법을 사용한 것으로 보아 사인(詞人)들이 『시경』과 『초사』의 압운 방법을 모방했을 것이다. 다음 예를 보자.

玉霜生**穗也**,
渺洲雲翠痕, 雁繩**低也**.
層簾四**垂也**;
錦堂寒, 早近開爐**時也**.
香風**遞也**,
是東籬花深**處也**.
料此花伴我仙翁, 未肯放秋**歸也**.
嬉也,
繪波穩舫, 鏡月危樓, 釂瓊**酏也**.
籠鸚**睡也**,
紅妝旋舞**衣也**.
待紗燈客散, 紗窗月上, 便是嚴凝**序也**.
換青氈, 小帳圍春, 又還**醉也**.

이삭에 가을 서리 피어나
아득한 모래섬엔 구름이 푸른 흔적 남기고, 기러기는 대열지어 낮게 날아간다.
층층 주렴은 사방에 드리웠고
아름다운 집 추워, 화로를 피울 때가 다가왔다.
향긋한 바람이 갈마드니
바로 동쪽 울타리 밑의 꽃 깊숙한 곳이다.
이 꽃들이 나의 仙翁을 동반할 테니, 가을이 돌아가도록 놓아두지 않으려다.
즐겁구나

비단 물결 위의 편안한 배, 높은 누각 위의 거울 같은 달,
옥잔의 술을 다 들이킨다.
새장 안의 앵무는 잠이 들었는데
곱게 단장한 여인은 돌며 춤을 춘다.
깁 등롱 들고 객은 흩어지고, 창문 위로 달 떠오르니, 몹시 추운 날씨로다.
푸른 모전으로 바꾸어 입고, 작은 휘장으로 따뜻하게 둘러싸고, 다시 취한다.

— 장첩(蔣捷), 「서학선(瑞鶴仙)」 壽東軒

※ 주의 : 이것은 『시경』의 압운법을 모방한 것이다. '也'자 앞의 글자는 평측통압(平仄通押)일 뿐만 아니라 '支'·'魚'통압인데(제39절을 참조할 것), 이들이 구말(句末)에 있지 않기 때문에 폭넓게 압운한 것이다.

聽兮, 淸珮瓊**瑤些**,
明兮, 鏡秋**毫些**.
君無此去, 流昏漲膩, 生蓬**蒿些**.
虎豹甘人, 渴而飮汝, 寧猿**猱些**.
大而流江海, 覆舟如芥, 君無助狂**濤些**.

路險兮山**高些**,
予塊獨處無**聊些**.
冬槽春盎, 歸來爲我製松**醪些**.
其外芬芳, 團龍片鳳, 煮雲**膏些**.
古人兮旣往, 嗟予之樂, 樂簞**瓢些**.

들어보소, 맑고 고운 패옥 소리를,
밝기가, 거울 같아 秋毫를 비추리로다.
그대여 이곳을 떠나, 기름 때 혼탁한 물로 흘러가,
다북쑥 자라게 하지 말 것이다.
호랑이와 표범은 사람을 맛있게 잡아먹고, 목말라 네 피를 마실 것이니,
하물며 원숭이들이랴!
불어나 강과 바다로 흘러들면, 큰 배도 풀잎처럼 뒤집는다니,

그대여 미친 파도를 거들지 말게.

길은 험하고 산은 높은데
외로이 홀로 있으니 무료하다.
겨울 술통과 봄 술동이로, 돌아와 나를 위해 松荀酒를 만들어주게.
그 외에 향기로운, 團龍茶 片鳳茶를, 구름과 함께 끓여주게.
옛 사람은 이미 가버렸으니, 아아 내 즐거움이여, 一簞食 一瓢飮을 즐기리라.

— 신기질(辛棄疾), 「수룡음(水龍吟)」 咏瓢泉

※ 주의 : 이것은 『초사』의 압운법을 모방한 것이다. 사 중에 '兮'자를 섞어 넣어 더욱 『초사』같다.

* * *

45.12 사의 어법은 근체시의 어법과 별다른 차이가 없다. 다만 '일자두(一字豆)'가 근체시에는 없는 것이어서 이것이 표현하는 어법도 특수한 점이 있다. 보통의 어법에 의하면 부사는 "人漸老" · "花正開" 등과 같이 언제나 주어의 뒤에, 그리고 수식하는 술어의 앞에 놓인다. 그러나 사에서 부사는 주어의 앞에 놓일 수 있다. 예를 들면 진관(秦觀) 「만정방(滿庭芳)」의 "漸酒空金榼, 花困蓬瀛(어느덧 술은 금잔에 비고, 꽃은 蓬萊와 瀛州에서 시들었다)", 왕안석(王安石) 「계지향(桂枝香)」의 "正故國晚秋, 天氣初肅(마침 고향이 늦가을이라, 날씨가 이제 맑고 서늘하다)" 등이 있다. 이제 다시 몇 개의 예를 더 들어본다.

正水落晚汀, 霜老枯荻.
마침 물은 저물녘의 물가에 들고, 서리는 마른 갈대에 맺혀 있다.

— 당각(唐珏), 「桂枝香」

漸暝色朦朧, 暗迷平楚.

점차 어스름 어렴풋해지고, 평평한 초 땅은 어둠에 잠겼다.

— 섭소난(葉小鸞), 「桂枝香」

又亂葉打窗, 蛩韻凄切.

다시 낙엽이 어지럽게 창문을 때리고, 귀뚜라미가 처절하게 운다.

— 진윤평(陳允平), 「桂枝香」

漸翠減凉痕, 腥浮寒血.

점차 싸늘한 자국에 푸른 빛 사라지고, 식은 피가 비린내 풍긴다.

— 장첩(蔣捷), 「瑞鶴仙」

便閶闔輕排, 虹河平溯.

하늘 문을 가볍게 밀치고, 무지개 강을 잔잔히 거슬러 오른다.

— 오문영(吳文英), 「齊天樂」

方春意無窮, 青空千里.

마침 봄기운 끝이 없어, 푸른 하늘이 천리에 뻗어 있다.

— 장선(張先), 「慶春澤」

漫紅綾偸寄, 孤被添寒.

마음대로 붉은 비단을 몰래 부치니, 외로운 이불에 한기가 더한다.

— 이지의(李之儀), 「滿庭芳」

正前村雪深幽曙.

바로 앞마을에 눈이 깊어 새벽이 어둡다.

— 공무중(孔武仲), 「水龍吟」

又晴霞驚飛暮管.

또한 맑게 갠 노을이 저녁 피리에 놀라 날아간다.

— 오문영, 「燭影搖紅」

謾幾度淚痕相照.

헛되이 몇 번이나 눈물자국을 비추었던가.

— 사달조(史達祖), 「換巢鸞鳳」

45.13 이외에도 부사 뒤가 생략되는 경우가 있다. 예를 들면 '但'은 '但有'·'但見' 또는 '但覺'과 같고, '更'은 '更有'와 같고, '空'은 '空餘'와 같고, '儘'은 '儘有'와 같고, '甚'은 '爲甚'과 같은 등등이다. 다음 예를 보자.

但寒煙衰草凝綠.

다만 찬 안개로 시든 풀에 초록이 맺혔다.

— 왕안석(王安石), 「桂枝香」

但溶溶翠波如縠.

다만 넘실넘실 푸른 물결이 주름진 비단 같다.

— 이연(李演), 「聲聲慢」

但夢魂迢遞, 長到吳門.

다만 꿈속의 혼 아득히, 언제나 오문에 이른다.

— 주방언(周邦彦), 「滿庭芳」

更冥冥一簾花雨.

더욱 어두컴컴하게 주렴 가득히 꽃비가 내린다.

— 상자인(向子諲), 「水龍吟」

更一番雨過, 彩雲無迹.

더욱이 한바탕 비 지나가자, 채색 구름 간 곳 없다.

— 유극장(劉克莊), 「滿江紅」

更短坡烟竹, 聲碎玲瓏.

더욱이 짧은 비탈 안개 낀 대숲에, 영롱하게 소리 울린다.

— 주자지(周紫芝), 「滿庭芳」

更誰家橫笛, 吹動濃愁.

더욱이 누구 집에서 부는 피리이기에, 짙은 슬픔을 불러일으키는가?

— 이청조(李淸照), 「滿庭芳」

空點點年華別淚.

부질없이 방울방울 떨어지는 세월 속 이별의 눈물.

— 오문영, 「解語花」

儘湖南山明水秀.

줄곧 호남은 산수가 밝고 수려하다.

— 황정견(黃庭堅), 「驀山溪」

甚閑人猶自未閑?

어찌하여 한가한 사람이 오히려 한가하지 않을까?

— 장염(張炎), 「聲聲慢」

甚等閑却爲鱸魚歸速?

왜 가벼이 농어 맛 때문에 빨리 돌아왔는가?

— 신기질(辛棄疾), 「滿江紅」

甚此夕偏饒對歌臨怨!

왜 이 밤에 하필이면 노래를 대하고 원망하는가?

— 오문영, 「屋漏遲」

45.14 본래 당·오대의 사에는 아직 '일자두(一字豆)'가 없었기 때문에 상술한 두 가지 경우는 송대에 나타났을 뿐이다. 북송 때에는 여전히 매우 드물었고, 남송에 들어서서 점점 많아지기 시작했다. 가장 특별한

것은 다음과 같은 예들일 것이다.

> **尙**巖花嬌黃半吐.
> 여전히 바위 꽃이 어여쁜 노란 빛을 반쯤 토하고 있다.
> — 원거화(袁去華), 「瑞鶴仙」

> **尙**隱約當時院宇.
> 아직 어렴풋하다 당시의 뜰과 집이.
> — 장염, 「瑞鶴仙」

> **幾**傳杯弔甫, 把酒招潛.
> 몇 번이나 잔을 전해 杜甫를 애도하고, 술잔을 들어 陶潛을 불렀던가?
> — 오문영, 「聲聲慢」

> **湛**一溪晴綠.
> 깨끗이 온 시내가 맑고 푸르다.
> — 후치(侯寘), 「瑞鶴仙」

> **渺**平蕪烟闊.
> 아득히 평평한 황무지는 안개 끼고 광활하다.
> — 오문영, 「尾犯」

"尙巖花嬌黃半吐"는 "巖花**尙**嬌黃半吐"와 같아서, 이것은 사서(詞序)의 변환이다. "尙隱約當時院宇"는 "**尙**隱約**可見**當時院宇(아직도 어렴풋하게 당시의 뜰과 집을 볼 수 있다)"와 같고, "幾傳杯弔甫"는 대략 "**幾度**傳杯弔甫"와 같아서 이것은 생략이다. "湛一溪晴綠"은 "一溪**湛然**晴綠"과 같고, "渺平蕪烟闊"은 "平蕪**渺渺**烟闊"과 같아서 또한 양자를 겸유한 것이다(呂渭老의 「蘇武慢」 "**瘦**一枝梅影(야윈 한 가지 매화 그림자)"이 이와 비슷한데, 다만 '瘦'자가 부사가 아니라 형용사이다).

45.15 이외에 동사로 사용된 '일자두'가 있다. 예를 들어 진윤평(陳允平)의 「서학선(瑞鶴仙)」 "愛樹色參差, 湖光渺漠(좋아한다 나무 색깔 들쭉날쭉하고, 호수 빛 아득한 것을)"에서 '愛'자 뒤의 여덟 자는 '愛'의 목적어이다. 이와 같은 목적어는 작용상에서 말하면 대체로 라틴어의 수격(受格 : accusative case)과 같다. 그러나 또한 라틴어의 여격(與格 : dative case)과 비슷한 것도 있다. 예를 들면 강여지(康與之)의 「서학선(瑞鶴仙)」 "悵姑蘇臺上征帆何許?(슬프다 고소대 위에서 바라보니 멀리 떠난 배 어느 곳에?)" 등이 있다. '悵'자보다 더 난해하게 보이는 것에 '快'자가 있다. 다음 예를 보자.

> **快**晩風吹帽, 滿懷空碧.
> 상쾌하다 늦바람이 모자에 불어, 품 가득히 푸른 하늘이다.
>
> —신기질, 「滿江紅」

> **快**酒兵長俊, 詩壇高築.
> 유쾌하다 술이 언제나 빼어나서, 시단을 높이 쌓았다.
> (이 '快'는 '愉快'의 '快'이다.)
>
> —신기질, 「滿江紅」

또한 '恍'자가 있다. 다음 예를 보자.

> **恍**夜色明於晴晝.
> 밤빛이 황홀하여 맑은 대낮보다 밝다.
>
> —장야(張埜), 「屋漏遲」

그러나 '恍'자는 아마도 상어(狀語)로 보아야 할 것 같다. 어쨌든 이와 같은 구법은 당인(唐人)에게 없었을 뿐만 아니라 송인(宋人)의 근체시에도 대단히 드물게 보인다.

45.16 두 개의 극단

일반적으로 말하면 사는 율시에 비해 구어에 더욱 접근해 있다. 그러나 소수이긴 하지만 '고문식(古文式)'의 사조(詞調)도 있다. 이렇게 해서 두 개의 극단이 형성되었다. 하나의 극단은 순수한 백화이고, 다른 하나의 극단은 비단 문언일 뿐만 아니라 산문에 가깝다(운문 같지 않다).

45.17 순수한 백화의 사가 많은 것은 아니지만 부분적으로 백화를 사용한 사는 적지 않은 편이다. 유영(柳永)·소식(蘇軾)·황정견(黃庭堅)·진관(秦觀) 등의 사에는 구어 어휘가 대량으로 운용되어 있다. 다음과 같은 예들은 거의 완전히 백화로 쓴 것이다.

幸自得.
一分索强, 教人難喫.
好好地, 惡了十來日!
恰而今, 較些不?

須管啜持教笑, 又也何須肐織?
衠倚賴臉兒得人惜.
放軟頑, 道不得!

본래
고집불통이라, 남을 견디기 힘들게 하네.
마음껏, 열흘쯤 뽀로통하더니
지금은, 좀 괜찮아졌는지?

달래어 웃도록 해야지, 어찌 또 겨드랑이를 간질이리?
오롯이 얼굴 덕으로 사랑을 얻지,
멋대로 애교 부려도, 무어라 말할 수가 없구나!

— 진관(秦觀), 「품령(品令)」

一項窗兒明快,
料想那人不在.
熏籠脫下舊衣裳, 件件香難賽.

匆匆去得忒煞,
這鏡兒也不曾蓋.
千朝百日不曾來,
沒這些兒箇采!

창문 하나가 밝고 뚜렷한데
생각해보니 그 사람은 없겠구나.
향을 쬔 옛 옷을 벗으니, 옷마다 향긋하여 겨룰 수 없다.

총총 떠나가 너무했으니
이 거울조차 덮은 적이 없다.
백 날 천 날이 지나도 오지 않으니
이것들은 아예 캐지 않겠다.

— 유과(劉過), 「죽향자(竹香子)」

無事小神仙, 世人誰會?
着甚來由自縈繫!
人生須是做些閑中活計.
百年能幾許? 無多子!

近日謝天, 與片閑田地,
作箇茆堂待打睡.
酒兒熟也, 贏取山中一醉.
人間如意事, 只此是!

무사하면 바로 작은 신선인 것을, 세상사람 중에 누가 알까?
무엇 때문에 스스로를 얽어매는가!

인생은 모름지기 한가함 속에서 살아가야 한다네.
백 년을 살 사람 몇이나 될까? 몇 사람 안 되리!

요즈음 하늘이 고맙게도, 한 뙈기 한가한 밭을 주시어
초가를 짓고 한숨 자길 기다린다네.
술이 익었으니, 마시고 산 속에서 크게 취하리.
인간세상에서 뜻대로 되는 일은, 오직 이것뿐!

— 주자지(周紫芝), 「감황은(感皇恩)」

閑院落.
誤了淸明約.
杏花雨過胭脂綽.
緊了秋千索.
鬬草人歸, 朱門悄掩, 梨花寂寞.

書萬紙, 恨憑誰託?
纔封了, 又揉却.
寃家何處貪歡樂?
引得我心兒惡!
怎生全不思量着!
那人人情薄!

한가한 정원.
청명절의 약속을 그르쳤다.
살구꽃에 비 지나가니 연지 빛이 넉넉하다.
그네 줄을 단단히 맨다.
투초하던 여인들 돌아가, 붉은 대문 조용히 닫히니, 배꽃이 적막하다.

수북이 쌓인 편지, 이 한을 누구에게 의탁하나?
보습으로 봉하고, 다시 다져 놓았다.
나를 상심케 하는 그 사람은 어디서 환락을 탐하나?

내 마음을 자꾸만 미워하게 한다.
어찌하면 몽땅 잊을 수 있을까?
그 사람 이렇게 박정한데!

— 한옥(韓玉), 「차좌령(且坐令)」

45.18 고문식의 사조(詞調)는 이런 종류와 정 반대여서 백화(白話)의 표현을 애써 피하고, 고문(古文)의 격조를 모방하여 '之'·'乎'·'者'·'也'·'矣'·'耳' 등 산문 속의 허자(虛字)를 많이 사용한다. 내용에 있어서도 이것은 일반적인 사와 다르다. 일반적인 사는 정감이나 경물을 묘사하지만 고문식의 사는 이치를 말한다. 이와 같은 설리사(說理詞)는 「초편(哨遍)」을 대표로 삼을 수 있다. 「초편」은 왕왕 한 편의 고문을 한 수의 사로 바꾼 것인데, 예를 들면 왕안중(王安中)의 「초편」은 공치규(孔稚珪)의 「북산이문(北山移文)」을 부연한 것이고, 소식(蘇軾)의 「초편」은 도연명(陶淵明)의 「귀거래사(歸去來辭)」를 부연한 것이고, 유극장(劉克莊)의 「초편」은 한유(韓愈)의 「송이원귀반곡서(送李愿歸盤谷序)」를 부연한 것이고, 신기질(辛棄疾)의 「초편」은 장주(莊周)의 「추수편(秋水篇)」을 부연한 것이다. 이제 신기질의 사 한 수를 예로 들어본다.

蝸角鬪爭, 左觸右蠻, 一戰連千里.
君試思:
方寸此心微.
總虛空, 幷包無際,
喩此理,
何言泰山毫末, 從來天地一稊米!
嗟小大相形, 鳩鵬自樂, 之二蟲又何知?
記跖行仁義孔丘非!
更殤樂長年老彭悲!
火鼠論寒, 冰蠶語熱, 定誰同異?

噫!
貴賤隨時,
連城鑱換一羊皮!
誰與齊萬物? 莊周吾夢見之.
正商略遺篇, 翩然顧笑, 空堂夢覺題秋水.
有客問洪河, 百川灌雨, 涇流不辨涯涘.
於是焉, 河伯欣然喜,
以天下之美盡在己,
渺滄溟, 望洋東視,
逡巡向若驚嘆.
謂我非逢子,
大方達觀之家未免, 長見悠然笑耳!
此堂之水幾何其?
但清溪一曲而已!

달팽이 뿔 위에서 싸우는데, 左角의 觸氏와 右角의 蠻氏가,
천 리에 걸쳐 일전을 벌인다.
그대는 생각해보라.
사방 한 치의 이 마음은 보잘것없다.
그러나 허공은, 끝없이 모든 것을 포용하고 있으니,
이 이치를 깨달으면
태산의 터럭 끝과 천지의 피 알갱이 하나를 어찌 말하겠는가!
작은 것과 큰 것을 서로 비교해보면, 비둘기와 붕새가 스스로 즐거우니,
이 두 동물이 또한 무엇을 알겠는가?
기억하게 盜跖은 仁義를 행하고 孔丘는 아니라네.
더욱이 殤子는 장수를 즐기고 彭祖는 슬퍼했다네.
火鼠가 추위를 논하고, 冰蠶이 더위를 말하니,
정녕 누가 같은 것과 다른 것을 말할 것인가?

아아,
귀천은 때에 달렸으니

連城의 璧玉도 羊皮 한 장과 바꿀 수 있다.
누구와 더불어 만물을 齊一하게 볼 것인가? 莊周를 꿈속에서 보았다.
바로 遺篇을 의논하려 했더니, 휙 머리 돌려 웃더라.
빈집에서 꿈 깨어 秋水를 읊는다.
객이 큰 강물에 대해 묻는다. 온갖 하천에 빗물이 흘러들어,
물줄기 넓어 물가를 알지 못하겠다.
이에 河伯은 흔연히 기뻐하며,
천하의 아름다움을 모두 가졌다고 생각했다.
아득히 너른 바다를 동쪽으로 바라보고,
머뭇머뭇하며 海若을 향해 경탄했다.
말하기를 "내가 그대 해약을 만나지 못했다면
大道를 달관한 사람들이, 늘 나를 보고 빙그레 웃었을 것이네."
이 집의 물은 얼마인가?
다만 맑은 시내 한 굽이뿐이네.

—신기질(辛棄疾), 「초편(哨遍)」

제46절 사보(詞譜)의 예(상)

46.1 보통의 사보(詞譜)는 모두가 어떤 사람의 사 한 수를 들어 시범으로 삼고, 글자가 평측에 구애받지 않으면 주를 달아서 밝혔다. 이런 방법은 물론 그 나름대로의 장점이 있다. 이를테면 그것의 평측을 알 수 있을 뿐만 아니라, 상성을 썼는지 거성을 썼는지 또는 입성을 썼는지도 알 수 있다. 그것의 성조(聲調)를 모방할 수 있을 뿐만 아니라, 그것의 대장(對仗)이나 첩자(疊字)를 사용한 곳을 모방할 수 있다. 그러나 결점도 있다.

(1) 전사(全詞)를 기록한 후에 주를 달아서 편폭이 너무 길다. 간보(簡譜)로 만들 수 있으면 편폭을 수 배 내지 수십 배 줄일 수 있을 것이다.

(2) 사의 평측 변화가 많긴 하지만 가장 상용되는 형식은 몇 종류로 귀납시킬 수 있는데, 만약 사구(詞句)만을 기록한다면 같은 곳을 알아내기가 쉽지 않다.

본서에서는 편폭의 문제를 고려하여 간보(簡譜)로 바꾸기로 결정했다.

46.2 보통의 사보가 평측을 표기하는 방법은 대체로 두 가지가 있다. 일종은 문자로서, 예를 들면 가평가측(可平可仄)이라고 주를 달아 밝히는 것이다. 다른 하나는 부호를 사용하는 것으로서, 예를 들면 ○로 평성을 대신하고, △로 측성을 대신하고, •로 평측에 구애받지 않음을 표시한다. 문자이건 부호이건 간에 모두 사구(詞句)의 옆에 덧붙여 각인하였다(中華書局에서 인쇄한 『詞律』이 '可平' · '可仄' 등의 글자를 句中에 끼워 넣은 것은 인쇄의 편리를 위해서였다). 후자의 방법은 각 글자의 평측을 모두 표기하였기 때문에 초학자에게 비교적 편리하다. 그러나 이 두 가지 방법 다 공통의 결점이 있다. 즉 한 구 안에 평측에 구애받지 않는 글자가 너무 많으면 오해를 일으키기 쉽다는 것이다. 예를 들어 『사율』에 실린 「강성자(江城子)」 제1체(35자)는 제4구의 "越王宮殿" 네 글자에 모두 '가평(可平)' · '가측(可仄)'이라고 주를 달았는데, 이것을 부호로 표시하면 • • • •가 될 것이다. 이와 같은 표시에 따르면 다음의 16종 형식을 모두 쓸 수 있다.

1. 평평평평	2. 평평측평	3. 평평평측	4. 평평측측
5. 측평평평	6. 측평측평	7. 측평평측	8. 측평측측
9. 평측평평	10. 평측측평	11. 평측평측	12. 평측측측
13. 측측평평	14. 측측측평	15. 측측평측	16. 측측측측

그러나 제가(諸家)의 「강성자(江城子)」를 두루 조사해보면 5가지 형식만을 쓸 수 있었다. 그것은 앞에서 든 16가지 중의 3. 4. 7. 9. 13.인데, 그

중에서도 7.과 9.는 나중에 생겨난 것이다. 그렇다면 이것은 분명 좋은 표기 방법이 아니다. 실제로는 '평평측측'과 '측측평평'의 두 가지 형식만 쓸 수 있는데도, 보통 사보의 성조 표기법으로는 • • • •로 하지 않을 수 없다. 따라서 이와 같은 성조 표기법은 개선되어야 한다.

46.3 우리들이 고안한 방법은 다음과 같다. 대략 가장 많이 보이는 형식(律句)에 대해서는 숫자와 알파벳을 사용하여 표시하였다. 이를테면 5a는 '(측)측평평측'을 표시하고, 5b는 '(평)평평측측'을 표시한다. 평각(平脚)의 구는 대문자를 사용하여 표시하였다. 이를테면 5A는 '(측)측측평평'을 표시하고, 5B는 '평평측측평'을 표시한다(대문자와 소문자의 크기가 똑같을 필요는 없다). 이것을 상세히 서술하면 다음과 같다.

(1) 1자구(字句) 측 a
평 A

일자두(一字豆)는 모두 측성이어서 a를 생략하고 1+로 바꾸어 썼다.

(2) 2자구
평측 2a　측측 2b(드물게 사용함)
평평 2A　측평 2B(드물게 사용함)

(3) 3자구
평평측 3a　측평측 3a′
평측측 3b　측측측 3b′
측평평 3A　평평평 3A′(대단히 드물게 사용함)
측측평 3B　평측평 3B′

(4) 4자구
측평평측 4a　평평평측 4a′
평평측측 4b　측평측측 4b′
측측평평 4A　평측평평 4A′
평측측평 4B　측측측평 4B′

(5) 5자구
(측)측평평측 5a

(측)측측평측 5a′

(평)평평측측 5b(제1자는 평성이 正例임)

평평측평측 5b′(제1자는 반드시 평성임)

(측)측측평평 5A

(측)측평평평 5A′(대단히 드물게 사용함)

평평측측평 5B(제1자는 반드시 평성임)

(측)평평측평 5B′(제1자는 측성이 정례임)

(6) 6자구(4자구의 성조 표기법과 일치함)

(평)측측평평仄 6a

(측)측평평평측 6a′

(측)측평평측측 6b

(평)측측평측측 6b′(비교적 드물게 사용함)

(평)평측측평평 6A

(평)평평측평평 6A′

(평)평평측측평 6B

(평)평측측측평 6B′(대단히 드물게 사용함)

(7) 7자구(5자구의 성조 표기법과 일치함)

(평)평(측)측평평측 7a

(평)평(측)측측평측 7a′

(측)측(평)평평측측 7b(제3자는 평성이 정례임)

(측)측평평측평측 7b′(제3자는 반드시 평성임)

(평)평(측)측측평평 7A

(평)평(측)측평평평 7A′

(측)측평평측측평 7B(제3자는 반드시 평성임)

측측(평)평평측평 7B′(제3자는 평성이 정례임)

46.4 8자구는 상삼하오(上三下五), 상이하륙(上二下六) 등등으로 간주할 수 있고, 9자구는 상삼하륙(上三下六), 상오하사(上五下四) 등등으로 간

주할 수 있고, 10자구는 상사하륙(上四下六), 상삼하칠(上三下七) 등등으로 간주할 수 있고, 11자구는 상륙하오(上六下五), 상사하칠(上四下七) 등등으로 간주할 수 있다.

46.5 두 가지 형식을 모두 운용할 수 있을 때는 첨주법(添註法)을 사용한다. 이를테면 '평평측'과 '평측측' 둘 다 사용할 수 있을 때는 3a(b)로 표기한다. 그러나 이를 더욱 간단하게 하기 위해 우리는 다음과 같은 알파벳 방식을 사용하려고 한다.

a+a′=x	b+b′=y	x+y=s
A+A′=X	B+B′=Y	X+Y=S

46.6 다음의 두 가지 경우에는 옛 방식대로 성조를 표기할 수밖에 없다.

(1) 율구(律句)가 아닌 경우

예를 들어 「천향(天香)」 후결(後闋)의 처음 구(句)는 '평평측평측측'이어서 [○○△○△△]로 표기한다.

(2) 보통의 율구보다 평측이 더욱 엄격할 경우

예를 들어 「옥루지(玉漏遲)」 전결(前闋)의 처음 구는 '측평평측측'인데, 5b로 표기할 수 없으므로 [△○○△△]로 표기할 수밖에 없다. 왜냐하면 5b의 제1자는 평측에 구애받지 않기 때문이다.

이와 같이 옛 방식을 참고하여 사용하는 것도 나름대로의 장점이 있다. 왜냐하면 옛 방식으로 성조를 표기한 곳은 특히 주의를 기울여야 할 곳이기 때문이다.

46.7 6자부터 11자까지의 구는 때때로 두 개의 '두(豆)'로 나누어지는데, 8자 이상의 구는 더욱 그렇다. 한 구가 두 개의 '두'로 나누어질 때는

우선 두 개의 구처럼 표기한 뒤에 괄호로 묶는 방식을 사용하겠다. 예를 들면 7자구는 [3b4a]로 표기하고, 9자구는 [6a3A]로 표기하는 등등이다.

46.8 운을 사용한 곳에는 직선을 긋고, 끝나는 곳에는 쌍 직선을 그었다. 예를 들어 「적득신(摘得新)」은 3B | 5B | 5b3A | 7a3A ||(합계 26자)이다. 쌍조(雙調)이면서 전결(前闋)과 후결(後闋)이 똑같은 경우에는 시작과 끝 부분에 모두 쌍 직선을 그었다. 예를 들어 「후정화(後庭花)」는 || 7a | 4a | 7a | 4a ||(합계 44자)이다. 쌍조(雙調)이면서 전결과 후결이 대동소이한 경우에는 평행식을 사용하였다. 예를 들면 다음과 같다.

「태평시(太平時)」 7Y | 3A | 7A | 3A ||
7b 〃 | 〃 | 〃 || (합계 40자)

「산여하(散餘霞)」 7a | 1+4s | 6X1+4b ||
6s | 〃 〃 | 〃 〃 〃 || (합계 45자)

전결과 후결에 서로 같은 곳이 매우 적은 경우에는 평행식을 사용하지 않고, 전결과 후결 사이에 한 칸을 띠어 두었다. 예를 들면 다음과 같다.

「천문요(天門謠)」
5a | [3b′(a′)4a] | 3b | 1+4a | 1+7b | 7b | 3b | [3b′4b(a′)] ||

46.9 환운(換韻)을 한 경우에는 서양에서 운을 표기하는 통례에 따라 운식(韻式)을 사보(詞譜) 뒤에 덧붙였다. 예를 들면 다음과 같다.

「중흥악(中興樂)」
7B′ | 6A | 3a′5A | 7a | 3a | 4a | 3b3A || 운식 aaa bbba
「연정심(戀情深)」
7b | 4a | 7A | 3A | 7A | 5A | 6a3A || 운식 aabb bbb

첩구(疊句)인 경우에는 r 또는 R로 표시하였다. 예를 들면 다음과 같다.

「여몽령(如夢令)」 6a | 6a | 5A6a | 2a | 2r | 6a ||

46.10 이밖에도 특별히 주의를 기울여야 할 곳에는 따로 주석을 달았다. 특히 의미 절주는 반드시 주를 달아 밝혀 놓았다.

46.11 『사율(詞律)』은 모두 660조(調) 1,180여 체(體)를 실어 놓았고, 『습유(拾遺)』가 165조 179체를 보충하여 실어 놓았고, 또한 316체를 보충하여 『사율』 원서와 합계하면 825조 1,670여 체이다. 지금 우리는 편폭의 제한 때문에 이 1,670여 체를 전부 기록해낼 생각은 없다. 더구나 몇몇 사조는 대단히 드물게 보여서 기록해낼 가치가 없다. 몇몇 사조는 당·오대 때에는 제법 자주 보였지만 후대에는 오히려 거의 사용하지 않게 되어 이들을 위해 사보를 만들어줄 필요가 없게 되었다. 애초에 우리는 『백향사보(白香詞譜)』에 의거하여 모두 100수의 사를 취하려고 생각했었는데, 그 후 사보의 측면에서 논하면 이 책이 결코 좋은 책이 아니라는 데 생각이 미쳤다. 왜냐하면 이 책은 때때로 좋은 사를 수록하려고만 하여 그 사가 성률상의 표준인지 아닌지는 따지지 않았기 때문이다. 예를 들어 「성성만(聲聲慢)」은 평운(平韻)이 가장 많이 보이는데, 『백향사보』는 굳이 측운(仄韻)의 것을 수록하였다. 또한 양보하여 측운의 것을 가지고 논하더라도 비교적 표준에 부합하는 고관국(高觀國)의 사를 취하지 않고, 굳이 성률을 따지지 않은 이청조(李淸照)의 사 한 수를 취하였다. 이밖에도 「형주정(荊州亭)」·「금전도(錦纏道)」·「맥상화(陌上花)」·「소상야우(瀟湘夜雨)」·「환소난봉(換巢鸞鳳)」·「취루음(翠樓吟)」 등의 사조는 송대 사 중에 특히 드물게 보이는데도 『백향사보』는 수록하였고, 심지어 송대 사에는 없는 「오가기(誤佳期)」도 수록하였다. 그런가 하면 진정으로 송인들이 상용하였던 「조중조(朝中措)」·「소년유(少年游)」·「상천효각(霜天曉角)」·「팔성감주(八聲甘州)」·「한궁춘(漢宮春)」·「육요령(六么令)」

·「소화유(掃花游)」·「강성자(江城子)」·「천추세(千秋歲)」·「행향자(行香子)」·「정풍파(定風波)」·「당다령(唐多令)」·「옥루춘(玉樓春)」·「안공자(安公子)」·「화심동(花心動)」·「해련환(解連環)」·「야비작(夜飛鵲)」·「풍류자(風流子)」·「상엽비(霜葉飛)」·「난릉왕(蘭陵王)」·「육주가두(六州歌頭)」·「보정현(寶鼎現)」·「초편(哨遍)」 등등은 오히려 수록하지 않았다. 그래서 우리는 모두 사보 206조를 수록하였는데, 이것은 『백향사보』의 두 배에 달한다. 수록한 기준을 열거하면 대략 다음과 같다.

1. 기본적으로 『역대시여(歷代詩餘)』에 10수 이상 수록된 사조는 수록하였다.
2. 『역대시여』에 수록된 것이 10수 미만이라 하더라도 5수 이상이고, 작가가 대부분 명가(名家)에 속하면 수록하였다.
3. 『역대시여』에 수록된 것이 10수 이상이라 하더라도 대부분이 원(元)·명(明)의 작품이거나 명가의 작품이 아닌 것은 수록하지 않았다.
4. 『역대시여』에 수록된 것이 한두 수에 불과하거나 심지어 수록되어 있지 않더라도 『백향사보』에 수록되어 있으면 일반인들에게 익숙한 것이므로 수록하였다.
5. 하나의 사조(詞調)에 여러 체(體)가 있는 경우에는 가장 상용되는 것 한 체 또는 수 체를 수록하였고, 드물게 보이는 것은 수록하지 않았다. 또한 수 체를 수록할 때에는 가장 상용되는 것을 앞에 두었다. 비교적 드물게 보이는 것은 글자 수가 적은 것이라 하더라도 그 뒤에 열거하여 부록으로 삼았다.
6. 사패(詞牌)와 형식이 모두 다른 것은 두 개의 사조(詞調)로 간주하였다. 이를테면 「완계사(浣溪沙)」와 「탄파완계사(攤破浣溪沙)」를 나누어 열거하였고, 「옥루춘(玉樓春)」(木蘭花)과 「감자목란화(減字木蘭花)」 및 「목란화만(木蘭花慢)」을 나누어 열거하였고, 「일락색(一落索)」(上林春)과 「상림춘만(上林春慢)」을 나누어 열거하였다.

46.12 이와 같은 기준이 반드시 타당한 기준이라고 할 수는 없겠지만 우리의 목적이 "예를 드는" 데 있는 만큼 완전무결을 강요할 필요는 없을 것이다.

사보(詞譜)

1. 「억강남(憶江南)」(「望江南」) 27자　3b(a)5A | 7b7A | 5A ||

우일체(又一體)인 쌍조(雙調) 54자는 위의 보식(譜式)을 중첩한다. 또한 제3체가 있지만 수록하지 않는다.

2. 「어가자(漁歌子)」 27자　7B | 7A | 3b3A | 7A ||

우일체 50자　|| 3A3b | 7a | 3b3A6s ||

3. 「도련자(搗練子)」 27자　3b3A | 7Y | 7b7A ||

4. 「억왕손(憶王孫)」 31자　7A | 7Y | 7Y | 3A | 7Y ||

우일체는 수록하지 않는다.

5. 「조소령(調笑令)」 32자

2a | 2r | 6s | 6S | 6B | 2a | 2r | 6s || 운식(韻式) aaabbccc.

※ 주의 : 제3구는 요(拗)가 되어 '측평측평평측'일 수 있고, 제5구는 요가 되어 '평측(평)측측평'이나 '측측평평측평'일 수 있다. 제6구 2a는 제5구 6B의 마지막 두 글자를 도치시켜 이룬 것이므로 제5구의 제5자는 반드시 측성을 사용해야 한다.

6. 「여몽령(如夢令)」 33자　6a | 6a | 5A6a | 2a | 2r | 6a ||

7. 「귀국요(歸國謠)」(歸自謠)34자　3b | 7b | 7a ||

7a | 3a | 〃 ||

우일체 43자　3b | 7b | 6x | △○○△△ ||

6a | △○○△△ | 6a | 〃 ||

우일체 42자는 수록하지 않는다.

8. 「정서번(定西番)」 35자　6s3b3A | 3A | 6s5Y | 6s3A ||

9. 「상견환(相見歡)」 36자 6S | 3A | [6x3A] ||
3s | 3x | 〃 | 〃 〃 || 운식 aaa bbaa

10. 「장상사(長相思)」 36자 || 3S | 3S | 7Y | 5Y ||

※ 주의 : 전결과 후결의 처음 두 구는 왕왕 첩운(疊韻)을 사용한다(운각이 같음). 『사율』에서는 "후결 수구(首句)는 협운하지 않아도 된다"라고 하였다. 『역대시여(歷代詩餘)』에는 모두 48수의 「장상사」가 실려 있는데, 그 가운데 3수는 후결 수구에 운을 달지 않았지만 그 나머지는 모두 운을 달았다.

11. 「취태평(醉太平)」 38자 || • ○△○ | ○○△○ | 6X | △○○△○ ||

※ 주의 : 매 결 말구(末句)의 의미 절주는 3 2이다.

12. 「소군원(昭君怨)」 40자 || 6s | 6s | 5A | 3A || 운식 aabb ccdd.

13. 「생사자(生查子)」 40자 || 5A5a | 5A5a ||

14. 「여관자(女冠子)」 41자 4s | 6s | 3A | 5a5B | 5b5A | 5a3A || 운식 aabb bb

※ 주의 : 이외에 장조(長調) 「여관자」가 있는데, 수록하지 않는다.

15. 「점강순(點絳脣)」 41자 4X[△○ • △○○△] | − | 4a | 5a ||
〃 5a | 3a | 〃 | 〃 ||

16. 「완계사(浣溪沙)」 42자 7B | 7A | 7A ||
7b | 〃 | 〃 ||

17. 「청상원(淸商怨)」 42자 ○○○△△△ | 1+4a | 4A5b ||
〃 | [3b′4a]([3B○△○△]) | 〃 〃 ||

우일체의 후결 차구(次句)는 [3b5a]가 되어 모두 43자이고, 우일체 전결 수구는 '평평평측측측측'이 되어 역시 43자이다.

18. 「상천효각(霜天曉角)」 43자　4s | 5a | 6x[3a(b)3a(a′)] ||
5b | 5b | 6a 〃 〃 ||

※ 주의 : 후결의 수구는 두 구로 나눌 수 있고 또한 수구 제2자에 협운할 수 있어서 2a(b)3b가 된다. 또한 평운(平韻)을 사용할 수 있다. 이 사조는 모두 6체가 있는데, 나머지 다른 체는 수록하지 않는다.

19. 「소충정(訴衷情)」 44자
7A | 5A | •○△△○△(○○△○○△ 또는 6x)5A | 3b3A | 3A | 4x4X4X ||

※ 주의 : 『사율』은 모두 7체의 「소충정」을 열거했지만 여기서는 가장 많이 보이는 한 체만 수록하였다. 만수(萬樹)는 "송인들은 모두 이 체를 사용하였다"라고 말하였다. 『백향사보(白香詞譜)』는 구양수(歐陽修)의 사를 수록하면서 전결 말구(末句)를 두 구로 나누어 3b′3A가 되었으니 모두 45자이다.

20. 「채상자(采桑子)」(醜奴兒) 44자　|| 7a4X | 4X | 7Y ||

21. 「복산자(卜算子)」 44자　|| 5A5a | 7B5a ||

22. 「보살만(菩薩蠻)」(菩薩鬘) 44자　7a | 7a | 5A | 5B′ ||
5b | 5a | 〃 | 〃 || 운식 aabb ccdd

※ 주의 : 전결과 후결의 말구는 모두 '측평평측평'이어야 하는데, 오직 이백(李白)의 원사(原詞) 후결 말구는 "長亭連短亭"(『사율』에 의거하였음)이어서 그를 모방하여 '평평평측평'으로 한 사람들도 있다. 그러나 어떻든 간에 제3자는 평성이어야 한다. 『사율』이 제3자를 가측(可仄)이라고 한 것은 요컨대 정례(正例)가 아니다.

23. 「감자목란화(減字木蘭花)」 44자　|| 4s | 7b | 4X | 7Y || 운식 aabb ccdd

24. 「무산일단운(巫山一段雲)」 44자　|| 5a5Y | 7A | 5A ||
우일체 46자　5a 5B | 7A | 5Y ||
6a | 6a′ | 〃 | 〃 ||

25.「주천자(酒泉子)」 45자 4A 7b7A | 3A ||

7A| 〃 〃 | 〃 ||

※ 주의 : 『사율』에는 모두 16체의 「주천자」가 수록되어 있는데, 여기서는 그 중 가장 많이 보이는 한 체만 수록하였다.

26.「호사근(好事近)」 45자 5A 6x | 6x△○○○△ ||

7A 5b′(a′)| 〃 〃 ||

※ 주의 : 전후결 말구의 의미절주는 모두 1 4이다.

27.「알금문(謁金門)」 45자 3s | 6x | 7b | 5b ||

6s | 〃 | 〃 | 〃 ||

28.「경루자(更漏子)」 46자

|| 3A3b | 6s | 3b3A | 5Y || 운식 aabb ccdd, 또는 aabb aabb, 또는 aabb ccbb.

※ 주의 : 전후결 말구는 모두 측평평측평을 정례로 한다. 온정균(溫庭筠)은 「경루자」 후결 기구(起句)에 운을 달았는데, 송인은 그렇게 하지 않았다. 또한 당인은 후결의 처음 두 구에 주로 3b3a′를 사용하여 전결과 다르게 했다.

29.「일락색(一落索)」(上林春) 46자 || 6x | 4a | 7A 3y3a ||

나머지 다른 체는 수록하지 않는다.

30.「억진아(憶秦娥)」 46자 3s | 7a | 3r | 4s4a ||

7a | 〃 | 〃| 〃 〃 ||

※ 주의 : 전결의 제2구는 이백의 원사(原詞)가 "秦娥夢斷秦樓月(진아가 꿈을 깨니 누각에 달이 밝다)"이어서 반드시 녹로체(轆轤體 : 제1자와 제5자가 같은 글자인 것)를 사용해야 하는 것으로 오해한 사람들이 있었다. 기실 대다수 사인(詞人)들은 그것에 구애받지 않았다. 3r은 앞 구의 마지막 세 글자를 중첩한 것이다. 이 사조는 모두 6체인데, 나머지 다른 체는 수록하지 않는다.

31.「청평악(清平樂)」 46자

4s | 5a | 7y | 6s | 6X | 6X | 6s6X || 운식은 aaaa bbb이다.

※ 주의 : 이백(?)의 「청평악」 4수, 온정균(溫庭筠)의 2수, 손광헌(孫光憲)의 2수는 후결 수구가 모두 '(측)측(측)측평평'이다. 위장(韋莊)의 6수에 이르러서야 4수가 6X를 사용하였고, 윤악(尹鶚)·구양형(歐陽炯)·모희진(毛熙震)·이후주(李後主)는 완전히 6X를 사용하였다. 송인은 6X의 사용을 정례로 간주하였다. 이것은 시대와 관계가 있다. 『사율』이 제4자의 평측은 구애받지 않아도 된다고 한 것은 시대를 구분하지 않았기 때문이다.

32. 「금조상사인(琴調相思引)」 46자　7B | 7A | 4x 5A ||
7b | 〃 | 〃 〃 ||

33. 「형주정(荊州亭)」 46자　|| 6s | 6s | 5A6s ||
※ 주의 : 송인의 이 사조는 대단히 드물게 보인다.

34. 「오가기(誤佳期)」 46자　6s | 6s | 7A 5a ||
5A 5a | 〃 〃 ||
※ 주의 : 『사율』은 "구사(舊詞)에는 이 체가 없다"라고 하였다.

35. 「화당춘(畫堂春)」 47자　7A | 6X | 7A | 4X ||
6s 〃 | 〃 | 〃 ||

36. 「완랑귀(阮郎歸)」 47자　7A | 5Y | 7A | 5Y ||
3b3A | 〃 | 〃 | 〃 ||

37. 「탄파완계사(攤破浣溪沙)」 48자　7B | 7A | 7b 3A ||
7b 〃 | 〃 〃 ||
※ 주의 : 전결 제3구를 남당(南唐) 중주(中主)는 7b′로 했지만 송인들은 모두 7b로 하였다.

38. 「인월원(人月圓)」 48자　7a 5A | 4x 4b 4X ||
4s4b(a′)4X | 〃 〃 〃 ||

39. 「도원억고인(桃源憶故人)」 48자 || 7a | 6x | 6x | 5a ||

40. 「안아미(眼兒媚)」 48자 7A | 5A | 4s 4s 4X ||
7a 〃 | 〃 〃 〃 ||

※ 주의 : 『사율』에서 든 왕방(王雱)의 「안아미」 전결 수구 '평측평평측평평'은 예외이다.

41. 「조중조(朝中措)」 48자 7A | 5A | 6s 6X ||
4s 4s 4X | 〃 〃 ||

42. 「추예향(秋蕊香)」 48자 6s | 6x | 7a | 6s ||
7a | 3x | 〃 | 〃 ||

43. 「무릉춘(武陵春)」 48자 || 7b5A | 7B | 5A ||

44. 「금당춘(錦堂春)」 48자 || 6x6X | 7a5A ||

45. 「하성조(賀聖朝)」 49자 7a | △○○○△ | 7A△○○○△ ||
4s 4s | 〃 | 〃 〃 ||

나머지 다른 체는 수록하지 않는다.

※ 주의 : 『사율』에는 모두 5체의 「하성조」가 실려 있는데, 그 중 제3체로 든 섭청신(葉淸臣)의 사는 48자이다. 『역대시여(歷代詩餘)』 및 『백향사보(白香詞譜)』에 실린 것에 의거하면 49자여야 한다(후결 수구가 두 구로 나누어졌다). 여기서는 『역대시여』에 의거하였다. 전결 제2구 · 제4구 및 후결 제3구 · 제5구는 의미절주가 모두 3 2이다.

46. 「유초청(柳梢青)」 49자 4x 4s 4x | 4X 4s 4X ||
6X[3a′(b′)4b] | 〃 〃 〃 ||

다른 한 체는 수록하지 않는다.

47. 「태상인(太常引)」(太清引) 49자　　7A 5A | 5A | [3a′(b′)○○△○] ||
4s4s 〃 | 〃 | 〃 〃 ||

우일체 50자는 전결 제2구를 6자로 바꾸어 [3s3A]로 한 것이다.

48. 「유춘령(留春令)」 50자　4a4a(b′)4x | • △○○△○○[3a′(b′)3a ||
7b 5a | 〃 〃 〃 ||

우일체는 수록하지 않는다.

49. 「서강월(西江月)」 50자　|| 6s6X | 7A | 6s ||

나머지 다른 체는 수록하지 않는다.

※ 주의 : 이것은 평측통협(平仄通叶)의 체이다.

50. 「소년유(少年游)」 50자　7A | 5A | 4X 4s 5A ||
7a 〃 | 〃 〃 〃 ||

※ 주의 : 전결 제2구의 첫 글자는 평측에 구애받지 않는다. 『사율』에서는 이것을 밝히지 않았는데, 잘못이다. 후결 제3구가 평각(平脚)이면 제3자는 평성을 사용하여야 한다. 『사율』이 수록한 모방(毛滂)의 사 "庭下早梅"구에서 '早'자가 측성인 것은 예외이다. 그러나 전후결 제3구는 모두 측성을 사용하는 것으로 바꾸어도 되는데, 그 경우는 4s가 된다. 우일체 51자는 후결 제2구를 6자로 바꾸어 [3b 3a]로 한 것이다. 전후결 제3구는 측각(仄脚)으로 바꾸어 사용한다.

우일체 51자　4b 4b 5A | 4s 4s 5A ||
〃 〃 〃 | 7A 〃 ||

우일체 51자는 위의 조식(調式)에 의거하되, 후결의 첫 두 구를 합하여 7a로 하고 제4구의 7a를 두 구로 나누어 4s 4s로 한 것이다.

우일체 52자　|| 4b4b5A | 4s4s5A ||

나머지 다른 체는 수록하지 않는다.

51. 「석분비(惜分飛)」 50자　|| • △○○○△△ | 6b | 5a | 7a ||

52. 「연귀량(燕歸梁)」 51자　7B | 5A(1+4X) | 7A | 3b3A ||
4s 4s | 5A | 〃 | 〃 〃 ||

나머지 다른 체는 수록하지 않는다.

53. 「취화음(醉花陰)」 52자 || 7b | 5a | 5A 4X 5a ||

54. 「우중화(雨中花)」(夜行船) 52자 6s | 6x | 4X 4s 5a ||
7b | 〃 | 1+4X(5A) 〃 〃 ||

우일체 54자 || 7b | [3s4s] | 4X 4s 5a ||

나머지 다른 체는 수록하지 않는다.

55. 「영춘악(迎春樂)」 52자 7a | [3x3a′] | [3A5a] | — 3b 3a ||
7b | — | [3a′4a′] | 5A 〃 〃 ||

나머지 다른 체는 수록하지 않는다.

56. 「남가자(南歌子)」 52자 || 5a5B | 7A | [6x3A] ||

※ 주의 : 이 사조 9자구의 제5자는 평성이 정례이다. 『사율』은 주를 달아 가측(可仄)이라고 하였는데, 그렇지 않다.

57. 「원왕손(怨王孫)」 53자

△△○△ | 4x | 4X 4b′ | ○△ • △○○ | 3A | 7a | 3a(b) | 5a | 4y • △ • △○○ | 3A || 운식 aaabb cccdd.

※ 주의 : 이 사조는 「억왕손(憶王孫)」과 관계가 없다. 『사율』은 "「원왕손」 사는 당강(唐腔) 「하전(河傳)」과 차이가 없다"라고 하였다. 생각건대 위장(韋莊)과 장선(張先)의 「원왕손」 후결은 위의 조식(調式)과 같고, 전결은 2a(b) | 2a | 4x | 4X | 4x△△ • △○○ | 3A |여서 확실히 「하전」과 비슷하다(다음의 「하전」조를 참조할 것). 송인은 전결 제2자에 더 이상 협운하지 않았지만 여전히 측성을 사용하였다.

『역대시여(歷代詩餘)』는 「원왕손」을 「월조이화(月照梨花)」라고도 한다고 하였다. 『사율』은 따로 55자 짜리 「월조이화」를 열거하였다. 이것의 전결은 보통의 「원왕손」에 의거하였지만 제2자에 협운하였고, 후결 제2구 3a를 4b′로 바꾸었으며 제4구와 제5구를 '측평평측평측평, 측측평평'으로 바꾸었다.

58. 「연수금(戀繡衾)」 54자　○○○△・△○ | [3A 4B] | [3a′(b′)3a [3A 4B] ||
　　　　　　　　　　　　　　7a　　　　〃 〃 | 〃 〃　〃 〃 ||

59. 「단정호(端正好)」(於中好, 杏花天) 54자
　　　7a　　　| [3s 4s] | 7a | [3B(3b′)3a](6s) ||
　　　7a([3s 4s]) | 〃 〃 | 〃 | [3b′ 3a]　(6s) ||

※ 주의 : 두안세(杜安世)는 전후결 수구에 요구(拗句)를 많이 썼지만 후인들은 전결 수구에 모두 율구(律句)를 썼고, 후결 수구는 왕왕 상삼하사(上三下四)로 바꾸었다. 전후결 말구는 신기질(辛棄疾) 이후 모두 6s를 사용하였다. 『사율』은 말구에 6s를 사용한 것은 「행화천(杏花天)」으로서 「단정호」와 동조(同調)가 아니라고 하였다.

60. 「낭도사(浪淘沙)」 54자　|| 5A | 4X | 7A | 7b4X ||

※ 주의 : 「낭도사」는 본래 단조(單調) 28자로서 즉 칠언절구 한 수였다. 이것은 쌍조(雙調)로 바뀌고, 또한 장단구(長短句)로 바뀐 것이다. 달리 측운(仄韻) 1체가 있는데, 수록하지 않는다.

61. 「자고천(鷓鴣天)」 55자　7Y　| 7A | 7a 7Y ||
　　　　　　　　　　　　　3b 3A | 〃 | 〃 〃 ||

62. 「하전(河傳)」 55자

2a | 2a | 3A | ・△・・△○ | △○△・○△○(○△△△△△○) | 2A(B) | △○○△○ | 7b(○△○△△○△) | 3b | 5x | 3A | 3B(B′) | 2B | △○○△○ || 운식 aabbbbb cccdddd.

우일체 55자　2a | 2a | 4x | 4A′ | 4s | ○△△△○○ | △○○△○ | 7a | 3a(b) | 5a | 1+4x 1+4X | 3A || 운식 aaababb cccdd.

우일체 55자　전결은 위의 조식(調式)과 똑같고, 후결 제3구 제4구 제5구를 5a | 6X4A | 로 바꾸었다.

우일체 57자　4a(○△△△) | 4b 4a′ | 4b 6x | 5b | 7a | 3a | 5a | 6s 4a′ | 5b ||

우일체 61자　4s1+4y 4s | 4Y 6x | 3A(B)3b ||
　　　　　　　7a 4X 5a | 〃 〃 | 〃 〃 ||

나머지 다른 체는 수록하지 않는다.

※ 주의 : 『사율』에 실려 있는 「하전」은 모두 17체인데, 실제로는 이 숫자에 그치지 않는다. 그러나 크게 두 종류로 나눌 수 있다. 첫째는 4개의 운각을 사용하는 것으로, 측운과 평운을 번갈아 쓰며 전결 제2자에 운을 단 것이다. 둘째는 일운도저(一韻到底)로, 전결 제2자에 운을 달지 않고 또한 평성으로 바꾼 것이다. 당 · 오대에는 두 종류가 다 있었고, 송인들은 후자를 많이 사용했다.

63. 「품령(品令)」 55자

4a | [3x4a′] | ○△△△○○△ | 4a○△○○△ ||

○△△○○△△ | △○○○△ | △○○△○○△ | 4a | 〃 ||

우일체 64자 || 4x | [3b′3a] | 4s△○ • △4x | 6s△○ • △ ||

나머지 다른 체는 수록하지 않는다.

64. 「야행선(夜行船)」 55자 6x | [3A(a)4a] | 7A[3A(a)4a] ||

7b | 〃 〃 | 〃 〃 〃 ||

우일체 56자 || 7b | [3A(a)4a] | 4X4s6a ||

※ 주의 : 『사율』과 『역대시여』 모두 「야행선」이 바로 「우중화(雨中花)」라고 하였지만 『역대시여』는 오히려 「야행선」과 「우중화」를 분리하여 열거하였다. 생각건대 양자는 결구(結構)상 제법 다르기 때문에 분리하여 열거해도 무방하겠다. 다만 주를 달아 밝혀서 그 연원을 알게 하였을 뿐이다.

65. 「작교선(鵲橋仙)」 56자 || 4s 4s 6s | 7A [3b′(a′)○○ • △] ||

우일체는 수록하지 않는다.

66. 「우미인(虞美人)」 56자 || 7a | 5a | 7A | [6a 3A] || 운식 aabb ccdd.

※ 주의 : 9자구의 제5자는 평성을 사용하는 것이 원칙이고, 제3자는 측성이 비교적 마땅하다.

우일체 58자 위의 조식(調式)에 따르는데, 매 결 말구가 두 구로 나뉘어 상칠하삼(上七下三), 즉 7A3A가 된다.

67. 「남향자(南鄕子)」 56자 || 5A | 7B | 7b 2A | 7B ||

나머지 다른 체는 수록하지 않는다.

68. 「옥루춘(玉樓春)」(木蘭花, 春曉曲, 惜春容) 56자 || 7a | 7b | 7A 7b ||

69. 「보섬궁(步蟾宮)」 56자 || 7a | [3a′(b′)4x] | 7A[3a′(b′) 4s] ||

나머지 다른 체는 수록하지 않는다.

70. 「일곡주(一斛珠)」 57자 4s | 7a | 7a | 4X 5x ||
7b | 〃 | 〃 | 〃 〃 ||

우일체 57자 후결 수구에 7a를 사용하는 것만이 다르다. 송인은 주로 이 체를 사용하였다.

71. 「야유궁(夜游宮)」 57자 6b | [3a′4x] | 7b′ | 3A 3A 3b ||
5a | 〃 〃 | 〃 | 〃 〃 〃 ||

※ 주의 : 전후결 제3구는 어쩌다 7b로 한 경우도 있고, 심지어 제5와 제6 두 글자를 모두 측성으로 한 경우도 있는데, 모두 정례(正例)가 아니다.

72. 「소중산(小重山)」 58자 7Y | [5b 3A] | 7A | [3a(b)5A] ||
5A | 〃 〃 | 〃 | 〃 〃 ||

73. 「답사행(踏莎行)」 58자 || 4X 4s | 7a | 7A 7a ||

74. 「임강선(臨江仙)」 60자 || 7b 6X | 7A | 5b 5A ||

우일체 58자 위의 조식(調式)에 따르는데, 다만 전결 수구에 7A를 사용하고 운을 달며, 또한 전후결 제4구에 모두 4자구, 즉 4a(어쩌다 4a′ 또는 4b)를 사용한다.

우일체 58자 || 6s 6X | 7A | 5b 5A ||

나머지 다른 체는 수록하지 않는다.

75. 「당다령(唐多令)」 60자 || 5A | 5Y | [3A 4X] | 7b 3s 3A ||

76. 「일전매(一剪梅)」 60자　‖ 7Y | 4X | 4X | 7A | 4X | 4X ‖

※ 주의 : 이 체는 4X 4X인 곳에 대장(對仗)을 사용하는데, 동자상대(同字相對)이다. 보통은 오문영(吳文英)의 "春到三分, 秋到三分"처럼 뒤의 세 글자가 같지만, 오문영의 "知是花郵, 知是前郵"처럼 제1, 2, 4자가 같은 것도 있고, 오문영의 "春到一分, 花瘦一分"처럼 두 글자만 같은 것도 있다.

우일체 60자　전후결 제2구와 제5구에 운을 달지 않고, 반드시 대장을 사용하는 것도 아니며 더욱이 동자상대(同字相對)일 필요가 없다. (어쩌다 두 체를 섞어 쓴 것도 있다. 예를 들어 유의(劉儗)의 사 한 수는 후결 제2구와 제3구는 이 조식(調式)을 따랐지만, 그 나머지는 앞의 조식을 따랐다.)

나머지 다른 체는 수록하지 않는다.

77. 「칠낭자(七娘子)」 60자　‖ 7a | 1＋7a([3A 5a]) | 4X 4s 7a ‖

우일체 58자　위의 조식에 따르는데, 다만 전후결 제2구를 7자구, 즉 7a로 바꾸었다.

78. 「차두봉(釵頭鳳)」(玉瓏璁, 折紅英) 60자

‖ 3a | 3a | △○○△○○△ | 3a | 3a | 4A(a)4a | 1a | 1r | 1r ‖ 운식 aaabbbbrr aaabbbbrr.

79. 「호련화(蝴戀花)」(鵲踏枝, 一籮金) 60자　‖ 7b | 4X 5a | 7b | 7a ‖

※ 주의 : 『사율』에서 주를 달아 "수역(壽域 : 杜安世)의 수구 '新月羞花影庭樹(새 달이 꽃에 부끄러워 정원 나무에 그림자 지웠다)'는 마지막 세 글자가 측평측(7b′)인데, 이것은 우연으로서 따를 수 없다. 또한 전결 제4구가 '畫閣巢新燕聲喜(채색 누각에 새로 둥지 틀어 제비 소리 기쁘다)'이고 후결 제4구가 '冉冉光陰似流水(유유히 흘러가는 세월이 유수 같다)'인 사가 한 수 있고, 또한 전결 제4구가 '衰柳搖風尙柔軟(쇠약한 버들이 바람에 흔들리는데 여전히 부드럽다)'이고 후결 제4구가 '獨倚闌干暮山遠(홀로 난간에 기대서니 저녁 산이 아득하다)'인 사가 한 수 있어서 전부 측평측을 사용한 것인 만큼 혹 이 체가 있을지도 모르지만 사를 지을 때는 다수를 따라야 될 것이다"라고 하였다. 내 생각에 이것은 두안세(杜安世) 개인의 작풍(作風)이고, 후인들은 모두 7b를 사용

하였으니 따로따로 취급해야 할 것이다.

80. 「십박자(十拍子)」(破陣子) 62자　　|| 6s 6X | 7b 7B | △○○△○(5B) ||

81. 「정풍파(定風波)」 62자　7B | — | 7A | 7b | 2a | 7A ||
7b | 2a | 〃 | 〃 | 〃 | 〃 || 운식 aabba ccadda.

우일체는 수록하지 않는다.

82. 「소막차(蘇幕遮)」 62자　|| 3A 3b | 4X 5a | 7b | 4X 5a ||

83. 「어가오(漁家傲)」 62자　|| 7b | 7a | 7b | 3b | 7a ||

84. 「수사조(垂絲釣)」 66자
△○△○ | ○○○△○△ | 4A • △○△(4b) | 3b | 5a | 3a | 1+4y ||
4s | 〃 | — 4b′ | ○△○○△ | 〃 | 3b | 1+4b′ ||

85. 「행향자(行香子)」 66자　|| 4X | 4X | [3A 4X] | 4s 4X | 1+3A(a)3a(b)3A ||

※ 주의 : 후결 기구(起句)는 운을 달지 않아도 되고, 또는 처음 두 구에 모두 운을 달지 않아도 된다. 전후결 말미는 일자두(一字豆)가 세 구에 연관되어 있다. 예를 들어 소식(蘇軾)의 "向望湖樓, 孤山寺, 湧金門 …… 有湖中月, 江邊柳, 隴頭雲(망호루와 고산사와 용금문을 향한다 …… 호수 속의 달과 강가의 버들과 농산 위의 구름이 있다)"과 장첩(蔣捷)의 "過窈娘隄, 秋娘渡, 泰娘橋(요낭제와 추낭도와 태낭교를 지난다)" 등이 있다.

86. 「금전도(錦纏道)」 66자　4A 6a | [3A4a] | 7a | 4A 5a ||
△○○△△4a | 〃 〃 | 1+7a 4a〃 ||

※ 주의 : 후결 수구의 의미절주는 3 2이다.

87. 「청옥안(青玉案)」 66자　|| 7a | [3b′(a′)3a] | 7b | 4x 4x | 5a ||

※ 주의 : 전후결 제5구는 운을 달지 않아도 된다.

우일체 67자　위의 조식(調式)을 따르는데, 다만 후결 제2구[3b′ 3a]가 7b′

로 바뀌고, 전후결 제5구는 운을 달아도 되고 달지 않아도 된다. 운을 달지 않는 것은 심지어 다음 구와 병합되어 9자구를 이루기도 한다. 예를 들면 소식(蘇軾)의 "莫驚鷗鷺,[89] 四橋盡是老子經行處(갈매기와 백로를 놀라게 하지 마라, 네 다리가 모두 노자가 求道하던 곳이었네)"와 주자지(周紫芝)의 "西州重到, 可憐不見華屋生存處(서주에 다시 왔지만, 안타깝게도 그가 살았던 화려한 집은 보이지 않는다)" 등이 있다. 또는 앞 구와 병합하여 8자구가 되기도 한다. 예를 들면 소식의 "春衫猶是小蠻鍼線, 曾濕西湖雨(봄 적삼은 그래도 소만이 바느질한 것인데, 일찍이 서호의 비에 젖었다)" 등이 있다.

※ 주의 : 67자 짜리가 66자 짜리보다 많이 보이고, 제5구에 운을 달지 않은 것이 운을 단 것보다 많이 보인다. 또한 68자 짜리도 있는데 드물게 보여서 수록하지 않는다.

88. 「감황은(感皇恩)」 67자　5A 4s | 7b′ | 4s 6x | 5b 3a ||
4Y 〃 | 〃 | 〃 〃 | 〃 〃 ||

나머지 다른 체는 수록하지 않는다.

89. 「해패령(解佩令)」 67자　4s 4a′(b) | [3A5a] | 4X[3b′ 4x] | [3A△○ • △] ||
〃 〃 | [〃 4a′] | 〃 〃 〃 | 〃 〃 ||

나머지 다른 체는 수록하지 않는다.

※ 주의 : 전결 제2구는 운을 달아야 한다. 『백향사보(白香詞譜)』에 실린 주이준(朱彝尊) 사의 이 구는 운을 달지 않았는데, 송인의 구법(舊法)이 아니다.

90. 「천선자(天仙子)」 68자　|| 7b | 7b | 7A3a(b) | 3a(b) | 7b ||

※ 주의 : 이 사조는 본래 34자였는데, 나중에 쌍첩(雙疊)으로 변하였다.

91. 「강성자(江城子)」 70자　|| 7A | 3A | 3A | 4A 5A | 7b 3b 3A ||

---

89) 텍스트에는 '鷗'가 '歐'로 되어 있는데, 誤字이다.

※ 주의 : 이 사조는 본래 35자였는데, 나중에 쌍첩(雙疊)으로 변하였다. 매 결 제4구와 제5구는 9자구로 병합될 수도 있다. 예를 들면 소식(蘇軾)의 "曾見青鸞翠鳳下層城(일찍이 푸른 난새와 봉황이 높은 성에 내려오는 것을 보았다)" 등이 있다.

92. 「천추세(千秋歲)」 71자　　4s | 5a | 3y 3a | 5b 5a | 3a(b) 7a ||

5a | 〃 | 〃 〃 | 〃 〃 | 〃 〃 ||

우일체 71자　　전결 수구에 운을 달지 않는 것만 다르다. 이 체는 비교적 드물게 보인다.

나머지 다른 체는 수록하지 않는다.

93. 「분접아(粉蝶兒)」 72자

4X○○ • ○ • △ [3A 4a] | 3A 3b 4x | [3A○ • △○○△] ||

4y(X) 〃 〃 〃 | 〃 〃 〃 | 〃 〃 ||

94. 「이정연(離亭燕)」 72자

|| 6x | ○△△○○△ | 7b△△ • ○○△ | △△△○○6s ||

95. 「격포련(隔浦蓮)」 73자

○○○△△△ | △△○○△ | [△△○○△]○○○△○△(3a3a) | ○△○△△(5a 또는 5b) | 3a | △△○△ | 3a′ | 4b○○○△○△ | 4b(a′)△△△○○△ | ○△○○△△△ | 2a | ○○○△○△ ||

※ 주의 : 이 사조와 같이 평측이 엄격한 것은 특히 드물게 보인다.

96. 「전언옥녀(傳言玉女)」 74자

4A　6a | 4a(A)1+4s(5a) | ○△△△(4b)6x | 4x 4a ||

〃 [3A3b′](6a) | 〃 〃 | ○○△○(4b)〃 | 〃 〃 ||

※ 주의 : 매 결 제3구와 제4구는 9자구로 병합할 수 있고, 제7구와 제8구는 8자구로 병합할 수 있다.

97. 「하만자(河滿子)」(何滿子) 74자　　|| 6s 6X | 7b 6X | 6s 6X ||

※ 주의 : 「하만자」는 본래 단조(單調) 6구이며 매 구 6자로 모두 36자였는데, 나중에 제3구가 7자로 변하여 37자가 되었다. 또한 쌍첩(雙疊)으로 증가하여 위의 조식(調式)이 되었다.

98. 「해접섭(解蹀躞)」 75자

6a′ 5a | △○○△○○△○△ | • △ • △○○[△○ • △○○]4a ||
a′ | 〃 | ○○△○△ | 〃 | 〃 [〃] 〃 ||

※ 주의 : 매 결 마지막 두 구는 10자구로 병합할 수 있다. 또한 4b′ 3b 3a로 개작할 수 있다.

99. 「풍입송(風入松)」 76자 || 7A | 5A | 7a[3a′(X)4X] | 6s6X ||

우일체 74자 위의 조식에 따르는데, 다만 전후결 제2구를 4자구, 즉 4X로 바꾸었다.
우일체 73자 74자체에 따르는데, 다만 전결 제4구를 6자구, 즉 6X로 바꾸었다.
우일체 72자 73자체에 따르는데, 다만 후결 제4구를 6자구, 즉 6X로 바꾸었다.

※ 주의 : 76자체가 가장 많이 보이고, 74자체가 그 다음이고, 73자체와 72자체는 많이 보이지 않는다.

100. 「바라문인(婆羅門引)」 76자

4s 7A | 6X | 6s 5A | 1＋4b(a′) 4X | • ○△○ | [3b′(a′)3A] | 6b(a′)4X | 4s[3a′(b′A)5A] | [3b4X] ||

101. 「여지향근(荔支香近)」 76자

△△○○○△ 3b(x) | △ • △△○○ 5a | ○○△△○○(6a′)5a | 2a△ • ○○△○△ | 3b[3b′ 3a] | 4A6a | 4X△△○○△○△ | △△ • ○ • △(• ○○△○△) ||

※ 주의 : 『사율』에는 「여지향근」 두 체가 수록되어 있다. 한 체는 73자이고, 또 한 체는 76자이다. 『역대시여』는 76자체를 「여지향」이라고 하고, 73자체를 「여지향근」이라고 하였다. 여기서는 76자체만 수록한다.

102. 「우비악(于飛樂)」 76자 || 3A3b4X | 3A(a)4X | 3A3b4X | 4s 3a(AB)4X ||

나머지 다른 체는 수록하지 않는다.

103. 「축영대근(祝英臺近)」 77자　3A　3b | 5a′ | 4X 5a′ | 6X 4s [3a′4x] ||
3a′ | 6X 5b′ | 〃 〃 | 〃 〃 〃 〃 ||

※ 주의 : 전결 제2구는 운을 달기도 하고 달지 않기도 한다. 두 가지 경우가 똑같이 흔히 나타난다. 후결 제5구는 어쩌다 5b′가 되기도 한다.

104. 「측범(側犯)」 77자

4b′△○△△○○△ | 2a | 1+△△○○△○△ | ○○△△△5a | 2a | 3b 5b′ |　　4b △△○○△ | 3b | 3A○△△○△ | 4A 4a | 2a | 6x(○○△○○△) ||

105. 「어가행(御街行)」 78자　|| 7a | [3y 3a] | 7A 6x | 4s 4x 5a ||

우일체 76자　　위의 조식(調式)에 따르는데, 다만 제2구가 5자구이다.

나머지 다른 체는 수록하지 않는다.

106. 「일총화(一叢花)」 78자　|| 7A | 5A | ○○△△○○△[3a′ 4X] | 4B 4b(a′) 5A ||

107. 「금인봉로반(金人捧露盤)」 79자

3A 3a(b) 3A | [3b′(a′)4X] | 4s 7A | 4s[3A(a′)4X] ||

〃 〃 3b 〃 | 〃 〃 | 〃 〃 | 〃 〃 〃 ||

※ 주의 : 이외에 78자체와 81자체가 있는데, 수록하지 않는다.

108. 「홍림금근(紅林檎近)」 79자

5a △○○△○ | 5a ○○△○○ | ○•○○△△[△△△△○○] | △•△△○ ○ | ○△△○○ | •△○△△ 5A | 4b 6A′ | 1+4a′ 4b(a′)△○•△○△○ ||

제47절 사보의 예(하)

109. 「최고루(最高樓)」 81자

3a (b) 5A | 5A | 7a 7A | 3A 3b 3A ||

[3s 5b] | [3s 5b] | 3b 3A | 〃 〃 | 〃 〃 〃 || 운식 aaaa bbaaa.

※ 주의 : 후결의 첫 두 구는 동자대장(同字對仗)을 사용한다. 예를 들면 유극장(劉克莊)의 "只少箇－綠珠橫玉笛, 更少箇－雪兒彈錦瑟(다만 녹주의 옥피리 부는 것이 빠졌고, 더욱이 설아의 금슬 연주가 빠졌다)" 등이 있다. 또한 상오하삼(上五下三)이 될 수 있다. 예를 들면 장첩(蔣捷)의 "一片片雪兒－休要下, 一點點雨兒－休要灑(송이송이 눈송이 내리지 말고, 방울방울 빗방울 뿌리지 마라)" 등이 있다. 또한 8자가 단숨에 내달을 수도 있는데, 예를 들면 신기질(辛棄疾)의 "也莫向竹邊辜負雪, 也莫向柳邊辜負月(대숲 가에서 눈을 저버리지 말고, 버드나무 가에서 달을 저버리지 마시라)", 원호문(元好問)의 "問華屋高貲誰不戀, 問美食大官誰不羨?(화려한 집과 많은 재물을 누가 탐내지 않는지 묻고, 맛있는 음식과 높은 벼슬을 누가 부러워하지 않는지 묻는다)" 등이 있다.

나머지 다른 체는 수록하지 않는다.

110. 「신하엽(新荷葉)」 82자 || 4X6X | 4X6X | 4s[3B(A, a, b)4X] | 4s6X ||

111. 「조매방(早梅芳)」(早梅芳近) 82자

3S 3a | △△○○△ | 4a′△△○○△○△ | △○○△△[△△○○△] | 1+4b 5a′ ||

3A 3y | 〃 | 〃 〃 | 〃 〃 | 3A△○○△△ ||

우일체는 수록하지 않는다.

112. 「맥산계(驀山溪)」 82자 || 4s | 5a | 5A[3A(s)4s] | 4s5A3a(b) | 3x | 5a ||

※ 주의 : 전후결 수구는 석효우(石孝友)의 "鶯鶯燕燕, 搖蕩春光懶(꾀꼬리와 제비는, 봄빛에 흔들거리며 느긋하다)", "小鬟微盼, 分付多情管(작은 쪽머리와 예쁜 눈, 어찌해도 다정함이 드러난다)" 등과 같이 운을 달기도 하고, 장원간(張元幹)의 "一番小雨, 陡覺添秋色(한바탕 작은 비 내려, 다만 가을빛 늘어났음을

느낀다)", "錢塘江上, 冠蓋如雲積(전당강 가에, 관모와 수레덮개가 쌓인 구름처럼 늘어섰다)"처럼 운을 달지 않기도 한다. 또는 황정견(黃庭堅)의 "鴛鴦翡翠, 小小思珍偶(원앙과 비취새는, 잠시 좋은 짝을 생각한다)", "尋芳載酒, 肯落他人後(꽃을 찾고 술을 싣는 데, 타인에게 뒤처지려고 하지 않는다)"처럼 전결에는 운을 달지 않고 후결에는 운을 달기도 한다. 또는 하주(賀鑄)의 "楚鄉新歲, 不放殘寒退(초향에서의 새 해, 남은 추위가 물러날 줄 모른다)", "江南芳信, 目斷何人寄?(강남의 꽃 소식은, 바라보아도 보이지 않으니 누가 부쳐주나?)"같이 전결에는 운을 달고 후결에는 운을 달지 않기도 한다. 전후결 제7구와 제8구는 조보지(晁補之)의 "登雲嶼, 臨煙渚, 狂醉成懷古(구름 위의 섬에 오르고, 안개 낀 물가에 임하여, 흠뻑 취하니 회고를 이룬다)"처럼 둘 다 운을 달기도 하고, 하주(賀鑄)의 "上簾櫳, 招佳麗, 置酒成高會(창문의 주렴을 올리고, 아름다운 사람들을 불러, 술상을 차리고 성대한 모임을 이룬다)"처럼 제7구에는 운을 달지 않고 제8구에는 운을 달기도 한다. 그러나 대부분은 오히려 제7구와 제8구에 모두 운을 달지 않는다. 이와 같은 경우에 그들의 평측은 대개 이지의(李之儀)의 "流水外, 落花前, 豈是人能致?(흐르는 물 밖, 떨어지는 꽃 앞, 어떻게 사람이 이를 수 있을까?)"처럼 3a(b)3A로 변한다. 어쩌다가 3A3b류로 되는 경우도 있다. 이외에도 전결에서는 이곳에 둘 다 운을 달고 후결에서는 둘 다 운을 달지 않는 것도 있다. 예를 들면 황정견(黃庭堅)의 "斜枝倚, 風塵裏, 不帶風塵氣(비스듬한 가지에 기대어, 풍진 속에 있지만, 풍진의 기운을 띠지 않는다)", "書漫寫, 夢空來, 只有相思是(편지에 끝없이 쓰고, 부질없이 오는 꿈을 꾸니, 다만 그리움뿐이로다)"가 있다. 『사율』이 제2, 제7, 제8구에 운을 단 것을 한 체로 하고, 운을 달지 않은 것을 다른 한 체로 한 것은 변화가 복잡하여 두 체로는 그 변화를 망라하기에 부족하다는 것을 모른 것이다.

113. 「동선가(洞仙歌)」 83자

4s △○○ • △ | 7b′ | [3A • △○△○○](1＋4a′(b)4X)[3b6s] | 5b4X7b′ | 5A4X[3a(b)4s] | [3b′(a′) • ○△○○]([3B 5A]) △ • △○○ 4a ||

※ 주의 : 전결 제2구의 의미절주는 1 4이다. 예를 들면 소식(蘇軾)의 "自－淸涼無汗(절로 청량하여 땀이 나지 않는다)"이 있다. 또는 유광조(劉光祖)의 "小池塘－荷淨(작은 연못에 연이 깨끗하다)"처럼 의미절주가 2 3인 것도 있다. 그러나 신기질(辛棄疾)의 "大半成新貴(대부분 새롭고 귀한 것이 되었다)"처럼 보

통의 시구 5a를 쓴 것도 있다. 제4구 아홉 자에 대해 『사율』은 소식의 사에 의거하여 상삼하륙(上三下六)으로 정했지만 보통의 형식은 상오하사(上五下四)이고, 엄격히 말하면 1+4a′(b) 4X이다. 예를 들면 갈담(葛郯)의 "看朝餐沆瀣, 暮飮醍醐(아침에는 맑은 이슬을 먹고, 저녁에는 제호를 마시는 것을 바라본다)", 유일지(劉一止)의 "對斜橋孤驛, 流水濺濺(외로운 역 비스듬한 다리에서, 세차게 흐르는 물을 대한다)" 등이 있다. 후결의 말구는 9자구여야 하는데, 『사율』은 두 구로 나누어 상오하사(上五下四)로 했다. 엄격히 말하면 이 구의 의미절주는 3 6이어야 한다. 예를 들면 소식의 "又不道－流年暗中偸換(다시는 말하지 않는다－세월이 흘러 몰래 바뀌는 것을)", 조보지(晁補之)의 "算只好－龍山醉狂吹帽(다만 용산에서 모자가 바람에 벗겨지도록 흠뻑 취한다)", 장첩(蔣捷)의 "又未卜－重陽果然晴否(또한 아직 점치지 않았다－중양절에 과연 날이 갤지 어떨지를)" 등이 있다. 심지어는 장염(張炎)의 "料－只隔中間白雲一片(생각하면－다만 중간에 흰구름 한 조각이 가로놓여 있을 뿐이다)"처럼 의미절주가 1 8인 경우도 있다. 그러나 이 구의 음운절주(音韻節奏)는 여전히 5 4이므로 『사율』에 따라 사보를 정하였다.

우일체 84자　위의 조식(調式)에 따르는데, 다만 후결 제4구 5A를 3b 3A 또는 3B 3b로 바꾸었다.

우일체 85자　83자체에 따르는데, 다만 후결 제4구 5A를 1+4s로 바꾸고, 제6구 [3a4s]를 3b 6a′(b)로 바꾸었다.

나머지 다른 체는 수록하지 않는다.

114. 「만로화(滿路花)」 83자

○○△△○ 5a | [○○○△△ 3a] | 4s5a | 5b | 4X△○ • △○△ ||
4a′(b) 〃 | 〃 〃 | 〃 〃 | 〃 | 〃 〃 ||

나머지 다른 체는 수록하지 않는다.

115. 「강성매화인(江城梅花引)」 87자

7A | 3A | 3A | － － － | • △○○△△△○○(2+7) | 7b 3b(a′) 3A 3B ||
2B | 2R | 3A | 3Y | 3Y | △ • △△[3b′(a′)4X | 〃 | 〃 〃 〃 〃 ||

나머지 다른 체는 수록하지 않는다.

※ 주의 : 후결의 첫 두 구에는 장저(張翥)의 "憶卿, 恨卿"처럼 첩구(疊句)를

쓸 필요가 없고, 또한 진윤평(陳允平)의 “相思, 爲誰? 蘭恨銷!(그리움은, 누구 때문에? 난의 한은 녹지 않는다!)”(‘銷’자는 원운(原韻)으로 돌아간 것이다)처럼 다른 운으로 바꿀 수도 있고, 왕관(王觀)의 “怨極, 恨極”과 주밀(周密)의 “酒醒? 未醒”처럼 측성으로 바꾸어 협운할 수도 있다.

116. 「탐방신(探芳信)」 90자

3a′ | 1+4A(△△○○○)4b(△△○△) | 1+4a5b′(a′) | 7a 5a | 3A 4A 4a | 5a′(b′) | 1+4X4x | 4X3a′3a′ | 7a 5a | 3A 6b ||

우일체 89자　위의 조식(調式)에 따르는데, 다만 후결 제5구와 제6구 3a′3a′를 병합하여 5자구 ‘평측측평측’으로 바꾸었다.

117. 「의난망(意難忘)」 92자

4X | 1+4s4X | ○○○△△5A | 3b 3A | 5A(1+4X) | 3B 4s 4X ||

6X | 〃 〃 | 〃 〃 | 〃 〃 | 〃 | 〃 〃 〃 ||

※ 주의 : 전후결 제8구의 의미절주는 왕왕 1 4이다. 예를 들면 소식(蘇軾)의 “肯－親度瑤觴(직접 옥 술잔을 건네려 한다)”, 주방언(周邦彦)의 “拚－劇飮淋浪(뒤섞여 질펀하게 흠뻑 마셨다)” 등이 있다.

118. 「새옹음(塞翁吟)」 92자

5a○△△△○○(6A) | 3b′3A | 1+4x(5A) | ○○△△○○△[○△△△○○(6A)] | 3b′3A | 1+4A′(5A) | 2A | 3a 4s[3b○○△○] | [3b′ (a′)4b][3a′ 4A] 4A | 4b4A 4A′ ||

119. 「법곡헌선음(法曲獻仙音)」 92자

4A′4a△△○○○△ | 4A 4a○○△○○△ | 3b′ 3a 5b′ | 3a′ | [3A 4a][3b○△△○△△] | △△△○○[3A○△○△] | 1+4b(a′)△△△○○△ ||

120. 「소상야우(瀟湘夜雨)」 93자

4X4b(a′)6X | 7A | [3b 4b][3b 4A′] | 3a 4b 4A ||

4b 4a 4X | 1+4x4X | 〃 〃 〃 〃 | 〃 〃 5A ||

※ 주의 : 이 조식(調式)은 「만정방(滿庭芳)」과 비슷하다. 다음 글을 보라.

121. 「만강홍(滿江紅)」 93자

4X 3s 4s | [3s 4s]4a | 7b 7a | [3B(A)5A]3a ||

3a(b)3a | 3s 3a | 1+4x 〃 | 〃 〃 | 〃 〃 〃 ||

※ 주의 : 이 사조는 입성운을 사용하는 것이 보통이다.

우일체 91자 위의 조식(調式)에 따르는데, 다만 전결 제4구 [3s 4s]를 1+4a로 바꾸었다.

우일체 94자 93자체를 따르는데, 다만 후결 제7구 (7b)를 8字句 [3b5b]로 바꾸었고, "君不見"과 엮어 쓴다. 예를 들면 소식(蘇軾)의 "君不見周南歌漢廣(그대는 보지 못했는가 「주남(周南)」의 「한광(漢廣)」 노래를)"이 있다.

나머지 다른 체는 수록하지 않는다.

122. 「육요령(六幺令)」 94자

4x 5x | 6a 5x | 6a′(b)5a | 4x | 4s 7b′ ||

6b(○○○△△△)5a | •△•△○○[△△○○△] | 〃 〃 | 〃 | 〃 〃 ||

123. 「옥루지(玉漏遲)」 94자

[△○○△△] | 4b 4x | 4X 6a | 6b[3b′(a′)4a′] | 3b | 4y 4x ||

[△△△△○○](6A)1+4X 〃 | 〃 〃 | 〃 〃 〃 | 〃 | 6a — ||

※ 주의 : 후결 수구는 '측측측측평평'이 정례(正例)이고, 6A는 변례(變例)이다. 말구(末句)는 본래 송기(宋祁)의 "東風淚零多少(봄바람에 눈물이 얼마나 떨어졌는가)"처럼 '평평측평평측'이 되어야 하지만 장염(張炎) 이후에는 오히려 6a로 한 것이 많다.

124. 「미범(尾犯)」 94자

5A 4B○△○△ | 4A1+4a′ | [3b(a′) 4b(a′)][3A 4b] | 4a4B(X)5x ||

5b○△△△○△(6a) | 〃 〃 | [3a′ 4a′][〃 〃] | 〃 7b(a) ||

우일체 95자 앞의 조식(調式)에 따르는데, 후결 제2구를 [3b′△△○△]로 바꾸었다.

125. 「소화유(掃花遊)」 95자

4b′ 1+4A 4a | 4b′ | 1+4b 4a | 4X△△○○△△ | 3a′ | 1+4Y○△○△ ||
○△○△△ | 〃 〃 | 〃 | 〃 〃 | 〃 〃 | 〃 | [3A 4a] ||

126. 「수조가두(水調歌頭)」 95자

5a′ 5A | •○•△○△•△△○○ | 6s 6a′(b) 5A | 5a′ 5A ||
3s(A,B)3s3A | 〃 | 〃 〃 〃 | 5x 〃 ||

※ 주의 : 전후결의 11자구는 상륙하오(上六下五)가 되기도 하고, 상칠하사(上七下四)가 되기도 한다. 후결 제8구는 신기질(辛棄疾)의 "在家貧亦好(고향에 있으면 가난해도 좋다)", "江湖有歸雁(강호에 돌아가는 기러기가 있다)"처럼 5b 또는 5b′를 쓸 수도 있다. 생각건대 하주(賀鑄)의 「수조가두(水調歌頭)」는 조식(調式)대로 평운(平韻)으로 협운하는 외에 측운(仄韻)도 섞여 있는데, 『사율』에는 수록되어 있지 않고 서본립(徐本立)이 『습유(拾遺)』에 수록하였다. 또한 하몽계(何夢桂) 「수조가두」 96자는 『역대시여(歷代詩餘)』에는 보이지만 『사율』 및 『습유』에는 수록되어 있지 않다. 이 두 별체(別體)는 모두 드물게 보이므로 여기서도 수록하지 않는다.

127. 「봉황대상억취소(鳳凰臺上憶吹簫)」 95자

| 4X 4s 6X | 1+4a4X | 6b(a′)[3a(b)4X] | 3a 4b 4A ||
2A | ○•△○○4X | 〃 〃 | 〃 〃 〃 | 〃 ○○△○ 〃 ||

나머지 다른 체는 수록하지 않는다.

※ 주의 : 후결의 마지막 두 구는 전결 마지막 두 구의 평측에 따를 수 있다. 예를 들면 장저(張翥)의 "吳音朔調, 盡與吹聽(吳와 북방의 음조를, 모두 더불어 불고 들었다)" 등이 있다. 그러나 이것은 후인의 변체(變體)이다.

128. 「만정방(滿庭芳)」 95자

4X 4b(a′)△○•△○○(△△○△○○) | 4x 5A | 6b[3s 4X] | 3a 4b 5A ||
5b 〃 4X | 1+4s(A′)4X | 〃 〃 〃 | 〃 〃 〃 ||

※ 주의 : 전결 제3구는 '측평(측)측평평'과 '측측평측평평'의 두 가지 형식이 있다. 예를 들면 소식(蘇軾)에게 "畫堂別是風光(채색 집의 풍광이 색다르다)"이 있는가 하면 "萬里家在岷峨(내 집은 만 리 밖 岷峨에 있다)"도 있다. 후결

제4구는 평각(平脚)과 측각(仄脚)의 두 종류가 있다. 측각의 예로는 정해(程垓)의 "問故鄕何日, 重見吾廬(언제나 고향에 돌아가, 내 오두막집을 다시 볼 수 있을까?)"가 있고, 평각의 예로는 황정견(黃庭堅)의 "且留取垂楊, 掩映廳階(잠시 수양버들 아래 머무르니, 관청 계단을 가리고 비춘다)"가 있다. 대장(對仗)이 있으면 정해(程垓)의 "南月驚烏, 西風破雁(남쪽의 달에 까마귀 놀라고, 가을바람에 기러기 흩어진다)"처럼 전결의 첫 두 구에 있거나, 진관(秦觀)의 "漸酒空金榼, 花困蓬瀛(어느덧 술은 금잔에 비고, 꽃은 蓬萊와 瀛州에서 시들었다)"처럼 후결의 제4, 제5 두 구에 있지만 대장을 사용한 것은 드물다.

129. 「촉영요홍(燭影搖紅)」, 96자 || 4X 7a | 7A 5a | 6s | [3A 4b] | 4a(b′)4X 4a′ ||

※ 주의 : 전후결 제2구의 첫 글자는 측성이 정례이고, 제5구의 제5자도 측성이 정례이고, 제7구의 제3자는 평성이 정례이다. 이 사는 「억고인(憶故人)」이란 이름의 단조(單調)가 있다.

130. 「천향(天香)」, 96자

4X4y○○△△○△ | 4A 4y6a | 4y[3y4b(a′)] | 6b○○△○○△ | ○○△○△△ | [3A 4a] | 6a4a | 6b | △△△○○△○△ | 4A 4b ||

※ 주의 : 후결 제6구(8자)는 대부분 1+7b′로 간주할 수 있다. 예를 들어 오문영(吳文英)의 "但－未識韓郎舊風味(다만 한랑의 옛 풍미를 알지 못한다)" 등이 있다. 그러나 이팽노(李彭老)의 "消未盡－當時愛香意(다 사라지지 않았다－당시에 향기를 좋아했던 마음이)"같이 상삼하오(上三下五)인 것도 있다.

131. 「한궁춘(漢宮春)」, 96자

4X1+4s 4X | ○○△○△△4X | 4b[3A 4X] | 3b 4b(a′)6X ||

6s 〃 〃 | 〃 〃 | 〃 [〃 〃] | 〃 〃 〃 ||

※ 주의 : 『사율』에 실린 우일체는 측운을 사용했는데, 기실 강여지(康與之)의 한 수만 입성운을 사용하였다. 이것은 입성으로 평성을 대신한 것이어서 결코 달리 한 체가 있는 것이 아니다.

132. 「팔성감주(八聲甘州)」, 97자

1+7A • ○△○○ | 1+4a′(b)4b(a′)4X | 6s 5A | 5x 4X | 6s1+4s 4X | 1+4s 5A

| [3A 4s][3B 5A] | [3a 4x]4X ||

나머지 다른 체는 수록하지 않는다.

※ 주의 : 『사율』은 「팔성감주」를 「감주곡(甘州曲)」·「감주자(甘州子)」·「감주편(甘州徧)」·「감주령(甘州令)」 뒤에 실었는데, 기실 이들은 형식상 비슷한 곳이 전혀 없다. 여기서도 「감주곡」 등의 조식(調式)은 수록하지 않는다.

133. 「성성만(聲聲慢)」(勝勝慢) 97자

4s 4X 6X | 4X6X | [○○△○ • △][3A(B)4A] | 3s 1+4s4X ||

6b(a′)1+4s4X | 〃 〃 | 〃 [〃 〃] | 〃 [3A 4Y] ||

우일체 입성운 97자 4s 4X○○○△○△(○○△○○△) | 4S 6x | ○○△○ • △[3A 4x] | 3b′1+4a′4x | 6b(a′)3s(S)○○△○○△(6a) | 4X 6a | ○○△○ • △3A • • ○△ | 3B[3A○△△△] ||

나머지 다른 체는 수록하지 않는다.

※ 주의 : 이 사는 평운의 것이 많이 보이지만 『백향사보』가 예로 든 이청조(李清照)의 사 한 수는 입성운인데, 이것은 상궤(常軌)를 벗어난 것이다.

134. 「취봉래(醉蓬萊)」 97자

1+4s 4X 4x | 4X 1+4x | 4X 4s 1+4x | 4X 4s 4x ||

4X4a 〃 〃 | 〃 〃 | 〃 〃 〃 | 〃 〃 〃 ||

※ 주의 : 이 조식(調式)의 4x는 측평평측(4a)이 정례(正例)이다.

135. 「암향(暗香)」(紅情) 97자

| 4s | 1+4b(a b′)4x | 4A(B′)7b′ | 6b[3b(aa′)4x] | [3y 4X] • △△○△ ||

2a | 3a′(b′) | 1+4B′(B) 〃 | 4b′ 〃 | 〃 [〃 〃] | [〃 3b] 4b′ ||

※ 주의 : 전결 제8구의 3자두(字豆) 3y를 장염(張炎)은 3B(A)로 썼다. 후결(後闋) 제8구의 3자두 3b와 제9구의 3자두 3y를 장염은 한 수에서 모두 3A로 바꾸어 쓰기도 했다. 이것들은 모두 옛 규범이 아니다.

136. 「장정원만(長亭怨慢)」(혹 '慢'자가 없기도 함) 97자

[3a′4a′] | 4A 4a | 4A[4a 3a′] | 4a[3b 3a] | 5A[3b 4a′] | 2a | 5b 6a | 4b[3a′ 4a] | [3b′4A][3a′4a′] | 1+4A 6a′ ||

※ 주의 : 후결 제2구의 의미절주는 3 2가 정례이다.

137. 「권심방(倦尋芳)」(혹 '慢'자가 붙기도 함) 97자

4b′ 4A′○△○△ | 4A 6a | 7b 7a | 3A 1+4b 4a ||

[3b′4a′]4X 〃 | 〃 〃 | 〃 〃 | 〃 3A 〃 ||

우일체는 수록하지 않는다.

138. 「경청조(慶淸朝)」(혹 '慢'자가 붙기도 함) 97자

4A 4b 6X | 4b 6A′(•△○△○○) | 6b′ 7A | 3a 4b′ 4A′ ||

6b′1+4a4A | 〃 〃 〃 | 〃 〃 | 〃 〃 〃 ||

우일체는 수록하지 않는다.

139. 「우중화만(雨中花慢)」 97자

4A 4X 6X | 1+4x 4X | 6b 6X | 1+4x 4X 4X ||

4b 〃 〃 | [3y 4b] 〃 | 〃 〃 | 4a 〃 〃 ||

나머지 다른 체는 수록하지 않는다.

140. 「쌍쌍연(雙雙燕)」 98자

| 4b′[△○△○○]4a | 4s 6a | [○△○○△△] | [3b′(a′)4a′] | [○○△△○○]6x ||

2a | 4b | 1+4A 〃 | 〃 〃 | 〃 | 〃 〃 | [○•△△○○]〃 ||

우일체 96자는 수록하지 않는다.

141. 「응천장(應天長)」 98자

4y 4B○○△•○△ | △△△○○△5a′ | 3a 3b | [3b′ 4a] | [3a′ 4A]•△○△(4a) ||

5A 4A○△△○△ | 〃 〃 | | [〃 〃] | [〃 〃] 〃 ||

※ 주의 : 후결 수구 5A는 (平)仄仄平仄(5a′)로 바꾸어 사용할 수 있는데, 이 조식(調式)으로 바꾸어 사용한 후에는 동시에 반드시 운을 달아야 한다.

142. 「쇄창한(瑣窗寒)」(鎖窗寒) 99자

4A 4b 4a | 4b△△○○○△[3A△○△○]△○△△○○△ | 1+4s 4a′(b)4a | 2a | 3a | 1+4A 4b′ | 4b△△○○△△ | [3A 4B]△○△△○△△ | [3A 4A]5a ||

나머지 다른 체는 수록하지 않는다.

※ 주의 : 전결 제4구와 후결 제5구에 운을 사용한 것이 있다.

143. 「옥호접(玉蝴蝶)」 99자

| △△•○○△4s4X | 4S 6X | [3A(a′)4s][3s 4X] | 3A 4s 4X ||

2A | 4s 〃 〃 | 4A△○○△△○○ | [〃 〃][〃 〃] | 〃 〃 〃 ||

우일체 98자 위의 조식에 의거하는데, 다만 후결 제6구가 7자로 변하여 6X가 되었다.

※ 주의 : 당 · 오대에 41자 또는 42자체 「옥호접」이 있었는데, 이것과 전혀 달라 수록하지 않는다.

144. 「삼주미(三姝媚)」 99자

○○○△△ | 1+○○○○4x | 4A 1+4a 4a | 4A[3b4a′] | 4X 4A′ 4a ||

6a′ | 1+4A 〃 | 〃 〃 〃 | 〃 [〃 〃] | △△○○○△4b ||

우일체는 수록하지 않는다.

145. 「영롱사범(玲瓏四犯)」 99자

4X 1+4A○△○△ | 4A 6a | ○△△△○○ | [3b′4a] | [3B○△○△] | 6a 7a | [3A 4a] | 7a 5a | ○△△△△○[3y 4s] | 1+4a 3b 3a ||

나머지 다른 체는 수록하지 않는다.

146. 「신안과장루(新雁過妝樓)」(瑤臺聚八仙) 99자

4X | [3a(b)○○△△○○] | 4a○△△△○○ | [• △○○○△△][• ○△△△○○] | 3A | 4b′ 4B′ | [○○ • ○△△]1+4b′ 4A | 4A○△△△○○ | ○○ • △△△(○○△○△△)[3a′ 5Y] | 3a 5a 4A ||

147. 「맥상화(陌上花)」 99자

4y [4s4a] | 4X 6a | 7a 6x | 1+4y4x 4a ||

△○○△△4s 6x | 〃 〃 | 〃 〃 | 3A 6x 〃 ||

148. 「염노교(念奴嬌)」(百字令, 酹江月, 壺中天) 100자

4x[3A(a′) 6x](1+4s 4a′) | 7b 6x | 4X 4s 5a | 4x[△○○△○△] ||

6X 4b (a′) 5a | 〃 〃 | 〃 〃 〃 | 〃 〃 ||

평운(平韻)은 드물게 보여서 수록하지 않는다.

※ 주의 : 이 조식은 입성운을 사용한 것이 제일 많이 보인다. 전결 제2구는 소식(蘇軾)의 "浪淘盡－千古風流人物"처럼 상삼하륙(上三下六)이 될 수도 있고, 유일지(劉一止)의 "對－秋容凄緊－松陰羃羃(가을빛 스산하고, 소나무 그늘 짙다)"처럼 상오하사(上五下四 : 즉 1, 4, 4)가 될 수도 있다. 전후결 7b 6x 처는 7언 제3자와 6언 제3자 모두 평성을 쓰는 것이 보통이다. 전후결 마지막 구 수자(首字)는 측성을 사용한 것이 정례이다.

149. 「해어화(解語花)」 100자

4b 4A ○△○○△ | 4a | [3a 6a] | 4b | [3s 4x] | [3B′ 4A′]5a ||

6y | 1+4a ○△○△ | 〃 | [〃 〃] | 〃 | [〃 〃] | [〃 〃] 〃 ||

※ 주의 : 후결 마지막 구의 의미절주는 주방언(周邦彦)의 "任舞休歌罷(춤과 노래가 끝나도록 내버려둔다)"처럼 1 4 일수도 있고, 주방언의 "畢竟如何老(결국 어떻게 늙을까)"처럼 보통의 시구와 같을 수도 있다.

150. 「도강운(渡江雲)」 100자

5b 4y 5A | 5b 4A 5A | 4b[3b′(A) 4X] | [3B′ 4x]5A | 2A | 4b(a′)4A1+4a′(b) | [3b(B) 4b(a′)]4X | 7a[3B(y)4A′] | 3b 6X ||

운식 : 평측통압(平仄通押); 후결 제4구는 측운을 사용한다.

나머지 다른 체는 수록하지 않는다.

151. 「강도춘(絳都春)」 100자

4b | 1+4Y —— 4a | 4B′4X 3a | ○○ • △○○△ | [3a′(b′)4a′] | 4a 4b 4a ||

2a | 4b[△○△△△(1+4S) 〃] | 〃 〃 〃 | 〃 | [〃 〃] | 6X 〃 ||

※ 주의 : 후결 제3구의 의미절주는 오문영(吳文英)의 "慶三殿共賞, 羣仙同到(세 전각을 함께 감상함을 경축하러, 여러 신선이 함께 이르렀다)"처럼 상오하사(上五下四)일 수도 있고, 오문영의 "凍雲外, 似覺東風先轉(얼어붙은 구름 건너, 봄바람이 먼저 돌아드는 것을 느끼는 듯하다)"와 "背燈暗, 共倚寶屏葱倩

(희미한 등불 등지고, 함께 푸른 병풍에 기대어 있다)"처럼 상삼하칠(上三下七)일 수도 있다.

152. 「고양대(高陽臺)」(慶春澤) 100자

4X 4b 6X | 4X 6X | 7a 3B(A)4X | [3A 4X] 4X ||

7a1+4a(b)4X | 〃 〃 | 〃 〃 〃 | [〃 〃] 〃 ||

※ 주의 : 「고양대」가 바로 「경춘택(慶春澤)」으로, 양자는 형식이 똑같다. 『역대시여(歷代詩餘)』가 이 둘을 분리하여 열거한 것은 잘못이다. 『백향사보(白香詞譜)』가 예로 든 주이준(朱彝尊)의 한 수는 전후결 마지막에서 두 번 째 구 3A처에 운을 사용하여 송사(宋詞)와 다르다. 주이준이 무엇에 의거했는지 알 수 없다.

153. 「동풍제일지(東風第一枝)」 100자

4A 4b 6x | • ○○△○△ • △(6b′) | 4b(a′)[3s4x] | [3B(b′)4A]6a ||

[3b 4b′] | [3b 4a(b′)] | 〃 〃 〃 | 〃 [〃 〃] | [〃 〃]〃 ||

※ 주의 : 전후결 마지막에서 두 번째 구는 사달조(史達祖)의 "暗惹起一一掬相思(몰래 일어난다－한 움큼의 그리움이)"처럼 상삼하사(上三下四)가 될 수도 있고, 사달조의 "看－翠光金縷相交(바라본다－푸른빛과 황금 실이 서로 교차하는 것을)"처럼 상일하륙(上一下六)이 될 수도 있다. 심지어 마지막 구와 대장을 이루기도 한다. 예를 들면 사달조의 "是－月斜窗外幺禽, 霜冷竹間幽鶴(바로－창 밖의 어린 새에 달빛 비스듬히 비치고, 무성한 대숲 속의 학에 서리 차갑다)" 등이 있다.

154. 「만년환(萬年歡)」 100자

4X 1+○○△ • [• △○△] | 4X○△△○○△ | 6b | [3b′(a′)4a′] | [3a 4X]△○○△○△ ||

○○△○△△ | 〃 〃 〃 | 〃 〃 | 〃 | [〃 〃] | [〃 〃] 〃 ||

우일체는 수록하지 않는다.

155. 「환소난봉(換巢鸞鳳)」 100자

4X | 1+4y4X | 5b5A | 7A | [△○△○,○○△○] | 3a[3b′(a′)4a] | 2a | 3b |
4B(A′)5a | 4X4x6x | △△○○△○○7a | 3A′[3A△△○△] ||

※ 주의 : 이 사조는 평측통압(平仄通押)이어서 전결 마지막 구부터 측운으로 바꾸어 사용한다.

156. 「목란화만(木蘭花慢)」 101자

△◯◯△△3s 3A | 1+4 X 4s 4X | 2A | 4b′[3A 5A] | 6b 6X ||

2A | 7a 3A | 1+4X(4b′) 〃 〃 | 〃 | 〃 [〃 〃] | 〃 〃 ||

우일체 101자 제1체에 따르는데, 다만 전후결 제7구는 운을 달지 않으며, 제8구와 합하여 한 구가 된다. 예를 들면 여위노(呂渭老)의 "知他故人甚處……新愁暗生舊恨(다른 고인이 어디 있는지 몰라서…… 새로운 슬픔이 몰래 옛 슬픔을 일으킨다)" 등이 있다.

우일체 101자 제2체에 따르는데, 다만 후결 제2구와 제3구 두 구가 4X | 3a(b)3A로 바뀐다. 예를 들면 노조고(盧祖皐)의 "煙水瀰瀰, 回首處, 只君知(안개 낀 물 넘실거리고, 머리 돌려 바라보는 곳을, 오직 그대만 안다)" 등이 있다.

우일체 101자 제2체에 따르는데, 다만 후결의 처음 세 구가 두 구로 바뀌어서 7A | 5A가 된다. 예를 들면 신기질(辛棄疾)의 "古來堯舜有巢由, 江海去悠悠(고래로 요순에게는 巢父와 許由가 있어서, 강해를 유유히 떠나갔다네)" 등이 있다.

우일체 101자 제1체에 따르는데, 다만 후결 제2구와 제3구 두 구가 5A | 5A로 바뀌었다.

우일체 101자 제2체에 따르는데, 다만 후결의 처음 세 구가 6X | 3b 3A로 바뀌었다.

※ 주의 : 제4체가 가장 많이 보이고, 제1체 · 제2체 · 제3체가 그 다음이고, 제5체는 적게 보이며, 제6체는 특히 드물게 보인다. 『사율』은 나중의 두 체만을 들고 있어서 타당성을 잃었다. 『습유(拾遺)』도 다만 제1체와 제2체만을 보충하여 역시 갖추어져 있지 않다. 또한 제1체의 후결 제2구와 제3구 두 구를 4s 3b 3A로 간주한 것은 잘못이다.

157. 「계지향(桂枝香)」 101자

4b | 1+4X○△○△ | 6b 4a | 7a[3A 4a] | 4a 4b(a′)4a ||

[3b′4b] | 〃 〃 | 〃 〃 | 〃[〃 ○△○△] | 〃 〃 〃 ||

※ 주의 : 전결 제3구를 4x로 한 것, 제4구를 6a′로 한 것, 제7구 후반을 4b로 한 것, 후결 제1구 전반을 3A로 한 것, 제2구를 1+4x로 한 것, 제3구를 4x로 한 것, 제4구를 6a′로 한 것, 제7구 후반을 4x로 한 것은 모두 정례(正例)가 아니며, 또한 대부분 북송의 구법(舊法)이 아니다.

158. 「진주렴(眞珠簾)」(珍珠簾) 101자

7a | 3A(a′)6a′ | 5A△△○○△ | 7b[3b′(B)4a′] | 2a | 1+4X 4x ||

△△○○○△ | 1+4b 4a′ | 〃 〃 | 〃[〃 〃] | 〃 | 〃 〃 ||

※ 주의 : 후결 수구는 또한 '평측측측평평'으로 하고 운을 달지 않을 수 있다. 후인들은 대부분 이와 같이 하였다. 전후결 제5구의 의미절주는 3 2일 수도 있고, 1 4일 수도 있다.

우일체 98자 위의 조식에 따르는데, 전결 제2구 3A를 삭제한 것으로, 드물게 보인다.

159. 「취루음(翠樓吟)」 101자

4A 4b○○△○○△ | 5b[3a′4a′] | 4a′ | 1+4A 4a′ | 3a | 4a 4a ||

2b | 4X1+4a 4a | 〃 〃 〃 | 〃 | 〃 〃 〃 | 〃 | 〃 〃 ||

160. 「서학선(瑞鶴仙)」 102자

5b | [1+4A4x] | 5b′ | [1+4a′(A)4x] | 4b | [3A(B, a′)4b(○△△△)] | [3A4X]6x

3a | 4x 4A 4a | 4b | 3s 3a′ | [1+4a′(b)4a′]6b | [3A 4X]4b′ ||

※ 주의 : 이 사조는 변화가 무척 많다. 전결 수구의 의미절주는 주방언(周邦彥)의 "悄郊原帶郭(고요히 교외 들판이 성곽을 띠고 있다)"과 장원간(張元幹)의 "喜西園放鑰(서원의 빗장을 풀어놓아 기쁘다)"처럼 1 4일 수도 있고, 조장경(趙長卿)의 "敗荷擎沼面(시든 연이 늪 위로 솟아 있다)"처럼 2 3일 수도 있다. 제2구 아홉 자는 그 절주가 사달조(史達祖)의 "過杜若汀洲, 楚衣香潤(두약 만발한 물가를 지나니, 초의가 향기롭고 윤기가 흐른다)"처럼 상오하사(上五下四)일 수도 있고, 주방언(周邦彥)의 "行路永, 客去車塵漠漠(갈 길은 멀고, 나그

네 떠나가는 수레 먼지 자욱하다)"처럼 상삼하륙(上三下六)일 수도 있고, 그 평측도 후치(侯寘)의 "湛一溪晴綠, 四郊寒色(맑은 시냇물 푸르고, 사방의 교외 차갑다)"처럼 1+4a(b)4a일 수 있다. 제4구 전반은 사달조의 "指鴛鴦沙上(가리킨다 원앙의 모래 위)"처럼 1+4a′일 수도 있고, 양무구(楊无咎)의 "漫瀛得別恨(아득히 영주에서 이별의 한을 얻었다)"처럼 1+[○△△△]일 수도 있고, 장원간(張元幹)의 "禁煙時天氣(연기를 금할 때의 날씨)"처럼 3 2 [△○○○△]일 수도 있고, 조장경(趙長卿)의 "金風透簾幙(가을바람이 발 사이로 들어온다)"처럼 2 3, 즉 5b일 수도 있다. 후결 제5구는 조장경의 경우 운을 사용하지 않았지만 다른 사람들은 모두 운을 사용하였다. 제6구와 제7구 두 구는 한 구로 병합하기도 했다. 예를 들면 강여지(康與之)의 "重來是甚時節(다시 오니 무슨 시절인가)", 신기질(辛棄疾)의 "鄰翁更仗誰托?(이웃 늙은이는 다시 누구에게 의지할 것인가?)" 등이 있다. 제9구는 주방언(周邦彦)의 "東風何事又惡?(봄바람은 어찌하여 다시 악랄해졌는가?)"처럼 '평평평측측측'을 사용할 수도 있다.

우일체 103자 수록하지 않는다.

161. 「수룡음(水龍吟)」 102자

6X 7a | 4s 4s 4s | 4X4s 4x | 1+4s 4s[3a 3a] ||
6a′(b) | [3A 4x] | 〃 〃 〃 | 〃 〃 〃 | 〃 〃 〃 4a ||

우일체는 수록하지 않는다.

※ 주의 : 후결 마지막 구의 의미절주는 왕왕 유영(柳永)의 "有－和羹美(두 맛이 섞인 맛있는 국이 있다)"처럼 1 3인데, 주방언(周邦彦)의 "與何人－比?(어떤 사람과 견줄까?)"처럼 3 1인 경우도 있다.

162. 「석주만(石州慢)」(石州引) 102자

| 4X 4B○△○△ | ○○・△○○6a′ | 4b△△・△○○[○○・△○○△] | 5A△○○○△ ||
2a | 4s 4X 4a | 4X 〃 | 〃 〃 〃 | 〃 〃 ||

※ 주의 : 전후결 마지막 구의 의미절주는 하주(賀鑄)의 "兩厭厭－風月(둘 다 무료하다－바람과 달이)"처럼 3 2일 수도 있고, 장원간(張元幹)의 "是－愁來時節(지금이－슬픔이 오는 시절이다)"처럼 1 4일 수도 있다. 그러나 2 3인 것은 없다.

163. 「연청도(宴淸都)」 102자

5a | [3a△○○△○△] | 4b 4b 4a | ○○△△○△ | [3b′(a′)4b] | [3B 4X] • ○ • △○△ ||
6A 4b(a′) • △○△ | 〃 〃 〃 | 〃 | [〃 〃] | [〃 〃] 4b ||

※ 주의 : 전결 제6구와 후결 제7구(○○△△○△)는 '평평측측평평'에 운을 달지 않는 것이 되기도 한다.

164. 「제천락(齊天樂)」(臺城路) 102자

7a ○○△○○△ | 4A 4b 6s | 4b | 1+4X 4a | 4A△○○△△○△ ||
○○○△△△5b○△○△ | 〃 〃 〃 | 〃 | 〃 〃 〃 | 〃 △○○△△ ||

우일체는 수록하지 않는다.

※ 주의 : 이 사조는 평측이 매우 엄격하다. 후결 제2구의 의미절주는 1 4일 수 있다. 예를 들면 사달조(史達祖)의 "奈－閒情未了(어찌하나－한가한 정이 아직 끝이 나지 않았으니)", 방악(方岳)의 "儘－鷺翹鷗倚(멋대로－해오라기 발돋움하고 갈매기 기대 있다)" 등이 있다. 그러나 여전히 보통의 시구가 가장 많이 보인다.

165. 「억구유(憶舊游)」 102자

| 1+4b 4A 4X | △△○○△ 1+4a′4X | △○△○○△[○△△○○] | 1+4A 4b 4X ||
2A | 3a′1+4A 〃 | 〃 〃 〃 〃 | △△△○○△ 〃 | 〃 〃 ○○△△○△○||

※ 주의 : 전결 제4구와 후결 제5구(△△○○△)의 의미절주는 상이하삼(上二下三)(詩句)일 수도 있고, 방천리(方千里)의 "奈－可憐庭院(어찌하나－사랑스러운 정원을)"처럼 상일하사(上一下四)일 수도 있다.

166. 「경춘궁(慶春宮)」 102자

4X 4a′ 6A | 4X 4s△○ • △○○ | 4a[3a′○○△○] | 4x 4A′ 4X ||
6A | 4A′ 4X | 〃 〃 〃 | 〃[〃 〃] | 〃 〃 〃 ||

우일체는 입성운을 쓰며 대체로 위의 조식에 따르는데, 다만 후결 수구에 운을 달지 않는다. 운각은 일괄 입성으로 평성을 대신한다. 후결 제3구 및 전후결 말구 4X가 4a로 바뀌었다.

167. 「화금당(畫錦堂)」 102자

| 4A 4b△△○△○○ | △△ • ○○△4X | • ○○○○△△[△○ • △△○○] | 3a 4A 6A ||

2a | 3b 3b○○○△○○ | 〃 〃 | △○○△○○△ 〃 | 〃 6a 4A ||

※ 주의 : 후결 수구는 측운을 사용하고 평측통압(平仄通押)이다.

168. 「안공자(安公子)」 102자

|| 5a | 7a | 4X[3b 4a′] | 4X 5a | [3b(B′)5a] | 1+4a 6b(a′) ||

나머지 다른 체는 수록하지 않는다.

169. 「상림춘만(上林春慢)」 102자

4X 4B△△ • ○○△ | △○△○4b○○△○○△ | 4a(b′)3a′ 4a | 3A 1+4B′ 4a ||

[3A4a] | [3a△△ • ○ • △] | 〃 〃 〃 | 〃 〃 〃 | 〃 3a′(b) 〃 ||

170. 「희천앵(喜遷鶯)」 103자

4x | 1+4Y 4a′ | 4X 4s 6a | 6x(△○△○○△)6x | 3s 1+4s 4a′ ||

2a | [3b 4B]5a | 〃 〃 〃 | 〃 〃 | 〃 〃 〃 ||

171. 「탐춘만(探春慢)」(혹 '慢'자가 없기도 함) 103자

4X 4s 6a′(○○○△○△) | 4A 4s 6x | 5a 3b′(a′)4x | △○ • △○○[• ○○△△] ||

6s | 5A(1+4A) 4a | 〃 〃 〃 | 〃 3a(a′) 〃 | 4x 〃 ||

나머지 다른 체는 수록하지 않는다.

172. 「우림령(雨霖鈴)」(雨淋鈴) 103자

4a′ | 4a△ • ○△ | ○○△△○△4b 4a′ | 4A △△△○△○△ | 3b′ 4A′ 7b ||

○○△△○○△ | [3A 5a] | 〃 [3b4a] | 〃 ○△○○△△○△ | 〃 〃 5a ||

※ 주의 : 전결 제7구와 제8구 두 구에 대해 어떤 이는 '측측평평측측, 측평측평측'의 상륙하오(上六下五)가 되어야 한다고 한다.

173. 「화심동(花心動)」 104자

| 4A′[3A(a)○○△○○△] | 4Y 4X 6x | △○○△○○△[3s 4x] | [3a′ 4b]4x ||

△△○○△△ | ○△△○○ 4a | 〃 〃 〃 | 〃 [〃〃] | [〃 ○○△○△△] ||

※ 주의 : 후결 제2구의 의미절주는 왕왕 1 4이다.

174. 「귀조환(歸朝歡)」(菖蒲綠) 104자

|| 7b | 7b | 7A7a | △ • ○△△7a | 3A 4s 5a′ ||

175. 「기라향(綺羅香)」 104자

4A 4b 6a′ | 4X 6a | [3s(S)4X][3s(A, B)4x] | [3A 4X] 7a ||

○○○△△△ | ○△○○△△4a′ | 〃 〃 | [〃 〃][〃 〃] | 〃 〃 5b ||

176. 「영우악(永遇樂)」 104자

4X4a(b′)○△○△(4a) | 4X 4s 5a | 4x 4s 6a | [3a(A)4b]△○△○○△ ||

4s 4x 6x | 〃 〃 〃 | 〃 〃 〃 | [〃 〃] 4b′ ||

177. 「서하(西河)」(西湖) 105자

3b | • ○△△○△ | • ○○△△○○4b′ | △○ • △△○○[○○○△○△] |

3a′ 〃 | 〃 | 〃 〃 | 〃 〃 |

△○△△△△△ | [3a(A)○△○△] | 6a′ | [△○○△△4b] | • △○○○○△ ||

※ 주의 : 이 사조는 모두 세 단락으로 나누어진다. 제1단은 33자이고, 제2단은 36자이고, 제3단은 36자이다. 제3단 제4구 상반(上半)의 의미절주는 왕왕 1 4 또는 3 2이다.

우일체 104자 위의 조식에 따르는데, 다만 제3단 제4구가 [3A 5a]로 바뀐다.

우일체 104자 위의 조식에 따르는데, 다만 제1단 제1구 3x는 운을 달지 않고, 제3단은 [3b′(a′) • △ • △] | [3A 4a′(○△○△)] | △△△○○△ | [3A 4A]△△△○○3a ||로 바뀐다.

178. 「이랑신(二郎神)」 105자

| 4b[3y 4a] | 1+4A 4a • △○○△△ | △△○○○○△[3b′ 4a′] | ○△△△○4a′ 4a ||

2a | 〃 4a′ | 〃 〃 4b(a) 〃 | 4X 4s○△△○○△ | 3y○△○○△△ 〃 ||

※ 주의 : 전결 제8구의 의미절주는 왕왕 1 4이다.

나머지 다른 체는 수록하지 않는다.

179.「남포(南浦)」 105자

5A[3B○○ • △○△] | 5A[3a 6a] | 4b△○○△○○△ | 4b′ | 1+4X 4x ||
○○△△○○1+4A′4x | 〃 [〃 〃] | 〃 〃 | 〃 | 〃 〃 〃 ||

우일체 102자 평운(平韻)이다. 수록하지 않는다.

180.「경배악(傾杯樂)」 106자

4X 4s 4s | [3a′ 4b] | 4x 4x | 7a | 4x 6x | 4a(b′)△△○○ • △ | [3b 4s] | 1+7b | [3a′(A)4X]6x | [3b′ 4b] | [3b(a)4s] | 3b′[3b 4b] ||

※ 주의 :『사율』에는 모두 8체의 「경배악」이 수록되어 있다.

나머지 다른 체는 수록하지 않는다.

181.「해련환(解連環)」(望梅) 106자

4a | • ○○△△4a(○△○△) | [3b(B)4X]1+4A′(B)4a(△△○△) | 4A[3a′(b′)4x] | 1+4b4A(B)′△△○△ ||
6b′ | 〃 〃 | [〃 〃] 〃 〃 | 〃 〃 〃 | [3A 4b′]4b′ ||

※ 주의 : 전후결 제2구의 의미절주는 왕왕 3 2 또는 1 4이다.

182.「야비작(夜飛鵲)」 107자

5b′4A′ | ○△△△○○ | ○○○△△○△6A′ | ○○△○△△1+4a′4A | 4b[3A 4X] | 6a 5A 4A′ | 6a′ 4b 4A′ | 4b′[3A 4A] | 1+4a′ 4b 4X ||

183.「소무만(蘇武慢)」 107자

4X 4b(a′)○△△○○△ | 4b 4A 6a | 4B 4X 4x | 1+4x 4a 4a ||
[3b 4A]4b(a′) 〃 | 〃 〃 〃 | 〃 〃 〃 | 〃 〃 6b ||

※ 주의 : 이 사조는 「선관자(選冠子)」라고도 하는데, 「과진루(過秦樓)」와 지극히 비슷하다. 다음의 「과진루」조를 참고해 보라.

나머지 다른 체는 수록하지 않는다.

184.「망해조(望海潮)」 107자

4x 4a′(b)6X | 4B 4b 6X | 5A | 1+4s 4X | 4X△○○△△○○ ||
○○△△○○ | 1+4b(a′)4X | 〃 〃 〃 | 〃 | 〃 〃 〃 | 6b 5A ||

우일체 107자 위의 조식에 따르는데, 다만 후결 마지막 두 구가 상사하칠

(上四下七)로 바뀌어 전결의 마지막 두 구와 일치한다.

185. 「일악홍(一萼紅)」 108자

3A | 1+4s 5A | 4X 4s • △○△○○(6a′) | [3a′(B)4b(a′)][3b(A)○△△○○] | 4X 4s 4X ||
6a′(b)1+4a′ 4X | 〃 〃 〃 | [〃 〃][〃 〃] | 6s 〃 ||

186. 「일촌금(一寸金)」 108자

4A′△△○○△○△ | 1+4a 4a′(b)4b(a′) 4a′ | ○△○○△ | [3A 4b′] | [3a 4X]△△○○△○△ ||
4X 4a′ 5b′ | 〃 〃 〃 〃 〃 | 〃 | [〃 〃] | [〃 〃] △○○△△ ||

※ 주의 : 후결 제8구(○△○○△)는 운을 달지 않을 수 있다.

187. 「탈금표(奪錦標)」 108자

4A′ 4b△△ • ○○△ | △△○○○△4A′ 4a | 1+4b[3a′(A)4a′] | [3A 4A]△△○○○△ ||
6b | 4A 〃 | 〃 〃 〃 | 〃 〃 [〃 〃] | [〃 〃] 〃 ||

188. 「박행(薄倖)」 108자

4x | [3b′(a′)4b] | [3b′(a′)4b]6a(b) | [3S 4A′]○○△△○○△ | 1+4A 4s 6a′(b) | [3y
3a][3b 4x] | • ○ • • △(1+4s) 4a′(b) 7a | 4a | 1+4a′(b)○○△△○○△ | 4b 6b(a′) ||

189. 「풍류자(風流子)」(內家嬌) 110자

• ○△△△[3a 5A] | 1+4A′(b) 4x 4x 4A′ | 3a′ 5b 5A | 4B 4x 4x 4A′ | ○○
○○△[○○△△△]4A | ○△△○○△4A′ | 1+4A′(b)4s 4b′ 4A′ | ○△△○○△
4A′ ||

우일체 단조(單調) 34자는 수록하지 않는다.

190. 「소영(疎影)」(綠意) 110자

4b | 1+4B′(b′)○△○△ | 4X 4X 6x(○○△△○△) | ○○△△○○△[3b′ 4x] | [3B(A)4X]6a ||
○△○○△△[△○△△△] 〃 | 〃 〃 〃 〃 | 〃 [〃 〃] | [〃 〃] 〃 ||

191. 「대성악(大聖樂)」 110자

4A′ 4x 4a | [3b′ 4A]6a4A′ | △○○○○△△[3a′○○○△○] | 3a 1+4b 4A′ | ○○△

△△△[3a′(b′)○○○△○]1+4a 4b′ 4A′ | 4A 4a′ • △○○○△○ | 3a1+4b 4A′ ||

우일체 측운(仄韻)은 수록하지 않는다.

※ 주의 : 이 사조는 평측통압(平仄通押)이다. 첫 번째 운각에 측성을 쓰고, 나머지는 모두 평성을 쓴다.

192. 「과진루(過秦樓)」(選冠子) 111자

4A 4x△△△○○△ | 4b4X△△△○○△ | ○△△△○○4A′ 4x | 1+4b 4a′ 4a ||

[3b 4A] 〃 〃 | 〃 〃 〃 | ○△○○△○ 〃 〃 | 〃 〃 − 6b ||

나머지 다른 체는 수록하지 않는다.

193. 「상엽비(霜葉飛)」 111자

△○○△○○△ [○○○△○△] | △○○△△○○5a(1+4a) | [3b′ 4b] | ○○○△○○△ | 1+4A[3b′ 4b]4a(△△○△) ||

○△△△○○4b(a′)△△○△○△ | 〃 〃 | [〃 〃] |

〃 | [3b′(B)3a] 4X 4a ||

※ 주의 : 전결 수구 제4자는 구중운(句中韻)으로, '암운(暗韻)'이라 칭하기도 한다. 예를 들면 주방언(周邦彦)의 "露迷衰草疎星掛, 凉蟾低下雲表(이슬은 시든 풀에서 사라지고 성긴 별이 걸렸고, 싸늘한 달은 구름 위로 나지막이 내려왔다)", 오문영(吳文英)의 "斷煙離緖關心事, 斜陽紅隱霜樹(연기 끊겨 이별의 정서가 관심사인데, 석양에 붉은 단풍잎이 서리 내린 나무에 숨어 있다)", 장염(張炎)의 "故園空杳霜風勁, 南塘吹斷瑤草(고향은 아득한데 서릿바람 거세어, 남쪽 못의 시든 풀잎에 불어와 꺾어버렸다)", "繡屛開了驚詩夢, 嬌鶯啼破春悄(수놓은 병풍 치우니 시 짓는 꿈에서 놀라 깨었고, 꾀꼬리 울어 봄의 정적을 깼다)" 등이 있다. 기실 제4자에서 단구(斷句)하여도 안 될 것은 없다. 후결 제3구는 『사율』이 오문영의 "斷閡經歲慵賦(사를 끊고 해가 지나도록 지을 마음이 내키지 않는다)"를 인용하고서 '閡'자 밑에 "평성으로 쓴다"라고 주를 달았는데, 그렇지 않은 것 같다. 주방언은 이곳에서 "度日如歲難到(하루 지나기가 한 해처럼 어렵다)"라고 하였는데 '日'자는 입성이고, 장염(張炎)은 한 수에서 "坐對眞被花惱(앉아서 마주하니 참으로 꽃이 상심케 한다)"라고 하여 거성(去聲)을 사용하였고, 오직 다른 한 수에서만 "可憐都付殘照(가련하게도 모두 석양에 주었다)"라고 하여 평성을 사용하였다. 구법(舊法)에서는 이곳에 입성을 사용했

던 것 같다.

194. 「심원춘(沁園春)」 114자

| 4X 4A 4B′ | 1+4s 4s 4s 4X | 4X 4s 7B′ | 3a 1+4s 4X ||

2A | 〃 [3b′(a′)5Y] | 〃 〃 〃 〃 〃 | 〃 〃 〃 | 〃 〃 〃 ||

우일체는 수록하지 않는다.

※ 주의 : 전후결 7B′구 제5자는 반드시 평성이다. 후결 첫 구의 두 글자는 간혹 다음의 4X와 이어져 한 구로 합쳐지기도 하는데, 그렇게 되면 제2자에 운을 달지 않는다. 『사율』은 육유(陸游)의 "交親散落如雲(사귀던 벗들이 구름처럼 흩어졌다)"을 예로 들고는 "'親'자는 협운하지 않을 수 있다. 협운한 것도 한 둘일 뿐이다"라고 주를 달았다. 육유는 세 수 중에서 두 수를 협운하지 않았지만 후인들이 협운한 사는 한두 수에 그치지 않는다. 따라서 내 생각에는 이것이 구중운(句中韻)이며 협운의 여부는 자유로운 것으로 보아야 할 것 같다. 제2구는 8자구인데, 『사율』이 상삼하오(上三下五)로 간주하여 여기서는 그것을 따랐지만, 기실 왕왕 상일하칠(上一下七)이다.

195. 「하신랑(賀新郎)」(賀新凉, 金縷曲, 乳燕飛) 116자

5a | [3A 4b] 4a | • △ • ○○○△[○△○○△△] | [3b′4a′] | • △ • ○○○△[3A 5a] | 3b 3a′ ||

○○△△○○△ | [〃 〃] 〃 | 〃 〃 | [〃〃] | 〃 [〃 〃] | 〃 〃 ||

※ 주의 : 전후결에 모두 네 개의 '(측)측(평)평평평측'이 있는데, 모두 '측측평평평측측'으로 변할 수 있다. 전자는 요구(拗句)이고, 후자는 율구(律句)이다. 사인(詞人)은 이들 네 곳에 『사율』에서 예로 든 모견(毛幵)의 한 수처럼 전부 요구를 사용한 사람도 있고, 『사율』에서 예로 든 고관국(高觀國)의 한 수처럼 전부 율구를 사용한 사람도 있고, 『백향사보(白香詞譜)』에서 예로 든 이옥(李玉)의 한 수처럼 요구와 율구를 병용한 사람도 있다.

196. 「모어아(摸魚兒)」(摸魚子, 買陂塘) 116자

[3A 4a]○○○△○△ | ○○ • △○○△6a | 3b[3y○○ • △○○△] | 4b | 1+4X 4s 5a′ ||

3a 6b | 〃 | 〃 〃 | 〃 [〃 〃] | 〃 | 〃 〃 〃 〃 ||

197. 「춘풍요나(春風嫋娜)」 125자

1+4a′ 4A | 3b 3A | [3A△△△○○△]4b 4A | 4A 4a′△△○○○△○ | △△○○△○△[○○○△△○○] | ○△○○△△4b[3a′ 4A] | 3a 3A | 4b 4A | 4A 4a′ 4a 4A | 4a′ 1+4a′ 4b 4A′ ||

198. 「십이시(十二時)」 130자

[3A 4a]○△○○○△ | [3b′ 4a′] | △△•○○△ | 4A(B′)4b(a′)△△○○△ | [3b 4A]4B′○△○○○△ | [3Y 4b(a′)]△△•○○△ | 4A(B′)4b(a′)△△○○△ | △△○△△[○○△••△] ||

[〃 〃] 〃 | 〃 〃 〃 | 〃 〃 ||

※ 주의 : 이 사조는 모두 3첩(3段)인데, 주로 신에게 고하는 데 사용된다. 첫 단락 제7구의 의미절주는 왕왕 3 2이고, 두 번째 단락과 마지막 단락 제5구의 의미절주도 왕왕 3 2이다.

199. 「난릉왕(蘭陵王)」 130자

3a′ | 6b | [3a 4B]7b′ | ○○△△△ | 2a | 4b | [3a 4B]△△○○△○△ | ○○△○△ | 1+4A○△○△ | 7a | •△△○△(1+4b′) 4a○○•△△△△ | △○△○△ 2a | 3a′ | 1+4A○△○△ | 7a | △△△○△4a | 4a′ 3b′ 3b′ ||

※ 주의 : 이 사조 역시 모두 3첩(疊)이다. 『사율』은 주를 달아 마지막 단락 마지막 구 3b′의 앞 두 자는 반드시 거성을 써야 한다고 하였다. 두문란(杜文瀾)이 안어(案語)를 덧붙여서 "이 사조의 끝맺음은 반드시 6측성을 써야 해서, '측거측' '거거입'이 가장 적합하다"고 말하였다.

200. 「서룡음(瑞龍吟)」 133자

3a | 6A 4a | 6X 4y 4b | ○△○○○△4a 4a′ | ○△△○○○[○△○△]

3a′ | 6a 〃 | 〃 〃 〃 | | 4b5a | [3a 4b]4a′ | 5a | 4b′ 4b | 5a | [3b○○○○○△] | 4b4a ||

※ 주의 : 이 사조는 모두 3첩이지만 「수룡음」(龍吟曲)과는 전혀 관계가 없다.

201. 「대포(大酺)」 133자

4A 3a○△○○○△ | ○○•△△1+4a′4a(b′) | 4X 4b○△•○○△ | ○○•○△1+4b4a | 1+4A′(a′)4x 4x | 5y | [3a′○△•○△] | [3b′(B)4a′(b)]4X[3A(B)4s

(○△○△)] | 5a(b′)[3y 4x] | [3x 3a] | ○△○△(4a)6a′ | 6b′ ||

202. 「다려(多麗)」(綠頭鴨) 139자

3A 6X | [3A(B)4s]6X | [3A 4s][3s 4X] | 4X 4s 7A | [3a′(b′)4s]5A | [3A 4s] 4X ||

| [〃 〃] 〃 | [〃 〃][〃 〃] | 〃 〃 〃 | [〃 〃] 〃 | [〃 〃] 〃 ||

203. 「육주가두(六州歌頭)」 143자

4b (a′) 5A | 3s 3a 3A | 3A | 5a 3s 3a 3y 3s 3A | 4S 5a 4X | 1+4s 5A | 4X | 3A ||

1+3a 3x 3a(b)3A | 〃 〃 〃 | 〃 | 〃 〃 3A | 〃 〃 〃 | 6s[3x 4X] | 〃 〃 〃 | 〃 − ||

나머지 다른 체는 수록하지 않는다.

204. 「보정현(寶鼎現)」 155자

4x •△○△ 4a′ | [3y 4x] •△○○○△△ | [3b′1+4a′(b)]6b(a′) | [3b′ 4b] 6a′ |

△△○△○○△ | [3A •△○△] | [〃 4y] 〃 | [〃〃 〃] 〃 | [〃 〃] 6b |

4A[3b 4a′] | 1+4b(a′)○△○○△△ | [3b′ 4a] | △△○○△ | [3b′(B)4A′]△△○○ •△ ||

나머지 다른 체는 수록하지 않는다.

※ 주의 : 이 사조는 모두 3첩이다. 마지막 단락 제5구 [3b′ 4a]상삼하사(上三下四)를 『사율』이 상사하삼(上四下三)으로 한 것은 잘못 판각한 것이다. 『사율』의 범례에 의하면 상사하삼(上四下三)은 보통의 7자구를 이루므로 '豆'자를 주로 달 필요가 없다.

205. 「초편(哨徧)」(稍徧) 203자

4Y 4Y 5a | 3S | 5X | [3A 4x] | 3B(b′) | 6a(b) | 7a | 1+4A 4b(a′)○○○△○△ (△△○○△△) | 1+7A | [3s○○△○○](1+○△○○△○○) | 4X 4A 4a(b′) | 1A | 4X 7A(a) | ○△○△△(5a)[3A′ 3a′(A)](○○○△△○) | 1+4X 4b′(a) 7a(A) | 1+4X 4s○○○△○△ | [3b′(a′)5A] | [3b○○△○○](△○△○△△△△) | [3A 4x] | ○○○△○△5x | △○○△○○△△6b(a′) | 7A | [3A(B) •△○△(4b)] ||

※ 주의 : 이 사조는 어법상 '고문식(古文式)'의 사로 간주할 수 있다(앞 절을 참고해 볼 것). 왕왕 '支'·'微'·'齊'운을 사용하며, 평측통협(平仄通叶)이다. 이것이 '支'·'微'·'齊'韻을 사용하는 이유는 후결 수구가 1자구여서 제가(諸家)들이 모두 '噫'(또는 '嘻')자를 사용하며 또한 운을 달기 때문이다. 게다가

기왕에 고문을 모방하므로 조자(助字)를 사용하여 구를 끝맺게 마련인데, 조자는 '支'·'微'·'齊'운의 것이 가장 많아서 이를테면 '之'·'其'·'耳'·'已'·'矣'·'只'·'兮' 등이 모두 이에 속한다. 전결 제4구 3S는 운을 달지 않을 수 있고, 제8구 6a는 운을 달지 않을 수 있고, 후결 제2구 4X는 운을 달지 않을 수 있다. 후결 8자구(△○○△○○△△)의 의미절주는 소식(蘇軾)의 "但知一臨水登山嘯咏(다만 안다—물가에 임하고 산에 올라 읊조리는 것을)"처럼 상이하륙(上二下六)일 수도 있고, 유극장(劉克莊)의 "嗟盤之樂—誰爭子所(아아 盤谷의 즐거움이여, 누가 그대의 곳을 다투리)"처럼 상사하사(上四下四)일 수도 있고, 신기질(辛棄疾)의 "大方達觀之家未免長見悠然笑耳(大道에 밝고 달관한 사람이 늘 보고 유유히 웃는 것을 면하지 못할 따름이다)"처럼 다음 구의 여섯 자와 이어져서 14자구를 이루어 단숨에 내달을 수도 있다.

206. 「앵제서(鶯啼序)」 240자

6b (a) 1+4b(a) | [3x 4X] • △ • △○△(△○○△○△) | [3a′(b)4b] 7a([3A○△○△]) |
4X • • • • (4b) 〃 〃 | [〃 〃] • ○ • △○△ —— | [3A 〃][3a′(b) 4x](7a) |
[3A 4X] 4a | 4b 4A 1+4b′(△○△△△) | [3b′4a′]4A 4A 4a | 4b 4a′ 7a(○○○△○○△)[3A 5a]
[〃 〃] 〃 | 〃 〃 〃 〃 | [〃 〃] 〃 〃 〃 | 〃 〃 〃 (○○○△○△△)[〃 〃]
| 4b○○△△○○[△○△△○△(△○△○○△)] ‖
| 6X 4A △○△△ (4a) ‖

※ 주의 : 『사율』은 "사조 중에서 가장 긴 것이 이 「앵제서」이고, 가장 정정(訂定)하기 어려운 것도 이 「앵제서」이다. 작가가 매우 적기 때문에 오직 오문영(吳文英)의 몇 수와 『사림만선(詞林萬選)』이 수록한 황재헌(黃在軒)의 한 수가 있을 뿐이다"라고 말하였다. 당규장(唐圭璋) 선생이 편집한 『전송사(全宋詞)』를 살펴보면 「앵제서」가 모두 10수 수록되어 있는데, 오문영의 3수와 황재헌의 1수 외에도 고사손(高似孫)과 서보지(徐寶之) 각 1수(모두 『양춘백설(陽春白雪)』에서 수록하였다), 왕원량(汪元量) 1수, 유진옹(劉辰翁) 3수가 더 있다. 지금 각가의 것을 대조해보면 규율을 융통성 있게 정해 놓았지만 대체로 오문영(吳文英)의 것을 표준으로 삼았다. 유진옹의 3수에 의거하여 보면 「앵제서」도 고문식(古文式)일 수 있다.

이상에서 수록한 사보는 모두 206조(調)이고 대략 모두 250여 체인데,

이것은 『사율』이 수록한 것의 약 1/3이지만 간보(簡譜)를 이용했기 때문에 편폭은 수십 분의 일로 줄어들었다. 이 사보들은 대체로 『사율』에 의거하였지만 때때로 각가(各家)의 사구(詞句)를 참조하였으므로 보충한 것이 있다. 『사율』에는 고지식한 곳도 있고 잘못된 곳도 있다. 고지식한 곳은 사조(詞調)에 따라 한두 수만 참고자료로 삼았기 때문에 평측 규율을 지나치게 엄격하게 정했다. 참고한 작가가 증가하면 사정도 달라짐을 모른 것이다. 시험삼아 「만강홍(滿江紅)」·「염노교(念奴嬌)」와 「수조가두(水調歌頭)」 등의 사조를 살펴보면 작가가 많으므로 『사율』도 융통성 있게 고정(考定)하였다. 「만홍우(萬紅友)」는 방천리(方千里)의 것을 가장 중시했지만 기실 방천리는 고지식한 모방자에 불과하다. 그가 주방언(周邦彦)과 호흡을 맞추어 노래를 불렀다지만 우리는 결코 그에 의거해서 고지식하게 사보(詞譜)를 정할 수 없었다. 『사율』이 착오를 일으킨 곳이 많지는 않지만 없지도 않다. 독자들이 세심하게 이 책과 『사율』을 대조하며 비교해보면 발견할 수 있을 것이다.